KB139988

조선중기 사림정치

조선중기 사림정치

최이돈

景仁文化社

전환기에 서서

조선 전기는 서로 다른 시대의 가치가 공존하는 '전환기'였다. 중세의 가치와 근대의 가치가 같이 존재하였다. 이는 정치, 경제, 신분의 제부분에서 두루 나타났다. 즉 정치에서는 '사적지배'와 '공공통치', 경제에서는 '경제외적 관계'와 '경제적 관계', 신분에서는 '혈통'과 '능력' 등의 서로 대치되는 가치들이 공존하고 있었다.

이는 고려 말 급격한 생산력의 향상으로 인한 사회변화를 기존의 가치체계 안에서 수습할 수 없었기 때문이었다. 그러므로 유학자들은 기존의 가치를 유지하여 체제의 안정을 확보하였고, 새시대의 가치를 수용하여 개혁과 발전을 도모하였다. 물론 상호 모순적인 가치를 공존시키는 것은 쉽지 않았으나, 음과 양을 '太極' 안에서 조화시킬 수 있다고 믿었던 유학자들은 현실과 이상을 조화시키면서 당면한 과제들을 성실하게 풀어나갔다.

그동안 조선전기사 연구자들은 조선전기를 중세와 근대의 가치가 공존하는 시기로 인식하지 못하였다. 정치사에서는 '관료제'적 성격을 강조하면서 근대적 요소를 찾는 데에 집중하였고, 경제사에서는 '신분적 경제'를 강조하면서 중세적 요소를 찾는 데에 집중하였다. 신분사에서는 한편의 연구자들은 '혈통'을 강조하였고, 다른 한편의 연구자들은 '능력'을 강조하면서, 서로 대립된 견해를 제시하였다. 연구자들은 서로 모순적인 다른 시대적 가치인 혈통과 능력이 한 시대 안에서 대등하게 공존할 수 있다고 보지 않았다.

사실 어느 시기든 구시대나 새시대의 가치들은 공존하기 마련이었다. 그러나 조선전기에는 두 가지의 가치가 서로 대등하게 작용하고 있어, 중세나 근대의 어느 가치도 주도적 영향력을 관철시키지 못하였다. 그러므로 조선전기를 중세나 근대 하나로만 규정하기 어렵다.

물론 수 백 년 동안 유지되던 한 시대의 가치가 짧은 기간 안에 다른 가치로 전환되는 것은 쉽지 않았다. 서양사에서도 중세에서 근대로의 전환기, 수 백 년을 'Early Modern'이라고 명명하고 있는 것은 유사한 상황임을 잘 보여준다. 그러므로 조선전기를 중세에서 근대로의 전환기, 중세와 근대가 공존하였던 시기, 즉 '近世'로 보아도 좋을 것이다.

저자는 조선전기를 전환기로 이해하는 가설 위에서 상당한 시간을 연구에 투자하였다. 그러나 조선전기의 전체상을 설명하는 것은 많은 시간이 더 필요할 것으로 보인다. 그간 밝힌 조선전기의 특징적인 모습을, 일부나마 동학들과 공유하는 것은 의미있는 일이라고 판단하여, 그간의 성과를 묶어서 '近世 朝鮮의 형성'으로 출간하고자 한다.

전5권에 걸쳐서 고려말 조선초기 생산력의 향상에 따른 생산관계의 변화가 경제, 신분, 정치의 각 영역에 어떻게 구현되었는지를 검토하였다. 즉 당시 '天民'으로 인식되었던 백성의 법적, 실제적 지위가 어떠하였는지를 고찰하였다.

제1권 『조선초기 과전법』에서는 조선초기 백성의 경제적 지위를 검토하였다. 고려말 조선초 생산력의 상승으로 인한 생산관계의 변화가 과전법체제에 함축되어 표현되었다. 그러므로 과전법을 통해서 수조권을 둘러싼 국가, 전주, 전부 등의 생산관계 변화를 검토하였다.

제2권 『조선전기 신분구조』와 제3권 『조선전기 특권신분』에서는 백성들의 신분적 지위를 검토하였다. 생산관계 변화로 인해 신분질서가 새롭게 정립되는 모습을 '신분구조'로 정리하였다. 또한 그간 신분사 연구에서 지배신분이 중요한 쟁점이 되었음을 고려하여, 이를 '특권신분'으로 나누어 정리하였다.

제4권 『조선전기 공공통치』와 제5권 『조선중기 사림정치』에서는 백성들의 정치적 지위를 검토하였다. 생산력 향상으로 변화한 백성의 정치적 지위를 '공공통치'의 형성과정으로 검토하였다. 또한 성종대부터 백성의 상위계층인 사림이 지배신분인 훈구와 대립하면서 참정권의 확보를 위해서 투쟁하였는데, 그 과정을 '사림정치'의 전개과정으로 정리하였다.

사실 현대도 서로 다른 시대의 가치가 공존하는 전환기이다. 현대의 가장 대표적인 가치인 '자유'와 '평등'도 상호 모순적인 성격으로 긴장과 갈등을 유발시키고 있다. 이는 이 두 가치가 서로 다른 시대의 소산이기 때문이다. 자유는 근대를 열면서 중심적인 가치로 자리를 잡았고, 평등은 근대의 문제를 해결하기 위한 가치로 그 입지를 점차 확대해가고 있다. 그러므로 공동체의 안정과 발전을 위해서, 현대의 주된 관심은 '疏通'의 화두아래 자유와 평등을 조화롭게 발전시키는 데에 집중되고 있다.

'전환기에 서서' 우리의 공동체를 위해 고심하는 이 시대의 독자들에게, '중세의 가치'와 '근대의 가치'를 조화 발전시키기 위해 분투하였던 선조들의 모습이 한 줄기 지혜와 위안이 되기를 기대한다.

다시 맞는 丁酉年 10월에
심심한 감사를 담아서
최이돈

목차

전환기에 서서

제1부 사림정치구조

제2부 사림정치 개혁론

제8장 사림의 守令制 개혁론

제1부

사림정치구조

제1장 서론

1. 기존 연구의 검토

성종대 사림이 정치에 등장하고, 이후 매우 격렬한 정치변화가 약 1세기 동안 진행되었다. 기존의 정치세력인 훈구와 공신 및 권신과 대립하면서 새로운 정치세력인 사림은 자신들의 의사가 수용되는 정치체제를 만들기 위한 노력을 계속하였다. 사림은 수차례의 사화의 참혹한 피해를 입었으나, 지속적으로 변동을 추구하였고, 결국 권력구조는 물론 정치세력, 정치운영방식을 바꾸는 정치개혁을 성공시켰다. 즉 선조대에 이르면 사림이 주도하는 정치 즉 사림정치가 열렸다.

연구자들은 이러한 변화에 대해 일찍부터 관심을 기울여왔다. 초기의 연구는 일제관학자들에 의해서 주도되었는데, 이들은 사화를 이어지는 붕당과 묶어서 당쟁으로 파악하고, 이를 민족성까지 연결시켜서 당파성론으로 확대 해석하면서 부정적으로 평가하였다.

사림의 등장이후 정치변화에 대해서 적극적으로 평가를 하고, 이를 '붕당정치'로 정리한 이은 이태진이었다. 그는 부정적으로 인식하던 조선중기의 정치를 바르게 해석하는 것이 필요함을 피력하면서, 붕당정치가 단점도 없지는 않지만, 정치 공도의 실현을 위해 현실적으로 강구될 수 있는 최선의 것이었다고 주장하였다. 또한 붕당정치는 우리의 중세사회가 이룩할 수 있었던 발전된 정치체제라고 주장하면서, '당쟁'이 아닌 '붕당정치'로 파악해야 할 것을 제안하였다.[1]

---

1) 이태진 「중앙 오영제의 성립과정」『한국군제사-조선후기편』1977.

이태진의 견해는 연구자들에게 공감을 받으면서, 이후 붕당을 객관적이고 합리적으로 이해하는 연구들이 진행되었다. 그러나 사림정치 연구는 아직 기초적인 정리에 머물고 있고, 그 연구의 양도 적어 사림정치를 체계적으로 이해하는 데는 미치지 못하고 있다. 그간의 연구성과를 정치세력, 정치제도, 정치운영의 영역으로 나누어 정리해보자.[2] 물론 선행의 논문이 이러한 분류를 의식하고 연구된 것이 아니므로 정리하는 것은 쉽지 않으나, 각 논문들이 사용하고 있는 방법이나 성과를 참고하여 나누어서 살피고자 한다.

먼저 정치세력의 관점에서 살펴보면, 연구들은 성종대부터 새롭게 등장하는 정치세력을 사림으로 파악하고 이들의 동태를 살피고 있다. 이 연구들은 우선 사림과 훈구를 나누는 기준을 정리하려는 연구와 사림세력을 확대하는 방안을 구체적으로 검토한 연구로 나눌 수 있다.

먼저 사림을 훈구로부터 나누어 설명하려는 연구들이 진행되었다. 가장 기본적인 접근방법으로 사화의 피해자를 기록한 자료를 중심으로, 피해자를 일단 사림이라고 전제하고, 이들 간의 상호관계를 문인록을 중심으로 검토하였다. 이는 학파적 입장을 강조한 것이었다. 주자학에 대한 이해가 심화됨 따라, 정치 운영과 개혁에 대한 입장의 차이가 사림, 훈구 갈등의 원인이 될 수 있음을 강조한 것이었다. 이러한 검토를 통해서 사림을 고려 말 온건개혁파와 연결을 지어서 설명하면서, 길제에서 김종직에 이르는 학맥과 계보가 강조되었다.[3]

이러한 이해는 정치갈등을 이해하는데 도움이 되었으나, 당시의 변화를

이태진 「당쟁을 어떻게 볼 것인가」 『조선시대 정치사의 재조명』 1985.

2) 이러한 분류는 정치사를 체계적으로 이해하고자 제시한 한 방법으로 근대사연구회 『중세사회해체기의 제문제』 1987에 잘 정리되어 있다.

3) 이수건 「영남사림파의 학문적 연원」 『영남사림파의 형성』 영남대학교 출판부 1979. 이병휴 「영남 기호 사림의 접촉과 사림파의 형성」 『조선전기 기호사림파연구』 일조각 1984.

설명하는데 충분하지는 않았다. 학맥을 통한 사화의 이해가 무오사화를 검토할 때에는 유용하였으나, 기묘사화에 이르면 크게 도움이 되지 못하였다. 특히 기초자료인 문인록도 후기적 기록으로 당시의 역동적 관계를 설명하기에 미흡하였다.

혈통적인 입장에서 사림과 훈구를 나누어 보려는 접근도 시도되었다. 이태진은 『동국여지승람』의 인물조를 분석하여 '鉅族'이라는 지표를 추출하여 훈구가문을 분석하는데 이용하였다.[4] 그는 인물조의 내용을 분석하면서 여러 대에 거쳐 당상관을 배출한 가문을 거족으로 파악하였다. 그리고 거족을 훈구가문과 연결시켰다. 이 지표는 여러 연구자들의 공감을 받았다. 이병휴는 기호사림파, 정국공신, 현량과 등의 연구에서[5] 정치집단의 성격을 구별하는 지표로 거족의 구성비율을 이용하였고, 정두희도 대간연구에서 이 지표를 이용하였다.[6]

조선이 신분사회였으므로, 혈통적 차이를 정치투쟁의 원인으로 상정한 것은 의미가 있는 시도였다. 그러나 이를 좀 더 적극적으로 활용하기 위해서는 신분제와 연결시키는 것이 필요하였다. 이태진은 거족의 범위를 넓게 설정하면서 거족을 신분제와 긴밀하게 연결시키지 못하였다.[7] 그러므로 거족의 지표를 이용하여 집단을 분석하였을 때에 훈구와 사림의 집단적인 차이를 극명하게 드러내지 못하였다. 이와 유사하게 공신을 분석하여 훈구세력에 접근한 연구도 있으나,[8] 이러한 연구도 평면적인 접근에 그쳤다.

4) 이태진 「15세기 후반기의 「거족」과 명족의식」 『한국사론』 3, 1976.
5) 이병휴 앞의 책.
6) 정두희 『조선시대의 대간연구』 일조각 1994.
7) 조선초기에 있어서 관직체계상 의미가 있는 경계는 2품이었고, 친족관계의 의미가 있는 범위는 4촌이었다(최이돈 「조선초기 특권 관품의 정비과정」 『조선시대사학보』 67, 2013; 「조선초기 법적 친족의 기능과 그 범위」 『진단학보』 121, 2014).
8) 이병휴 「조선 중종조 정국공신의 성분과 동향」 『대구사학』 15,16, 1878.
우인수 「조선 명종조 위사공신의 성분과 동향」 『대구사학』 33, 1987.

정치세력의 배경을 경제적으로 해명해보려는 연구도 보인다. 훈구와 사림을 대지주와 중소지주로 나누어 설명해보려 하였다.9) 이와 같은 주장은 당시 훈구와 사림의 정치적 지위를 비교할 때 공감이 가는 주장이다. 그러나 이러한 주장을 일반화하기에는 조금 조심스럽다. 16세기의 일부자료에서 사림이 대토지를 소유한 경우도 보여주고 있기 때문이다.10)

최근 이태진은 붕당정치가 전개되게 된 사회경제적인 배경으로 생산력의 발전과 그로 인한 상업변동을 거론하였다. 그는 사화와 같이 정쟁이 격렬했던 것은 사회변동이 그만큼 컸기 때문이었다고 주장하고, 그러한 변동의 배경으로 '상품유통의 발달'을 제시하고 있다.11) 그는 우리농업은 14세기 후반부터 휴한법에서 벗어나 연작상경이 보급되는 기술상의 중대한 변화가 있었고, 이러한 농업경제력의 신장이 16세기 상품유통 발전의 바탕이 되었다고 보았다. 상품경제의 발전은 기존의 농업 중심의 경제체제를 뒤흔들어 놓는 것이었고, 새로운 재원을 둘러싼 계층 간의 갈등과 알력도 적지 않았다고 보았다. 사화는 이러한 갈등, 알력이 중앙정국에서 폭발된 것으로 이해하였다.

이와 같이 이태진의 주장은 공감이 간다. 16세기를 통해서 상업이 활성화되면서 재원을 둘러싼 이득의 추구가 사림과 훈구 갈등의 원인이 되었을 것으로 이해되기 때문이다. 그러나 이러한 경제적 변화를 기준으로 훈구와 사림은 나누는 것은 조심스럽다. 우세한 지위에 있던 훈구가 이러한 변화에 보다 적극적으로 대응하였으리라 추측되지만, 변화의 혜택을 훈구만 누렸다고 보기는 어렵기 때문이다.

구체적으로 사림이 사림세력의 확대를 위해서 노력하는 모습을 검토한 연구도 진행되었다. 이병휴는 현량과 연구를12) 통해서 사림이 세력 확대

---

9) 이수건 「영남사림파의 경제적 기반」 『영남사림파의 형성』 영남대학교 출판부 1979.
10) 이수건 앞의 책 279쪽.
11) 이태진 「조선시대의 정치적 갈등과 그 해결」 『조선시대 정치사의 재조명』 1985.
   이태진 『한국사회사연구』 지식산업사 2006.

를 위해서 노력한 모습을 고찰하였다. 그는 현량과 설치과정과 폐지과정
을 검토하고, 현량과 급제자를 가문과 학파 등을 통해서 고찰하였다.

또한 사림세력의 강화라는 관점에서 연구자들은 공론정치에도 관심을
기울였다. 설석규는 공론정치를 儒疏를 중심으로 고찰하면서, 공론정치를
실증하였다.13) 김돈은 유생층의 공론형성을 중심으로 공론정치의 실상을
밝혔다.14)

정치제도의 관점에서 사림 연구를 살펴보면 언론기관에 대한 관심이 가
장 큰 것으로 나타난다. 언론기관에 대한 접근방법은 최승희에 의해서 정
립되었는데,15) 최승희의 연구는 15세기에 국한되기는 하였지만 언론연구
를 단순한 제도사적인 범주에 그치지 않고, 권력구조나 이념의 문제까지
를 포괄하려고 노력하고 있어, 이후의 연구에 큰 영향을 주었다.

사림정치에서 언론의 영향력을 김돈, 남지대, 정두희 등이 밝히고 있다.
이들은 각기 성종대와 중종대 대간 언론의 중요성을 제기하고 있다. 남지
대는 성종대 언관의 연구에서16) 최승희가 제시한 문제의식을 계승하면서,
圓議와 不問言根 등과 같은 관행의 형성을 통한 언권의 강화과정을 검토
하고 있다. 특히 그는 公論의 문제를 제기하여 대간언론의 이념문제와 언
론의 모집단에 대한 관심을 새롭게 제기하고 있어 주목된다. 정두희는 언
론이 확대되는 과정을 검토하면서 컴퓨터를 이용한 계량적인 분석의 가능
성을 시도하였다.17) 김돈은 중종대의 언관을 분석하면서, 사림이 삼사에
진출하는 과정을 다섯 시기로 나누어 분석하여, 사림의 정치적인 역할을

---

12) 이병휴 「현량과 연구」, 『조선전기 기호사림파연구』 일조각 1984.
13) 설석규 「16세기 전반 정국과 유소의 성격」, 『대구사학』 44, 1992.
14) 김돈 「16세기 전반 정치권력의 변동과 유생층의 공론형성」 서울대학교 박사학위
    논문 1993.
    김돈 『조선전기 군신권력관계 연구』 서울대학교출판부 1997.
15) 최승희 『조선 초기 언관 언론연구』 한국문화연구소 1976.
16) 남지대 「조선성종대의 대간언론」, 『한국사론』 12, 1985.
17) 정두희 앞의 논문

동태적으로 규명하고 있다.[18] 이병휴는 기호사림파에 대한 연구를[19] 사림의 진출을 시기로 나누어 언관활동을 중심으로 접근하였다.

이러한 일련의 언론제도의 연구는 사림이 언론기구를 적극 이용하면서, 언론기능이 활성화되는 모습을 잘 구명하였으나, 사림이 언론기구를 이용하게 된 구조적인 기반에 대해서 설명하지 못하여 사림과 언관의 관계를 유기적으로 설명하지 못하고 있다.

銓郞職을 검토한 연구도 보인다. 사림파의 전랑직 진출을 주목하면서 전랑직이 갖는 정치구조적인 위치를 분석하고, 삼사와 전랑과의 관계를 통하여 당시의 권력구조를 설명하고 있다.[20] 이는 매우 소중한 성과이나 그러한 변화가 형성된 배경이나, 이러한 변화가 붕당과 연결되는 측면 등을 설명하지 못하는 한계가 있다. 史官의 분석을 통해서 정치구조에 접근한 연구도 있다.[21] 사관이 갖는 정치적 영향력은 한계가 있는 것이었지만, 사림의 정계진출의 일 모습을 보여주었다.

정치운영의 관점에서 사림연구를 살펴보면 많은 연구들이 사림의 정책을 언급하면서 이 문제를 일부분씩 언급하고 있으나, 본격적으로 정치운영만을 구명한 연구는 드물다.[22] 그러나 정치운영방식인 붕당의 이념을 논하는 붕당론에 대한 연구는 활발했다.

앞에서 언급한 것처럼 붕당정치에 대해 적극적인 평가를 하고 이를 '붕당정치'로 정리한 것은 이태진이었다.[23] 그는 당쟁이라는 용어를 대신 붕당을 사용할 것을 요청하였다.[24] 정만조는 붕당에 대한 인식인 '붕당론'을

---

18) 김돈 「중종대 언관의 성격변화와 사림」 『한국사론』 10, 1984.
19) 이병휴 앞의 책
20) 김우기 「조선전기 사림의 전랑직 진출과 그 역할」 『대구사학』 29, 1986; 「전랑과 삼사의 관계에서 본 16세기의 권력구조」 『역사교육논집』 13, 1990.
21) 차장섭 「조선전기의 사관」 『경북사학』 6, 1983; 「사관을 통해서 본 조선전기 사림파」 『경북사학』 8, 1985.
22) 사상사의 관점에서 언급하고 있는 업적이 많으므로 여기서 상론하지 않겠다.
23) 이태진 「중앙 오영제의 성립과정」 『한국군제사-조선후기편』 1977.

연구하였다. 그는 조선중기에 붕당론이 어떻게 성립 전개되었는지를 정리하였고,[25] 붕당정치의 형성을 학파와 연관시켜서 구명하였다.[26] 지두환은 붕당론에서 중요한 쟁점이 되는 군자와 소인의 문제를 검토하였다.[27] 남지대는 그간의 붕당정치와 정치사에 관한 연구성과를 바탕으로, 붕당정치의 형성을 가능케 한 정치구조적 배경과 붕당론을 정리하였다.[28]

이와 같이 이태진의 붕당정치 제기 이후 붕당정치를 보는 이해는 깊어지면서 붕당론도 충분히 정리되었다.[29] 그러나 아직 붕당정치가 전개되는 정치구조적 배경에 대한 설명은 부족하다. 붕당을 긍정적인 시각에서 파악하고 있으나 아직 이를 실증하지는 못하고 있다. 오히려 그에 대한 실증작업은 17세기를 중심으로 이루어지고 있어, 16세기의 변화에 대한 규명은 앞으로의 과제로 남아있다.[30]

2. 연구 과제

이상으로 그간 사림정치에 대한 기왕의 연구들을 정리해 보았다. 많지 않은 연구이지만 다양한 관심을 가지고, 다양한 접근을 시도하고 있다는 것을 알 수 있다. 그간 상당한 성과를 축적하고 있지만, 각 영역에서 아직 해결하지 못한 문제들이 남아있다.

---

24) 이태진 「당쟁을 어떻게 볼 것인가」, 『조선시대 정치사의 재조명』 1985.
25) 정만조 「16세기 사림계 관원의 붕당론」, 『한국학논총』 12, 1990.
26) 정만조 「조선시대의 사림정치」, 『한국사상의 정치형태』 1993; 「조선중기 유학의 계보와 붕당정치의 전개」, 『조선시대사학보』 17, 2001.
27) 지두환 「조선전기 군자 소인 논의」, 『태동고전연구』 9, 1993.
28) 남지대 「조선중기 붕당정치의 성립기반」, 『조선의 정치와 사회』 2002.
29) 최이돈 「16세기 낭관권의 성장과 붕당정치」, 『규장각』 12, 1989.
30) 구덕회 「선조대 후반 정치체계의 재편과 정국의 동향」, 『한국사론』 20, 1989.
    한명기 「광해군대의 대북세력과 정국의 동향」, 『한국사론』 20, 1989.
    오수창 「인조대 징지세력의 동향」, 『한국사론』 13, 1985.

　　정치세력의 연구에서는 사림 정치세력이 훈구와 어떻게 다른지 충분히 설명하지 못하고 있다. 혈통적 차이를 언급하는 것이 주목되나 신분제와 연결되지 못하면서 충분한 설명을 하지 못하고 있다. 또한 사림이 정치세력으로 결속할 수 있는 계기를 제공한 제도나 관행 등이 설명되지 못하여 사림세력이 결속되는 과정도 잘 설명하지 못하고 있다.

　　정치제도의 연구에서는 언론기관 등을 통한 사림의 진출은 보여주고 있으나, 당시 언론이 어떤 구조적 맥락에서 그러한 기능을 할 수 있게 되었는가를 설명하지 못하고 있다. 전랑직 역시 어떠한 배경을 통해서 그러한 위치를 가지게 되었으며, 이는 사화나 붕당과 어떻게 연결되는지 구조적으로 설명하지 못하고 있다.

　　정치운영의 연구에서도 붕당을 인정하는 논리로서 붕당론을 설명하고 있으나, 구체적으로 어떻게 새로운 정치운영방식으로 붕당정치가 형성되었는지 해명하지 못하고 있다.

　　그러나 그간 연구의 가장 중요한 문제점은 연구들이 단편적으로 이루어지고 있어서, 각각의 연구들이 상호 긴밀하게 조응하고 있지 못하다는 점이다. 즉 정치세력과 정치제도 그리고 정치운영방식을 상호 긴밀하게 연결하여 설명하지 못하고, 부분적으로 나뉘어 설명하면서 사림정치의 큰 맥락을 설명하고 있지 못하고 있다.

　　그러므로 가장 시급한 과제는 현재까지 단편적으로 진행된 연구들을 묶어서 파악할 수 있는 정치구조에 대한 체계적 정리가 필요하다. 그간 연구된 정치세력, 정치제도, 정치운영방식에 대한 연구들을 정치구조라는 한 틀을 통해서 정리할 수 있다면 기왕에 구명된 단편적인 연구들이 제자리를 잡아가면서 정리될 수 있고, 또한 각 분야의 연구들이 긴밀하게 상호 연결되는 계기를 만들어, 현단계 연구의 한계를 극복하여 사림정치의 전체상을 보다 선명하게 이해하는데 기여할 것으로 기대된다.

　　그러므로 사림정치를 종합적으로 이해하기 위해서 기존의 성과를 관통

할 수 있는 새로운 설명의 틀로서 정치구조를 살피는 것이 필요하다. 정치구조는 정치를 이루는 구조적인 틀로써, 이를 구명하고자 할 때에 권력구조를 살피는 것으로 시작할 수 있다. 정치구조의 내적 논리는 권력구조에 기인하는 것일 수밖에 없기 때문이다.

또한 권력구조를 구명하고자 할 때, 유념하고자 하는 것은 인사방식이다. 사림이 중하급관원으로서 대신인 훈구와 다투기 위해서는 일단 자신의 지위를 보장받을 수 있는 인사장치를 제도적으로나 혹은 관행적으로 확보해야 하였다. 이러한 장치를 확보하지 못할 때에 지속적인 투쟁은 불가능하다고 보아야 할 것이다. 따라서 본연구는 규정이나 관행을 통해서 확보된 인사방식으로부터 권력구조를 정리하는 실마리를 찾고자 한다.

사림은 새로운 권력구조를 정립하면서 이를 기반으로 사림의 영향력을 강화하기 위해서 사림세력을 강화하고, 사림의 이해관계를 관철할 수 있는 정치운영방식을 만들면서 새로운 정치구조를 추구하였을 것으로 예상된다. 물론 이러한 과정은 훈구의 강력한 견제로 한 번에 이루기 어려웠다. 그러므로 사림은 여러 차례의 사화를 당하면서 각 단계의 정치적인 과제를 하나하나 해결하였다. 그러므로 본고에서는 그 진행과정을 살피면서 사림정치가 붕당정치로 구현되는 과정을 정리하고자 한다.

1. 먼저 성종대 사림이 등장하게 된 정치구조적 배경을 살피고자 한다. 사림의 등장에 대한 사회 경제적인 배경을 해명하고 있으나,[31] 정치구조적인 관점에서는 해명되지 못하고 있다. 기존의 연구에 의하면 사림이 언론기관을 통해서 활동하는 현상에 주목되었나, 당시의 兩司의 언론은 사림세력의 기반이 되기에는 구조적인 한계가 있었다. 즉 언관의 인사는 왕과 대신의 영향력 하에 있었다. 그러므로 인사에서 취약한 양사의 관원들이 소신을 가지고 언론을 한다는 것은 구조적으로 불가능하였고, 따라서 양사는 사림세력의 확장 기반도 되기 어려웠다. 사림은 언론을 활동의 기반

31) 이태진 앞의 책이 그 대표적인 예이다.

으로 삼기 위해서는 양사의 인사권 문제를 해결해야 하였다.

그러므로 이를 극복하는 과정에 대한 구명이 필요하다. 그간 연구에서 현상적으로 볼 때에 兩司 중심 언론의 한계는 홍문관이 등장하면서 극복되는 것으로 나타났다. 그러므로 사림은 홍문관이 언관화되는 과정에서 홍문관은 물론 양사 언론에 걸림돌이 되는 인사권의 문제를 해소하였다고 추정된다. 그러므로 사림이 이를 어떻게 극복했는지를 검토하는 것이 필요하다.

사림이 홍문관을 중심으로 한 삼사 언관권을 형성하면서 사림의 진출이 확대되고, 훈구를 견제하는 개혁을 추진할 수 있었다. 그 구체적인 진행과정을 살펴보자. 또한 이러한 변화에 대한 기득권자들의 반동으로 무오사화가 야기되었는데, 무오사화와 언관권을 연결시켜서 설명함으로써, 士禍의 정치구조적 배경도 해명하고자 한다.

2. 사림이 언관권을 확보하고 개혁을 추진하였지만, 사화를 당하면서 큰 피해를 받지 않을 수 없었다. 사림은 이를 통해서 언관권이 가지는 한계를 심각하게 인식하지 않을 수 없었을 것으로 추정된다. 즉 언관권만을 가지고 훈구대신들을 견제하는 것은 어렵다는 것을 인식하면서 새로운 모색을 하였을 것으로 추정된다.

성종대에 사림이 확보한 언관권은 중요한 인사나 정책의 윤곽이 결정된 연후에 작용하는 제어장치에 불과하였다. 사림은 정치의 결정과 집행과정에 직접 관여할 수 있는 권력기구를 확보하는 것이 필요하였다.

이러한 필요에서 사림은 낭관권의 형성을 추진한 것으로 보인다. 그러므로 사림은 행정의 실무자인 낭관들이 정책 결정과 집행에 관여할 수 있는 권한을 가질 수 있도록 노력하였고, 그러한 노력의 성취로 중종 중엽에는 낭관권을 형성한 것으로 짐작된다. 그 과정도 살펴보고자 한다.

사림은 언관권과 낭관권을 통해서 보다 힘차게 개혁을 추진할 수 있었을 것으로 추정된다. 당연히 사림에 의해서 확보된 낭관과 언관의 관계는 유기적으로 조화를 이루었을 것인데, 그 실상도 살펴보고자 한다. 낭관권은 기묘사림에 의해서 확보된 것이었으므로 기묘사화와 낭관권은 밀접한 관계를 맺고 있었다. 이점도 관련시켜 설명해 보고자 한다.

3. 사림은 언관권과 낭관권을 통해서 권력구조를 바꾸면서 사림의 주도권을 위해서 사림세력을 강화하는 방안을 모색하였다. 권력구조의 변화에 상응하는 관원충원구조의 변화를 추구한 것이다. 사림은 기존부터 시행되고 있던 천거제를 활성화하여 사림세력을 강화하고자 하였으며, 나아가 천거제를 과거제로 만들어 천거로 진출한 사림에게 과거출신자와 동등한 자격을 부여하고자 하였다. 그 변화과정에서 사림은 훈구 자제들이 문음으로 진출하는 것도 견제하고 있었는데, 그 과정도 살피고자 한다.

4. 사림은 천거제를 통해서 사림세력의 정치진출을 주진하였으나, 사림의 정치개혁의 목표는 이에 그치지 않았다. 사림은 자신의 의사를 반영할 수 있는 정치구조의 형성을 최종 목표로 하였다. 그러므로 사림은 재야의 사림까지 정치참여층으로 참여시키고자 하였고, 이를 공론정치체제의 구축을 통해서 실현하고자 하였다.

정치참여층을 확대하는 것은 기득권을 침해하는 것이었으므로, 훈구들은 이에 대해 적극 저항하였으므로 이러한 변화는 쉽게 성취되지 못하였다. 사림은 이러한 변화를 충실하게 추진하였고, 선조대에는 공론정치를 정립하였다. 공론정치체제가 형성되면서 사림은 직간접적으로 정치에 참여할 수 있었다. 공론정치가 형성되는 과정도 하나하나 검토하고자 한다.

5. 마지막으로 사림이 정치운영구조를 붕당정치로 정착시키는 과정을 검토하고자 한다. 삼사 언론의 강화와 낭관권의 형성에 따라 권력구조가 변화하였고, 재야사림까지 정치참여층이 되는 공론정치가 형성되면서 정치운영방식도 변할 수밖에 없었다.

그러므로 낭관권이 형성되고, 공론정치가 이루어지는 중종대에 이르면 붕당정치가 실현될 가능성이 있었다. 그러나 중종중반 사화의 발생과 권신의 출현으로 정치가 부침을 계속하면서 붕당정치는 실현되지 못하였다. 선조대에 이르러서 정치의 안정과 함께 붕당정치는 새로운 정치운영양식으로 정립되었다. 그러므로 먼저 중종말기에서 명종대에 이르는 시기의 권신의 출현과, 이에 대한 언관과 낭관들의 대응을 살피고, 또한 권신의 배제이후 정치운영방식이 변화하면서 붕당정치로 정착되는 모습을 검토하고자 한다.

이상의 고찰을 통해서 사림이 추구한 권력구조, 정치세력, 정치운영방식 등의 변화를 해명하고, 새로운 정치구조에 따라서 사림정치가 정립되는 과정을 밝히고자 한다. 연구를 통해서 이와 같은 정치변화가 나타나는 조선중기의 정치적 성격 나아가 국가적 성격을 보다 선명하게 이해할 수 있기를 기대한다.

제2장 弘文館 기능의 확대와 言官權의 강화

1. 弘文館의 기능

1) 고문기능

『경국대전』에 보이는 홍문관의 법제적 기능은 掌內府経籍, 治文翰, 備顧問 등 세 가지로 나뉜다.[1] 이 세 가지는 藏書閣機能, 文翰機能, 顧問機能 등으로 풀 수 있다. 장서각기능은 문한과 고문기능을 원활히 수행하기 위한 보조기능으로 이해되므로, 홍문관의 기능을 문한기능과 고문기능으로 나누어 생각해 볼 수 있다. 이는 홍문관원들이 経筵官과 知製敎의 역할을 겸대한 것과 표리관계를 이루는 것이었다. 즉 経筵官의 역할은 고문기능, 知製敎의 역할은 문한기능과 연결되는 것이었다.[2]

이 중 고문기능은 홍문관의 독특한 기능이었다. 문한기능은 예문관, 승문원 등에서도 하였기 때문이다. 세종대 집현전의 설치나, 세조대 예문관의 활성화[3] 등은 홍문관 설치의 목적과 같이 고문기능을 전문으로 행할 기구의 필요성에 있었다고 생각된다. 그러므로 홍문관의 주 기능은 고문기능이었고 문한기능은 부수적인 기능이었다.[4]

---

1) 『경국대전』 이전 경관직.
2) 상동조.
3) 최승희 「홍문관의 성립경위」 『한국사연구』 5, 1970.
4) 고문기구의 설치는 합리적인 정치운영을 추구한 것이었으나, 세종, 성종의 왕권강화와 자연스럽게 연결이 되었다. 이러한 현상은 羅末麗初나 고려 후기에 보이는 文翰機構를 통한 합리적 정치운영의 모색이 왕권강화와 연결되는 것과 같은 현

홍문관의 고문기능은 몇 가지로 나누어 살펴볼 수 있다. 가장 핵심적인 역할로 왕을 교육하는 経筵, 策을 통하여 의견을 개진하는 發策, 정치현안 논의에 참여하는 收議 등이 있으며, 이러한 여러 활동의 학문적 바탕을 이루는 古制研究도 여기에 속하였다. 編纂은 고문, 문한기능 어느 쪽에도 속할 수 있었다. 경연의 연장선상에서 시행된 초기 언론활동도 고문기능에 포함시킬 수 있으나, 서술의 편의상 절을 달리하여 서술하고자 한다.

(1) 経筵

경연은 홍문관 고문기능의 핵심이었다. 이에 대한 본격적인 검토가 필요하지만, 본 절의 목적이 홍문관의 기능을 간략히 살피는 것이므로 경연의 제도적 추이와 경연의 활성화에 기여한 당시 조정의 분위기를 살피는 데 그치고자 한다.[5]

집현전 형성 이전의 경연은 전담기구가 없어 그 기능이 미약하였다. 세종 이후 집현전이 경연을 전담하는 기구로 등장하면서 경연은 크게 활성화되었으나, 세조대에 들어서 집현전이 폐지되면서 경연은 다시 위축되었다. 성종 원년(1470)에 이르러 예문관에 副提學이하 15명의 관원을 증치하여, 예문관이 경연을 전담할 준비를 갖추게 되면서 경연은 활성화 되었고, 성종 9년에는 예문관에서 홍문관이 분리되면서 홍문관이 경연을 전담하게 되었다.

홍문관이 경연을 전담한 이후 몇 가지 제도적 변화가 있었다. 성종 9년 6월에는 領事 1인이 더 두어졌으며, 성종 17년부터는 특진관이 설치되어 경연의 정치적 비중이 커졌다.[6] 이와 더불어 성종 9년 參下官이 설치되고,

---

상이었다. 선초의 고문기구의 경우 운영방식에서 더욱 합리성을 추구하였다는 점에서 역사적 진전을 보여주는 것으로 생각된다.
5) 남지대 「조선 초기의 경연제도」 『한국사론』 6, 1980; 권연웅 「조선 성종대의 경연」 『한국문화의 제문제』 1981 등은 성종대의 경연을 이해하는데 도움이 된다.
6) 남지대 위의 논문 136~138쪽.

次次遷轉이 실시되었다.7) 성종 11년에는 賜暇讀書制가 실시되어 관원의
전문적 소양의 양성이 제도적으로 보장되었다.8) 또한 성종 11년의 『性理
大全』을 예습하여 진강하게 한 조처도, 경연관의 자질 향상에 크게 도움
을 준 것으로 해석된다.9)

　이러한 일련의 조처와 함께 성종은 홍문관원 親講을 실시하였다. 홍문
관원들을 선정전에 모으고 유학의 중요문제를 강론하거나 검토하도록 하
는 조치였다. 親講의 유래는 세조대의 兼芸文館員親講에서 찾아지는데,10)
그 당시의 친강이 경연을 피하기 위한 응급조처였던 것과 달리, 성종대 홍
문관의 친강은 경연관의 자질 향상을 통한 경연의 질을 높이는데 도움이
되었다고 생각된다. 성종 10년에서 13년 사이에 세 차례의 홍문관원 친강
사례가 보이는데 그 내용을 보아 당시의 친강은 治道의 문제에 초점을 둔
것이었음을 알 수 있다.11)

---

7) 『성종실록』 권95, 성종 9년 8월 경인조에 사복시의 次次遷轉을 논하는 중 弘文
　館, 承文院 등에서는 '必專其任'하기 위해서 次次遷轉하고 있다고 설명하고 있
　다. 이것은 성종 9년 이전부터 홍문관에서 次次遷轉을 시행하였음을 짐작케 해
　준다.
8) 『성종실록』 권114, 성종 11년 2월 신유조.
　今國家置弘文館, 選年少文臣任之, 欲其才學之成就也. 然不能專心於學, 請
　依祖宗朝故事, 賜暇讀書, 專其業, 上曰可.
　이상과 같이 결정된 賜暇讀書는 며칠 뒤인 庚子條에 의하면 "命弘文館員, 每
　賜暇三人, 遞讀書于山寺."라는 귀절이 보여 시행되었음을 알 수 있다.
9) 『성종실록』 권122, 성종 11년 10월 병인조에 의하면 경연 중 영사 이극배와 지사
　강희맹이 다음과 같이 건의하였다.
　資治通鑑史家根本, 性理大全理學之淵源, 此二書, 不可不講也. 然性理大全,
　有皇極経世書律呂新書, 其奧義微旨, 非人人所能解也. 請擇弘文館之英敏
　者, 預習進講.
　이는 『性理大全』 중 皇極経世書, 律呂新書를 예습 진강하게 하자는 제의로,
　세종대의 『性理大全』 전체를 예습 진강하게 한 것에 비하면 진전된 모습을 보여
　준다(南智大, 앞의 논문 참조). 이 건의는 받아들여져 시행됐다.
10) 최승희 「홍문관의 성립 경위」 『한국사연구』 5, 1970, 100쪽.
11) 홍문관의 親講 내용

성종은 한 걸을 더 나아가서 文臣講書를 시행하였다.[12] 이는 친강의 범위를 홍문관원에서 모든 문신으로 확대한 것이었다. 그러나 이러한 성종의 의도는 시행되기 어려운 상황이었다. 그 이유를 성종 13년(1482) 정월 경연에서 다음과 같이 지적하였다.

> 지금 문신으로 講書에 능한 자가 드뭅니다. (중략) 홍문관, 성균관원은 講을 할 수 있습니다.[13]

그 내용은 강서를 담당할 관원이 홍문관, 성균관의 관원밖에 없다는 것이다. 여기에 홍문관원을 언급한 것은 당연한 것으로 보이나, 성균관원들이 거론된 것이 주목된다. 이는 성균관원들이 유생들의 교육에 종사한 데서 기인한 것으로 이해된다. 실제로 당시 실시된 강서에서 성균관 司成 盧自亨이 講書에 가장 능통하다는 평가를 받았다.[14]

이러한 제약 때문에 文臣講書는 한 번의 시행에 그치고 말았다. 그러나 친강, 문신강서 등 관원들의 유학 능력을 심화하기 위한 조처는 계속해서

인 원	구 분	내 용	전거(권, 년 월 조)
최경지 등	講	虞書 欽字之義, 治道	105, 성종 10년 6월 병진
이세좌 등	講論	春秋百王之法	111, 성종 10년 11월 신축
이명숭 등 13인	講 討論	尙書洪範 周官	146, 성종 13년 9월 갑자

*두번째 論難의 경우 春秋百王之法을 논하라는 성종의 명을 받아 "作春秋始終, 及褒貶之義, 王伯之異"를 논하였다. 세번째 講의 討論에는 "至皇極泛論爲治之道, 而歸之人主之一身, 拈出一敬字, 以爲聖學成始成終之要."라는 논의를 하였다. 이와 같은 褒貶之義나 爲治之道에 대한 관심은 첫번째 講에서 보이는 治道에 대한 관심과 통하는 것이었다. 이러한 것은 親講의 성격이 경연과 동일한 것으로, 治道가 그 핵심이었음을 알 수 있다.

12) 『성종실록』 권137, 성종 13년 정월 신미.
   伝曰, 來初五日, 堂下官文臣殿講, (중략) 試官來啓曰, 文臣多不可聚一處講之, 請分二所, 四書中二書, 五経中一経, 抽籤以講, 其中格者殿講, 從之.
13) 『성종실록』 권137, 성종 13년 정월 계유.
14) 『성종실록』 권137, 성종 13년 정월 병자.

모색되었고, 專経文臣制의 채택으로 귀결되었다. 전경문신제는 年少聰敏한 자들을 뽑아, 이들에게 각각 유교경전 한 권씩을 연구하게 하고, 일정 기간 후 강론하게 하는 제도였다. 이것은 성종 13년(1482) 정월 許琮이 경연 중 건의하여[15] 대신들의 수의를 거쳐서 시행된 것이었다.[16]

專経文臣으로 뽑힌 인원들이 어떤 부류였는지를 구체적으로 보여주는 자료는 보이지 않는다.[17] "홍문관 성균관원만이 강할 수 있습니다."라고 지적한, 당시 상황과 홍문관원의 親講이 專経文臣制 시행 이후에는 보이지 않는 것을 보아, 홍문관원들을 주축으로 하는 30세 이하의 聰敏한 자들로 구성되었으리라 추측된다.[18] 결국 홍문관원들의 전경문신의 임명은『性理大全』의 예습 진강, 홍문관원 친강, 문신강서로 이어지는 일련의 조처의 하나로, 홍문관원의 경연관으로서의 자질 향상에도 크게 기여하였으리라 생각된다.

이러한 조처들과 함께 경연의 활성화에 기여한 것은 당시 조정의 분위기였다. 그 분위기를 짐작케 해주는 대표적인 사례가 '理學宰相'의 선발이었다. 성종 13년 11월 전경문신인 성균관 司芸 金秀光 등의 강서를 마치고, 성종은 입시한 노사신 등으로 하여금 中庸의 性, 道, 敎 등의 의미나 理, 氣의 先後 등을 토론하게 하였다.[19] 이것이 발단이 되어서 그 후 며칠 뒤에 성종은 성리학에 능한 대신, 즉 理學宰相을 선발하게 하였다.[20] 이학

---

15) 상동조에 文臣講書가 끝난 후 허종에 의해서 건의되었다.
16) 『성종실록』 권137, 성종 13년 정월 병술조. 매 式年마다 年少하고 聰敏한 자를 뽑아 一経씩 담당시키자는 노사신의 건의가 채택되었다.
17) 『성종실록』 권137, 성종 13년 정월 경진조에 의하면 노자형 등 45인이 선발되었음을 알 수 있으나 구체적인 명단은 밝혀지지 않고 있다. 이 인원도 다시 영중추 이상의 의논에 붙여져서 30세 이하라는 새로운 규정이 채택되면서 다소 조정이 있었다(『성종실록』 권137, 성종 13년 정월 병술).
18) 『성종실록』 권137, 성종 13년 정월 병술.
19) 『성종실록』 권148, 성종 13년 11월 기유.
20) 『성종실록』 권148, 성종 13년 11월 무오조에 의하면 윤필상, 홍응, 노사신, 이극배, 윤호, 서거정, 허종, 이피, 손순효, 어세겸, 이극기 등이 선발되었음을 알 수

재상들은 수차에 걸쳐 유학의 경전들을 강론하거나 토론하였는데, 이러한 과정에서 성리학의 주요 논제가 되는 四端之發,[21] 性情[22] 등의 문제가 토론되었다. 토론의 내용을 보면 아직 원숙하지 못한 당시 성리학 이해 수준을 보여주는 것이었지만, 성리학의 핵심논제들이 조정에서 대신들에 의해서 거론되었다는 점은 의미있는 일로 이해된다. 또한 성종은 이학대신들의 토론에 성리학에 능한 前察訪 李寬義 등을 불러 講하게 하였고,[23] 각도 觀察使들에게 성리학에 능한 자를 찾을 것을 명하기도 하였다.[24]

이러한 일련의 조처는 朝野의 성리학 이해의 심화에 크게 도움이 되었으며, 홍문관원들의 성리학에 대한 이해의 심화와 그에 따르는 경연 수준의 제고에 기여하였으리라 생각된다.

(2) 發策

홍문관의 고문기능은 발책을 통해서도 되어졌다. 발책은 성종 10년에서 12년 사이에 몇 차례 보이는 것으로, 정치 중요 현안을 策題로 내어 홍문관원들의 의견을 발표케 하는 것이었다. 모두 네 차례의 사례가 추출되는데, 책제의 내용을 통해서 발책의 성격을 가늠해 볼 수 있다.

성종 10년(1479)의 發策은 策題가 뚜렷치 않아[25] 전반적 시폐를 다루는

있다.

21) 『성종실록』 권148, 성종 13년 11월 무오조에 이피의 "四端之發只有是理, 而無是氣, 自然而出耳."라는 주리적 견해를 제시하였다. 이에 대해 참가인들 모두 "無是氣, 則四端何自發乎."라고 반박하였으나, 이피는 자신의 견해를 굴하지 않았다고 기록하고 있다.

22) 『성종실록』 권149, 성종 13년 12월 기유조에 이극기는 心統性情이라는 장횡거에 의해서 제시되었고 주희에 의해 받아들여진 견해를 표하고 있으나, 이피는 性情無心이라는 독특한 견해를 제시하였다.

23) 『성종실록』 권150, 성종 14년 1월 병오조에 손순효의 천거에 의해 前察訪 李寬義가 大學, 中庸 등을 講하였고, 宰臣들이 論難하였다.

24) 『성종실록』 권150, 성종 14년 5월 정미.

25) 『성종실록』 권111, 성종 10년 11월 신묘.

時務策의 성격으로 이해된다. 성종 11년의 策題는 성균관에 塑像을 설치해야 하는가의 문제로 儀礼的 문제였다.26) 나머지 두 가지는 성종 11년 평안도 輪穀方法,27) 성종 12년 평안도 蘇復策 등이었다.28) 이것은 당시 평안도 사태의 심각성에서 제기된 문제들이었다. 발책에 의해서 제시된 의견은 그 대책의 적절성에 따라서 정부의 시책으로 시행되었음을 볼 때, 발책의 기능을 적극적으로 평가할 수 있겠다.

(3) 收議

홍문관의 고문기능은 수의를 통해서도 나타났다. 수의는 정책 결정을 앞두고 관료들의 의견을 모으는 것으로 일반적으로 대신들을 대상으로 행해졌다. 홍문관원들이 수의에 참여하는 것은 드문 예였지만, 이러한 방법을 통해서도 그들의 의견이 정책에 반영되었다는 것은 의미있는 것이었다.

홍문관원들이 수의에 참여하는 경우는 領敦寧以上, 議政府, 六曹, 承政院, 臺諫 등과 함께 하는 경우가 일반적이었으나,29) 때로는 홍문관 단독, 승정원과 함께, 승정원, 대간과 함께, 혹은 육조, 대간, 한성부 등과 함께 등의 다양한 방법으로 진행되었다. 홍문관이 수의에 참여하는 경우는 어김없이 領敦寧이상의 수의를 거친 뒤의 일이라는 특성이 있었다. 대신들의 수의를 거쳤으면서도 홍문관원들의 의견을 묻는 것은 두 가지 경우였다고 생각된다. 그 첫째는 유학적 전문지식이 요구되는 경우였다. 그 사례로 '주현 향교의 免祭시행'의 경우를 들 수 있겠다.30) 주현 향교는 廡가 설치되지 않았으므로 免祭를 大成殿 내에서 시행해야 했다. 그런 경우 位次가 문제되

---

26) 『성종실록』 권120, 성종 11년 8월 정축.
27) 『성종실록』 권121, 성종 11년 9월 기축.
28) 『성종실록』 권132, 성종 12년 7월 임인.
29) 收議는 대부분 領敦寧 이상 의정부 대신들을 대상으로 하였다. 홍문관원들이 참석하는 경우는 육조, 승정원, 대간 등과 함께한 경우가 대부분이었다.
30) 『성종실록』 권181, 성종 16년 7월 무오.

는데, 이는 유학의 道統에 걸리는 매우 전문적인 문제였다. 이런 경우 왕은
안건을 대신들의 수의를 거친 뒤 다시 홍문관원의 수의에 부쳤다.

두 번째는 대신들과 홍문관원들 사이에 의견이 상충되는 경우였다. 그
한 사례를 '최영원의 처죄'의 문제에서 볼 수 있다.[31] 이 문제는 최영원이
裨補 설치를 건의한 데서 발생한 문제로, 이에 대해서 대신들은 온건한 처
리를 원하였는데, 유교에 입각한 異端의 배격에 예민한 홍문관에서는 강
경한 처벌을 주장하였다. 이러한 경우 왕은 양자 성격을 종합하기 위해서,
대신수의를 거친 뒤 다시 홍문관의 의견을 묻기 위해 수의를 실시했다.

이러한 두 가지의 이유는 수의의 전체적 성격에서도 드러난다. 홍문관
수의의 내용을 정리하여[32] 그 내용을 항목별로 분류하면 다음의 <표1>
과 같다. 내용을 보면 儀礼와 外交에 관계되는 것이 13건에 이르고 있다.
이것은 유학적 전문지식이 동원되는 것으로, 수의의 전체적인 성격을 짐
작케 해준다. 또한 인사가 7건에 이르고 있는데, 대부분이 성종 16년 이후
에 보이는 것으로, 대신들과 홍문관원들의 의견 상충에서 기인한 것으로
이해된다. 특히 그 대립이 첨예하게 드러난 사례는 '深源 치죄'와[33] '任士
洪의 치죄'의 문제였다.[34] 이심원을 용서하고, 임사홍을 치죄하자는 홍문
관의 입장과 이심원을 치죄하고, 임사홍을 용서하자는 대신들의 입장이
뚜렷하게 갈리고 있었다.

<표1> 홍문관 수의 내용 분류

내역	인사	의례	외교	기타	총수
수	7	9	4	2	22

이러한 인사에서의 대립관계는 홍문관의 성격변화와 궤를 같이 하는 것

---

31)『성종실록』권174, 성종 16년 1월 경자.
32) 홍문관원이 참여한 수의 내용

으로, 수의의 성격이 홍문관원의 언론활동과 연결됨을 볼 수 있다. 이상의
정리에서 볼 때 홍문관원들은 수의를 통해서도 고문기능을 증진시켜 간
것을 알 수 있다.

(4) 古制硏究

고제연구는 정책결정을 위해 중국이나 우리 측의 전례를 검토하는 것이
다. 연구내용이 현안 결정에 큰 영향을 갖는다는 점과, 이 과정을 통해서
닦여진 홍문관의 능력이 수의나 발책 등을 통해서 발휘될 수 있다는 점에

내용	전거(권, 년 월 조)
권경희 六曹서용불가	117, 11 5 갑신
嫡妾여부	118, 11 6 신유
諡号改여부	146, 13 9 신유
대행대왕비諡号陵号陵殿号와 祭祀	154, 14 5 임진
대행대왕비喪制	154, 14 5 을묘
대행대왕비喪制	154, 14 5 무오
天使접대시服制	155, 14 6 정축
賜學田 성균관	172, 15 11 을유
최형원 치죄	174, 16 1 경자
이심원 치죄	175, 16 2 경신
손순효 치죄	180, 16 6 계사
정륜 치죄	181, 16 7 경신
주현의 免祭 대성전시행	181, 16 7 무오
赴京使臣 복제	200, 18 2 무술
왕세자 입학 冠祀	200, 18 2 기해
왕세자관복, 年分等第	213, 19 2 을묘
朝官犯罪論罪절목	219, 19 8 을유
임광재 치죄	221, 19 10 임자
허곤 치죄	255, 22 7 신사
咨文문제	267, 23 7 신사
咨文의 내용	267, 23 7 을유
문소전 神位	283, 24 10 정축

33)『성종실록』권175, 성종 16년 2월 경신.
34)『성종실록』권221, 성종 19년 10월 임자.

서 고문기능으로 간주된다. 대신들은 전문적인 분야에 대한 수의에서는
고제연구 후에 다시 토론할 것을 결정하는 것을 보면, 고제연구의 성격이
大臣收議 후에 진행되었던 홍문관의 수의와 비슷한 것을 알 수 있다.

성종대의 고제연구는 세종대의 집현전의 것과 여러 면에서 차이를 갖는
다. 세종대는 주로 唐, 宋의 고제가 연구의 중심 대상이었으나,[35] 성종대
에 이르면 중국의 고제 뿐 아니라 祖宗朝故事에도 눈길을 돌리게 되었다.
이것은 세종, 세조대를 통해 시행된 연구와 시행 사례의 축적에 기인하였
고, 또한『高麗史』,『高麗史節要』의 편찬이후 高麗故事에 대한 검토가 용
이해진 것에 따른 변화였다.[36]

고제연구는 주로 홍문관과 예조에서 행해졌다.[37] 그러나 고제연구가 중
국뿐 아니라 조종조고사까지 검토하게 되면서, 성종 17년(1485) 무렵부터
는 홍문관과 예조의 기능 분화가 일어났다. 홍문관은 주로 중국 측 고제를
검토하였고, 예조에서는 주로 조종조고사를 검토하였다. 이 차이는 홍문관
과 예조가 고제연구에 같이 참여하는 경우 뚜렷이 드러났다. 그러한 사례
가 몇 가지 추출되는데, 첫 경우는 성종 17년 '雷震陵室近處, 不可不致祭'

---

35) 최승희「집현전 연구」상『역사학보』32, 1966, 39쪽.
36) 성종대에는 경연에서도『고려사』를 읽었다(남지대「조선초기의 경연제도」『韓國
史論』5, 1980). 이는『성종실록』권145, 성종 13년 8월 경진조에서도 확인된다.
37) 성종대 예조 고제연구

내용	전거(권, 년 월 조)
十擧不中脫麻從仕之法	112, 10 12 임술
親蚕	125, 12 1 계사
永寧殿用樂	175, 16 2 임신
祈雨祭	181, 16 7 신해
天使世子交迎	208, 18 10 임신
飮福	215, 19 4 정유
海州鄕校 崔沖 從祀	224, 20 1 임술
節鉞 形制	251, 22 3 병신
命婦之服制	274, 24 2 병진

의 문제로38) 예조에서는 세조대의 사례를, 홍문관에서는 漢, 梁, 宋 등의 중국 사례를 연구하였다. 두 번째로 보이는 사례는, 성종 19년 '凡婚姻不用樂'의 문제로39) 예조에서는 本朝古制, 『五禮儀』, 『禮記』 등을 검토하였고, 홍문관에서는 『晉書』 禮志, 『唐書』 禮樂志, 『禮記』 등을 검토하였다. 이러한 기능 분리는 성종 21년에 이르면 용어상의 분화까지 보여준다. 즉 성종 21년 '嫡長子死而先廟祭祀'의 문제에서40) 성종은 먼저 예조에 '考例'를 살필 것을 명하였다. 이는 祖宗朝故事의 확인을 명한 것이었다. 이에 대해 예조에서 전례가 없다고 보고하자, 성종은 다시 홍문관에 '考古制'를 명한다. 즉 중국의 고제의 구명을 명한 것이었다. 이러한 '考例'와 '考古制'의 용어의 분리는 양 기관의 기능분화를 잘 보여 주고 있다.41)

양적인 면에서도 차이가 보인다. 세종대 집현전의 고제연구는 예조에 비해 수적으로 적었으나,42) 성종대 홍문관의 고제연구는 다음 표에 의하면, 15건으로 9건을 연구한 예조보다 많았다.43)

---

38) 『성종실록』 권189, 성종 17년 3월 기유, 경술.
39) 『성종실록』 권211, 성종 19년 정월 신축.
40) 『성종실록』 권218, 성종 21년 12월 정사.
41) 이에 대해서 조금 다른 견해도 보인다. 고영진 「15, 16세기 주자가례의 시행과 그 의의」, 『한국사론』 21, 1989 참조.
42) 최승희 앞의 논문 45쪽.
43) 홍문관이 다른 기관과 고제연구를 한 사례가 5차례 보이지만 이것은 표에서 제외하였다.

〈표2〉 성종대 홍문관의 고제연구

내용	전거(권, 년 월 조)
文廟下馬碑	92, 9 5 정해
周礼弓制	95, 9 8 무술
謁聖酌獻之時服制	146, 13 9 을축
大臣卒會葬	163, 51 2 경진
日食停役	170, 15 9 을유
廟	171, 15 10 정축
永寧殿合祭	178, 16 윤4 임오
世子冠礼	188, 17 2 을미
改正樂譜	197, 17 11 정미
屯田	197, 17 11 경신
祈寒祭	198, 17 12 을해
廢妃祭祀	215, 19 4 병오
祈晨祭	239, 21 4 계미
分賜功臣子孫祭物	258, 22 10 정미
工人布巾 錦襟銅帶大袍	267, 23 7 임오

　　홍문관과 예조의 기능분화 이후 예조의 고제연구는 쇠퇴해가는 것으로 나타났다. 그 원인은 선례의 축적에 따른 고제연구 영역의 축소에서도 찾을 수 있지만, 더 중요한 원인은 예조의 연구가 祖宗朝故事에 치우치게 되면서, 이 정도의 조사는 전문적 지식을 요구하지 않아 여타의 부서에서도 용이하게 할 수 있었기 때문으로 여겨진다. 승정원이나[44] 병조[45] 이조[46]

---

44)『성종실록』권221, 성종 19년 10월 정미.
　　'掌今死賜造瑩軍人例'의 문제를 검토하였다.
　　『성종실록』권243, 성종 21년 8월 갑오조.
　　'秋夕覜暝前例'의 문제를 검토하였다.
45)『성종실록』권287, 성종 25년 2월 기축.
　　'寧邊府置營'의 사례를 검토하였다.
46)『성종실록』권288, 성종 25년 3월 갑오.
　　'祖宗朝限品人加階事'의 사례를 검토하였다.

등에서도 자기 부서에 관한 것은 스스로 검토하는 사례가 추출되는 것은 그러한 사정을 잘 반영해 주는 것이었다.

홍문관 고제연구의 실제를 살펴보면, 먼저 그 양에 있어 집현전의 경우보다 소략함이 눈에 띤다. 집현전의 경우 세종 11년에서 문종 2년까지 22년에 걸쳐 총 67회로 연평균 3회였는데[47] 비하여, 홍문관의 경우 성종 9년에서 25년까지 17년간에 홍문관 단독연구 15회, 다른 기관과 공동연구 5회로 총 20회로 연평균 1회에 불과하였다. 이와 같은 현상은 이미 세종, 세조대를 거치면서 의례제도가 상당히 정비되었음을 반영하는 것이었다.

내용면에서도 집현전과 상당히 다른 면이 노정된다. 집현전의 경우와[48] 비교의 편의를 위해 같은 범주로 나누어 정리한 것이 다음의 표이다.

〈표3〉 홍문관과 집현전의 고제연구 분류별 대조

분류		五礼	四礼	施政	制度	기타	총계
弘文館	횟수	8	3	0	2	2	15
	%	53	20	0	13	31	100
集賢殿	횟수	28	8	17	7	3	67
	%	42	12	25	16	5	100

양자의 비교에서 가장 주목되는 것은 시정에 대한 연구가 집현전의 경우 25%를 점하는데 비해, 홍문관의 경우 전무하다는 점이다. 이것은 성종조 고제연구의 역할이 예제에 치우쳤음을 보여준다. 이는 성종대에 들어서면 시정에 대한 원칙이 서있음을 보여주는 것으로, 『경국대전』을 만드는 과정에서 일단의 정리를 거친 결과로 이해된다. 홍문관이 여타의 부서와 같이 연구한 경우는, 앞에서 언급한 예조와 같이 행한 경우 외에도, 예조, 대간과 연구한 사례,[49] 예조, 승지 등과 같이 연구한 사례 등을 볼 수

---

47) 최승희 앞의 논문 45쪽.
48) 위의 논문 47쪽.
49) 『성종실록』 권103, 성종 10년 4월 무신.
　　 '鄕射之礼'를 검토하였다.

있다.50)

(5) 編纂

홍문관의 고문기능은 편찬에서도 볼 수 있다. 물론 편찬은 문한기능의 범주에 넣을 수도 있다. 그 까닭은 편찬의 범주에는 일반적 編纂, 校正, 註解, 改粧 등이 포함되는데, 이중 일부는 고문기능으로 파악되며, 일부는 문한기능으로 이해되기 때문이다.

일반 편찬의 사례로 성종 15년『內班院明鑑』의 편찬과51) 성종 9년『內臣訓』에 宦官事跡을 첨록한 예를 들 수 있고,52) 교정의 사례는 성종 11년『歷代君臣鑑』을 교수한 예를 들 수 있다.53) 이상의 일반적 편찬과 교정은 고제연구의 연장이라는 관점에서 고문기능의 범주에 넣어 생각할 수 있다.

주해의 예는 성종 24년『唐宋詩話』,『破閑集』,『補閑集』등의 주해를 들 수 있으며,54) 개장의 예로는 성종 14년『中朝文士所製詩軸』을 개장한 예를 들 수 있다.55) 주해, 개장 등은 내용이 문학적인 것으로 보아 문한기능의 범주에 속하는 것으로 파악할 수 있다.

홍문관의 편찬 사례는 집현전에 비해 양적으로 소략하였으나, 집현전의

---

50)『성종실록』권118, 성종 13년 11월 병신.
51)『성종실록』권172, 성종 15년 11월 정미.
52)『성종실록』권94, 성종 9년 7월 정축.
　　命弘文館, 採歷代宦官事跡可鑑戒者, 於內臣訓添錄.
53)『성종실록』권112, 성종 10년 12월 정묘.
　　伝于弘文館曰, 歷代君臣鑑, 各於伝末, 旁採先儒評論, 添入內臣訓, 各以善惡於臣鑑,付類編集.
　　『성종실록』권113, 성종 11년 정월 신축.
　　今命弘文館, 校歷代君臣鑑(此書乃景泰皇帝所撰, 洪武以下至宣德, 嘉言善政可法者, 皆載此書).
54)『성종실록』권285, 성종 24년 12월 무자 기축.
　　予(成宗)今弘文館註解此書(唐宋詩話, 破閑集, 補閑集).
55)『성종실록』권157, 성종 14년 8월 경진.

경우 다른 부서와 합작 편찬이 많은데 비해서 홍문관의 경우는 전담하였다는 특색을 갖는다.[56] 편찬내용을 보면 『內臣訓』, 『歷代君臣鑑』 등의 편찬과 교정에서 보듯이 君臣 간의 문제에 집중되어 있는 것이 특색인데, 이것은 성종이나 홍문관원의 관심이 군신관계의 재정립이 있었음을 보여주는 것으로, 약화된 왕권의 강화를 모색하는 성종의 의중이 표출된 것이었다. 『唐宋詩話』, 『破閑集』, 『補閑集』의 주해와 『中朝文士所製詩軸』의 개장 등은 성종의 문학에 대한 관심을 잘 보여준다.

(6) 藏書

홍문관은 서적을 보관하는 장서의 기능도 하였다. 이것은 고문기능은 아니었지만, 그 기능을 가능케 해준 중요한 요소로 생각되므로 여기에서 살펴보고자 한다. 이 기능은 성종 9년(1478) 직제 변화이전의 홍문관의 기능이었다. 이 기능을 성종 9년 이후에도 계속한 것으로 추측되는데, 그것을 짐작케 해 주는 가장 이른 자료를 성종 9년 성종이 『皇帝御製詩』 十二軸을 홍문관에 소장하라고 명한 데서 찾을 수 있다.[57] 그러나 구체적으로 그 기능을 지적한 사례는 성종 12년 경연 후 검토관 정광세, 민사건 등이 "우리나라의 서책이 모두 경복궁 홍문관에 있습니다."라고[58] 지적한데서 보인다. 이는 나라의 서책이 모두 홍문관에 있는데 관원이 숙직하는데 불과하니, 정병을 시켜 지키게 하자는 의견제시 중에 지적된 것이었다. 위 내용에 의하면 홍문관의 장서기능이 뚜렷해지는데, 이는 홍문관의 직제 변화이후에도 이전의 기능을 계속해왔음을 보여준다. 그러므로 홍문관의 기능으로 『경국대전』에 '掌內府経籍'을 명시하고 있다.[59]

홍문관이 장서기능을 한 것은 홍문관 고문기능의 기반으로서 그 의미를

---

56) 최승희 앞의 논문 52~58쪽.
57) 『성종실록』 권99, 성종 9년 12월 기유.
58) 『성종실록』 권127, 성종 12년 3월 정해.
59) 『경국대전』 「이전」 경관직.

갖는다. 그 한 예로 성종 14년 2월 경연중 당상관 進講이 논의 되었을 때 당상관들이 진강을 회피한 이유의 하나가 서적이 모두 홍문관에 있다는 점이었다.[60] 이는 홍문관이 서적을 소지하고 있었기 때문에 그 이용이 쉽다는 의미로, 홍문관이 장서기능을 함으로써 고문기능을 원활하게 할 수 있었음을 시사하고 있다. 장서기능은 경연은 물론 고제연구, 발책, 수의 등을 원활히 하는 바탕이 되었다.

2) 문한기능

고문기능이 홍문관의 핵심기능이었다면 문한기능은 부수적인 것이었다. 이미 조선 초기부터 예문관 등이 문한기능을 수행해 왔으므로, 홍문관이 이 기능의 수행은 중복을 면치 못하는 것이었지만, 홍문관원의 구성이 당시 젊은 인재를 망라하는 것이었으므로, 이들이 문한에 관여한다는 것은 오히려 자연스러운 현상이었다.

문한기능을 몇 가지로 나누어 살펴 볼 수 있다. 외교문서 등 각종문서를 작성하는 知製敎, 사초를 기록·정리하는 史官, 과거를 관장하는 試官, 외교를 담당하는 使臣 등으로 나누어 살필 수 있으며, 이 역할들을 원활히 수행할 수 있는 기초가 된 제도로 月課法의 시행도 살펴보고자 한다.

(1) 知製敎

지제교는 辭命의 制撰을 담당하였다. 사명의 제찬 중 외교문서는 승문원, 그 외의 문서는 예문관에 속하는 임무였지만,[61] 집현전 설치 이후 집현전에서 거의 전담하였고,[62] 홍문관 설치 이후 홍문관에서도 그 기능을

---

60) 『성종실록』 권151, 성종 14년 2월 정해.
61) 『경국대전』 「이전」 경관직 芸文館掌制撰辭命.
62) 최승희 앞의 논문 33~34쪽.

한 것으로 보인다. 그 원인은 홍문관원들이 정선된 인원이었다는 점에 있었으며, 제도적인 측면에서도 이들의 관여가 보장되었기 때문이었다.

예문관의 경우 참외관을 제외한 모든 직책이 홍문관원 등을 비롯한 타관원의 겸직이었고,[63] 전임관인 奉教이하 관원들은 史官의 임무에 주력하였다. 승문원의 경우 예문관의 경우보다는 그 기능 수행에 원활하였지만, "參校 以下는 他官으로도 겸하게 하고, 그 수를 정하지 않는다."라는 규정이 있어,[64] 홍문관원들의 겸임이 자연스러운 것이었다. 그러므로 문서작성에서 홍문관원들의 역할이 클 수밖에 없었다. 이러한 형편을 법제적으로 보장해 주는 것이 부제학이하의 홍문관 전관원이 知製教를 겸대한 것이었다.[65]

홍문관원이 실제적으로 사명을 제찬한 사례를 살펴보자. 외교문서의 경우는 성종 12년(1481) 討建州箋을 작성한 것,[66] 성종 16년 왜국사신에게 줄 '百濟溫祚之後世系'를 작성한 것,[67] 성종 24년 琉球에 보낼 회답을 작성한 것 등에서 볼 수 있다.[68]

그러나 가장 일상적이고, 빈번했을 중국관계 외교문서의 작성에 참여한 자료는 보이지 않고, 討建州箋과 같은 비상례적인 것과, 왜, 유구 등의 특수한 사례들만이 추출되고 있어, 홍문관원이 이러한 경우만 관여한 듯한 인상을 준다. 그러나 중국관계는 일상적인 것이어서 상대적으로 기록에 남지 않았을 뿐, 일상적인 것에 관여하던 홍문관원들이 그 기능의 연장선 속에서 특수한 것도 다루었다고 생각된다. 물론 이들의 직급이 낮아 중국

---

63) 『경국대전』「이전」 경관직.
64) 위의 책.
65) 위의 책.
66) 『성종실록』 권132, 성종 12년 8월 을축.
   命以兵曹請討建州箋爲題, 命弘文館員製進.
67) 『성종실록』 권184, 성종 16년 10월 갑신.
   伝曰, 百濟溫祚之後世系, 命弘文館略書賜之.
68) 『성종실록』 권279, 성종 24년 6월 기축.

관계의 문서를 다룰 기회는 적었으리라고 생각되지만, 이들이 외교문서의 작성에 관여한 경우는 사례로 추출된 경우보다는 광범했으리라 추측된다.

홍문관원은 제문 작성에도 관여하였다. 이는 성종 16년 전한 이우보가 愼氏의 폐비한 까닭을 모르므로 신씨의 제문을 지을 수 없다고 거부한 사례에서 알 수 있다.[69] 홍문관원은 외에도 上樑文,[70] 樂章[71] 등의 制撰과 중국이나 유구의 표류인에게서 그 곳의 풍속이나[72] 행록을 듣고 기록하는 일도 하였다.[73] 이 모두가 知製敎 역할의 범주에 드는 일이었다.

(2) 史官

본래 사관의 역할은 예문관에서 하였으나 집현전 관원들도 사관의 역할을 하였던[74] 관례에 따라 홍문관에서도 하였다. 홍문관의 직제 변화 이후 홍문관과 예문관이 분리되면서 사관의 직무는 일단 예문관 奉敎 이하의 직책으로 규정되었지만, 홍문관원들도 사관의 역할을 한 것이 확인된다.

구체적으로 홍문관원이 사관을 겸한 것은 성종 14년 3월 검토관 송일의 경연 중 발언에서 다음과 같이 보인다.

> 우리나라는 翰林 8인, 承旨 6인, 六曹의 郎官 각 1인, 弘文館員 등이 모두 춘추를 겸하여 일을 기록합니다.[75]

이에 의하면 예문관원 외에 6승지와 육조의 낭관 각 1명씩과 홍문관원 전원이 사관을 겸대한 것을 알 수 있다. 이러한 사정은 『경국대전』에서도

---

69) 『성종실록』 권105, 성종 10년 6월 정해.
70) 『성종실록』 권152, 성종 14년 3월 을미.
71) 『성종실록』 권267, 성종 23년 7월 신사.
72) 『성종실록』 권105, 성종 10년 6월 을미.
73) 『성종실록』 권157, 성종 14년 8월 임오.
74) 최승희 앞의 논문 30쪽.
75) 『성종실록』 권152, 성종 14년 3월 임인.

확인된다.76)

그러나 이러한 상황이 언제까지 소급될 수 있는 것인지는 확실치 않다. 다만 홍문관원의 일부가 예문관의 참상관 이상의 직을 겸했다는 점과,77) 홍문관의 전신인 집현전 관원들이 일부 사관을 겸했다는 점을 고려해 보면, 홍문관 초기부터 관원들이 사관을 겸직했으리라 생각된다.

이들의 사관 겸직은 주로 실록의 편찬에 관여한 것이었지만, 예문관원을 대신해서 史草를 기록한 사례도 보인다. 성종 20년 기사관 이주, 남궁찬 등이 자신들이 직접 참여하지 못한 密鞠事를 기록하기를 거부하여, 사헌부의 국문을 당하였고, 이에 사초를 기록할 자가 없자, 홍문관 교리 정승조 등이 대신하여 사초를 기록한 것은 좋은 사례였다.78) 이외에도 홍문관원들은 사관의 일로 간주되는 대신들의 수의를 받거나,79) 대신의 사직에 대한 답을 전달하는80) 등의 일에도 종사하였다. 이것은 홍문관원들이 사관을 겸했을 뿐 아니라, 侍從的 使臣의 역할을 하였기 때문이었다.

(3) 使臣

홍문관원은 외교문서를 작성하였을 뿐 아니라 외교 관계에 직접 나서는 사신의 역할도 하였다. 이것은 홍문관원이 문한작성에 능했을 뿐 아니라, 그들의 학문적 소양은 사신의 기능을 수행하기에 매우 적절한 조건이었기 때문이다.

성종 10년 부제학 이형원이 일본에 통신사로 간 것을81) 필두로 24년에

---

76) 『경국대전』「이전」경관직.
77) 상동조에 예문관 응교를 홍문관원이 겸하도록 규정되어 있다. 그 사례로 교리 김흔이 응교를 겸한 것을 예로 들 수 있다(『성종실록』권142, 성종 13년 6월 갑자).
78) 『성종실록』권233, 성종 20년 10월 정해.
79) 『성종실록』권291, 성종 25년 6월 계유.
80) 『성종실록』권283, 성종 24년 10월 정해.
  注書翰林有故, 命弘文館員, 賫不允批答, 往賜尹弼商.
81) 『성종실록』권108, 성종 10년 9월 병인.

는 부응교 권주가 대마도 경차관이 되었으며,[82] 성종 12년에는 교리 김흔이 질정관으로 파견된 사례들에서[83] 홍문관원이 사신으로 활동한 것을 확인할 수 있다. 위와 같이 홍문관원이 사신으로 나간 것이 주로 대왜관계에서 확인되고 있는 것은, 대명관계의 경우 직위의 제한 때문에 正使로 파견되기 보다는 서장관이나 통사의 일종인 參聽官으로 임명되어, 자료로 표면에 부각되는 사례가 적었기 때문이었다.[84]

(4) 試官

홍문관원들은 시관의 역할도 하였다. 일반적으로 시험은 예조에서 주관하였고 예조의 속아문인 예문관, 성균관, 승문원 등에서 관원들을 차출하여 시관으로 사용하였으며, 집현전 성립 이후에는 집현전에서도 차출하였다.[85] 그러므로 이러한 선례에 따라 홍문관원들이 시관으로 차출되는 것은 자연스러운 것이었다. 사례를 살펴보면 성종 16년(1480) 교리 조지서와 직제학 김흔이 알성시의 대독관으로 차출되었고[86] 성종 20년 교리 조지서, 강경서 등이 생원시 참시관으로 차출되었다.[87]

(5) 月課法의 시행

이러한 일련의 문한기능의 바탕이 홍문관원의 月課를 통해서 형성되었다. 홍문관원의 월과는 그 유래를 세조대 兼芸文館員月課에서 찾을 수 있다.[88] 세조는 연소하고 총민한 자를 뽑아서 예문관직을 겸대케 하고, 매월

---

82) 『성종실록』 권285, 성종 24년 12월 기축.
83) 『성종실록』 권128, 성종 12년 4월 을사.
84) 『성종실록』 권214, 성종 19년 3월 갑술.
85) 최승희 앞의 논문 31~32쪽.
86) 『성종실록』 권179, 성종 16년 5월 을해.
87) 『성종실록』 권233, 성종 20년 10월 정미.
88) 최승희 「홍문관 성립경위」 『한국사연구』 5, 1970, 100~101쪽.

2회씩 賦, 詩 등을 짓도록 하였다. 이러한 유래를 갖는 월과는 홍문관에서
도 시행되었다. 그 시행 시기나, 시행 방식이 명확하지는 않지만 성종 9년
11월의 승문원 제조들이 啓한 吏文習讀官勸課條件의 다음 구절은 시행 시
기나 시행 규정을 짐작케 해준다.

> 吏文의 講讀, 製述의 分數를 매년 통고하여, 홍문관 課試 예에 따라
> 서 다섯 번 居首하면 階를 올려주고, 資窮者는 승직시키며, 특이자는
> 華要職에 옮겨주고, 게으른 자는 파직시키소서.[89]

위 내용은 吏文習讀을 권장하기 위해서 이문습독관을 홍문관 課試例에
따라서 상벌을 주자는 제안으로, 여기의 홍문관 課試는 月課였다. 이것은
이미 위 제안이 된 성종 9년 이전에 홍문관의 월과가 시행되었음을 보여
주며, 상벌규정도 五次居首하면 階를 올려주고 資가 다 찬 관원에게는 승
직의 혜택을 주었으며, 게으른 자에게는 파직을 처하는 등 강력한 것이었
음을 알게 해준다. 과시의 횟수는 월 3회로, 세조대의 월 2회에 비해서 늘
었고,[90] 나이는 40이하의 연소한 자들을 원칙으로 하였지만, 능력에 따라
나이 제한을 받지 않았음을 알 수 있다.[91] 이러한 월과 규정에 따라서 홍
문관원들의 제술은 빈번하였으며, 이를 통하여 닦인 실력은 문한기능을
원활히 하는데 도움이 되었으리라 생각된다.

이러한 月課 외에 홍문관원들은 승정원,[92] 예문관의[93] 젊은 관원들

---

89) 『성종실록』 권98, 성종 9년 11월 경오.
90) 『성종실록』 권146, 성종 13년 9월 임술.
   華國文章則有弘文館, 月皆三課, 又每春秋課試文臣.
91) 『성종실록』 권269, 성종 22년 9월 계사.
   請善於製述者, 勿拘年四十令製月課.
92) 『성종실록』 권101, 성종 10년 2월 무자.
   『성종실록』 권111, 성종 10년 11월 병술
93) 『성종실록』 권111, 성종 10년 11월 병술.

과94) 함께 詩賦 등을 지은 사례들이 검출되고 있다. 이것은 월과를 홍문관
에 국한하지 않고 확대한 것이었다. 이러한 추세에 따라 성종 12년(1481)
에 이르면 월과의 범위를 일반 문신 중 제술에 능한 자에게까지 넓히기에
이른다. 성종 12년 12월의 경연중 시독관 이창신은 다음과 같이 이러한 의
견을 제안하였다.

세조대에는 문신으로 어리고 문장에 능한 자를 택하여 예문을 겸하
게 하고 製述을 시험하여 독려함을 보였습니다. 오늘날 홍문관원의 수
가 정해져 있어 문장에 능한 자가 함께 하지 못하니, 兼芸文의 고사에
따라 간택하여 홍문관의 월과에 같이 제술하게 하소서.95)

그 내용은 홍문관의 정원 제한으로 문장에 능한 이들이 월과에 빠지게
되니, 세조대의 兼芸文館의 예에 따라 연소하고 능문한 문신들을 뽑아 월
과를 치르게 하자는 의견이었다. 이 제의는 받아들여져 시행된다. 홍문관
월과의 확대 조치였다.

그러나 당시에는 '経學本根, 詞章枝葉'이라는 생각이 일반적이었다. 위
의 文臣月課를 제안한 이창신 역시 그러한 견해를 표명하고 있었다.96) 이
러한 견해는 유교의 道文에 대한 원칙론에 입각한 것으로 당시의 일반적
인 견해였다. 그러한 생각이 성종 15년 4월 지평 안윤손의 계에서도 다음
과 같이 지적되고 있다.

성균관 유생이 實學에 전무하고, 製述을 하지 않습니다. 이것은 다
른 까닭이 아니라 국학을 담당한 자가 모두 屬文에 능하지 못하여 課
를 열심히 하지 않는 까닭입니다. 청컨대 文詞에 능한 자로 바꾸어 주

---

94) 『성종실록』 권120, 성종 11년 8월 병진. 승정원에서는 注書가, 예문관에서는 參
下官들이 참여했다.
95) 『성종실록』 권136, 성종 12년 12월 기유.
96) 상동.

소서.97)

이 내용은 성균관 유생들이 경학에 치중하여 제술에 태만하고 있다고
말하고 있다. 안윤손은 그 원인을 성균관 관원이 능문한 자가 없기 때문이
라 하고 있는데, 그것은 그 시대 분위기를 반영하는 것이었다. 이는 이미
언급한 바 있는 文臣講書나 專経文臣의 선출, 理學宰相의 선발 등으로 표
현되는 조정의 理學的 분위기와 표리관계를 이루는 것이었다.

이렇게 '重経學, 賤製述'하는 분위기 속에서 홍문관 月課가 강화되고, 확
대되어 문신월과까지 시행되면서 성균관의 경학 위주의 교육이 문제시된
까닭은 어디에 있었을까? 그것은 문한 기능의 증진의 필요성에 기인하였
다. 구체적으로 말하자면, 외교관계의 원활한 수행을 위해서는 문한의 기
능이 불가피한 것이었기 때문이었다.

성종 16년(1485) 3월 지방관으로 내려간 조위, 유호인 등을 권장하기 위
해서 관찰사 이극기에게 내린 성종의 다음 글에 그 이유가 잘 설명되었다.

> 문장은 余事이고 詞藻는 末芸이어서 治道에 무관한 듯하지만 (중략)
> 폐할 수 없다. 사람들이 학문에만 주력하여 문장에 능한 자는 얻기가
> 쉽지 않은데, 문장은 사대교린에 관련되어 심히 중요하다.98)

위 내용은 문장은 余事나 末芸였지만, 治道에 즉 事大交隣에 필요하므로
중시되어야 한다는 것이었다. 이러한 견해는 문장을 대하는 일반적인 생각
이었다. 결국 문신 월과나 홍문관 월과는 문한능력의 배양에 그 목적이 있
었고, 이러한 문한능력의 배양은 사대교린이라는 문제에 귀결되는 것이었
다. 따라서 이러한 점이 홍문관 문한기능의 성격을 규정하는 기본요소로
작용하였다.

---

97)『성종실록』권165, 성종 15년 4월 갑술.
98)『성종실록』권176, 성종 16년 3월 갑신.

2. 弘文館 기능의 확대

1) 홍문관원의 御使 활동

홍문관의 원기능은 고문기능과 문한기능이었다. 이것은 『경국대전』에 명시된 법제적 기능이기도 하였다. 그러나 홍문관은 성종 13년(1482) 이후 비법제적 기능인 어사기능과 언관기능을 수행하게 된다. 이 양 기능은 본질적으로 사헌부와 사간원의 것이었다. 홍문관의 이러한 기능의 수행은 홍문관의 언관화 과정이었고, 이로 인해 홍문관이 언론 삼사의 하나로 자리 잡게 되었다.

먼저 홍문관원의 어사 활동을 검토해 보자. 어사 활동은 본래 사헌부의 소관이었다. 사헌부의 임무 중 '糾察百官'이라는 규정이 바로 그것이었다.99) 이는 중앙관원들은 물론 지방관원의 규찰까지 포함하는 것이었다. 본래 지방관의 규찰은 外憲으로 일컫는 관찰사의 소관이었지만 중앙에서도 관원을 파견하여 이중적 규찰체계를 갖추고 있었다.100) 조선 전기에 있어 사헌부 외의 관원을 지방에 파견하는 예는 敬差官, 問民疾苦使 등이 있었다. 경차관의 경우 國防, 外交, 財政, 産業, 賑濟, 救荒, 獄事, 推刷 등 주로 특수 분야에 종사하였으나, 수령을 규제하거나 問弊를 직무로 하는 문폐경차관을 파견한 예도 있었다.101) 문폐경차관의 경우 파견의 목적이 수령의 규제이므로 어사적인 성격이 있었지만, 태종 이후에는 파견사례가 보이지 않고 있다.102)

---

99) 『경국대전』「이전」 경관직.
    김재명 「조선초기의 사헌부 감찰」 『한국사연구』 65, 1989.
100) 장병인 「조선초기의 관찰사」 『한국사론』 4, 1978.
101) 정현재 「조선초기의 경차관에 대하여」 『경북사학』 1, 1978. 問弊敬差官의 파견은 태종대에 한번 있었을 뿐이었다.
102) 전봉덕 『한국법제사연구』 서울대학교 출판부 1978, 21쪽.

사헌부에서 파견한 것은 行臺와 分臺였다. 행대는 태조 이래 지속적으로 파견되었지만, 행대가 민간질고를 살피는 일에 종사한 예는 거의 없었고 사법적인 일에 국한되는 것이 대부분이었다. 또한 이들의 지위가 감찰에 불과한 것도 한계로 지적될 수 있다.[103]

지방관에 대한 규찰이 본격화된 것은 세조대 分臺의 파견에서 찾을 수 있겠다. 세조가 즉위하면서 중국의 巡按御使의 예를 따라서 헌부의 관원으로 '久巡諸郡'하면서 외관을 규찰케 하는 분대제를 실시하였다. 분대제는 사헌부 관원이 운영의 주축을 이루었지만, 일반관원 중에서도 헌부의 직책을 겸대하여 兼司憲掌令, 兼司憲執義 등의 직함으로 파견되었다.[104] 이 조치는 파견의 초점이 외관의 규제에 있었으며, '久巡諸郡'하는 규제방법이나, 장령, 집의 등 보다 높은 지위의 관원이 파견된 것 등을 보아, 이전의 어느 감찰방법보다 강력한 것이었다. 이는 중앙집권력의 강화를 목적으로 지방사회에 대한 통치를 강화하려했던 세조의 의지를 잘 보여주는 조처로, 留鄕所의 혁파 등과 궤를 같이 하는 것이었다.

분대의 파견은 성종 초기에도 시행되었으나 성종 3년 이후 뜸하였고, 성종이 親政하게 되면서 새로운 방향이 모색되었다. 그것은 이전의 사헌부 관원이나 사헌부 관직을 겸대한 일반관원의 分臺 파견 대신, 홍문관원을 어사로 파견해서 지방 문제를 해결하려는 움직임이었다.

홍문관원이 어사로서 파견된 사례는 성종 13년부터 보인다. 그러나 변화의 단초는 성종 12년에 우박의 피해가 일어나자, 성종이 피해를 입은 곳에 부교리 이창신을 보내어 살피게 하였다.[105] 이는 홍문관원을 어사로 파견한 것이 아니라, 시종적 입장에서 피해상황을 살피도록 한 것에 불과했으나 전에는 없었던 조처였다. 특히 사관은 부교리 이창신을 '特遣'하였다

---

103) 위의 책 23쪽.
104) 위의 책 24~28쪽.
105) 『성종실록』 권129, 성종 12년 5월 갑오.
　　又特遣弘文館, 副校理李昌臣, 往審雨雹傷穀處.

고 기록하고 있는데, 이는 이러한 사례가 이전에는 볼 수 없었던 것임을 보여준다.

성종 12년에는 '摘奸救荒'을 목적으로 정성근, 김흔, 안처량, 박형문 등을 파견하였는데,106) 정성근이 홍문관 부응교였음이 확인된다.107) 이것도 홍문관원의 활동을 보여주는 것이었으나, 그 임무가 '摘奸救荒'에 그치고 있어 아직 이들이 어사로서 활동한 것은 아니었다. 이와 유사한 사례가 성종 13년에도 보인다. 교리 이창신을 정주 옥야현에 보내어 수령을 국문하게 하였고,108) 정성근을 공주에 보내어 '還上濫收'를 규찰케 하고,109) 여기에서 드러난 비위를 전한 이우보를 보내어 국문하게 하였으며,110) 직제학이명숭을 전라도 人物推刷敬差官으로 파견하였다.111) 이 사례들은 이 시기에 이르러 救荒, 獄事, 推刷, 還上 등 각 분야의 규찰 활동에 홍문관원들이 이용되었음을 보여준다. 그러나 아직 규찰 내용이 제한되어 어사 활동이 아니라 경차관적 활동의 성격이 강하였다.112)

이와 같은 과도기적 사례를 거쳐 성종 13년에 이르면, 성건을 선산, 부응교 정성근을 밀양에 보내어 '守令不法'과 '民間疾苦'를 살피게 하였고113) 성종 14년에는 교리 민사건, 수찬 박문간을 보내어 '守令不法事'를 살피게 하였다.114) 이는 그 파견 목적이 '守令不法'이나 '民間疾苦'인 것으로 보아 어사로서 파견이었음을 알 수 있다.

그 후 홍문관원을 어사로 파견한 사례는 빈번해 진다. 물론 당시 어사의

106) 『성종실록』 권137, 성종 13년 정월 기축.
107) 『성종실록』 권138, 성종 13년 2월 경자.『명세총고』에 의하면 김흔도 홍문관 관원이었다.
108) 『성종실록』 권138, 성종 13년 2월 정미.
109) 『성종실록』 권148, 성종 13년 11월 임자.
110) 상동.
111) 『성종실록』 권148, 성종 13년 11월 정유.
112) 이명숭의 파견 시 직함은 경차관이었고, 이창신의 경우도 경차관으로 파악된다.
113) 『성종실록』 권149, 성종 13년 12월 경진.
114) 『성종실록』 권157, 성종 14년 11월 병진.

구성이 홍문관원들만으로 된 것은 아니었지만, 홍문관원이 파견의 주류였음을 '御史多出於経幄侍從之列'이라는 구절이 잘 보여준다.[115]

이러한 홍문관원의 御史活動은 어떠한 의미를 갖는 것인가? 이 문제를 답하기 위해서 먼저 어사 진출의 계기를 살펴볼 필요가 있다. 홍문관원이 어사가 된 가장 처음 사례는 앞에 지적한대로 성종 13년 성건을 선산에, 정성근을 밀양에 파견한 것이었다. 이때에는 파견방법에 대한 언급이 없었으나 그 다음 사례인 성종 14년 민사건, 박문간 등을 파견할 때에는 파견 방법이 밝혀지고 있다.

그 방법은 抽籤이었다.[116] 이는 名籍에 州郡의 명을 기록하여 통에 넣고, 무작위적으로 뽑혀 나오는 첨에 기록된 주군에 어사를 파견하는 방식이었다.[117] 이 방법은 성종 14년 자료부터 보이지만 성종 13년부터 시행되었으리라 추측된다. 이 추첨방법이 주목되는 것은 이것을 제안한 사람이 朱溪副正 李深源이었기 때문이다. 그는 성종 9년(1478) 4월에 글을 올려서 몇 가지 시무책을 건의하는 중, 지방의 문제점으로 猾吏와 權門僕隸의 폐를 지적하고, 특히 權門僕隸의 경우 公卿大夫의 청에 의해서 지방수령들이 보호하고 있어 그 폐가 크다고 지적하였다. 그는 이에 대한 대책으로 추첨의 방법에 의해서 어사를 선정하여 파견할 것을 건의하였다.[118] 추첨의 방법이 제의된 것은 당시 파견되었던 分臺가 맡은 일이 많았을 뿐 아니라 파견이 은밀치 않아, 파견 전에 그 행적이 노출되어 그러한 방법에 의한 규찰이 성과를 기대하기 어려웠기 때문이었다.

이러한 지방문제 타개 방법의 제시와 함께 이심원은 勳臣 즉 세조대의

---

115) 『성종실록』 권227, 성종 20년 4월 임진.
116) 『성종실록』 권157, 성종 14년 11월 병진.
　　上抽籤遣弘文館校理閔師騫, 于鎭岑, 修撰朴文幹於青松, 摘守令不法事.
117) 전봉덕 앞 책 110쪽.
118) 『성종실록』 권91, 성종 9년 4월 기해.
　　往往抽籤密遣, 公明正直深知大体之臣, 直抵其郡, 詢訪民瘼.

'留臣'들을 사용하지 말 것을 제의했다. 이 제의를 받은 다음날 성종은 이 심원을 불러 "훈구를 사용하지 말라."는 지적에 대해서 언급하면서 "지금 의 대신들이 모두 세조의 훈신이니 이들을 사용치 않는다면 누구를 사용 하는가?"라고 질문하였다. 이에 대해 이심원은 "雖非旧臣, 豈無可用之人." 이라 답하였고, 이에 대해서 성종은 "此非細事, 予當酌量之."라고 말하면 서, 대화는 일단 끝난 것으로 실록에 기재되어 있다.119)

상서에 대해 성종이 이심원을 불러 구체적으로 그 내용을 물은 것은 의 미심장한 바가 있다고 생각된다. 당시 조정의 사정은 세조의 훈신들이 權 貴化되어 왕권의 약화를 가져왔으며, 그 여세는 李深源이 상서에서 지적 한 것처럼 지방에서까지 비리를 빚고 있는 상황이었다. 이러한 상황에서 왕권강화를 모색하는 성종에게 훈구를 사용치 말라는 이심원의 제의는 상 당히 관심을 끄는 것이었고, 이에 대해서 성종이 이심원을 불러 구체적인 내용을 물은 것은 당연한 것이었다. 이 질문에 이심원은 구체적으로 언급 하지 않은 것으로 나와 있으나, 이심원이 상서하기 바로 전 달에 홍문관이 예문관에서 분리되었다는 점은 상당히 홍미로운 추측을 가능케 한다. 성 종이 이심원에게 되물은 것처럼 "今之大臣, 皆世祖朝勳舊"인 상황에서 새 로운 인원의 확보는 젊은 층에서 기대할 수밖에 없었다.

이러한 관점에서 볼 때 이심원의 제안과 그 직전에 형성된 홍문관과의 관련성 여하는 주목되는 것이 아닐 수 없다. 특히 이심원이 제의한 추첨이 홍문관원들을 통해 시행되었다는 것은 이러한 관련의 가능성이 높다는 것 을 시사해 주는 것으로 이해된다. 그러나 그 관련성을 이심원이 구상하고 있던 것이었는지, 자신의 권한 강화를 모색 중이던 성종이 이심원의 발언 에서 제기된 문제의식을 홍문관원들을 통해서 표출하였는지는 확인할 길 은 없다. 하지만 이러한 요소의 결합 하에 홍문관의 어사 활동이 시작되어 졌으며, 여기에는 대신들을 견제할 수 있는 기관으로 홍문관을 키우려는

---

119) 『성종실록』 권91, 성종 9년 4월 경자.

성종의 의도가 크게 작용했다고 생각된다.

즉 홍문관의 어사활동은 이심원이 지적한 權門僕隷 등을 통해서 빚어지는 지방문제를 어사를 통해서 해결하려는 것으로, 홍문관원이 중앙 대신들의 문제를 직접 제기할 역량이 부족한 상태에서, 지방문제를 통해 간접적인 견제를 하면서 실력을 기르는 준비 단계였다고 생각된다. 한편 이는 홍문관원이 사헌부의 감찰기능을 하는 것으로 양 기관이 동질성을 확보해 가는 과정이었고, 따라서 홍문관 언관화의 일 과정이기도 하였다.

그러나 홍문관의 어사활동은 성종의 일방적 의도에서 시행된 것만은 아니었고, 위와 같은 성종의 모색이 홍문관원들에 의해서도 적극적으로 수용된 위에서 가능하였다. 성종 12년 8월 구황을 위한 관원 파견을 조정에서 논의하면서, 대신을 보내는 경우 供頓의 폐가 있을 것을 걱정하여 兼都事를 보내기로 결정하였다. 이때에 홍문관에서 다음과 같은 상소를 올렸다.

> 겸도사는 僚屬이라는 이름은 있으나 黜陟에 관여하지 못하여, 그 권한은 도사에 미치지 못하니 수령들이 두려워하지 않습니다. (중략) 신 등의 생각으로는 秩高剛明한 士를 정선하여 어사의 직함을 겸대하여 五道에 보내는 것이 좋다고 생각합니다.[120]

이는 겸도사를 대신해서 '秩高剛明'한 士를 어사로 파견하자는 제의였다. 여기의 '秩高剛明之士'는 누구를 의미하는 것이었을까? 秩高라고 하였지만 대신들을 보낼 때의 폐단으로 겸도사 파견이 제기된 상황에서 볼 때 대신을 지적하는 것은 아니었으며, 단지 도사보다 높다는 상대적 의미만은 지닌 것이었다고 생각된다. 또한 어사의 파견을 제의했지만 이 시기에는 세조대의 예를 따라서 파견하던 分臺도 성종 3년 이후 뜸해진 상황이었다.[121] 이러한 상황에서 성종 9년 이후 실력을 길러온 홍문관원들이 지

---

120) 『성종실록』 권132, 성종 12년 8월 을사.
121) 전봉덕 앞의 책 28쪽.

방문제에 대해서도 관심을 기울여 왔다는 점을 생각해 본다면, 또한 근년
에 들어 어사로서는 아니었지만 지방문제에 홍문관원들이 자주 파견된 것
을 고려한다면 '秩高剛明'한 朝官은 다분히 자신들을 지목한 발언이 아니
었을까 추측해 본다.[122) 위의 자료는 홍문관원들이 지방문제에 대해서 처
음으로 관심을 표명한 것으로, 어사파견을 통한 지방문제의 해결이라는
방향을 제시했다는 점에서 의미를 지닌다.

이 상황에서 다음 해인 성종 13년 1월 대사간 강자평에 의해서 다시 동
일한 견해가 "순찰의 행차는 종자가 많아 오히려 폐가 되니, 秩卑朝官을
보내느니만 못합니다."라고 표명되었다.[123) 여기에서도 대신을 순찰사로
보낼 때 야기되는 '從者甚多'의 폐단, 즉 앞에서 지적된 供頓의 폐를 지적
하면서 질비조관을 보내자는 의견이 제시되었다. 여기서는 秩卑라 표시했
지만 대신에 대한 상대적인 의미에서 질비였으므로, 앞에서 언급한 도사
에 대한 상대적인 질고와 의미하는 바는 같은 것이었다고 생각된다. 결국
강자평의 제안은 앞의 홍문관의 제안과 같은 것이었다.

여기서도 앞에서와 같이 대신의 파견을 반대하는 명목이 역시 供頓의
폐였지만, 이것은 표면적인 것이 아니었는가 생각된다. 보다 실질적인 이
유는 이심원이 앞에서 지적한 것처럼, 지방문제의 이면에는 대신의 청탁
을 받아 수령이 보호하는 權門僕隸의 횡포가 중요한 문제로 깔려 있어, 대
신의 파견에 의해서는 지방문제를 바르게 해결할 수 없다는 인식에 있었

---

122) 홍문관이 재편된 성종 9년부터 위의 홍문관 상소가 보이는 성종 12년 사이에,
  홍문관원들이 지방문제를 거론한 경우는 없었다. 다만 성종 11년, 12년에 평안
  연변의 輸穀방법이나 평안도의 蘇復策 등이 성종에 의해서 策題로 제기되었을
  뿐이었다. 이러한 發策에서 지방문제를 거론 사례는 일상적인 것으로 돌려버릴
  수도 있지만, 전체의 발책이 4건인데 그 중 둘이 지방문제였다는 점과 그 시기
  가 성종 9년 이심원의 상서이후, 성종이 홍문관을 어사로 파견하는 문제를 모색
  하는 시기였다는 점에서 볼 때, 위의 발책은 홍문관원들에게 지방문제에 대한
  주의를 환기시키는 역할을 한 것이 아니었을까 추측해 본다.
123) 『성종실록』 권137, 성종 13년 정월 기축.

다.[124) 이 제의는 결국 정성근, 김흔, 박처량, 박형문 등을 파견하는 것으로 귀결되었다.[125) 이 파견은 홍문관 어사활동의 전초적 의미를 지닌 파견이었다. 이러한 면에서 볼 때에 홍문관의 어사활동은 왕의 의도와 홍문관원들의 적극적인 호응에서 가능한 것이었다.

홍문관원의 어사 활동은 지방문제에 대한 새로운 모색이었다. 전례 없이 홍문관원을 지방에 은밀히 파견한다는 특수 조처는 성종의 지방통치에 대한 새로운 각오를 보여주는 것으로, 관원들에게 지방문제에 대한 관심을 환기시키는 것이었다. 이러한 상황에서 제기되는 지방 대책중 하나가 '留鄕所復立運動'이었다.[126)

유향소 복립을 가장 먼저 제기한 이는 성종 13년 헌납 김대였다.[127) 이것은 앞에서 언급한 대사간 강자평의 제의에 의해서 부응교 정성근 등이 파견된 그 다음날 제기되었다. 유향소 복립은 지방 문제의 해결을 위한 모색으로 어사 파견과 궤를 같이 하였던 것으로 생각되는데, 강자평과 김대가 같은 사간원의 관원이었다는 면에서 보아도 그러하였다. 이 제의는 즉각적으로 받아들여져 復立事目을 구상하는 데까지 진전을 보았으나,[128) 유향소와 이시애란의 연관성이 문제로 제기되면서 복립은 실시되지 못하

---

124) 『성종실록』 권91, 성종 9년 4월 을해.
　　凡守令之赴任也, 公卿大夫, 知与不知, 皆持酒肉而錢之, 請其奴婢完護, 上
　　下成俗, 名之曰称念. 爲守令皆亦多出於其門, 故不敢不從, 凡有公役皆令
　　公賤良民当之, 不及於私賤, 良民公賤不能支, 率多逃遁.
125) 『성종실록』 권137, 성종 13년 정월 기축.
126) 이태진 「사림파의 유향소 복립운동」 『震檀學報』 34,35, 1972,1973.
　　이 논문은 유향소의 복립을 둘러싼 정치변화를 예리하게 지적하고 있어 당시 변화의 이해에 크게 도움이 된다. 그러나 그는 이 논문에서 복립운동의 주체를 구명하는 데에 관심을 두어 서술하고 있기 때문에, 정치구조적인 면에서 야기되는 변화는 배려하지 않고 있다. 본 절에서는 이 논문에 힘입어 이 점을 구명해 본 것이다.
127) 『성종실록』 권137, 성종 13년 정월 경인.
128) 『성종실록』 권143, 성종 13년 2월 신축.

였다.129)

이후에도 어사파견과 유향소복립운동은 밀접한 관련을 보이면서 계속 추진되었다. 그 예를 살펴보면 성종 13년 12월 경연 중 '近者風俗甚薄'이라는 발언에 따라, 홍문관원 성건, 정성근 등을 어사로 파견키로 하자, 이때에 지평 조위가 유향소복립을 건의하였다.130) 성종 14년 8월에도 경연 중 지방문제로 시강관 김종직이 '鄕射鄕飮之礼'의 실시를 건의하였고, 이때에 성종은 수찬 이균, 교리 안윤손 등을 지방에 파견했다.131) 성종 17년에도 정성근이 유향소복립을 건의하자, 성종은 홍문관원을 지방에 파견하여 규찰케 하였다.132)

이러한 상호연관성은 지방문제의 해소가 이 양자의 병행에서 가능한 것이었기 때문이었다. 즉 지방문제의 해결은 어사의 파견으로 수령의 비리를 해결하고, 유향소를 통해서 향리의 규찰과 풍속의 교화에 주력하는, 양자의 병행 하에 가능한 것이었기 때문이었다. 이 양자의 결합 가능성은 이미 성종이 김대의 건의를 받아들인 것을 보아서 충분하였다. 그러나 아직 주도권을 갖지 못한 상태에서, 대신들의 견제를 받아 어사만으로 지방문제를 해소해 보려고 애썼기 때문에 이 양자의 연결은 쉽지 않았다.133) 그러나 지방출신이면서 빈번한 지방파견으로 실제 형편에 밝은 홍문관원들은 鄕風의 문제가 절실한 것으로 인식하였고, 이 문제의 해결 방안으로 성리학에 밝은 그들이 유향소복립을 통한 향사향음례의 실시를 제기한 것은 당연한 것이었다.

이러한 양자를 병행하려는 노력은 계속되어 성종 19년(1488) 유향소복립

---

129) 이태진『한국사회사연구』1986, 181쪽.
130)『성종실록』권149, 성종 13년 12월 경진.
131)『성종실록』권157, 성종 14년 8월 병자, 정축.
　　金宗直啓曰, 臣曾爲守令, 設鄕謝鄕飮之礼, 使孝悌者先之, 才芸者次之, 不肖者, 不与焉. 由是一鄕之人, 企而化之, 恥而改之, 頗有小補於風化.
132)『성종실록』권198, 성종 17년 12월 신사.
133) 이태진 앞의 책 181쪽.

으로 일단 결실되었다. 이는 유향소의 필요성에 대한 성종의 이해의 진전과 지방문제를 다루어오면서 성장해 온 홍문관원들의 역량이 표현된 것으로 이해되지만, 이즈음까지 훈구의 핵심이던 원상들이 모두 죽으면서 훈구세력이 약화된 것도 중요한 요소로 작용했으리라 생각된다. 유향소의 설치로 일단 지방문제는 일단락된 것으로 보이는데, 이것은 이후 지방문제가 중심문제로 부각되지 않음을 보아 알 수 있다. 이는 단순히 지방문제의 일단락을 의미한 것뿐 아니라 홍문관의 관심이 중앙문제로 전환되었음을 보여준다.

이러한 홍문관의 어사활동과 유향소복립운동의 연관성은 어사파견과 유향소복립 건의를 대조한 다음의 표에도 잘 드러난다.

〈표4〉 성종대 어사파견과 유향소 복립 건의 비교

연 도	13	14	15	16	17	18	19	20	21	22	23	총수
어 사	2	5	1	1	6	1	1	1			1	19
유향소	2	2	3	1	2		2					12

위 표는 홍문관원이 어사로 파견되면서 유향소복립 문제가 제기되었고, 유향소가 복립되면서 어사 파견까지 뜸해진 것을 보여준다. 이는 어사 파견과 유향소 건의가 양면적인 것이었음을 잘 보여준다. 유향소복립이후 어사파견도 뜸해지는데 이는 유향소복립이 지방 문제의 마무리를 의미하는 것은 아니었다. 유향소복립 이후에 성종이나 홍문관원들의 관심이 중앙정치로 전환되었기 때문이었다. 이후의 변화는 다음 절에서 살피도록 하겠지만, 이러한 변화는 지방문제의 근본적 원인이 중앙정치구조의 문제에서 기인된 것이라는 깊은 인식을 전제로 하는 것이었다.

홍문관원들은 어사로 활동한 외에도 성종 17년에는 '箭灘穿渠'를,[134] 성종 23년에는 개성부 '新築城'을 살피기 위해서 파견되었으며[135] 성종 22년

134) 『성종실록』 권196, 성종 17년 10월 무자.
135) 『성종실록』 권272, 성종 23년 12월 을묘.

에는 倭船의 구조를 그려오도록 파견되었다.[136] 이러한 것은 감찰기능과 侍從的 使臣의 성격이 복합되어 나타나는 현상이었다.

홍문관의 어사를 통한 감찰기능은 지방에만 국한되지 않고, 성종 19년 (1488) 이후에는 중앙에까지 확대되는 경향이 보인다. 성종은 성종 24년 홍문관이 소격서와 봉상시의 제사를 살피게 하였고,[137] 육조, 한성부, 사헌부, 사간원, 장예원 등의 文書 形止를 살피게 하였다.[138] 이러한 사례들은 홍문관의 감찰 기능의 강화로 다음 절에서 살필 성종 19년 이후의 변화와 깊이 관련된 동향이었다.

2) 홍문관의 言官化

(1) 초기 언론기능

홍문관의 초기 언론활동은 経筵과 上疏 등을 통해서 표현되었다. 먼저 경연을 보면, 이는 홍문관 의견 표현의 중요 수단이었다. 이러한 점에서 볼 때 성종 14년(1483) '堂上官進講'에 대한 논란이 주목된다. 장령 이혼은 書筵에서 빈객이 진강하는 사례에 따라서 경연에서도 당상관이 진강할 것을 건의하였다. 이에 대해 영사 이극배는 당상관은 職事가 있고 藏書도 없는데 홍문관은 그렇지 않으므로 홍문관이 하는 것이 좋다고 당상관 진강을 반대한다. 이 문제에 대해서 성종도 "만약 당하관이 진강하지 못하면 秩卑者는 어떻게 왕에게 진언할 수 있겠는가 전과 같이 하라."고[139] 당상관의 진강을 반대하였다. 성종이 주장하는 바는 결국 영사와 같지만 그 시

---

136) 『성종실록』 권249, 성종 22년 정월 기해.
137) 『성종실록』 권274, 성종 24년 2월 계해.
138) 『성종실록』 권283, 성종 24년 10월 기유.
　　分遣弘文館員及翰林, 于六曹漢城府, 司憲府, 司諫院, 掌隷院, 点檢藏文書
　　形止.
139) 『성종실록』 권151, 성종 14년 2월 정해.

각이 완전히 다른 것이었다. 진강 자체를 의견을 개진할 수 있는 기회 즉 언로로 보았다. 이는 홍문관의 성장을 의식하고 있는 성종이 그 기초적인 단계로서 경연을 통해서 홍문관의 의사를 수용하려는 의도를 보여준 것이었다. 그러므로 경연 중 홍문관의 의견 개진은 언론활동의 한 요소로서 이해될 수 있다. 그러나 경연 중의 의견 개진으로 홍문관이 언관화되지 않았고, 언론기관으로 평가되지도 않았다. 기본적으로 경연 중의 발언은 홍문관 고문기능의 연장에서 파악되었다.

경연 외에 疏, 書, 啓 등을 통한 홍문관의 초기 언론활동은 성종초기부터 보인다. 언론활동은 세종대의 집현전이나[140] 세조, 성종초기 예문관의 활동에서도 나타나는 것으로,[141] 이들의 후신인 홍문관에서 언론활동을 하는 것은 자연스러운 것이었다. 그러나 초기의 언론활동을 보아서 홍문관을 언론기관으로 파악하는 것은 성급한 판단이라 생각된다. 언론활동의 양도 적었지만 더 중요한 점은 이들이 아직 성종이나 관료들에 의해서 언론기관으로 인정받지 못하였고, 자신들 역시 그러한 의식이 결여되어 있었기 때문이었다.

홍문관의 언론을 인정한 초기의 언급은 성종 9년(1478) 7월에 이조판서 姜希孟이 올린 다음과 같은 상소에 보인다.

> 비방하는 자들의 말과 같이 신의 소위가 간사하고 구차하나, 대간이 신을 두려워하여 말하지 못한다면 弘文館의 儒者들이 말할 것입니다. 홍문관의 유자들이 신을 두려워하여 말하지 못하면, 宗室의 直臣들이 말할 것입니다. 종실의 직신들도 말하지 않으면 同列의 大夫들이 말할 것입니다.[142]

---

140) 최승희『조선 초기 언관 언론연구』1976, 81~86쪽.
141) 최승희「弘文館의 성립경위」『한국사연구』5, 1970, 106쪽.
142)『성종실록』권94, 성종 9년 7월 계유.

위의 내용은 강희맹이 자신을 비난하는 투서에 대해 자신의 정당성을 주장하면서, 자신의 잘못이 있다면 대간, 홍문제유, 종실직신, 동열대부 등이 지적할 것이라고 변명하고 있는 것이다. 이 내용에 의하면 대간과 동등하게 홍문관의 言事가 인정되고 있다. 그러나 계속되는 내용을 음미해 보면 홍문관의 언론에 대한 인정은 종실직신이나 동렬대부에게 인정되는, 즉 관원들은 물론 유생들에게까지 의견을 개진할 수 있는 다양한 길이 열려 있었다는 원칙론의 천명에 불과한 것이었다. 그러므로 홍문관원을 언론기관으로 본 것은 아니었다.

언론을 행사하는 홍문관원들의 발언을 검토해 보아도 그러한 입장이었다. 이는 성종 14년 12월 홍문관 부제학 이명숭 등의 다음 계에서 확인된다.

> 신들은 비록 대간에 비할 수는 없지만 대간이 침묵하여 말하지 않으면, 신들은 경연에 참여하여 君德을 보양함을 직으로 삼으니, (신들이 말하지 않으면) 잘못된 일이 어찌 역사에 기록되는 데서 그치겠습니까.[143]

위 내용은 홍문관원들이 언론을 행하는 이유를 잘 보여주고 있다. 자신들은 대간과 비교할 수 없지만 왕의 덕을 보양하는 직무를 위해서 언사를 할 수 있다는 주장이었다. 즉 이들이 언관의 자격으로 언사를 행하는 것이 아니라, 고문기능을 수행하는 경연관으로서 언사를 행한다는 것이었다.

성종 역시 이러한 관점에서 이들의 언론을 인정하였다. 성종 16년 홍문관 직제학 김흔의 상소에 대해서,[144] 왕은 경연 중에 "너희들의 상소를 보니 내가 매우 기쁘다. 홍문관은 顧問하는 職에 있으니 내가 미처 생각하지 못한 일을 말하는 것이 가하다."라는 반응을 보였다.[145] 이는 성종 역시 고문기능의 연장선상에서 홍문관의 언론활동을 인정하고 있었음을 보여준

---

143) 『성종실록』 권161, 성종 14년 12월 계유.
144) 『성종실록』 권186, 성종 16년 12월 무자.
145) 『성종실록』 권186, 성종 16년 12월 갑신.

다. 결국 홍문관의 초기 언론은 경연을 통하거나 상소를 통하거나, 아직
언론기관으로 한 것은 아니었고, 고문기능의 일환으로 시행된 것임을 알
수 있다.

(2) 홍문록의 작성

그러나 이러한 초기 언론의 양상은 시간이 지나면서 변화가 있었다. 변
화의 준비과정이 성종 중엽부터 모색되어지는데 먼저 홍문관원의 우대로
나타났다. 이미 '次次遷轉' 등의 우대가 시행되고 있었고, 성종 15년에는
홍문관 참외관에게 丘史를 지급하는 조치가 취해졌다.146)

같은 해에 홍문관의 자녀에게 蔭子弟의 혜택도 부여되었다.147) 이것은
경연에서 시독관 박문간에 의해 건의되었는데, 대신들은 집현전에도 문음
이 없었으며 參外職의 用蔭은 祖宗朝에 없었던 일이라고 홍문관 博士이하
의 用蔭을 반대하였다. 그러나 성종은 홍문관 참외관의 문음을 허용하였
다. 성종 16년에는 홍문관원 4품 이상에게 銀帶를 지급하였고148) 또한 홍
문관에 菜田도 지급하였다.149) 이 외에도 성종은 홍문관에 수시로 酒, 藥
등을 내려주었다.150)

이러한 우대와 더불어 주목되는 것은 弘文錄의 작성이었다. 홍문록은
문과급제자들 중에서 홍문관원 후보자들을 미리 선발하여 기록한 것으로,
홍문관원은 弘文錄에 기록된 인원 중에서 선발되었다. 이는 적절한 인재

---

146) 『성종실록』 권166, 성종 15년 5월 정미.
147) 『성종실록』 권166, 성종 15년 5월 계묘, 정미.
148) 『성종실록』 권190, 성종 16년 6월 무신.
149) 『성종실록』 권245, 성종 21년 9월 신사조에 홍문관의 예에 따라 예문관에 채전
  을 지급하자는 건의가 보인다. 이는 성종 21년 이전에 홍문관에 채전이 지급되
  었음을 보여준다.
150) 『성종실록』 권226, 성종 20년 3월 정해조에 의하면 史論은 당시 상황을 다음과
  같이 말하고 있다. 上寵待経筵官, 賞春有遊, 重九有宴, 恩礼優厚極, 爲儒者
  之榮.

의 확보를 위한 제도적 장치로 예문관의 '芸文錄'에서 기인하는 것으로 홍
문관원을 우대하는 것이었다.

　그러나 홍문록은 예문록에서 기인하였으나,[151] 다른 요소가 결합되어
있어서 예문록과는 선출과정에서 차이가 있었다. 예문록의 경우는 曾経政
丞과 議政府, 六曹, 館閣의 당상들이 그 인원을 간택하였음에[152] 비해 홍
문록의 경우는 홍문관 자체에서 인원을 선정하고, 이를 토대로 이조와 의
정부에서 가감하여 결정한다는 차이가 있었다.[153] 인선에 대신들이 간여
하는 것은 동일하였지만, 홍문록의 경우는 홍문관에서 그 기본인원을 선
택하는 과정이 추가되어 있었다. 이는 적은 차이였지만 그 의미는 상당한
것이었다. 결론부터 말하자면 홍문록이 홍문관원에 의해서 일단 선출된다
는 점에서 볼 때, 홍문록은 自薦制的 성격을 갖는 것이었다.

　좀 더 구체적으로 홍문관에서 홍문록 인원을 선발하는 과정을 살펴보
자. 다음의 자료는 성종 24년(1493) 10월 경연 중 侍講官 權柱가 발언한
내용이다.

　　홍문록은 단지 연소한 자를 취할 뿐 아니라 心術을 보는데, 심술은
　　儕輩들이 아는 까닭으로 홍문관에서 먼저 선발하여 館閣의 당상들에
　　게 보고합니다.[154]

　위 내용에서 권주는 홍문관이 먼저 선택해야 하는 이유를 설명하고 있
는데, 여기서 무엇보다도 주목되는 점은 '心術'이 인선의 기준이 되고 있다
는 점이다. 이는 재능보다 덕을 중시하는 것으로, 성리학에 대한 이해의
심화와 훈신들이 權貴化되는 상황에서, 功利보다 義理를 강조하거나, 詞章

---

151) 최승희 「홍문록고」『대구사학』 15,16, 1978, 272쪽.
152) 위의 논문.
153) 위의 논문.
154) 『성종실록』 권283, 성종 24년 10월 을해.

보다 經學을 강조하는 조정의 분위기와 궤를 같이하는 변화였다.

이러한 인선 기준의 변화는 인선 방법의 변화를 요구하였고 그것은 '儕輩'에 의한 선택이라는 방법으로 정리되었다. 이 방법은 두 가지 면에서 그 타당성이 설명되고 있다. 먼저는 심술은 같이 공부하고 같이 생활한 동료들이 잘 안다는 것이었다. 이것은 결국 홍문록의 인선이 그들과 같이 공부하고 먼저 급제한 참하관들에 의해서 되어져야 한다는 주장으로 귀결되었다. 그러므로 앞 인용의 '弘文館先擇'의 홍문관원의 범위는 위의 논리에서 볼 때 주로 참하관을 의미하는 것임을 알 수 있다. 그러할 때 홍문록의 선발은 자천제의 경향을 띨 수밖에 없었다.

'儕輩' 선택의 다른 한 타당성은 그것이 衆人에 의한 선택이라는 점이었다. 이 점은 권주와 같이 경연에 참석한 정언 유숭조의 발언 중 "心術은 朝廷이 오히려 잘 알 수 없는 것인즉 어찌 銓曹가 알겠습니까? 衆人이 같이 택하느니만 못합니다."라는 지적에서 잘 나타났다.[155] 이는 심술로써 인선을 할 때 銓曹보다는 중인이 선택하는 것이 낫다는 주장으로, 儕輩의 선택이라는 의미가 중인의 선택, 나아가서는 공론의 선택이라는 의미를 지니는 것임을 보여준다. 이런 관점에서 儕輩의 선택에 의한 홍문록의 인선은 공론정치와 밀접한 연관을 맺는 것이었다.

홍문록 선발의 제도가 정비되면서 구체적인 선발과정을 보여주는 자료가 후기에 나타나는데, 그것에 의하면 홍문관원들이 지위에 관계없이 동등한 권한으로 후보자 선택에 참여하였음을 알 수 있다. 즉 예비 후보자 명단을 작성하고, 그것에 각각의 선호에 따라 圈点을 쳐서, 권점의 다소로써 인선을 결정하는 방법이었다.[156] 이 방법에 의하면 提學이상은 겸직으로 여기에 참여하지 않았고, 참상관 이하의 관원이 대다수였으므로 이들에 의해서 인선이 좌우되는 것이었다. 이 방법이 성종대에도 같았는지는 확인되지

---

155) 상동조.
156) 최승희 앞의 논문.

않으나 앞의 권주가 지적한 僚輩의 논리를 감안하면 유사한 형태였으리라
생각된다.

　일단 홍문관에서 선발된 후보자 명단은 이조로 넘어갔다. 이조에서는
이 명단의 인원을 그대로 두고 몇을 추가하는 정도의 작업만 하였다. 여기
에서의 추가도 주로 낭관들의 손에 의해서 이루어진 것으로 추측되므로,
이 경우도 홍문관의 선발이 ‘僚輩’라는 이념에서 벗어나지 않은 것으로 보
인다.157)

　이렇게 선발된 후보자 명단이 의정부로 넘어가서 첨삭을 당하여 최종적
으로 홍문록에 기재되었다. 의정부에서의 첨삭은 홍문관원들이 주장하는
인선의 이념이나 방법에 배치된 것으로 홍문록의 자천제적 성격을 제한하
는 것이었다. 따라서 대신들의 자의적 첨삭은 인선에 무리를 가져오는 경
우도 있었고, 이때 대간들은 홍문록이 ‘兀雜’하다는 이유를 들어 대신들이
홍문록 선발에 관여하는 것을 문제삼았다.158) 대간들이 문제삼는 이유는
“대신이 어찌 新進之士를 알리요?”159) “홍문록은 僚輩들이 상세히 알아
선발하니 이조와 의정부가 증감하는 것은 불가하다.”라는 것이었다.160) 이
것은 홍문관에서의 후보자 선발이념인 인품에 기준한 동료의 선발이라는
논리에 근거하여, 이 기준에서 어긋난 대신들의 홍문록 후보자 첨삭에 대
한 비판이었다. 이러한 대간의 언사는 홍문관이 양사와 밀접한 관계에 있
다는 점을 생각한다면, 홍문관이 자신들의 고유 영역을 지키기 위해, 대간
들을 동원한 것으로 이해된다. 이러한 상황이었으므로, 대신들이 홍문록의
선발에 적극적으로 관여하는 것은 쉽지 않았다. 그러므로 홍문록의 선발

---

157) 『중종실록』 권13, 중종 6년 5월 갑술조에 이조에서 홍문록의 인원을 선발하기
　　위해서 논의한 내용이 사론에 보이는데, 그 주체가 낭관들이었다.
　　최이돈 「16세기 郎官權의 형성과정」 『한국사론』 14, 1986.
158) 이것은 의정부에서 가감하여 홍문록에 기재한 인물에 대한 탄핵이었다.
159) 『중종실록』 권12, 중종 5년 11월 갑술.
160) 『중종실록』 권32, 중종 13년 2월 계사.

은 완전한 것은 아니었으나, 自薦制의 성격을 가질 수 있었다.

홍문록의 이러한 성격은 기본적으로 홍문록이 그 연원을 芸文錄에 두면
서도 다른 요소를 가미한 것이었기 때문이었다. 그러한 관점에서 볼 때에
예문관 참하관인 史官의 선출방법이 주목된다. 사관의 선발은 예문관의
참하관원들이 三館의 權知들 중에서 후보자를 정하고, 이들을 의정부에서
取才하여 선출하였다. 이 과정에서 예문관 관원들의 선정이 중요하였으며
의정부의 取才는 형식적인 것이었다.161)

그 구체적인 실상을 성종 7년(1476)의 소사식이 사관에 임명된 것에 대하
여 대간과 예문관에서 한 탄핵을 통해서 살필 수 있다. 소사식을 탄핵한 이
유는 소사식이 예문관 봉교이하 관원들이 죄로 作散한 사이에, 이들의 추천
이 없이 의정부 취재를 거쳐 사관에 임명되었기 때문이었다.162) 이때 경연
중 장령 손비장은 "史官의 선발은 비단 世系를 볼 뿐 아니라 그 사람의 志
行을 봅니다. 소사식은 儕輩의 천거를 받지 못하였으니 지행이 별로 없는
것을 알 수 있습니다."라고 소사식을 선발한 것의 부당함을 지적한다.163)

이 내용 중 志行을 보아야 한다는 지적이나 儕輩가 뽑아야한다는 주장
은 홍문록 선발의 논리와 동일한 것이었다. 이러한 사관의 선발 방법이 선
초부터 시행되었다는 지적이 보이고 있지만, 그러한 제도의 구체적 연원
은 밝혀지지 않고 있다.164) 다만 이러한 관행은 史草의 서술에 直書를 요
구하는 직무에서 기인한 것으로 추측된다. 즉 직서한 사관을 보호하기 위
해서 직서된 사초의 비밀을 보장하는 것이 필요하였고, 이를 위해 선배의
사초를 볼 수 있는 후임 사관을 인품에 근거해서 儕輩 간에 선발하도록
하였다. 즉 업무를 돕기 위한 방법으로 자천에 입각한 인사의 관행이 도입
되었다.

---

161) 차장섭 「조선전기의 사관」, 『경북사학』 6, 1983.
162) 『성종실록』 권64, 성종 7년 2월 무인.
163) 『성종실록』 권64, 성종 7년 2월 신사.
164) 『성종실록』 권64, 성종 7년 2월 무인.

이러한 사관의 관행이 홍문관에 수용된 것은 홍문록의 전신인 예문록 선정에서 야기된 폐단으로 말미암았다. 즉 예문록의 선정을 대신들이 私情에 의해 인선하여 문제를 일으켰고,[165] 이를 방지하기 위해서 사관의 자천 방법이 홍문록에서 채택된 것으로 이해된다. 물론 자신의 주도권의 확보에 홍문관을 이용하고자 하였던 성종의 입장에서도, 이러한 의도를 관철하기 위해서는 홍문관 인사의 자율성을 보장하지 않을 수 없었을 것이다.

이러한 과정에 의해 선발된 홍문록은 이를 통해서 왕이나 대신들로부터 홍문관의 인사가 보호받을 수 있는 영역을 어느 정도 확보한 것이었다. 그러므로 이는 홍문관 언관화의 기틀로 작용했다고 생각된다.[166] 그러므로 중종 8년 홍문록 冗雜의 문제로 조정이 소란스러워지자, 그 대안을 논의하면서 홍문록을 없애고 홍문관원의 인사를 이조에 맡기자는 제안이 있자, 대신들은 즉각 찬성을 하였지만 대간들이 강력히 반대하였다.[167] 이러한 견해 대립은 홍문록이 자천제적 성격을 가지고 대신들이 주도하는 인사에서 벗어날 수 있었기 때문이었다.

홍문록이 예문록에서 유래했다는 점에서 볼 때, 이는 홍문관 초기부터 실시되었으리라고 추측되지만, 구체적으로 어느 시기에 형성되었는지, 또한 홍문록의 형성초기부터 예문록과 성격을 달리하는 것이었는지 등의 문제는 분명치 않다. 그러나 성종 17,18년경에는 홍문록이라는 용어가 보이며,[168] 또한 성종 18년 무렵에는 홍문록의 인선이 예문관과 다른 면을 보여주는 자료가 나타나고 있어[169] 적어도 이 무렵까지는 예문록과 다른 성

---

165) 최승희 앞의 논문.
166) 최승희 앞의 논문 287면에서 그는 홍문록의 제도는 홍문관원 인사의 특수 보호 장치라고 언급하고 있다. 물론 홍문록은 도당록의 선발과정에서 대신의 관여가 허용되어 완전한 自薦制를 시행하지 못한 한계는 있었다.
167) 『중종실록』 권18, 중종 8년 4월 기유, 신유.
168) 『성종실록』 권189, 성종 17년 3월 기사조에 "伝曰, 擇能知馬政者, 依弘文錄例 置簿,"라는 기록이 보여 성종 17년 이전에 홍문록이 만들어 졌음을 알 수 있다.
169) 『성종실록』 권208, 성종 18년 10월 임진조에 의하면 안호가 홍문관원이 된 政

격을 지닌 홍문록이 형성되었음을 확인할 수 있다. 성종 20년에는 文科에 壯元을 한 사람도 홍문록에 뽑히지 못한 사례가 보이는데, 이는 이미 이 시기에 이르면, 홍문록의 권위가 상당하였음을 보여주는 좋은 사례로 이해된다.[170)

홍문관원들은 홍문록을 통해서 어느 정도 인사영역을 확보하면서, 이를 바탕으로 사림의 정치진출이 활발하게 되었고, 자연스럽게 홍문관은 사림활동의 거점으로 작용하였다. 이러한 상황이 갖추어지면서 홍문관의 사림들은 홍문관의 언관화를 추진하여 중앙정치에 본격적인 관여를 하게 되었다.

그러한 계기로서 주목되는 것이 성종 18년(1487)까지 재상권의 핵심 인물이었던 원상들이 모두 죽었다는 점이다.[171) 정치변화는 집권자들의 죽음과 상당한 관계가 있는 것이었다. 이들이 모두 죽은 성종 19년은 왕권의 강화를 모색해온 성종과 '弘文錄'에 의해 일정 영역을 확보하고 지방문제를 거론하면서 역량을 길러온 홍문관에게 좋은 기회였던 것으로 생각된다. 이해에 당시 사림의 숙원이었던 유향소복립이 성취된 것은 우연이 아니었다. 물론 유향소복립은 지방문제의 마무리를 의미하는 것은 아니었다. 이들은 어사활동을 통해서 지방문제의 바른 해결을 위해서 중앙문제의 해소가 선결과제임을 느꼈고, 유향소복립으로 지방문제를 한 매듭지으면서 중앙문제로 방향을 전환하였다.

이들이 중앙에서 할 수 있는 것은 문제를 야기하는 대신들에 대한 언론

目이 보이는데, 그 배경을 설명해주는 史論에 의하면, 안호가 동생 안심이 홍문관원이 된 것으로 인해 홍문관원들과 교류하게 되었고, 그로 인해서 홍문관원이 되었다고 말하고 있다. 이것은 홍문관원의 인선이 홍문관원에 의해서 좌우되었음을 보여주는 것으로, 이 시기의 홍문록의 인선방법이 예문관과 차이가 있었음을 보여준다.

170)『성종실록』권227, 성종 20년 4월 신축.
金銓雖爲壯元, 不与弘文錄者也.
171) 정창손과 한명회가 성종 18년에 죽음으로 원상을 지낸 대신들이 다 죽었다(김갑주「원상제의 성립과 기능」『동국사학』12, 1973).

활동을 통한 견제였다. 이 목적을 달성하기 위해 홍문관원들은 자신들의 언관화를 통해 언론의 양을 늘리는 한편, 기존의 언론기관인 兩司의 활동을 지원하고 양사중심의 언론의 문제점을 정비하였다. 이 중 더 중요한 의미를 갖는 것은 후자의 경우였다. 홍문관의 언관화는 이전 兩司중심의 언론체계에 하나의 언론기관을 더한다는 양적인 변화에 그치지 않고, 양사중심 언론활동의 한계점을 보충할 수 있는 질적인 변화까지 야기했기 때문이었다. 그러므로 홍문관의 언관화에 대한 검토도 그들이 행한 언론의 양적 증가에 주목하기보다는 이들이 어떻게 새로운 언론체계를 형성하였는가에 초점을 맞추어야 한다.

(3) 대간탄핵권의 형성

홍문관 초기의 언론활동이 고문기능의 연장선상에서 시행되어진 것임을 이미 언급하였지만, 홍문록이 정비된 성종 19년(1488) 무렵부터는 언론기능에 새로운 양상을 갖기 시작하였다. 이러한 홍문관의 언관화를 분명하게 인정해준 것은 성종 19년 12월 홍문관의 언론에 대해 성종의 다음과 같은 지적이다.

> 내가 너희를 대신과 같이 대우하고 (중략) 너희를 預養함은 대간과 더불어 외부 일을 듣는 데로 말하게 하고자 함이다.172)

이 내용은 두 가지 점에서 주목되는데 그 하나는 "대간과 더불어 외부 일을 듣는 데로 말하게 하고자 함이다."의 구절로, 홍문관이 대간과 동등한 언론기능을 해주기를 바라고 있다는 점이다.173) 이는 앞에서 살핀 바와 같이 홍문관원이 "신 등은 대간과 비교할 수 없다."고 언급한 성종 14년의

---

172) 『성종실록』 권223, 성종 19년 12월 계사.
173) 『성종실록』 권161, 성종 14년 12월 계유.

것과174) 거리가 있었다. 성종의 이와 같은 인정은 홍문관이 언론기관으로
인식되는 데에 중요한 역할을 했다. 즉 홍문관은 이러한 성종의 적극적인
지원 하에 언론기관으로 공인되었다. 성종 10년(1479)에는 홍문관의 기능
이 '弘文館職掌絲綸'이라는175) 인식 안에 있었으나, 성종 22년에 이르면
'弘文館有言責'이라고176) 언급하고 있는데, 이는 홍문관의 언론기능이 그
사이에 공인되었음을 잘 보여준다.

주목되는 다른 하나는 성종이 "너희를 대신과 같이 대우한다."라는 지적
이다. 홍문관에 언론의 기능을 요청하면서, 이러한 언급을 한 것은 성종이
기존의 언론기관보다 더 적극적인 역할을 기대하고 있음을 보여준다. 특
히 이러한 표현은 전에는 보이지 않던 것으로, 유향소복립이후 대신들에
대한 견제를 의식하면서, 성종이 홍문관의 언사를 보다 적극적으로 활성
화시키려는 목적으로 언급한 것으로 이해된다. 이는 구체적으로 홍문관언
론을 양사 위에 두어 이전의 언론체계의 한계를 보완 강화하려는 의도를
가진 것이었다.

이와 같은 의도는 홍문관이 臺諫彈劾權을 가지면서 구체화되었다. 홍문
관의 언론기능이 강화되면서 홍문관은 대간언론의 문제점도 제기하게 되
었다. 이것이 발단이 되어 홍문관의 대간탄핵권 시비가 일어났다. 성종 19
년 12월 사간 봉원효의 다음 상소가 그 발단이었다.

　　국가 종사에 관계되는 일은 누구나 말할 수 있습니다. 그러나 이 일
　은 홍문관에서 말할 일이 아닙니다. 만약 그렇게 한다면 대간의 시비
　나 진퇴를 논하는 것이 모두 홍문관에 있게 되어 이칙이 말한 것처럼
　"홍문관이 말하니 우리도 말하지 않을 수 없다."라고 할 것이니, 신은

---

174)『성종실록』권161, 성종 14년 12월 계유.
175)『성종실록』권112, 성종 10년 12월 임술.
176)『성종실록』권252, 성종 22년 6월 무신.
　　　伝于沈澮等曰 (중략) 曾有伝旨敢議北征者, 置之大法, 然弘文館有言責, 優
　　　容不敢斷之以法.

대간이 천해지고 권한이 홍문관에 있을까 두렵습니다.177)

위의 상소는 봉원효가 경연에서 임사홍의 문제를 논하기로 되어 있었으
나, '避坐含默'하여 홍문관의 비난을 받았을 때에 올린 것이었다. 이는 홍
문관이 대간언사에 시비를 논하면 장차 대간이 천해지고 권한이 홍문관에
있으리라고, 홍문관의 대간 탄핵을 문제로 삼은 것이었다.

봉원효가 문제를 제기하였으나, 결국 봉원효는 홍문관의 탄핵으로 문책
을 당하였다.178) 결국 이 일은 이즈음부터 구체화되는 홍문관의 대간탄핵
권을 공식화하는 선례가 되었다.

성종 21년(1490)에도 대간이 홍문관의 탄핵으로 사직을 계속하자, 성종
은 "너희들이 홍문관의 말을 꺼려하여 내 명령은 아니 듣는가?"라고 사직
을 막았으나179) 대간들은 "홍문관이 '公論所在之地'인데 비방이 이와 같으
니 어찌 감히 職에 나아갈 수 있겠습니까?"라고 사직의 태도를 분명히 표
명했다.180) 이와 같은 언급은 이미 홍문관의 대간탄핵권이 형성되었음을
보여준다.

특히 주목되는 것은 '홍문관은 公論所在之地'라는 이유로 대간이 퇴직한
것이다. '공론소재'라는 의미는 공론을 수용하고 공론을 대변하는 기구라
는 뜻으로 해석되었다.181) 대간이 언론을 행하면서 '臺諫, 公論所在之
地'182)라는 인식이 형성되어 있었다. 여기서 홍문관의 기능변화에 따라 대
간이 홍문관을 公論所在之地로 인정하고, 그러한 인식 위에서 홍문관의
대간탄핵권을 인정하고 있다.183)

---

177) 『성종실록』 권223, 성종 19년 12월 계축.
178) 『성종실록』 권223, 성종 19년 12월 갑인.
179) 『성종실록』 권242, 성종 21년 7월 기사.
180) 상동조.
181) 남지대 「조선 성종대의 대간언론」 『한국사론』 12, 1985, 106~120쪽.
182) 위의 논문 108쪽.
183) 홍문관을 공론소재로 인정하는 것은 대간들만이 아니었다. 대신들도 역시 홍문

홍문관의 탄핵에 따라서 대간들의 사퇴가 계속되자, 성종은 이 문제를 대신들의 수의에 붙였고, 대신들은 "權歸弘文, 將有偏重之弊." 등의 의견을 개진하지만, 성종은 결국 대간의 사직을 받아들였다.[184] 이로써 홍문관의 대간탄핵권이 공식화되었다. 이러한 상황에서 성종 22년에 성종은 홍문관을 '無異宰相'이라고 다시 언급하게 되면서, 홍문관의 지위는 더욱 확고한 것으로 정립되었다.[185]

이러한 추세 속에서 대간의 언사는 홍문관의 제약을 받게 되었다. 성종 21년 헌부에서 이조를 계속 탄핵할 때의 성종은 "지금 대간이 이조의 죄를 청하는 것은 홍문관의 비난을 두려워해서이다."라고 지적하고 있는데,[186] 이러한 지적은 홍문관의 대간 탄핵권 확보이후의 변화를 잘 보여주고 있다.

이와 같은 변화는 성종 24년 8월 성종의 다음 지적에도 보인다.

> 전일에 홍문관에서 대간이 입을 다물고 언사를 하지 않는다고 지적한 까닭에, 대간들이 말할 필요가 없는 일까지 말하고 있다. 이는 입을 다물고 있다는 비난을 피하기 위한 것이다.[187]

이 내용도 당시의 대간이 언론을 하지 않아도 될 것까지도 언론을 하는 이유가 홍문관의 견제 때문이라고 밝히고 있다. 이러한 사례들은 대간의 언사가 홍문관의 제약 아래 있음을 보여준다. 대간의 잘못을 지적할 홍문관이 있었고, 또한 그 지적이 공론이라는 타당성에 근거한 것이었으므로 대간들은 언사에 태만할 수 없었다.

관이 공론소재로 인정하고 있었다(『성종실록』 권285, 성종 24년 12월 기축).
184) 『성종실록』 권242, 성종 21년 7월 신미.
185) 『성종실록』 권251, 성종 22년 3월 정유.
　　弘文館経幄侍臣, 秩雖卑朝廷待之無異宰相, 其所聞見皆可得以言之.
186) 『성종실록』 권242, 성종 21년 7월 갑술.
187) 『성종실록』 권281, 성종 24년 8월 무진.

이러한 홍문관의 견제는 다른 측면에서 보면 양사 언론에 대한 지원이었다. 홍문관의 지원 아래 양사는 보다 집요하고 강력한 언론을 행할 수 있었다. 그러한 바탕에서 이후 언론의 활성화가 가능하였다. 다음과 같은 연산 7년(1501) 11월 이극균의 발언도 그러한 상황을 잘 보여준다.

옛날의 언사는 이처럼 지리하지 않았습니다. 대간이 비록 물러가고자 하나 오히려 홍문관의 견제를 받아 자유롭게 할 수 없습니다.[188]

위 내용 역시 홍문관의 대간탄핵권 확보 이후 언론의 변화된 양상을 잘 보여준다. 이러한 대간탄핵권으로 홍문관이 양사와 밀접한 관계를 맺은 위에, 성종 22년(1491) 무렵 홍문관원의 대간 진출이 허용되어서 그 관계가 더욱 밀접하게 되었다.[189] 원래 홍문관원들은 그 전문적 기능을 다하기 위해 '次次遷轉'이 행해졌으며[190] 타 부서로의 전출이 억제되었지만, 이때부터 대간 진출이 허용되었다.

양사는 본래부터 자체 내에 인원을 공급할 참하관 층을 갖지 못하고 있어 외부로부터 인원 공급을 받을 수밖에 없었다. 홍문관의 영향력 하에 대간의 언사가 강해지면서 대간의 인사는 더욱 엄격하게 시행되었는데, 대간의 인사가 더욱 신중하게 되면서, 결국 최고로 정선된 인원인 홍문관원의 대간직 진출이 불가피해졌다.

홍문관원의 대간직 진출이 활성화되고, 나아가 홍문관원의 대간 진출이 거의 일상화되었다. 다음의 성종 22년 6월의 사론은 그러한 분위기를 보여준다.

---

188) 『연산군일기』 권41, 연산군 7년 11월 을유.
189) 『성종실록』 권254, 성종 22년 6월 임술.
　　당시의 史論에 "凡台官擬望, 必以弘文館員充之."라고 홍문관원의 대간 진출이 관행화된 것으로 기록하고 있어, 이러한 관행이 성종 22년 이전 어느 시기에 시행된 것으로 추정된다.
190) 『성종실록』 권95, 성종 9년 8월 경인.

무릇 대간의 擬望은 필히 홍문관원으로 채웁니다. 그런고로 김응기
가 이미 직제학을 지냈으나 낮추어 집의에 임명하였습니다.191)

이 내용에 의하면 대간의 임명을 홍문관원으로 채우는 것이 일상화되면
서 정3품 직제학이었던 김응기를 종3품인 집의로 임명하였다. 이러한 降
遷의 예는 일상적인 것은 아니었다고 생각되지만, 降薦까지 할 만큼 홍문
관원의 대간 진출이 일상화되었음을 이 자료는 잘 보여준다.

이러한 홍문관원의 대간진출은 홍문관이 자신들과 의견이 상치되는 대
간을 탄핵하는 데서 그치지 않고, 자신들 중의 일부를 대간에 진출시켜 홍
문관과 양사와의 동질성의 확보를 용이하게 하여, 강력한 언론활동을 가
능케 한 바탕으로 작용하였다.

이렇게 형성된 정치구조의 변화를 연산 7년(1501) 8월에 연산군이 다음
과 같이 지적하고 있다.

근래 大臣이 하는 바는 臺諫이 논박하고, 台諫이 하는 바는 홍문관
이 논박한다. 비록 公論이라 하나 猜忌의 풍조가 없지 않다.192)

이는 홍문관의 언관화로 언관권이 강화되면서 왕권까지 견제하는 상황
에 대한 비난으로, 홍문관이 대간탄핵권 형성 이후 공론의 입장에서 홍문
관은 대간을, 대간은 대신들을 제약하는 상호견제 체계가 형성되었음을
잘 보여 준다. 즉 홍문관이 대간탄핵권을 확보하고, 또한 홍문관원의 대간
진출이 일상화되면서 중앙정치에서 삼사언론을 통해서 대신들에 대한 견
제가 강력해졌음을 보여준다.

이상과 같이 홍문관의 기능 확대에 따른 언론기능의 수행은 홍문관의
기능변화에서 그치는 것이 아니고, 언관권을 확보하여 그를 통해 왕이나

191) 『성종실록』 권254, 성종 22년 6월 임술.
192) 『연산군일기』 권41, 연산군 7년 8월 갑술.

대신들을 견제할 수 있는 권력구조를 형성하였음을 의미하였다.

3. 삼사 언론 활동의 강화

1) 사림의 진출과 언론활동

홍문관의 기능 확대는 홍문관원의 적극적인 노력의 소산이었다. 앞에서 보았듯이 어사파견에 적극적으로 참여하였고 유향소 문제까지 제기한 것은 홍문관원의 적극적인 노력을 잘 보여주었다. 이러한 동향은 홍문관의 언관화과정에서도 홍문관원들이 홍문록 인사의 정당성을 제기하고, 대간 탄핵권을 적극적으로 확보해 가는 과정에서 잘 드러났다.

이러한 홍문관의 적극적인 동향에는 사림이 홍문관에 진출하여, 훈구의 문제를 적극적으로 대처하면서 변화를 주도하고 있었기 때문이었다. 먼저 홍문관원의 어사파견 과정에서 논의를 이심원에 의해서 제기하였고, 김흔, 조위 등 사림계 인물들이 중심인물로 활동하였다. 또한 홍문관의 언관화 과정에서도 사림은 홍문록의 선발이념을 강조하고, 이후 언관화 과정도 주도하였다.

그러나 당시 상황을 보면 사림계의 인물이 홍문관을 장악한 것은 아니어서, 사림파만으로 변화를 주도 하였다고 보기는 어렵다. 홍문관이 새롭게 정비된 성종 9년(1478)부터 성종 19년까지 홍문관에서 활동한 사림파는 김맹성, 김흠, 양희지, 조위, 김종직, 이인형, 유호인, 최부 등에 불과하였다.193) 이러한 상황은 당시의 홍문관의 기능변화와 그에 따른 언관의 정

---

193) 아직 홍문관원의 대간 진출이 관행화되지 않아서 사림계 홍문관원의 대간 진출
    은 적었다. 홍문관원들은 홍문관에 장기 근무하였다. 대간에 진출한 사림계 홍문
    관원은 조위, 이인형 등에 불과하였다. 당시 대간에서 활동한 사림계 인물은 김

치력 강화가 사림에 의해 주도되었으나, 여타 홍문관원의 지원 하에 가능하였음을 보여준다.[194]

홍문관의 기능 확대와 언관정치력의 강화를 사림이 주도하면서, 이후 홍문관을 통한 사림의 진출은 더욱 강화될 수밖에 없었다. 성종 20년(1489) 경부터 홍문관이 언관화 되면서 사림의 홍문관진출이 활발해지고 있었고, 앞에서 언급한 것처럼 홍문관원의 대간진출이 관행화되면서, 사림의 대간직 진출도 활기를 띠었다. 이러한 결과 성종 20년부터 연산군 4년 무오사화 직전까지 약 10년간 사림파의 삼사 관원을 통한 활동이 확대되었고, 사림파는 주로 삼사를 거점으로 자신들의 이념을 표출하였다.

이시기 홍문관원으로 활동한 사림파는 강경서, 김심, 권오복, 김일손, 이원, 표연말, 유호안, 강겸, 홍한, 최부, 양희지, 임유겸, 남곤, 이수공 등이었고, 이들의 대부분인 표연말, 이수공, 강겸, 홍한, 양희지, 유호인, 최부, 김일손, 남곤 등이 대간으로 활동하였다. 홍문관에서 활동하지 않았지만 강백진, 박한주, 이계맹, 이종준, 강경서, 이인형, 이주, 손중돈, 유순정 등이 대간으로 활동하였다.[195]

심, 이의형 등이 있었다. 김심은 이후 홍문관원으로 활동하였다(이병휴 앞의 책 35~36쪽).

194) 그러한 지원 인물의 대표적인 예로 정성근, 권주 등을 들 수 있다. 정성근은 진주 정씨인데 이 집안은 아버지 鄭陟이 처음으로 중앙에 진출한 가문이었다. 정성근의 활동을 보면 사림활동의 핵심적인 위치에 서있었다. 권주는 안동 권씨였으나 안동 권씨의 중심계열인 權溥계열과는 5대 위에서 갈라진 계열이었다. 그는 유승조를 도와 홍문관의 언관화를 추진하였는데, 이러한 그의 성향은 그의 형제 항렬인 權橃이 기묘사림으로 활동한 것과도 연결되었다.

이와 같은 비사림계 홍문관원들의 동조나 지원은, 지금까지 사림파를 사화에 피해를 입은 이들의 師友와 門人관계를 중심으로 정리하였던 방식에 조정이 필요함을 제기한다. 즉 사림의 구성 요인 중 '이념'에 공감하고 같이 하였는가의 요소가 중요함을 보여준다. 그러므로 사림의 정치운동에 적극성을 보인 인물들을 좀 더 광범위하게 검토하여 사림파를 재구성해야 할 필요가 있다(최이돈 「조선중기 신용개의 정치활동과 정치인식」『최승희교수 정년기념논총』 2002).

195) 이인형은 성종 20년 이전에 홍문관원으로 활동하였다.

홍문관의 기능이 확대되어 언관화가 되고 삼사언론의 정치력이 강화되면서 사림들의 진출이 강화되자, 언론을 통한 재상권의 견제는 더욱 강화되었다. 이러한 사림의 동향은 당시의 언론활동을 통해서 잘 나타났다. 먼저 홍문관의 언론 활동을 살피기 위해서 성종 9년부터 성종 25년까지의 홍문관의 언론활동을 분야별로 정리해 본 것이 다음 <표5>이다.

<표5> 성종대 홍문관 언론활동

연 도	9	10	11	12	13	14	15	16	17	18	19	20	21	22	23	24	25	합계
시무책	1			1	1			2	1				2		1		2	11
인 사	1					2	1	7			13	1	5		2	4	1	37
간 쟁		7	1		5	5	1		1	7	4	3	2	4	3	2	2	47
시 정		1		1				1	1							1		5
척 불		1	7		1		12	5			1	5			17		4	53
기 타	1			1				1						4		1	1	9
합 계	3	9	8	3	7	7	14	16	3	7	18	9	9	8	23	8	10	162

홍문관의 언관화 이후 언론의 양은 증가의 추세가 보이기는 하지만, 전반적으로는 양이 적고 그 변화도 뚜렷하지 않았다. 그러나 이것은 세종대 집현전의 언관화이후인 세종 20년(1438)에서 32년 사이의 활동과는 차이가 있었다.[196]

---

196) 세종대 집현전의 언론활동

연 도	20	21	22	23	24	25	26	27	28	29	30	31	32	합계
시무책								2				1		3
인 사	1													1
간 쟁			1		1	2	1		2		1			8
시 정	3	2	1		1	1	1	5	5		1			20
척 불		1		4					1		10	2		18
기 타														
합 계	4	4	2	4	2	3	2	7	8		12	2	1	50

* 전거: 최승희 『조선 초기 언관 언론연구』 서울대학교한국문화연구소 1976, 97쪽.

양 자를 비교해 보면 먼저 홍문관 언론의 양이 집현전보다는 증가되었다. 분야별로 보면 양자 모두에게 斥佛은 중심영역으로 그 횟수가 가장 많았고, 諫爭도 일관성 있게 되고 있었다. 時政은 집현전의 경우 비중이 큰 반면 홍문관의 경우 거의 보이지 않고, 人事은 집현전의 경우 전무한 반면 홍문관에서는 중요한 비중을 갖는 것이 특징으로 나타난다. 이러한 양자의 차이는 각각이 갖는 역사적 상황과 과제의 차에서 오는 변화로 이해된다.

이상에서 살핀 홍문관 언론의 양적인 검토에 의하면 홍문관 언관화의 기본성격이 양사를 지원하고 조정하는 것이었으며, 직접 표면에 나서는 것이 아니었음을 알 수 있게 한다. 그러므로 양적인 면에서의 변화는 성종 19년 이후 홍문관의 지원 하에 시행된 양사 언론의 획기적인 활성화에서 찾아야 할 것으로 생각된다.

성종대의 대간 언사는 홍문관 언관화 이후 획기적으로 활성화되었는데, 성종 14년에서 20년 사이의 연평균 언론 회수는 239회인데 비하여 홍문관이 언관화되고 삼사의 언론이 강화된 성종 21년에서 25년 사이의 연평균 언론회수는 409회로 나타나고 있다. 당시의 대간 언사의 성격은 활동내용이 彈劾(42%)과 人事異議(28%)가 70%에 달하는 것에서 잘 나타났다.[197] 탄핵과 人事異議의 대상 인물들은 거의 모두 대신으로 파악되는데, 이는 당시 언론의 핵심이 대신들에 대한 견제였음을 잘 보여준다.

특히 앞에서 언급한대로 홍문관 언관화이후 홍문관에서 양사를 규제할 수 있게 되면서 언론활동도 집요하게 되어졌다. 이는 언관화이후의 변화가 단순히 언론의 양만 늘어난 것이 아니라, 문제를 집중적으로 제기할 수 있는 능력도 강화되었음을 보여준다. 이를 잘 보여주는 것이 탄핵과 인사의 경우 같은 인물을 집중적으로 20회 이상 거론된 예가 59%에 달하였고, 100회 이상에 이른 경우도 상당수가 있었다는 점이다.[198] 이는 대간들이

---

197) 남지대 「조선 성종대의 대간언론」,『한국사론』 12, 1985, 160쪽.
198) 남지대 앞의 논문 161쪽.

언사를 집요하게 행하였음을 잘 보여준다.

2) 提調制 개혁의 추진

홍문관 언관화이후 언사의 변화는 내용분석을 통한 질적인 측면에서도 검토해야 할 필요성이 있다. 오히려 이 측면에서 홍문관 언관화의 의미는 뚜렷이 나타날 수 있으리라 생각된다. 질적인 변화의 규명은 각 분야별로 사례를 통해 정리해야만 가능하리라 생각되나, 본고에서는 정치구조적인 측면에 국한하여 변화의 일단을 살펴보기로 한다.

정치구조의 면에서 언론의 질적인 문제를 살펴볼 때 가장 주목되는 문제는 '提調制'의 문제였다. 이 문제는 성종 18년(1487)부터 제기된다. 원래 提調制는 대신들이 하위부서에까지 직접 관여할 수 있도록 하여 대신에게 권력이 집중되게 한 제도였다.[199] 그러므로 대신의 權貴化로 야기되는 비리는 먼저 여기에서 드러날 수 있었다. 提調의 비리에 대한 지적은 경제적인 면에서 '丘史多占'의 문제와 정치적인 면에서 '政出多門'의 문제로 제기되었다.

'구사다점'의 문제는 提調들이 丘史를 많이 점유하면서 야기된 문제였다. 본래 관원들에게는 그 품계에 따라 丘史의 지급이 규정되어 있었다.[200] 관원들에게 지급된 구사는 使喚이나 扈從人의 역할을 하였는데, 提調의 경우 實職이 아니었으므로[201] 원칙적으로 구사가 지급이 되지 않았다.[202] 그러나 이들은 所管司의 根隨를 4,5명씩 거느리고 다녔으며,[203] 이

---

199) 이광린「제조 제도연구」『동방학지』 8, 1967.
200)『경국대전』「형전」根隨.
　　『성종실록』권218, 성종 19년 7월 정해, 을축, 을유조에 의하면 根隨, 丘史, 驅徒가 같은 것임을 알 수 있다.
201)『성종실록』권94, 성종 9년 7월 계유.
202)『성종실록』권287, 성종 25년 2월 기사.

를 통해서 치부까지 하였다. 이는 성종 9년에 심한이 실직이 아닌 내자시 제조로 있으면서 "구사를 많이 거느려서 營利함이 막대하였다."는 기록이 이를 잘 보여주었다.204)

영리의 방식이 구체적으로 지적되지 않고 있으나, 성종 24년(1493)의 기록에 의하면 選上奴를 구사로 代入하게 하고 收價하는 것도 한 방법으로 나타나고 있다. 이 방법은 "朝士들의 구사는 관청에서 銀으로 充給하고 있습니다."라고 지적이 될 만큼 일반적이었다.205) 이 방법 외에 제조들은 전지경영에 구사들을 이용하였으리라 추측된다.

제조의 '政出多門'의 폐는 제조가 인선에 관여하는 것이었다. 본래 제조는 해당부서 관리들의 근만을 살펴 보고하도록 되어 있었고, 관원이나 학생들의 講學이나 取才를 담당하고 있어 자연스럽게 인사행정에 관여하고 있었다.206) 특히 삼공은 도제조로 이병조의 판서보다 직급이 높아서, 해당 아문의 일을 판서가 도제조에게 문의하여 진행하는 상황이었으므로 인사는 도제조의 손에서 좌우되었다.

'丘史多占'나 '政出多門'의 폐를 더욱 조장하는 것은 한 사람이 여러 부서를 겸임하거나, 한 부서에 오랫동안 머무는 일이었다. '多兼'은 삼공, 육경의 경우 법제적으로 보장되어 있었다. 『경국대전』에 의하면 승문원, 종부시, 사옹원, 내의원, 사복시, 군기시, 군자감, 사역원, 수성금화시, 전함시, 종묘서, 사직서 등 12개 부서, 15개 소에 도제조가 설치되어 있었는데, 도제조를 삼공이 나누어 맡는 것이 보통이었으므로, 삼공은 평균 5개소의 도제조를 겸하고 있었다.207) '多兼'이 문제되는 경우는 이러한 법제적인

諸司提調, 於法本無根隨.
203) 상동조.
　伝曰, 設各司提調, 只欲檢擧其司之事也, 而率其驅使, 多至四五.
204) 『성종실록』 권94, 성종 9년 7월 계유.
205) 『성종실록』 권276, 성종 24년 4월 병오.
206) 이광린 앞의 논문 84~85쪽.
207) 『경국대전』 「이전」.

겸임 뿐 아니라 비법제적인 겸임에서도 나타났다.[208] 삼공은 도제조만을 맡도록 하고 있고 제조직은 맡지 못하도록 하고 있었으나, 이들은 제조직도 맡고 있어[209] '다겸'을 확대하고 있었다. 물론 다른 대신들도 여러 부서의 제조를 겸하는 경우들이 빈번하였다. 이러한 '多兼'은 제조들의 '丘史多占'과 '政出多門'의 폐의 폭을 확대시키는 역할을 하였다.

제조의 '久任'은 제조가 한 부서를 오랫동안 맡는 것으로, 부서에 따라서는 당연한 것으로 인정되었다. 승문원, 사역원, 관상감, 전의감 등 전문적 지식이 요구되는 관서의 경우 그러하였다. 그러나 문제되는 것은 일반적인 부서에도 제조들이 '구임'되는 것이 일반적이었다. 심한 경우 20여년 이상 구임한 사례들도 보인다.[210] 이러한 경우 소관사의 노비를 자기의 노비처럼 사용하였고, 부서의 관원들에 대한 검거도 해이해졌다.[211] 결국 '구사다점'나 '정출다문' 등 提調 비리는 '久任'으로 더욱 심화되고 있었다. '多兼'이 提調制 폐단의 폭을 확장시킨 것이라면, '久任'은 폐단의 질을 심화시켰고 볼 수 있겠다.

이러한 제조의 '구사다점' '정출다문'의 폐단이나, 이를 조장하는 제조의 '다겸' '구임'은 일반적이었고, 이는 제조제를 인정하는 한 오히려 자연스러운 것이었다. 그러나 이러한 현상은 홍문관의 언관화 이후 삼사의 언권이 강화되면서 문제되었다.

먼저 提調의 구임, 겸임문제는 성종 22년 경연 중 장령 이거에 의해서 제기되었다.[212] 성종은 이조에 그 방안을 연구하도록 하였고, 이조에서는

---

208) 『성종실록』 권226, 성종 20년 3월 임신조에 의하면 삼공이 상의원의 제조를 겸하고 있었다.
209) 『성종실록』 권226, 성종 20년 3월 임신.
210) 『성종실록』 권262, 성종 23년 3월 병술조의 한치예의 경우 內贍寺 제조를 20여년 하고 있었다.
211) 『연산군일기』 권46, 연산군 8년 10월 경신.
212) 『성종실록』 권256, 성종 22년 8월 기사조에 의하면 제조의 구임문제는 홍문관의 언관화 이전에도 단편적인 지적이 있었다(『성종실록』 권104, 성종 10년 4월

승문원, 사역원, 관상감, 전의감 등 전문지식이 요하는 부서를 제외하고는 4년을 임기로 바꿀 것과 한 사람이 여러 부서를 겸하지 못하게 하자는 방안을 제시한다.[213] 이 안은 대신들과 대간들의 수의를 거쳤으나 부결되고 말아 문제의 제기에 그치고 해결은 보지 못하였다. 재상권의 축소로 이해되는 제조제의 변화를 대신들이 반대한 것은 당연하였다.

그러나 가장 문제가 된 삼공의 '다겸'은 어느 정도 해소가 되었다. 성종 20년(1489) 3월 경연 중 장령 정미수는 다음과 같이 이 문제를 지적했다.

『경국대전』에는 도제조가 설치된 부서가 적습니다. 그 이유는 대신에게 細事를 살피게 하는 것은 대신에 대한 예가 아니기 때문입니다. 그러나 오늘날 삼공은 諸司의 제조가 되고 있습니다. (중략) 오늘날 정승으로 제조가 된 자가 한 사람이 아니데 辭避하는 자가 없으니 어떠한 이유입니까?[214]

이에 의하면 당시 삼공으로 도제조가 아닌 제조를 맡는 것이 일반화되고 있었음을 알 수 있다. 이 건의에 따라서 성종은 "도제조가 설치된 부서 외에는 정1품으로 제조를 삼지 말라."고[215] 이조에 명하였다. 이로써 도제조의 불법적 '다겸'의 문제가 일부 해소될 수 있었다.

'多占丘史'의 문제도 본격적으로 지적되었다. 성종 19년 시사 중에 정언 유형은 다음과 같이 문제점을 지적하였다.

제조가 驅徒를 濫率하여 司中에 使令까지 부족합니다.[216]

임자).
213) 『성종실록』 권257, 성종 22년 9월 갑신.
214) 『성종실록』 권226, 성종 20년 3월 임신.
215) 상동조.
216) 『성종실록』 권218, 성종 19년 7월 을유.

이러한 문제점이 지적되자, 이에 대해 시사에 참석 중이던 윤필상, 홍
응, 이극배 등 대신들은 구사의 加率은 禁章이 있으니, 궐내에서는 병조가
궐외에서는 헌부가 검찰케 하고 새로운 법령을 만들 것은 없다는 의견을
표하였다. 그러나 유형은 "헌부의 관원도 오래 헌부에 머무는 것이 아니어
서 인정이 없을 수 없어 마음을 다해서 검찰하지 못합니다."라고 헌부 監
察의 한계를 지적하였다.

이러한 유형의 헌부 검찰의 한계에 대한 지적은 보다 강력한 규제의 필
요성을 제기하였다. 즉 제조의 문제는 재상권을 견제하고자 하는 근본적
인 문제였으므로, 사헌부 감찰의 강화 정도로 해소될 수 없다는 점을 분명
하게 드러냈다.[217]

이 문제는 성종 25년(1494)에 다시 제기됐다. 성종은 이극배에게 제조가
구사를 4,5명씩 거느리는 문제를 지적하면서, 제조가 인습에 따라 구사를
거느리니 구사를 모두 혁파하는 것은 불가능하지만, 1명만을 거느리게 하
는 것이 어떠하냐고 제안하여 대신의 收議에 붙었다. 성종은 이 제의를 대
신들에게만 수의하는데서 그치지 않고 대간에게도 수의를 명했다. 대신들
에게만 물어서는 이 제안이 받아들여지지 않으리라는 계산 하에 되어진
조치였다. 대간들은 1명의 구사도 허용하지 말자고 강경한 제안을 하였다.

이에 성종은 대간들의 강력한 주장에 힘입어 다음과 같이 '다점'의 문제
를 결정하였다.

제조가 비록 여러 관서를 겸직하여도 거느리는 구사를 1인이 넘지
못하게 하고, 만약 더 거느리는 자가 있으면 헌부에서 규찰하라.[218]

---

217) 『성종실록』 권218, 성종 19년 7월 정해, 기축.
218) 『성종실록』 권287, 성종 28년 2월 기사.
  諸司提調, 於法本無根隨而率行, 乃是積弊, 不許帶率爲便, (중략) 伝曰, 提
  調雖兼數司, 其帶驅使無過一人, 如有濫帶者, 憲府其糾之.

제조가 여러 부서의 제조를 겸직하여도 구사는 1인만을 거느리도록 명하고 있다. 이로서 제조의 丘史多占 문제는 일단 해소되었다.

다음으로 '政出多門'의 문제를 보자. 성종 18년 12월 사헌부는 상소를 올려 다음과 같이 당시의 정출다문의 상황을 지적했다.

> 点馬別監은 종사관이나 소관 업무가 가볍지 않습니다. 그러나 注擬를 該曹에서 하지 않고, 主使와 제조에 의해서 천거되는 까닭에 媒進하는 무리가 그 능력을 헤아리지 않아, 권문에 청탁이 폭주합니다. (중략) 이것이 어찌 政出多門의 조짐이 아니겠는가? 원컨대 전하께서 이러한 폐단을 먼저 혁파하여 인선을 맑게 하고 정권을 하나로 모아 요행의 길을 막아야 합니다.[219]

위 내용은 점마별감의 인선을 이조에서 하지 못하고 主使와 제조가 하여 청탁인들이 이들에게 몰리는 상황을 보여주고 있다. '主使'는 点馬를 위해서 지방에 내려가는 당상관을 의미하는 것으로 보이는데, 별감의 인선을 提調와 더불어 주도하고 있음을 알 수 있다. 이러한 지적에 대해서 대신들은 수의를 통해서 "각성해야 합니다."는 정도의 소극적 의견을 개진하였을 뿐이었다.[220]

이러한 상황은 성종 23년(1492) 사간원에서 "權門이 크게 열려 공도가 서지 않고, 아문을 權設하고 郎廳을 自占하여 政出多門하니 본래 불가한 일입니다."[221]라고 상소하고 있는데서 거듭 확인된다. 이는 구체적 부서나 사건을 지적하고 있지 않지만, 앞에서 살핀 것과 같이 제조의 인사나 정책의 관여가 광범하였음을 짐작케 한다.

이러한 정출다문의 폐단은 비대해진 재상권의 발로로 정치구조를 합리

---

219) 『성종실록』 권200, 성종 18년 12월 무진.
220) 상동조.
221) 『성종실록』 권271, 성종 23년 11월 신사.

적으로 운영해보고자 하는 성종이나 홍문관 등 삼사에서 볼 때는 개선되어야 할 중요한 과제였다. 그러나 이 문제는 제조제를 인정하는 상황에서 쉽사리 해결될 수 있는 것은 아니었다.

이 문제를 보다 근본적으로 해결하고자 하는 움직임이 제조제의 폐지론으로 제기되었다. 제조제의 폐지는 비단 '政出多門'의 문제에 국한되지 않고 '丘史多占'의 문제에도 걸리는 것이었으나, 구사다점의 문제가 어느 정도 해소된 상황에서 그 초점이 정출다문에 있었다.

提調制 폐지론은 연산군 원년(1495) 사림 조지서에 의해서 다음과 같이 제시되었다.

> 六曹는 각기 소속사가 있으니 비록 提調가 없어도 통치할 수 있습니다.[222]

조지서는 제조를 폐지할 것을 주장하였다. 제조의 폐단을 근본적으로 제거하기 위해 제조제를 없애고 육조와 하위부서의 연결을 강화시키려는 제안이었다.

이러한 견해를 한 걸음 더 밀고나간 것이 같은 해 5월 충청도 도사 김일손 상소 중 다음과 같은 제안이다.

> 오늘날 삼공이 伴食都堂으로 散官과 같으며, 百司에 각기 제조가 있어 스스로 한 법을 세우니 政出多門합니다. (중략) 신은 제조를 없애고, 백사를 육조에 소속시키며, 除拜나 政令의 중요한 것은 육조가 都堂에 물어 시행하면 조정의 체통이 설 것으로 생각합니다.[223]

이는 앞에서 살핀 조지서의 제조제의 폐지와 그에 따른 육조의 강화를

---

222) 『연산군일기』 권4, 연산군 원년 4월 갑술.
223) 『연산군일기』 권5, 연산군 원년 5월 경술.

한 걸음 더 진행시켜 '三公-六曹-百司'의 체계를 확립하고자 하는 안이었
다. 이 주장은 재상권의 약화를 위해서 제기된 제조제 폐지 논의가 오히려
삼공의 권한 강화로 돌아가는 듯한 느낌도 준다.

그러나 연산군 원년 11월 사헌부에서 상소한 다음의 자료를 보면 그러
한 의문을 해소된다.

> 百司의 庶官이 각각 제조를 빙자하여 政出多門합니다. (중략) 삼공
> 이 무소불통하면서도 제조를 맡아 小官을 침탈하여 체통을 잃음이 심
> 합니다. 신의 생각으로는 (중략) 각사의 제조를 없애고 육조에 분속시
> 켜며, 육조는 출납에 의정부의 통제를 받도록 하소서.[224]

이 내용은 제조 까닭에 '政出多門'의 폐가 야기되고 있으니, 그 폐단을
해소하기 위한 대안으로 '三公-六卿-百司'의 체계를 강화하자는 것이다. 이
러한 논리가 재상권의 강화를 주장하는 것이 아님이 "삼공이 무소불통한
데 제조를 맡아 소관을 침탈합니다."라는 구절을 통해서 알 수 있다. 그러
므로 '三公-六卿-百司'라는 틀의 제시는 삼공의 주도권을 위한 것이라기보
다는 하위부서까지 제조를 통해서 직접 간섭하는 제조제 폐지를 주장하기
위한 논리전개의 방편이었다는 것을 알 수 있다. 결국 제조제의 폐지 건의
는 삼공을 중심으로 하는 재상권의 비대에서 야기되는 비합리적 권력의
남용을 막고, 정치구조의 합리적 균형을 잡기 위한 노력이었다.

홍문관 언관화 이후 삼사를 중심으로 진행된 이 개혁은 매우 강력한 것
이었다. 그러므로 사림은 이 문제를 시험의 策題로까지 제시하면서 조정
의 분위기를 환기하였다. 즉 성종 23년 정성근은 시관으로서 "제조가 그
직에 오래 있어 욕심을 따라 기탄없이 행하니 이는 衰世의 일이다."라는
문제를 출제하였다.[225] 이 책제의 출제로 20여 년간 내섬시 제조를 지낸

---

224) 『연산군일기』 권10, 연산군 원년 11월 정유.
225) 『성종실록』 권262, 성종 23년 3월 병술.

한치예가 사직하였는데, 이는 사림파의 제조제 개혁의 노력이 매우 집요
하였음을 보여준다.[226)

이상으로 볼 때 사림은 지속적인 노력으로 제조제의 '구사다점' 문제를
상당히 개혁하였지만, '정출다문' 문제는 해결하지 못하였음을 알 수 있다.
이것은 홍문관이 언관화이후 재상권에 대한 견제에 집중하였으나, 그 견
제의 한계를 보여주는 것이었다. 그러나 제조제가 재상권의 핵심 제도였
다는 것을 고려한다면, 이 정도의 규제도 상당한 성과였다.

3) 삼사언론과 戊午士禍

언론삼사를 중심으로 언관권이 형성 강화되면서, 왕과 대신의 입장에서
언관권이 너무 강해지는 것에 대한 경계도 있었다. 즉 조정에서는 언관권
의 위상에 대한 논의도 진행되었다.

성종은 주도권에 관심을 가지고 홍문관을 지원하여 언론을 통해서 대신
들을 견제하게 되면서, 대간의 언론에 호의적인 모습을 보였다. 심지어 성
종은 "언론은 군주의 권력이며 대간의 권력이 아니다."[227)고 언관권을 자
신의 권력과 연결시켜서 이해하고 있었다.

그러나 대신들은 자신들의 주도권 상실을 우려해서 언론의 강화에 적극
반대하였다. 그 한 예를 성종 19년 홍문관이 대간탄핵권을 갖는 것에 대해
대신들은 "權力이 홍문관에 돌아가면 폐가 있을 것입니다."라는 이유로 적
극 반대하였다.[228) 그러나 성종의 지원 아래서 홍문관은 대간탄핵권까지
확보하였다.

이러한 상황에서 대신들의 처지는 오히려 위축되는 면도 있었다. 성종

---

226) 상동조.
227) 『성종실록』 권290, 성종 25년 5월 임진.
228) 『성종실록』 권242, 성종 21년 7월 신미.

25년 대간의 비판에 대하여 노사신은 "대신들이 할 말이 있어도 대간들이 공격하는 것을 두려워서 그러합니다."[229]라고 대신들이 언론의 견제를 받으면서 할 말을 못하는 모습을 보여주었다. 이러한 상황이었으므로 성종대에 언론이 강해져가는 것이 문제로 제기되고는 있었지만, 큰 제약 없이 언론이 활성화되고 강화되었다.

그러나 연산군대에 가면 상황이 변하였다. 삼사 언론이 강화되면서 언관권은 왕도 견제할 수 있는 것이었다. 성종대에는 성종의 긍정적인 정치태도로 인해 양자의 마찰이 노정되지 않았던 것뿐이었다. 그러나 연산군은 다른 입장을 보여주고 있었다. 연산군은 "조종의 권한이 모두 대간의 손에 들어가는 것이 마땅한가?"[230]라고 대간의 언론을 비판하였고, 심지어 "人主가 대간을 제어하지 못한 즉 威權이 대간에 있게 되고 人主에 있지 않게 된다."는 생각에서 대간을 제어하는 것을 자신의 임무로 생각하였다.[231]

이러한 연산군의 입장은 자신이 처한 상황이 성종이 즉위할 때의 상황과 다른 것에 기인하였다. 즉 성종은 훈구의 위세 속에서 대간의 도움이 필요하던 것과 달리, 연산군은 강력해진 언론 속에 대신들이 견제를 받으면서, 대신을 견제해야 할 필요성보다 오히려 직언을 일삼는 대간의 언사를 견제하는 것이 필요하다고 인식하였다.

그러한 변화 속에서 대간과 연산군의 갈등이 노출되면서, 연산군 3년 (1497) 6월 대간은 다음과 같이 대간 언사의 필요성을 강조하였다.

　　왕께서 대간들이 소인을 공격하고 宰相을 탄핵하는 것이 權이 아래로 옮기는 것으로 생각하니 신들은 그 뜻을 모르겠습니다. 대간이 그 직무를 하여 아래위로 막힘이 없어야 관리들이 법을 두려워하게 되고, 人主에게 권이 돌아가 國勢가 안정됩니다. 만약 언로가 막혀 상하가 통

---

229) 『성종실록』 권290, 성종 25년 5월 갑인.
230) 『연산군일기』 권5, 연산군 원년 5월 병신.
231) 『연산군일기』 권8, 연산군 원년 8월 기미.

하지 않아, 소인이 그 뜻을 이루어 당류를 끌어 들여 조정에 가득차면, 權이 아래로 돌아가고 전하는 고립되어 도울 자가 없을 것입니다.[232]

언관들은 언관권이 강해야 상하가 막히지 않고, 왕권이 강해진다고 주장하였다. 이는 성종대에 보이는 '언관권은 君主의 權'이라는[233] 주장을 반복한 것에 불과하였다. 그러나 이러한 대간의 주장에도 연산군의 입장은 변함이 없었고, 대간에게 호의적인 반응을 보이지 않았다.

그러므로 연산군 3년 대간들은 보다 강력하게 대간 언론의 중요성을 다음과 같이 변론하였다.

신들이 抗章하면서 탄핵하는 것은 務勝하려는 것이 아니라 언책을 다하려는 것이며, 用權하려는 것이 아니라 기강을 세우려는 것입니다. 전하가 '君臣交勝' 혹은 '權移於下'라고 하는 지적에는 통분함을 금할 길이 없습니다.[234]

대간들은 연산군이 언론에 대하여 '君臣交勝' 혹은 '權移於下' 등의 용어를 쓰면서 '用權'한다는 비난도 서슴치 않자, 대간들은 '통분'한 마음을 표현하고 있었다. 연산군과 삼사언론 사이에 상당한 갈등이 표출되고 있었다.

대간들과 연산군의 사이에 갈등이 심화되자, 대신들 역시 대간에 대해 적극적으로 공세를 취하였다. 연산군 원년(1495) 7월 노사신의 다음 주장은 그 대표적인 사례이다.

살피건대 先儒가 "정권은 하루라도 朝廷에 없으면 안 되는 것인데, 조정에 있지 않으면 台閣에 있고, 대각에 있지 않으면 宮闈에 있다. 조정에 있으면 다스려지고 대각에 있으면 어지럽고 宮闈에 있으면 망한

---

232) 『연산군일기』 권24, 연산군 3년 6월 임진.
233) 『성종실록』 권290, 성종 25년 5월 임진.
234) 『연산군일기』 권24, 연산군 3년 6월 갑오.

다."고 하였습니다. (중략) 自勝을 힘써서, 人主와 다투기를 여러 朔이
나 합니다.235)

노사신은 중국의 고전을 빌어서 대간에 권한이 집중되면 조정이 소란할
수밖에 없음을 지적하면서, 당시 집요하게 왕과 다투는 언론을 비난하고
있다. 대신들이 왕과 대간의 갈등을 틈타서 대간을 비판하였다.

대신들의 이러한 비난에 대하여 대간들은 다음과 같이 반론하였다.

先儒들이 말하는 "정권이 台閣에 있으면 어지럽다."는 지적은 대간
을 비난한 것이 아니고, 朝廷이 실정을 하면 대각이 摠攬하게 되어 정
권이 대각에 돌아간다는 뜻입니다. (중략) 노사신은 그러한 의미를 모
를 리 없으면서 古語를 모아 附會한 것은 왕의 뜻에 逢迎하려한 것입
니다.236)

대간들은 노사신이 고의적으로 고전을 잘못 인용하였음을 호되게 비판
하였다. 홍문관에서도 노사신이 인용한 구절에서 '朝廷'의 의미는 대신, 대
간 등 공론의 소재를 이르는 것이고, 여기서 말하는 '台閣'은 대간을 말하
는 것이 아니고 漢 武帝가 설치한 尙書 등의 무리를 말하는 것이라고 지
적하면서 역시 노사신의 견강부회를 비판하였다.237)

이러한 상황에서 홍문관을 중심으로 한 언론삼사와 왕, 대신에 대한 관
계는 험악해졌다. 결국 그 충돌이 戊午士禍(1498)로 표출되었다. 따라서
戊午士禍는 홍문관 언관화 이후 형성된 정치구조의 변화에 대하여 부담을
가진 왕과 대신의 결속에 의한 반동으로 야기된 것이었다. 따라서 戊午士
禍로 삼사를 포진한 사림이 대거 피해를 입었고, 언론기능은 위축되어 언
관권이 약화되었다.

---

235) 『연산군일기』 권7, 연산군 원년 7월 경자.
236) 『연산군일기』 권7, 연산군 원년 7월 신축.
237) 『연산군일기』 권7, 연산군 원년 7월 임인.

그러나 戊午士禍로 인해서 이들이 추구한 성과가 모두 무너진 것은 아니었다. 이미 홍문관을 중심으로 하는 언론체계가 관행화되어 있었으므로, 타격을 입었지만 사화이후에도 그 기능을 일정하게 하고 있었다. 연산군 7년(1501)에 연산군이 "예전에는 언론을 하는 자가 이렇게 지루하지 않았다. 대간이 비록 물러나고자 하지만 홍문관의 제약을 받아서 자유롭게 할 수 없다."[238]라고 지적하거나 "근래의 대신의 행위는 대간이 논박하고 대간의 행위는 홍문관이 논박한다."[239]라고 지적하고 있는 것은 戊午士禍 이후에도 홍문관을 중심으로 하는 언론체계가 유지되었음을 보여주고 있다. 그러므로 사림은 중종반정이후 다시 중앙정치에 진출하면서 삼사을 매개로 강력한 언론활동을 할 수 있었다.

이상에서 볼 때, 홍문관은 언관화하면서 삼사언론의 중심이 되었고, 사림이 언론삼사를 통해서 훈구를 견제하는 정치개혁을 추구하였다. 사림은 성종대에는 성종의 지원 하에 훈구를 견제할 수 있었다. 그러나 사림은 연산군대에 戊午士禍를 당하면서 언관권만으로 추진하는 개혁은 그 한계가 있음을 깊이 인식하였다. 이러한 한계의 극복은 중종대에 기묘사림이 해결해야 할 중요한 과제로 남게 되었다(「성종대 홍문관의 言官化 과정」『진단학보』 61, 1986).

---

238) 『연산군일기』 권41, 연산군 7년 11월 을유.
239) 『연산군일기』 권41, 연산군 7년 8월 갑술.

제3장 郎官權 형성과 강화

1. 郎官權의 형성과 己卯士林

1) 낭관권의 형성

중하급관원인 낭관은[1] 장관인 대신을 보좌하는 역할을 하였으므로 부서내의 사안의 결정에 대하여 영향력을 가지기 어려웠다. 그러나 흥미롭게도 사림이 등장하면서 다양한 정치변화가 나타났는데, 그 과정에서 낭관들은 정치력을 강화하였고, 낭관권이라고 부를 수 있는 결정권을 행사

---

[1] 낭관은 5품 이하의 郎階를 가진 모든 관원을 지칭하나(議政府의 舍人은 4품이었으나 의정부의 낭관이었으므로 여기에 포함시킬 수 있다.), 여기서 낭관이라고 지칭할 때는 그 영향력이 큰 낭관들만을 지칭한다. 당시 영향력이 큰 낭관들은 삼사, 의정부와 육조의 낭관들이었다. 그러나 三司의 낭관은 언관의 범주에서 포함되므로 여기서는 議政府와 六曹의 낭관을 주 대상으로 한다.

여기서 정치력은 정치권력을 의미한다. 조선 초기부터 낭관들은 실무자로서 고유의 권한이 있었으나, 그것은 실무기능에서 기인한 것이었고, 당상관과 같이 가부를 논할 수 있던 것은 아니었다. 그러나 이즈음의 변화로 낭관들에게도 각 부서내의 결정에 참여하는 권한을 가지게 되었다. 즉 결정권에 참여하는 권력을 가진 것으로 파악된다. 그러므로 낭관정치력이란 낭관정치권력, 낭관권력, 낭관권 등으로 표현할 수 있다.

결국 낭관정치력은 의정부와 육조를 중심으로 하는 낭관의 정치권력을 의미하는데, 이는 宰相權이라 지칭할 때 2품 이상의 모든 관료들을 대상으로 하지 않고, 의정부와 육조의 대신 등 핵심 관원만을 지칭하는 것과 대응되는 현상이었다. 특히 인사를 다루는 銓曹郎官의 경우는 그 정치적 비중이 큰 까닭에 銓曹郎官權 혹은 銓郎權으로 별도로 칭하기도 하였다.

하고 있었다.

낭관권은 제도로 확보된 것이 아니라 관행을 통해서 확보된 것이었으므로 낭관권의 형성여부를 확인하는 것과 그 형성된 시기를 구명하는 것은 쉽지 않다. 그러므로 낭관의 정치적 지위가 크게 변화하였음을 보여주는 자료를 통해서 그 형성과 형성시기를 추정해갈 수밖에 없다. 다음의 중종 17년(1522) 7월 領議政 김전의 다음의 상소는 낭관의 정치적 지위가 크게 상승하였음을 보여준다.

> 후진이 선배를 거스르고, 낭관이 당상관을 모멸하여, (중략) 당상관이 낭관의 뜻을 조금이라도 거스르면 방해와 논박이 따르며, 동료를 대하듯이 무례한 행위를 일삼으니 어찌 規檢함이 있겠습니까? 오히려 꺼리고 서로 두려워함이 있어 同寅協和의 아름다움이 없습니다.[2]

이 내용은 낭관과 당상관의 관계에 있어 새로운 변화를 보여준다. 낭관이 당상관의 뜻을 따르며 보좌하는 역할을 하는 것이 아니라, 자기주장을 내세우고 그것을 관철하기 위해서 당상관과 다투며 견제하는 모습을 잘 보여주고 있다.

이러한 변화는 낭관의 정치적 지위가 변화한 것으로 낭관권이 형성되었음을 짐작케 한다. 이러한 변화를 영의정이 문제로 지적하고 있는 것은 이러한 변화가 조정에서 문제로 제기할 만큼 보편화되었음을 보여준다. 이 자료를 통해서 중종 17년까지는 낭관권이 형성된 것으로 볼 수 있다.

이와 같은 현상은 매우 특이한 것이었다. 어떻게 낭관이 책임자인 대신과 사안의 결정을 놓고 자기주장을 내세우며 대립할 수 있었을까? 이와 같은 대립 속에서도 낭관은 자신의 지위를 보장받을 수 있었을까?

그러한 관점에서 주목되는 것이 '自薦制'의 시행이다. 자천제는 낭관이 後任의 낭관을 추천하고 임명할 수 있는 제도였다. 이 역시 매우 특이한

---

2) 『중종실록』 권45, 중종 17년 7월 갑자.

제도였는데, 이러한 제도의 시행으로 낭관의 인사는 대신의 손에 있지 않고 낭관의 손에서 결정되었다.

다음 중종 19년(1524) 6월의 자료는 自薦制가 시행되었음을 보여준다.

吏兵曹郞官은 특별히 골라 임명하였는데 합당한 사람이 없어 부득이 의망하였습니다. 낭관의 薦望은 낭관이 하고 당상관이 관여하지 않습니다. 설사 당상관이 간여하지 않아도 그의 잘못을 좇음은 불가합니다. 推考하되 먼저 바꾸지는 마소서.3)

이 내용은 이조에서 파직된 지 얼마 안 된 관원을 낭관으로 천거한 것이 문제가 되어 양사에서 이조를 탄핵할 때에 대신들이 답한 것이다. 이 기록 중 중요한 부분은 "낭관의 천망은 낭관이 하며, 당상관은 관여하지 않습니다."라는 내용이다. 낭관의 인사는 낭관에게 맡겨져서 운영되고 있었고, 당상관이 관여하지 않았다. 즉 낭관의 인사는 자천제로 운영되고 있었다. 따라서 이 자료가 보이는 중종 19년에는 자천제가 실시 중이었음을 알 수 있다.

이 내용을 종합하면, 자천제가 시행되면서 낭관들은 이를 근거로 해서 소신을 가지고 부서의 사안을 논의할 때에 부서의 당상관인 대신들과 다른 의견을 제시할 수 있었고, 이를 관철하는 과정에서 '당상관을 모멸'하는 일도 할 수 있었다. 그러므로 중종 중반에 이르면 낭관이 정치력을 확대하여 낭관권이라 칭할 만한 변화가 있었음을 확인할 수 있다.

낭관권이 형성되면서 낭관은 해당부서의 사안에 대하여 가부를 결정할 수 있는 영향력을 가질 수 있었다. 낭관권의 실상을 살피기 위해서 낭관이 부서에서 가졌던 영향력을 좀 더 자세하게 살펴보자.

---

3) 『중종실록』 권51, 중종 19년 6월 갑진.
   以爲吏兵曹郞官, 必皆擇差, 無可당人故, 不得已擬望, 且郞官薦望郞官爲之, 而堂上不干, 設使堂上不干, 亦不可因其失而從之, 但府方推, 不必先遞.

낭관 정치력이 형성되었다는 것은 낭관이 인사를 주도하였다기보다는 당상관의 인사 독주를 견제할 수 있는 지위의 확보한 정도로 이해해야 한다. 그것은 중종 13년(1518) 11월 이조판서 이장곤과 정랑 이약빙 사이에 보이는 갈등에도 잘 나타난다. 이미 낭관들은 정랑 김구를 전한으로 천망하는 데에 성공하였으나, 김구를 다시 직제학에 의망하려 하자 판서 이장곤은 다음과 같이 반대하였다.

수 월 내에 정랑에서 전한이 되는 것도 전례가 없던 것인데 또 직제학이 되면 곧 당상관이 될 것이니 너무 심한 것이 아니냐?[4]

이 자료는 낭관권의 양면성을 잘 보여주고 있다. 즉 수 월 내에 정랑에서 전한으로 승진하는 비상례적인 인선을 낭관들이 주도할 수 있었던 반면, 전한에서 직제학으로 승진시키는 주의는 당상관에게 견제당할 수도 있었다. 부당하다고 생각될 경우 당상관은 낭관의 제의를 거절할 수도 있었다.

물론 낭관 역시 당상관의 제의를 거절할 수 있었다. 중종 15년에 보면 이조좌랑이 당상관의 명을 거역하고 着名을 거부한 사례가 보인다.[5] 인사에는 당상관과 낭관의 署名이 필요하였는데, 낭관이 서명을 거부하면서 당상관의 압력에 저항하였다. 이는 낭관이 당상관의 압력을 거부할 수 있음을 단적으로 보여주고 있다.

더욱이 낭관과 당상관의 의견이 달라 갈등이 심화되었을 때에 낭관은 대간과의 연결을 통해서 당상관을 바꾸어서 그들의 뜻을 이룰 수도 있었다. 이러한 사례는 중종 12년(1517) 윤12월 이판 한세환이 대간의 탄핵을

---

4)『중종실록』권34, 중종 13년 11월 정미.
5)『중종실록』권38, 중종 15년 3월 기유.
　　史臣曰, 具壽福曾爲吏曹佐郎, 当趙光祖等受罪之夜, 上命卽爲政事, 以成雲爲承旨捧承伝時, 壽福不着名.

받아 갈릴 때에, 그 배경을 설명해주는 다음의 史論에 잘 나타난다.

> 한세환이 注擬에 임하여 대간의 뜻을 모르니 어찌하나? 옥당에서는
> 어떻게 말하고 있는가? 등을 물어 걱정하면서 注擬를 지체하니, 권력
> 이 하관에게 있어 사람들이 비웃었다. 사성 유부와 첨정 채침이 名士
> 였지만 時議에 배척을 받았고, 이에 낭관들은 이들을 지방의 교수에
> 의망하려 하였다. 한세환은 이들에게 그렇게 하는 것이 불가하다고 저
> 지하였다. 낭관들이 이를 크게 싫어하여 物論을 일으키니 대간이 한세
> 환을 어둡다고 탄핵하여 바꾸었다.6)

유부와 채침의 주의를 놓고 당상관과 낭관의 견해가 달랐다. 이에 낭관
은 대간을 움직여 당상관을 탄핵하여 물러나게 하였다. 주목되는 것은 낭
관이 유부, 채침을 교수에 주의한 배경에 '時議'가 있었고, 한세환을 탄핵
한 것도 '物論'에 의한 것이었다는 점이 주목된다. 時議나 物論은 다른 말
로 표현하면 公論이었다. 즉 유부 채침 등이 공론의 배척을 받았으며, 한
세환 역시 공론에 의해 물러나게 된 것이었다. 사실 한세환이 注擬를 하면
서 臺諫의 뜻이나 玉堂의 의견을 살핀 것도 사실은 공론을 살핀 것이었다.
대간은 물론 홍문관도 公論所在로 인식되고 있었기 때문이었다.7)

그러므로 낭관이 대간을 통해 당상관을 견제할 수 있는 것은 낭관이 공
론을 대변하였기 때문이었다. 따라서 낭관은 공론을 대변하고, 공론을 이
끌어 가는 위치였음을 알 수 있다. 이런 점에서 볼 때에 낭관 정치력의 형
성은 결국 공론정치의 진전과정과 연결되고 있었다.

이러한 낭관과 대간의 유대를 통한 당상관의 견제는 여러 사례를 통해
서 확인할 수 있다. 한세환의 전임 판서였던 송천희가 이판직을 물러난 것
에 대하여, 史論은 송천희의 정사가 하료들에게 용납되지 않아 탄핵을 받

---

6)『중종실록』권31, 중종 12년 윤12월 정유.
7) 최이돈「성종대 홍문관의 言官化 과정」『진단학보』61, 1986.

아 갈렸다고 적고 있다.8) 이는 역시 낭관이 대간을 통해 당상관인 송천희를 탄핵한 것으로 이해할 수 있다.

결국 인선을 당상이나 낭관 어느 한쪽만 오로지 할 수는 없었다. 오히려 보다 나은 인선을 위해 당상관과 낭관이 서로 견제하며, 조화를 모색할 수 있는 토대의 확보, 그것이 낭관이 정치력의 강화를 통해 추구한 목표가 아니었는가 생각된다.

이러한 이조의 상황은 여타의 육조에서도 동일하였던 것으로 추측된다. 다만 이들 부서는 이조에 비해서 정치적 비중이 약하여 문제가 정치표면에 떠오르는 일이 적었고, 따라서 남은 자료도 제한되어 그 구체적 사실의 구명에 어려울 뿐이다.

이는 자천제의 시행을 통해서 짐작해 볼 수 있다. 吏曹에서 자천제를 실시하였다는 것은 이미 언급하였지만 그 외의 낭관들도 자천제가 실시되었다. 이는 중종 19년 사간원의 다음과 같은 언급을 통해서 알 수 있다.

> 육조는 混處하는 곳이 아닌데도 낭관의 전선이 駁雜하고, 장례원이 詞訟의 중임을 맡고 있는데, 문음의 무리가 관원으로 채워지고 있습니다. 벼슬을 옮길 때에 仕日이 오래고 짧은 것을 헤아리지 않고, 僚屬을 自薦하는 것이 이미 성례가 되어 있습니다.9)

이 내용에 의하면 육조의 낭관들이 자천제를 시행하고 있음을 알 수 있

---

8)『중종실록』권31, 중종 12년 윤12월 을미.
9)『중종실록』권50, 중종 19년 4월 기미.
　"庶官之得人, 在於銓選, 六曹非混處之地, 而郞官之選駁雜, 掌隷任詞訟之
　重, 而門蔭之徒備員, 遷秩之際不計久近, 已爲成例自薦僚屬, 而亦無顧忌."
　라는 사간원의 지적에, 중종은 "六曹郞官, 掌隷阮官員, 皆当選用事, 已伝于銓
　曹, 固不可以門蔭之人授之."라고 낭관에 문음출신을 사용하는 것만을 문제 삼
　고 있다. 이는 이전에 육조낭관의 자천제가 형성되어 이미 관행화되었음을 보여
　준다.

다. 낭관의 자천제는 이병예조에서 먼저 시행되었고, 호공형조에서 뒤이어서 시행되었다. 호공형조의 낭관의 자천제가 이병예조보다 늦어진 것은 이 부서에 문음인의 서용이 이병예조와 달리 허용되었기 때문으로 이해된다.[10] 문음인의 서용으로 낭관 내의 동질성을 약하였고, 그로 인해 호공형조에서는 자천제의 확보와 그에 따르는 낭관 정치력의 강화가 늦어진 것으로 보인다.

그러나 이병예조에서 자천제의 확립과 낭관 정치력이 형성되면서, 점차 낭관권을 확대하기 위해서 육조낭관직에 문음인의 서용을 저지하려는 움직임이 나타났다.[11] 이러한 노력으로 문음인을 육조낭관 서용하는 것은 대간 탄핵의 대상이 될 정도로 육조낭관직에 문음인을 서용하지 않는 것이 관행화되었다. 이러한 동향으로 육조낭관 내의 동질성이 확보되면서 호공형조 낭관도 자천제를 시행하였고, 당연히 호공형조 낭관의 정치력도 상승하였다.

이러한 육조낭관 내의 동질성을 확보하면서 육조낭관들 간의 결속모임이 가능하였고, 그러한 모임을 통해서 동질성과 지위가 더욱 확고히 되었다. 그 대표적인 모임이 '六曹郎官作會'였다. 낭관작회는 육조낭관들의 결속 모임으로, 이를 통해서 낭관들은 결속을 다지고, 자신의 지위를 더욱 확고히 하였다.

사헌부에서는 作會를 "或称齊進, 或称罰祀, 大張音樂, 恣意歡謔."이라고[12] 표현하고 있어 이를 친목모임으로 파악하고 있다. 그러나 작회는 단순히 친목모임이 아니었고 이를 통해서 형성된 낭관 상호간에 결속될 수 있었고, 결속된 의사는 '六曹郎官啓' 등을 통해서 정치적으로 표현되었다.

---

10) 『경국대전』 이전 취재.
11) 『중종실록』 권15, 중종 7년 4월 병인조에 대간에서 공조좌랑 양계선을 탄핵한 것이 그 한 사례이다.
    六曹自祖宗朝, 必精選任之, 開善以門蔭, 無來歷不諳錬, 請遞.
12) 『중종실록』 권45, 중종 17년 8월 임오.

육조낭관의 결속된 모습을 처음으로 보이는 것은 중종 12년(1517) 윤구부인의 일이 있을 때였다. 당시 조정에서는 삼사를 비롯해 대신들까지도 이 문제에 대하여 의견을 표하였다. 이에 낭관들도 당상관들에게 "勢가 이 지경에 이르렀는데 어찌 가만히 있을 수 있는가?"라고 당상관들에게 발언할 것을 촉구하였다.13)

중종 13년에는 소격서의 문제로 이들이 직접 六曹郎官의 이름으로 箚를 올렸다.14) 이러한 낭관들의 箚에 대해서 중종은 "六曹郎官, 如此箚, 果是稀事."15)라고 답하고 있다. 이는 이러한 낭관들의 활동이 초유의 것이었음을 보여 주고 있다. 중종 14년에도 功臣削職의 문제로 낭관들이 啓를 올리는 사례가 보인다.16) 이러한 일련의 낭관들의 활동은 낭관권을 바탕으로 한 결속이 정치표면에 드러난 것이었다.

육조낭관 외에는 승정원 낭관인 注書가 자천제를 실시하고 있었고, 의정부 낭관인 舍人, 檢詳도 자천제를 실시하고 있었다. 의정부 낭관의 자천제는 중종 9년(1514) 8월 경연 중 영사 김응기의 다음 발언을 통해 알 수 있다.

오늘날의 홍문관은 옛날의 집현전입니다. 조종조에 문사를 택하여 다른 직에는 제수하지 않았습니다. 근래 정부, 이조, 병조 등의 낭관에 홍문관원을 薦差함이 많은데, 文學之士는 홍문관에 오래 있은 연후야 그 업무에 전념할 수 있으니 금후로는 薦望하지 않음이 어떠합니까?17)

---

13) 『중종실록』 권28, 중종 12년 7월 병신.
   是夜, 六曹郎官齊行, 語其堂上等曰, 勢已至此, 豈可安坐, 堂上或有肯許之色者.
14) 『중종실록』 권34, 중종 13년 9월 무술.
15) 상동조.
16) 『중종실록』 권37, 중종 14년 11월 계사.
17) 『중종실록』 권20, 중종 9년 8월 병신.

이는 홍문관원이 정부, 이조, 병조 등의 낭관으로 빠져나가는 것을 문제
로 삼은 것으로, 홍문관원의 타관직 서용이 성종 25년에 이병조에 허용된
뒤 정부의 낭관에까지 확대됨을 보여준다.

여기서 주목되는 것은 '薦望'이나 '薦差'라는 표현으로, 이는 낭관의 자
천제를 표현하였다. 일반적인 주의의 경우 擬望이라는 용어를 사용하고
薦望이라는 용어는 사용하지 않는다. 薦望의 의미는 自薦擬望을 함축한
것이었다.[18] 주목되는 것은 천망을 행하는 주체에 이조와 병조 외에 의정
부의 낭관들이 포함되어 있다는 점이다. 즉 의정부의 사인과 검상도 자천
을 시행하고 있었다.

의정부의 낭관이 자천을 하였다는 것은 중종이 그 15년에 언급한 다음
의 자료를 통해서 거듭 확인할 수 있다.

> 지금 사인에 주의된 자를 보니 모두 홍문관원이다. (중략) 근래에는
> 인물이 적은데, 이조에서는 의정부의 천망을 따라서 주의한다.[19]

이는 중종이 소세양이 사인에 의망된 것을 보면서 지적한 내용으로, 여
기서도 홍문관원이 사인으로 임명되는 것을 문제 삼은 것이다. 여기서도
'천망'이라는 용어를 사용하고 있다. 여기의 천망이 자천인 것은 "의정부의
천망에 따라서 이조에서 주의한다."는 지적은 사인의 자천을 이조에서 인
정하고 있음을 보여준다. 이러한 자료를 종합해 볼 때에 의정부의 낭관인
舍人과 檢詳도 이 시기에 이르면 자천제를 시행한 것으로 이해된다.

이상 일련의 자료들을 종합해 보면 육조와 의정부의 낭관을 중심으로 자
천제를 시행하면서 그 지위를 높여 낭관 정치력을 강화하였고, 낭관권이라
부를 수 있을 정도로 낭관의 정치력이 강화되었다. 낭관은 각 부서에서 공

---

18) 『명종실록』 권32, 명종 21년 2월 신사조에 의하면 이병조의 자천도 薦望으로 표
    현되어 있다.
19) 『명종실록』 권40, 중종 15년 윤8월 무자.

론을 수용하면서 당상관의 독주를 견제할 수 있었다.

2) 낭관권 형성 시기

낭관권이 형성되는 변화가 언제쯤 일어났을까? 낭관권은 제도적으로 보장된 것이 아니라 관행적으로 이루어진 것이었기 때문에 정확한 시기를 알 수 없다. 그 형성 시기는 단편적인 자료와 주변 상황 자료를 통해서 추정해볼 수밖에 없다.

낭관권의 형성 시기는 앞에서 살핀 자료로 보아 중종 중반 이전으로 추정되나, 구체적으로 낭관 정치력의 형성을 보여주는 자료가 없어, 그 시기를 파악하기 어렵게 한다. 그러므로 관련이 있다고 생각되는 단편적인 자료들을 검토해 봄으로써 그 시기를 추정해 보고자 한다.

성종 18년(1487) 8월의 다음 자료는 이미 성종대에 자천제가 시행되었음을 보여준다.

> 지금 吏兵禮曹의 낭관과 승정원의 注書 등이 동료를 自薦하니 이러한 폐단을 혁파하지 않으면 政出多門하여 朋党에 이를까 두렵습니다.[20]

이 내용은 경연 중에 시강관 정성근이 발언한 것으로 吏曹, 兵曹, 礼曹의 낭관과 승정원의 낭관인 注書가 자천제를 시행하고 있음을 보여준다. 이러한 자천제의 연원은 구체적으로 지적하기 어려우나[21] 여기에서 정성근이 '지금'이라고 지적하고 있는 것을 보아 이 무렵의 변화로 추측된다.

---

20) 『성종실록』 권206, 성종 18년 8월 계유.
  今吏兵礼郞廳承政院注書等, 自薦其僚, 不革此弊則, 臣恐政出多門, 終至於朋党矣.
21) 단편적으로는 문종대에도 자천제의 건의가 있었지만 받아들여지지 않았다. 최이돈 「16세기 사림파의 천거제 강화운동」『한국학보』 54, 1989.

낭관권 형성의 핵심요소가 자천제이지만, 위의 자료를 바로 낭관권의 형성과 연결시키는 것은 두 가지 점에서 무리가 있다. 그 하나는 정성근이 홍문관 관원이라는 점이다. 낭관권 형성이후 홍문관원과 낭관은 표리관계를 이루고 보조를 같이 해서 대신들에게 대항하였는데, 홍문관원이 자천제를 부정적으로 본다는 것은 자천제가 시행되었으나 낭관권의 형성에 도움이 되지 않는 상황이었음을 보여준다.

더욱 중요한 점은 자천제를 '政出多門'의 폐단과 연결하여 언급되고 있다는 점이다. 政出多門의 폐단은 성종 19년(1488) 이후 홍문관이 언관화하면서 제기하는 중요한 문제로, 제조제와 연관되면서 재상권의 비대화와 연결되는 문제였다.22) 그러므로 정성근이 자천제를 정출다문과 연결을 지어 설명하고 있는 것은 자천제가 운영되기 시작하였으나, 사림의 입장에서 볼 때에 긍정적으로 운영되지 않고, 오히려 재상권의 비대화에 이용되고 있었다. 그러므로 사림 정성근이 이를 비판하였다.

그러므로 위자료는 성종 18년경에 이르러 자천제가 시행되었으나 아직 부정적인 입장에서 시행되어 낭관권의 형성과 연결되지 못하였음을 보여준다. 그러나 自薦制 자체는 주위의 상황만 갖추어지면 긍정적인 역할을 할 수 있는 상황이었다. 특히 吏兵礼曹郎官들과 承政院 注書 등 특정한 부서의 낭관들을 지적하고 있어, 이 부서들을 중심으로 낭관권이 형성되었으리라는 시사를 주어 계속되는 검토의 실마리를 제공하고 있다. 그러므로 이들 부서, 특히 자료가 많은 吏兵曹郎官들을 중심으로 검토해보자.

이병조의 낭관들은 다른 부서의 낭관들에 비해서 일찍부터 우대를 받아왔다. 그것은 문음의 혜택이 육조낭관들 중 이병조 낭관에만 해당된 것을 보아도 잘 알 수 있다.23) 이는 이병조가 인사권을 장악하는 銓曹이었기 때

---

22) 최이돈「성종대 홍문관의 言官化 과정」『진단학보』61, 1986.
  『성종실록』권210, 성종 18년 12월 무진.
  提調所薦故輻輳權門, (중략) 政出多門之漸, 伏願殿下先革此弊, 以淸銓選, 使政權歸一, 以杜僥倖之門.

문에 이를 중시한 데에 기인한 것이었다. 이러한 연유로 홍문관원의 다른
부서에로의 진출도 성종 22년 대간직에서부터 시행되었고,[24] 다음으로 성
종 25년(1494) 무렵부터 이병조에도 실시되었다.[25]

　홍문관원이 이병조낭관에 서용되는 것은 상당히 의미있는 변화였다. 이
로 인해 낭관들은 삼사와 유대를 강화할 수 있었다. 낭관과 언관들과의 유
대강화는 낭관들이 이들과의 유대를 통해서 언론의 힘을 빌려 당상관의
독단을 견제할 소지를 갖는 계기가 되었다는 점에서 중요하였다. 따라서
자천제의 운용도 낭관권 형성에 유리한 방향으로 전개될 수 있었다.

　성종대에 단초가 보이던 낭관권 형성에 관계되는 자료는 연산군대에는
보이지 않는다. 다만 간접적인 자료를 통해서 지속적인 변화과정이 추측
될 뿐이다. 그 한 사례가 중종 4년(1509) 8월 집의 권민수를 비난하는 다
음의 史論이다.[26]

　　권민수가 일찍이 吏曹正郎으로 있을 때에 신수근이 판서로 있으면

---

23)『경국대전』이전 음자제.
24)『성종실록』권254, 성종 22년 6월 임술.
　　凡台諫擬望, 必以弘文館員充之.
25)『성종실록』권289, 성종 25년 정월 병신.
　　弘文館之儒, 只敍於台諫, (중략) 近年以來, 非但台諫於他官亦敍, 如有一人
　　先在吏兵曹, 則汲引弘文館員, (중략) 請自今勿敍他司.
　　이 내용은 승정원에서 제의한 것으로, 특히 한 사람이 이병조에 있으면 홍문관원
　　을 끌어간다는 귀절이 주목된다. 이러한 표현은 이병조낭관의 자천제를 상정하지
　　않고는 불가능한 것이다.
26) 史論은 서술자의 입장이 강하게 드러나므로 각 사론의 서술자가 구체적으로 파
　　악되어야 하나, 밝혀지지 않고 있으므로 실록 전체의 편찬자를 간단히 언급하고
　　자 한다.『중종실록』은 인종대에 편찬되지 못하고 명조대 을사사화이후에 윤원형
　　이 권신으로 등장한 후에 편찬되었다. 그러므로 윤원형, 이기, 정순붕 등이 주도
　　하였고, 이들은 사림의 동향에 부정적인 시각을 가지고 있었다. 그러나 한편으로
　　는 김안로와 대립하였던 홍섬, 조사수, 박충원 등이 참여하고 있어 사림의 입장도
　　어느 정도는 반영하고 있었다.

서 탐욕이 많아 뇌물을 받고 注擬하니, 민수가 執筆하면서 그 사람이 타당치 않음을 알고서도 그 이름을 거침없이 적었다.27)

이것은 권민수가 吏曹正郎으로 있을 당시 이조판서인 신수근의 부당한 인선을 견제하지 못한 것을 비난한 史論이다. 이와 같은 비난은 낭관인 권민수가 판서의 명령을 거역할 수 있는 권한을 가진 것을 상정치 않고는 불가능하다. 이러한 변화는 홍문관원의 낭관진출과 연관되었으리라 생각된다. 위의 자료는 중종 때의 기사였지만 권민수가 이조 낭관인 때는 연산군대였으므로, 자천제가 시행되면서 연산군대에도 낭관의 정치력이 어느 정도 확보되었음을 보여준다.

중종조에 이르면 더욱 구체적인 변화가 나타난다. 중종 3년에 堂上官家에만 실시되던 奔競禁止 조치가 郎官家에도 확대 적용되었다.28) 이는 낭관의 정치력이 확대되면서 당상관에 준하는 분경금지 조치를 시행한 것이었다.

이러한 준비가 진행되면서 중종 12년(1517) 윤12월의 다음의 박열의 졸기는 낭관권이 형성되었음을 잘 보여준다.

> 박열은 吏判이 되어 自保만을 힘써 좌우에 아부하였고, 注擬에 下官의 견제를 받았다. 두 번째 吏判이 되어서도 그리하여 전후 5년간의 吏判職을 마치고 갈릴 때 下吏들의 비웃음을 받았다.29)

이 내용에 의하면 吏判 박열이 '下官' 즉 낭관에 의해서 견제를 받았다.

---

27)『중종실록』권9, 중종 4년 8월 병술.
28)『중종실록』권5, 중종 3년 2월 경오조에 의하면 "근래 염치의 도가 없어져 분경이 유행한다. 비단 銓曹堂上官의 집 뿐 아니라 낭관의 집에까지 가서 애걸한다. 금후에는 낭관가에도 분경을 금하여 士習을 바르게 하자."고 獻納 민원이 건의하였고, 承政院의 의논을 거쳐서 시행되었다.
29)『중종실록』권31, 중종 12년 윤12월 정유.

이는 이조판서인 박열이 인선에서 이조 낭관의 제한을 받았음을 의미하였
다. 박열이 吏判을 맡은 것은 세 번이었다. 첫 번째는 중종 5년 7월에서[30]
6년 11월까지,[31] 두 번째는 중종 9년 10월에서[32] 10년 윤4월까지,[33] 세
번째는 중종 11년이었다.[34] 위의 인용문에 의하면 박열은 첫 이판이 된
이후부터 계속 낭관의 견제를 받은 것으로 보이므로 위의 사례는 중종 5
년 이후의 낭관 지위를 보여주는 자료로 이해된다. 그러므로 중종초기부
터 낭관권이 형성된 것으로 추정할 수 있다.

중종 12년 5월에는 낭관의 영향력을 보여주는 좀 더 구체적인 注擬 사
례가 보인다.

> 직제학 이자는 명망이 있었다. 대사간 注擬에 낭관들이 모두 이자를
> 別啓하여 의망하고자 하였다. 당상관들도 그러하다고 동의했다. (중략)
> 이자의 대사간 의망을 주도한 이는 좌랑 박세희였다.[35]

이 내용은 이자의 大司諫 임명을 설명하고 있는 당시 史論의 내용이다.
이자의 대사간 임명은 낭관 박세희가 추진한 것이었다. 여기서 '別啓'의 형
식을 취한 것은 당시 이조참의 김안로와 이자가 동서간이 되므로 相避制
에 걸려 의망할 수 없었기 때문에 비상수단을 쓴 것으로 이해된다. 그러므
로 위의 사례는 別啓를 사용하면서까지 낭관이 원하는 인물을 천거할 수
있었음을 보여준다. 그러므로 이즈음에 이르면 이미 낭관권이 형성되었다

---

30)『중종실록』권11, 중종 5년 7월 정사.
31)『중종실록』권14, 중종 6년 11월 을축.
32)『중종실록』권21, 중종 9년 10월 기유.
33)『중종실록』권22, 중종 10년 윤4월 임오.
34)『중종실록』권26, 중종 11년 9월 정미.
35)『중종실록』권27, 중종 12년 5월 기축.
　　史臣曰, 直提學李秄有名望, 堂上大司諫擬望之時, 郞官等皆欲, 以秄別啓而
　　擬之, 堂上亦以爲然, (중략) 秄乃參議金安老之同婚, 麟有相避不当遷敍, 而
　　初除弘文館之時, 政曹別啓而注擬, 令亦欲別啓而陞堂上, 盖不以常人待之.

고 볼 수 있게 한다.

이상에서 볼 때, 낭관의 지위는 성종대부터 자천제를 시행하면서 상승하기 시작하였고, 중종대에 이르면 구체적으로 당상관을 견제하는 모습을 보여주고 있다. 즉 중종 초중반에 이르면 낭관권이 형성되었다고 볼 수 있다.

3) 기묘사림과 낭관권

이상에서 살핀 낭관 정치력의 형성에 따른 정치구조의 변화가 중종대에 조광조 일파의 대두와 같이 나탄 것은 흥미로운 현상이다. 낭관권의 형성은 기묘사림에 의해서 추진되었고, 낭관권의 형성으로 기묘사림은 더욱 활발하게 활동할 수 있었을 것으로 짐작된다.

낭관권을 기반으로 하여 기묘사림이 성장하였으므로 후대인들도 그렇게 파악하였다. 명조대의 대신 이기는 그러한 점을 다음과 같이 지적하고 있다.

> 성종조에는 상하가 엄격하여 각자가 그 직무를 다하였으나 지금은 그렇지 않습니다. 아래 있는 자는 위에 있는 자의 명을 듣지 않고 위에 있는 자는 오히려 아래 있는 자를 의심하고 두려워하니, 六卿이상 대신이 능히 일을 할 수 없고 아래 관원들이 自斷합니다. (중략) 또한 그 지위에 있지 않으나 高論을 좋아하니 이러한 폐단은 己卯에서 유래한 것입니다. 그러므로 기묘 이후에는 조정에 한 가지도 좋은 일이 없었습니다.[36]

명종 5년 이기가 경연 중 당시의 조정 상황을 성종대와 비교해서 설명하고 있다. 이기는 낭관권 형성이후 조정의 변화를 대신의 입장에서 비판하고 있다. "아래 있는 자는 위에 있는 자의 명을 듣지 않고"라는 표현이

---

36) 『명종실록』 권10, 명종 5년 6월 무술.

나 "아래 관원들이 자단합니다."라는 표현은 변화를 잘 나타내고 있다. 이러한 조정의 분위기는 명종 즉위년 정순붕도 '郞官以侮上官'[37]이라고 표현하고 있다. 이러한 분위기는 낭관 정치력의 강화 이후 조정의 일반적 분위기였다.

그러나 여기서 주목하고자 하는 것은 이기가 이러한 상황의 기원을 '기묘'에서 유래했다고 지적하고 있는 점이다. 이러한 지적은 시기적으로 볼 때 낭관권의 형성을 중종 초중반경에 형성되었다고 파악한 지금까지의 검토와 일치하는 것이다. 여기의 기묘에서 유래했다는 지적은 단순히 시기를 지적인 의미뿐 아니라 기묘사림이라는 변화의 주체를 지목한 것으로 이해할 수 있다. 즉 기묘사림은 낭관권을 형성하도록 노력하였고, 또한 기묘사림은 낭관권을 통해서 보다 강하게 활동한 것으로 이해된다.

좀 더 구체적인 내용을 사례를 통해서 살펴보자. 먼저 낭관과 己卯士林 사이의 관련성을 살피기 위해서 六曹郞官啓 활동을 한 핵심인물들을 검토해보자. 먼저 윤구의 妻 문제로 활동한 낭관들을 살펴보면, 이때에 당상관의 발언을 촉구한 낭관들의 명단이 실록에 보인다. 이조좌랑 박세희, 정옥형, 병조좌랑 유용근, 호조좌랑 김식, 공조좌랑 박훈 등이 지적되고 있는데,[38] 이들은 모두 사림으로 무오사화에 竄逐되었다.[39]

소격서 문제로 箚를 올린 낭관들을 살펴보면, 이조정랑 김구, 이청, 이조좌랑 이약빙, 양팽손 등으로[40] 이들 역시 모두 사림으로 김구는 무오사화 때 찬축되었고,[41] 그 외 낭관들은 削奪되었다.[42] 이의 두 사례들은 六

---

37) 『명종실록』 권1, 명종 즉위년 8월 무오.
自四十年以來, 紀綱頹毀, 名分倒置, 朝廷之上, 陵上之風, 滋蔓成習, 其流之弊, 至於臣子而議君父, 郞舍而侮上官.
38) 『중종실록』 권28, 중종 12년 7월 병신.
39) 『대동야승』 기묘록속집.
40) 『중종실록』 권34, 중종 13년 9월 무술.
41) 『대동야승』 기묘록속집.
42) 『대동야승』 기묘록속집.

曹郞官啓를 주도한 낭관들이 모두 기묘사림들이었음을 보여주고 있다.

기묘사림과 낭관권은 이렇게 밀접한 관계가 있었으므로, 낭관권을 토대로 기묘사림들이 보다 높은 관직에 진출하는 것은 당연하였다. 중종 12년(1517) 이조좌랑 박세희 등이 이자를 別啓하여 대사간에 의망한 사례가 보이는데,43) 여기의 박세희와 이자는 모두 기묘사림으로 사화에 박세희는 竄逐,44) 이자는 削奪되었다.45) 이자가 이미 이조낭관을 거친 상태이었으므로46) 낭관 선후배간에 갖는 유대로 박세희가 이자를 지원해준 것을 알수 있다. 비슷한 사례로 중종 13년 이조정랑 이약빙이 김구를 직제학으로의망하였는데,47) 이약빙과 김구는 모두 기묘사림으로 기묘사화에 이약빙은 삭탈,48) 김구는 竄逐되었다.49) 이러한 사례들은 낭관의 지원으로 기묘사림이 높은 지위에 진출하였음을 잘 보여준다.

이들은 낭관직을 통해서 진출했을 뿐 아니라 이러한 관계 속에서 서로를 보호해주기도 하였다. 중종 14년 사간원에서 이조좌랑 조언경을 탄핵하였다.50) 그러나 그 탄핵은 계속되지 못하고 말았는데, 史論에 의하면 그이유를 이희민이 同鄕之友인 조언경을 구하여 탄핵이 되지 못하였다라고기록하고 있다. 당시 지평인 이희민의 견제로 대간이 탄핵을 계속할 수 없었던 것이다. 여기에서 이희민과 조언경의 관계가 同鄕之友라고만 언급하고 있지만 이들은 모두 기묘사림들이었으며51) 특히 전랑 선후배 사이였다.52) 구체적으로 政目을 보면53) 이희민이 지평이 되면서 조언경이 낭관

---

43) 『중종실록』 권27, 중종 12년 5월 기축.
44) 『대동야승』 기묘록속집.
45) 『대동야승』 기묘록속집.
46) 『명세총고』 전랑.
47) 『중종실록』 권34, 중종 13년 11월 정미.
48) 『대동야승』 기묘록속집.
49) 『대동야승』 기묘록속집.
50) 『중종실록』 권37, 중종 14년 10월 기묘.
　　政曹本精選之地, 吏曹佐郞曺彦卿, 自少無操行, 請遞之.
51) 『대동야승』 기묘록속집.

으로 임명되었는데, 이것은 이희민의 자천에 의해서 조언경이 좌랑이 된
것을 의미하였다. 이런 관계에 있었기 때문에 선배의 입장에서 이희민이
조언경을 보호해 준 것이었다.

이러한 몇 가지의 사례를 통해서 기묘사림들이 낭관권을 통해 관직에
진출하였고, 서로 지원해주었음을 구체적으로 살필 수 있었다. 이러한 일
련의 움직임을 중종 13년(1518) 7월 다음의 史論은 잘 종합해서 설명해주
고 있다.

> 송흠은 관직에 있으면서 맑고 근신하여 명성이 있었으나, 新進之士들
> 이 스스로 淸類라 자처하고, 그들과 가까이 아니하는 자들은 明達하여
> 쓸만한 자도 庸類라고 비난하였다. 또한 자기들을 따르는 자들만 높여
> 推薦하여, 대간과 시종이 그들에게서 나오니 따르는 자가 많았다.54)

이는 대사간 송흠이 대간들에게 탄핵될 때 그 배경을 설명한 것이다. 여
기의 '新進之士'는 기묘사림을 지적한 것이었으므로 당시 기묘사림의 동향
을 포괄적으로 보여주고 있다. 史臣은 기묘사림이 인사에 편파적이었음을
지적하면서, 推薦으로 자기의 세력을 확장시켰다고 말하고 있다. 推薦의 해
석은 앞에서 검토한 사례들을 토대로 생각해 보면, 자천제를 통한 선후배
간의 지원과 낭관이 갖는 의망권을 이용한 지원으로 해석할 수 있다. 특히
"대간과 시종이 그들에게서 나오니"라는 언급이 주목되는데, 이는 기묘사
림이 이조낭관직을 장악하고 삼사관원의 인사를 관리했음을 보여준다.55)

낭관권의 하부구조로 작용한 예문관의 자천제도 사림의 진출에 이용되
었다. 이점은 중종 9년 중종의 다음과 같은 발언에 잘 나타난다.

---

52) 『명세총고』 전랑.
53) 『중종실록』 권37, 중종 14년 10월 병자.
54) 『중종실록』 권34, 중종 13년 7월 신유.
55) 최이돈 「성종대 홍문관의 言官化 과정」 『진단학보』 61, 1986.

　　근래에 史官이 되는 자는 모두 新進之士인데 本館의 薦擧에 따라서
　　의례 제수하고 있어 重選하는 의미가 없다.56)

　여기서 신진지사는 당시 기묘사림을 의미하였는데, 사림이 예문관의 천
거에 의해서 진출하고 있었음을 알 수 있다. 사림으로 예문관의 천거를 거
쳐 낭관에 자천된 경우는 많아 일일이 거론할 수는 없으나, 실록에 특별히
거론된 그 구체적인 사례로 조언경의 경우를 들 수 있다.57) 그는 사림으로
자천제에 의해서 한림에 천거되었음을 짐작할 수 있다. 이러한 사례는 사
림이 예문관 자천제를 세력의 확장을 위해서 사용하였음을 잘 보여준다.
　기묘사림은 낭관직을 통해서 활동하였으므로 기묘사화가 일어났을 때
에 홍문관원과 대간들은 물론 낭관들이 연루되었다. 당시 이조정랑 이충
건, 이희민, 정완, 이조좌랑 구수복, 조언경, 이연경 등 낭관권의 핵심인물
들이 연루된 것은58) 당연한 것이었다. 이것은 무오사화의 피해자들이 삼
사 구성원을 중심으로 하였던 것과 좋은 대조를 이룬다. 결국 무오사화는
홍문관의 언관화에서 오는 정치구조의 변화를 제지하려는 움직임이었다
면, 기묘사화는 낭관권의 형성이 야기한 정치구조의 변화를 제지하려는
움직임으로 볼 수 있겠다.
　낭관권과 기묘사림의 관계가 밀접했으므로 기묘사화 직후 낭관의 결속
을 해체하려는 움직임이 대신들에 의해서 제기되었다. 그것은 먼저 육조
낭관들의 결속된 활동이었던 六曹郎官啓에 대한 비난에서 시작됐다. 중종
15년(1520) 6월 전경 이해는 다음과 같이 비판하였다.

　　예로부터 육조낭관의 상소는 국가위망의 일이 아니면 불가한데, 당

---

56) 『중종실록』 권20, 중종 9년 6월 경술.
57) 『중종실록』 권37, 중종 14년 10월 기묘.
58) 『대동야승』 己卯錄續集에는 정완이 정랑으로 기록되어 있으나 『燃藜室記述』
　　에는 좌랑으로 기록되어 있다.

시에는 대간의 언사가 받아들여지지 않으면 육조낭관과 三館의 사류
들이 분분히 상소하였으니 이것이 무슨 일입니까?[59]

전경 이해는 사화 직후의 경연 중에서 낭관들의 상소와 낭관들의 결속
된 정치활동을 비난하고 있다. 물론 이와 더불어 낭관들의 결속모임인 '郎
官作會도 비판을 받았다.[60]

보다 구체적으로 낭관 정치력을 비난한 것은 앞에서 언급한 바 있는 중
종 17년 7월의 領議政 김전의 상소였다.

후진이 선배를 거스르고 낭관이 당상관을 모멸하며 (중략) 당상관이
낭관의 뜻을 조금이라도 거스르면 방해와 백방의 논박이 따르고, 동료를
대하듯이 무례한 행위를 일삼으니 어찌 규찰함이 있겠습니까? 오히려
꺼리고 서로를 두려워함이 있어 同寅協和의 아름다움이 없습니다.[61]

이는 낭관권의 형성으로 낭관이 대신들을 견제하는 상황을 비판하였다.
사화 이후 낭관권을 비판하면서 의정부 낭관인 舍人, 檢詳의 동향도 비판
하였다. 중종은 그 15년 다음과 같이 의정부 낭관의 자천을 비판하였다.

舍人에 주의된 자를 보니 모두 홍문관의 관원이다. 사인이 비록 중하
지만 홍문관 같지는 않은데 이같이 하면 홍문관이 오히려 가벼워진다.[62]

중종은 홍문관원의 의정부 낭관으로의 진출을 비난하였다. 의정부 낭관

---

59) 『중종실록』 권39, 중종 15년 6월 을해.
60) 『중종실록』 권45, 중종 17년 8월 임오.
   六曹郎官公然作會, 或称齊進, 或称罰礼, 大張音樂, 恣意歡謔, 非獨此也, 議
   政府百司之首, 而每聞舍人司邀賓速客, 歌吹宴飲之會, 尤倍於他, 称爲古風,
   未嘗少廢.
61) 『중종실록』 권45, 중종 17년 7월 갑자.
62) 『중종실록』 권40, 중종 15년 윤8월 무자.

은 자천제에 의하여 임명되었으므로, 이는 의정부 낭관의 자천제를 비판
한 것이었다. 이와 더불어 의정부 낭관의 상호 모임인 '舍人作會'도 비판을
받았다.[63] 이는 의정부 낭관인 사인 검상의 작회도 기묘사림의 결속과 움
직임에 일정한 기여를 하였기 때문이었다.

또한 예문관을 비롯한 三館의 사림이 상소한 것도 문제가 되었다. 앞에
서 언급한 데로 예문관이 사림에 의하여 장악되어 자천을 하면서 낭관권
의 하부구조로 작용하였고, 성균관, 승문원 등과 함께 참하관의 대표로 활
동하였기 때문이었다.[64]

먼저 예문관 참하관의 자천제도 비난의 대상이 되었다. 중종 15년 10월
장령 정응의 다음과 같은 비판은 그 대표적인 예이다.

전일에 계한 사관의 秘薦이 공정하지 않다고 한 의견은 오늘에 나온
것이 아니라 오래된 것입니다. (중략) 또한 秘薦의 때에는 다른 사람이
보지 못하고 圓点으로 합니다.[65]

정응은 예문관의 '秘薦'을 비판하고 있다. 여기서 비천은 예문관의 자천
제를 의미하는 것으로, 기묘사화이후 낭관권이 부정되면서 예문관의 자천
제도 비판을 받았다.

그러나 사화이후 낭관권을 폐지하려는 일련의 제재조처는 실패로 돌아
가고 낭관권을 폐지하지 못하였다. 이는 먼저 자천제를 부정하기 어려웠
기 때문이었다. 자천제로 인해서 인사가 편파적이었다고 비판할 수 있었
으나, 자천제의 기본이념은 비판하기 어려웠다. 즉 인사는 志行을[66] 살펴
야 하고, 인물의 지행과 인품은 동료지간이 잘 안다고 주장하는[67] 자천제

63) 『중종실록』 권45, 중종 17년 8월 임오.
64) 최이돈 「16세기 공론정치의 형성과정」 『국사관논총』 34, 1992.
65) 『중종실록』 권40, 중종 15년 10월 기유.
66) 『성종실록』 권64, 성종 7년 2월 신사.
67) 『중종실록』 권75, 중종 28년 6월 무자.

의 기본 이념을 부정하기 어려웠다. 그러므로 자천제는 계속 시행되었다.

자천제가 계속 시행되면서 그것을 핵으로 하는 낭관권도 유지될 수밖에 없었다. 그러므로 중종 22년의 '六曹郞官疏'의 재개나,[68] '六曹郞官作會'의 재개[69] 등 낭관 상호의 결속과 활동이 복원되었다.

그러므로 중종 22년에는 낭관권이 형성되어서 대신들을 견제하는 모습을 대간 홍언필은 다음과 같이 지적하였다.

> 礼讓이 무너지고 等威에 절도가 없어 後進이 선배를 만나도 존경하는 사람은 드물고 도리어 비웃고 모멸하며, 宰臣이 낮은 사람을 접할 때도 礼貌가 엄하지 못해 마치 동료를 대하듯 합니다.[70]

홍언필은 '후진'과 '선배' 사이에 예의가 없음을 지적하고 있으나, 이는 낭관권이 다시 형성되면서 낭관과 '宰臣' 사이에 견제하는 상태가 야기되면서 나타나는 조정의 분위기를 전해주고 있다. 이는 사화이후 대신들이 낭관권을 제지하기 위해서 취한 동향이 실패로 돌아갔음을 보여준다.

이상의 검토에서 볼 때, 낭관권은 기묘사림에 의해서 형성되었고, 기묘사림은 낭관권을 통해서 더욱 강력하게 활동할 수 있었다. 그러므로 대신들은 기묘사화로 낭관에 포진하였던 사림을 제거하고, 사화 직후의 일련의 낭관권에 대한 반동조처를 취하였다. 그러나 인품에 의한 인사라는 자천제의 이념을 부인하지 못하면서 자천제가 유지되었고, 나아가 자천제를 근거한 낭관들의 결속 및 활동을 제한하지 못하였다. 따라서 낭관의 정치력은 다시 강화되고, 낭관권도 다시 형성될 수밖에 없었다.

---

68) 『중종실록』 권58, 중종 22년 4월 임자.
　　동궁의 문제로 상소를 하였다.
69) 『중종실록』 권45, 중종 17년 8월 임오.
70) 『중종실록』 권60, 중종 22년 12월 갑자.

2. 郎官權의 강화

1) 自薦制 운영의 강화

낭관권의 형성 이후 기묘사림은 낭관권을 바탕으로 활동하였다. 그러므로 사화로 기묘사림이 피해를 입으면서 낭관권도 크게 비판을 받았다. 낭관권을 위축되었으나, 세월이 가면서 사림이 다시 정치에 복귀하고, 따라서 낭관의 정치력도 다시 확대되었다. 그러므로 이후의 낭관 정치력은 사화이전보다 더욱 강력해졌다. 따라서 기묘사화 이후의 강력해진 낭관권의 실상을 자천제의 강화와 낭관 지위의 강화를 통해서 살펴보자.

먼저 자천제가 강화된 모습을 살펴보자. 낭관권은 자천제의 시행을 그 기반으로 하였으므로, 낭관권의 강화는 자천제 운영이 강화된 것과 긴밀한 관계가 있었다.

자천제가 강화된 것은 자천제의 시행이 보다 강력해진 것과 그로 인해서 낭관상호간의 유대와 예우가 엄격해진 것으로 살필 수 있다. 먼저 자천제의 시행이 강력해진 것을 살펴보자. 자천제가 강하게 시행되었다는 것은 낭관들이 자천하고자 하는 인물을 여러가지 제약 속에서도 자천할 수 있었고, 자천에 그치지 않고 낙점까지 확보하는 관행까지 형성된 것으로 확인할 수 있다.

자천제의 시행이 강해진 것은 우선 낭관으로 자천하고자 인물이 그 직위에 해당되지 않는 資級을 가질 때에도 자천하는 사례를 통해서 알 수 있다. 이미 낭관으로 자천하기 적절하지 않는 인물의 자급을 낮추어서 자천하는 降薦이 시행되었다. 이는 명종 7년(1552) 8월의 다음 사론을 통해서 확인할 수 있다.

이조낭관이 이감을 자천했다. 판서 송세형은 찬성하지 않고 이같이 관직이 높은 이를 좌랑에 降薦함은 불가하다 하였으나 정랑 심전이 동료들과 의논한 후 古例가 있어 강천하였다고 하니, 송세형이 원하지 않았지만 따르지 않을 수 없었다.[71]

낭관들이 이미 정5품 지평이었던[72] 이감을 정6품 좌랑에 강천하고 있다. 이조판서는 반대하였으나 낭관들의 의견이 관철되었다.

위의 사례보다 더욱 심하게 강천한 사례도 보인다. 명종 13년 정4품 장령인 이명을 정6품 좌랑에 강천한 것이 그 예이다.[73] 이러한 비정상적인 강천은 당상관들의 반대를 받기도 하였고, 문제로 지적되기도 하였다. 그러나 낭관들은 적절한 인물을 자천하기 위해서 강천을 시행하였다.

이러한 강천에 대하여 조정의 반응은 부정적이기도 하였으나, 수용하는 분위기가 많았다. 이는 명종 13년 다음의 사론을 통해서 알 수 있다.

> 이조 낭관은 극선의 자리이므로 천거된 자가 物望에 합당한 연후에 擬望된다. 그러므로 관직의 고하에 구애받지 않았고 削加까지 하여 강천함이 오래인데 왜 이명만을 바꾸려 하는가.[74]

史臣은 물망에 부응하는 인물을 얻기 위해서 강천은 어쩔 수 없는 것이며 이미 '강천함이 오래'라고 지적하면서 강천이 관행으로 시행되고 있음을 지적하였다. 이는 강천이 조정에서 일반적으로 수용되고 있었음을 보여준다.

강천을 한 사례는 병조에서도 보인다. 명종 21년(1566) 이미 5품을 지낸 황정유를 병조좌랑에 임명한 사례가 그것이다.[75] 이와 같은 강천의 사례

---

71) 『명종실록』 권13, 명종 7년 8월 병진.
72) 『명종실록』 권13, 명종 7년 7월 을미.
73) 『명종실록』 권24, 명종 13년 정월 임자.
74) 상동조.
75) 『명종실록』 권32, 명종 21년 2월 신사.

들은 낭관권 형성 이후 낭관들의 정치적 비중의 상승과 함께, 자천제의 논리인 인품우위의 인사가 조정에서 수용되었음을 보여준다. 따라서 적절한 후임을 위해서는 비상례적인 강천까지 할 수 있을 정도로 자천제가 강하게 시행될 수 있었다.76)

강천의 경우는 이미 얻은 자급까지 내리는 엄격한 것이었다. 이는 명종 11년(1556) 4월 사간원의 다음의 언급을 통해서 알 수 있다.

> 자급의 서열은 等威를 구별하는 소위인데, 士風이 옛날 같지 않아 폐습이 생긴 이래로 名士라는 자들이 이조 낭관을 맡으면서 함부로 자급을 올리기를 부끄러워 않습니다. 또한 선후 除拜에 坐次가 있어 후임자의 자급이 선임자보다 높으면 그 아래 앉기를 꺼리하니 후임자의 자급을 낮추는 것이 상례이고, 타부서로 옮길 때에야 자급을 다시 올려주니 극히 불편합니다. 지금 정랑 高景虛의 본 품계는 奉正인데 奉訓으로 제수되었습니다.77)

강천이 직사만을 낮추는 것이 아니라 자급까지 깎는 것임을 알 수 있게 해준다. 이미 세종대 이래로 行守法이 정비되어, 품계와 직사가 차이가 있어도 품계를 유지하면서 직사에 임명되는 것이 보통이었다.78) 그러나 낭관 강천의 경우에는 직사만을 낮추는 것이 아니라 資級까지 낮추는 독특한 것이었다. 이는 낭관 선후임간의 좌차 즉 위계가 엄격한 데서 기인한 것이었다. 그러한 까닭에 고경허는 원래 정4품 봉정대부였지만 종5품 봉훈랑으로 자급이 깎여 제수하였다. 이러한 사례는 강천이 매우 엄격하게 시행되었음을 보여준다.

자천제가 강하게 시행되면서 심지어 잘못으로 파직당한 낭관을 다시 자천할 수 있었다. 중종 15년 유성춘의 경우가 그러하였다. 유성춘은 이조좌

---

76) 그러나 이러한 降薦 그 자체는 정당한 방법이 아니었음을 주목해야 한다.
77) 『명종실록』 권20, 명종 11년 4월 임진.
78) 이성무 『朝鮮初期 兩班研究』 1981, 165-170쪽.

랑으로 파직을 당하였지만, 다시 이조 낭관으로 자천되었다.[79] 이러한 사례도 자천제의 강인한 시행을 보여주는 것이었다.

자천제가 강하게 시행되면서, 자천제로 천거한 인물이 낙점이 안 되는 경우, 계속해서 천거하는 경우도 나타났다. 자천제를 시행한다고 하여도 낙점까지 낭관이 좌우하는 것은 아니었고, 낙점은 왕의 권한이었다. 그러나 낭관들은 자천한 인물이 낙점을 받지 못하면 계속 천거하였다.

그 사례를 명종 14년 김덕곤의 천망에서 볼 수 있다. 낭관들은 김덕곤을 여러 차례 낭관에 자천하였다. 이렇게 같은 직임에 여러 번 자천한 것은 명종의 낙점을 얻기 위한 것이었다. 낭관들이 여러 번 자천하면서 명종의 지적을 받기에 이르게 되었다.[80] 이렇게 여러 번 천망해도 낙점을 받지 못한 것은 극히 드문 예로, 이는 명종이 김덕곤에 대해 개인적인 감정을 가졌기 때문이었다.[81] 그러나 낭관들은 이에 그치지 않고 명종 16년에 김덕곤을 다시 낭관에 천망하였고, 이로 인해 낭관들은 파직되기에 이르렀다.[82] 이러한 사례는 자천제의 확보에서 한걸음 더 나아가 낙점까지 받아내려는 낭관들의 집요한 노력을 보여주는 것으로 자천제의 시행이 매우 강하였음을 보여준다.

다음으로 자천제의 시행이 강화되면서, 낭관 선후배간의 예우도 엄격해졌다. 선조 7년(1574) 질정관 조헌은 그의 상소 중에 "佐郎之於正郎, 猶不敢仰首与言"[83]이라고 정랑과 좌랑사이의 엄한 예우를 지적하고 있다. 이것은 당상관과 낭관들 사이에 예의가 실추된 것과 크게 대조되는 현상이

---

79) 『중종실록』 권40, 중종 15년 10월 무자.
80) 『명종실록』 권25, 명종 14년 12월 병오조에 의하면 김덕곤과 함께 박근원, 이식 등이 천망되었다. 박근원은 『명종실록』 25, 명종 14년 12월 병오조에, 이식은 『명종실록』 권 26, 명종 15년 7월 무오조에 이조낭관으로 임명된다. 이것을 보면 이조에서 자천한 3인은 모두 낭관이 되어도 적절한 사람들이었음을 알 수 있다.
81) 『명종실록』 권25, 명종 14년 12월 병오.
82) 『명종실록』 권27, 명종 16년 4월 갑인.
83) 『선조수정실록』 권8, 선조 7년 11월.

었다.

중종 22년(1527) 12월 대사헌 홍언필은 상소 중에서 당시 당상관과 낭
관 사이의 예의 실추를 다음과 같이 설명하고 있다.

礼讓이 붕괴되고 等威가 서지 않아 후진이 선진을 만나도 존경함이
없으며 오히려 기롱하고 모독합니다. 대신이 하급관리를 대할 때에도
예의가 엄하지 않아 친구 대하듯이 하며, 경하게 여기고 의심을 받으
며 일하고 있습니다.84)

이 지적은 낭관과 당상 사이에 예의가 실추된 것을 잘 보여주고 있다.
여기의 후진과 선진은 대신과 낭관사이의 상황이었다. 낭관들이 부서의
사안에 대하여 대신들을 심하게 견제하였고, 그 연장선상에서 '모독', '의
심' 등의 분위기가 형성되고 있었다.

이러한 상황은 구체적인 사례로도 확인된다. 이조좌랑 양팽손이 대신 이
계맹을 보고도 예를 표시하지 않은 것이 그 대표적인 사례였다.85) 이러한
당상관과 낭관 사이의 예의 붕괴는 낭관권 형성 이후의 변화를 지적한 것
으로 앞에서 살핀 정랑과 좌랑간의 엄격한 예의와는 극히 대조가 되는 것
이었다.

자천제가 강하게 시행되면서 낭관 상호의 유대도 깊어졌다. 자천제의
시행이 강화되면서 선임 낭관이 후임을 강하게 자천하였고, 이에 따라서
후임 낭관 역시 선임 낭관을 강하게 지원하는 관계가 형성되었다. 중종 22
년 7월의 다음의 사간원의 언급은 이와 같은 낭관 상호간의 유대를 잘 지
적하고 있다.

---

84)『중종실록』권60, 중종 22년 12월 갑자.
85)『중종실록』권39, 중종 15년 4월 갑술.
　　彭孫實愚妄人也, 嘗爲吏曹佐郞時, 見継孟不礼焉.

전조의 낭관이 朔數규정을 어기고 스스로 자급을 높이기를 꺼려하
지 않고, 낭관을 거쳐 나간 이를 先生이라 존경하여, 資級이 직사에 미
치지 못하여도 제수하여 주기를 이상하게 여기지 않습니다.[86]

이는 자천제 강화 이후 낭관 상호간의 유대를 잘 보여주고 있다. 그것은
현임 낭관 상호간, 현임 낭관과 전임 낭관 간의 두 면에서 유대를 보여준
다. 먼저 전자를 살펴보면, 사간원에서는 낭관이 스스로 資級을 올린다고
지적하고 있지만, 그 의미는 자신이 스스로 자급을 올린다기보다는 후임
낭관이 선임 낭관의 자급을 배려해주는 것으로 보인다. 이러한 지적은 이
자료에서 뿐 아니라 '冒受加資'[87]라는 표현으로 계속 지적되고 있다.

이러한 유대는 현임 낭관과 전임 낭관 사이의 유대로 연결되었다. 위의
지적대로 후임 낭관은 전임 낭관을 先生으로 모셨고, 지속적으로 인사에
편의를 제공하였다. 위에서 지적하였듯이 전임 낭관이 자급이 부족한 경
우에도 상위관직에 임명한 것은 그러한 편의의 일환이었다.

이 문제는 낭관 '陞遷의 문제로 계속 지적되었다. 물론 낭관을 거친 후
陞遷하는 것은 이미 의정부와 육조의 낭관들은 임기를 다 채우면 승천하
도록 보장되어 있었으므로[88] 그 자체는 문제가 될 수 없었다.[89] 그러나
임기를 채우지 못해도 현임 낭관의 지원으로 승천하였다. 이 현상은 이미
성종 후반기부터 그 조짐이 보였고,[90] 중종대에 이르면 일상적으로 일어
나고 있었다. 중종 18년 경연 중에 영사 정광필이 "근래에 六曹郎官은 箇
滿이 못되어도 陞遷해주는 폐습이 이미 형성되어 있습니다."라고[91] 이러

---

86) 『중종실록』 권59, 중종 22년 7월 기축.
87) 『명종실록』 권20, 명종 11년 4월 임진.
88) 『경국대전』 이전 경관직.
89) 『성종실록』 권131, 성종 12년 7월 경자.
90) 『성종실록』 권227, 성종 20년 4월 경자조에 "近者, 銓曹以六曹仕未滿者, 冒啓
　　而授陞職."라고 되었는데, '近者'라는 지적을 보아서 이즈음의 변화로 생각된다.
91) 『중종실록』 권49, 중종 18년 9월 기묘.

한 사정을 언급하였다.

여기서 한걸음 더 나아가 일시적으로 낭관에 임명되었다가 바뀌는 경우에 승천해 준 사례도 보인다. 명종 10년(1555) 김홍도가 이조정랑에 임명되었다가 相避制에 걸려 곧 옮길 때에 승천해 주었다.[92] 또한 심지어 파직당하였다가 還職한 자까지도 승서해 주었다.[93] 구체적인 사례로 중종 14년 이조정랑 정옥형이 考功의 잘못으로 파직을 당하였으나 그를 정4품 지평으로 승서하였다.[94]

낭관에 대한 배려는 낭관직에서 옮겨가는 경우에만 한정하지 않았다. 이미 낭관직을 벗어난 경우에도 현임 낭관들은 전임 낭관들을 배려하였다. 이러한 상황을 다음 명종 12년 대간의 다음과 같은 지적으로 알 수 있다.

> 김규는 승문원 判校가 임기 만료되었음을 듣고, 자신이 吏曹先生임을 내세워 通訓에 오르고자 하여 首望에 주의해 달라고 부탁하였으나 末望에 두자, 이조판서 윤원형에게 원한을 품어 말하기를 "어찌 나를 이처럼 박대할 수 있는가?"하였다.[95]

이 내용에 의하면 정4품 장령이었던 김규가 이조 선생임을 내세워 정3품인 승문원 判校에 오르려 하였고 이를 현임 낭관들이 도운 것으로 짐작된다.[96] 이와 유사한 사례는 명종 20년에도 확인할 수 있다. 이조 낭관들이 이조선생인 홍문관 응교 윤두수와 사복시정 심의겸 등의 加資에[97] 관

---

92) 『명종실록』 권19, 명종 10년 10월 계묘.
    吏曹郎官徑遷, 則決不可陞敍, 正郎金弘度, 以婚姻相避遞差, 而陞敍四品.
93) 『중종실록』 권50, 중종 19년 4월 무오.
94) 『중종실록』 권35, 중종 14년 4월 갑술.
95) 『명종실록』 권22, 명종 12년 5월 임신.
96) 상동조. 이판 윤원형이 이를 제지하였는데, 이는 당시 정치관계에서 볼 때에 오히려 특이한 것으로, 이는 당시 낭관권을 장악한 사림과 권신인 윤원형의 갈등이 표출된 것으로 이해할 수 있다.
97) 『명세총고』 전랑.

여하였다.

　이러한 지속적인 유대성은 이조선생의 장례에까지 연결되었다. 중종 31
년(1536) 엄소 등 이조 낭관들이 이조선생 심사순의 장례에 致賻한 사례
가[98] 이를 잘 보여준다. 또한 이러한 유대가 일시적이거나 특수한 경우가
아니라 선생에 대한 관습이었다.[99] 위와 같은 현임 낭관 상호간, 또는 낭관
과 선생간의 유대는 자천제에서 기인한 것으로 이러한 요소는 정치 내외의
문제에 중요한 영향력을 미쳤으리라 생각된다.

　이상으로 자천제의 운영이 강력하였음을 검토해 보았다. 자천제가 강하
게 운영되면서 낭관 상호간, 또한 낭관과 선생 간에 엄격한 예우와 밀접한
유대가 형성되었고, 이는 낭관권의 강화로 연결되었다.

2) 낭관권 강화의 실제

(1) 이병조 낭관의 지위

① 대신직 주의

　자천제가 강화되면서 낭관권 역시 강화되었다. 그 구체적인 실상을 살
펴보자. 이를 이병조 낭관과 여타의 낭관으로 나누어 살펴보자. 이병조의
경우 정치적 비중이 컸으므로 많은 자료가 있어 그 실제를 좀 더 상세하게
살필 수 있기 때문이다.

　낭관의 위치는 결국 당상관들과의 관계 특히 판서와의 관계에서 파악되
는 것이었고, 그 관계란 결국 각조의 업무에 대한 낭관의 영향력의 정도로

---

98)『중종실록』권86, 중종 33년 정월 갑진.
　　沈思順致賻之事, 非소之所獨行也, 吏曹郎官之所共爲也.
99) 상동조. 이러한 치부를 '故例'에 의한 것이라고 기록하고 있다.
　　昕爲吏曹佐郎時, 沈思順杖死, 昕以思順爲先生, 依故例賻祭.

파악할 수 있다.

낭관의 위치를 일률적으로 말하기는 곤란하다. 그것은 정치적 상황에 따라서 심지어 판서가 누구였는가에 따라서 달라질 수 있었다. 특히 중종 말기 이후 權臣이 등장하면서 상황은 달라질 수 있었다. 그러므로 이러한 상황을 인정하면서 낭관의 위치를 살펴보기로 하자.

중종 28년(1533) 9월 이조판서 김안로는 다음 같이 낭관과 당상관의 관계를 파악하고 있다.

> 인물의 注擬에 당상관과 낭관이 의논하여 의견이 일치된 연후 擬望하지만 결단은 장관에게 있다.100)

이것은 김안로가 이판을 사직하면서 올린 내용으로 注擬에 있어서 당상관과 낭관 사이의 의견의 일치를 추구하지만, 결단은 장관에 있다고 주장하고 있다. 이와 같은 김안로의 주장은 김안로가 권신이었다는 점을 생각하면 당연한 현상으로 이해된다.

그러나 권신이 이판을 맡은 경우에도 이들의 일방적인 우위는 쉬운 것이 아니었다. 명종 4년(1549) 2월의 史論을 보면 위의 김안로의 발언에서 보인 당상관의 일방적인 우위가 쉽지 않았음을 알 수 있다.

> 이판 윤원형이 그 친지에게 柳郞, 李郞 등이 注擬마다 붓을 던지고 뒤로 물러가 눈을 부릅뜨고 응답하지 않으며, 출입의 祗迎에도 질시의 눈으로 보니 이는 내가 외척으로 이판이 된 까닭에 이처럼 어조가 예리한 것이라고 말했다.101)

주의에 임하여 이조판서 윤원형과 낭관 유감, 이원록의 갈등을 잘 보여

---

100) 『중종실록』 권76, 중종 28년 9월 임술.
101) 『명종실록』 권9, 명종 4년 2월 정묘.

준다. 이것에 의하면 낭관들의 태도가 자못 강경한 것이어서 앞에서 본 김안로의 발언에서 보인 당상관의 우위가 쉽지 않았으리라 생각된다. 특히 윤원형이 권신으로서 김안로의 경우보다 더욱 강력한 권한을 행사했다는 점을 감안한다면, 이조판서가 권신인 경우에도 낭관들이 강경히 대처한 것으로 보인다.

결국 낭관의 정치력의 실제는 사례들을 통한 보다 구체적으로 살펴보아야 한다. 검토의 편의를 위해서 注擬의 대상을 나누어 각 대상에 대한 낭관의 영향력을 살펴보기로 하자. 정치적 비중에 따라서 대신직, 청요직, 비청요직 등으로 나누어 살펴보고자 한다.

먼저 대신직 주의에 미치는 낭관의 영향력을 살펴보자. 다음 자료는 중종 39년(1544) 8월 政廳에서 찬성을 의망할 때의 기록이다.

> 이판 신광한 등이 贊成의 擬望을 놓고 1인을 얻지 못해서 정랑 윤희성에게 물었다. 희성이 말하기를 이언적이 어떠한가 물으니, 신광한은 이 일은 마땅히 衆論을 두루 얻어야 하는데 중론을 모르니 어찌해야 하는가하였다. 참판 신거관이 말하기를 왕께서 3망을 채울 필요 없다고 하였으니 2인만 의망함이 어떠한가 하여 2인만 의망하였다.[102]

이는 찬성 의망에 권발과 성세창을 택하였으나 삼망을 채우지 못하여 의논한 내용이다. 판서는 낭관의 의견을 물었지만 그 의견을 따르지 않고, 참판의 의견을 따라 권발과 성세창만을 의망했다. 이는 낭관의 의견이 받아들여지지 않은 사례로 당상관 의망에 낭관의 영향력이 약한 것을 보여주는 것으로 생각된다.[103]

---

102) 『중종실록』 권104, 중종 39년 8월 기사.
103) 이러한 자료는 낭관정치력 성장 이전의 의례적 인사의 모습과 별다른 특징이 없는 듯하다. 그러나 이러한 인사논의 과정을 보여주는 자료가 나타나는 것은 낭관 정치력 강화이후의 현상으로 이해되므로, 낭관의 지위를 보여주는 자료로 해석될 수도 있겠다.

그러나 위의 자료와 다른 양상을 보여주는 자료도 보인다. 다음 기록은 선조 8년(1575) 8월 김계휘가 평안도 관찰사로 좌천된 배경을 보여주는 史論이다.

> 김계휘를 평안도 관찰사로 삼았다. 허엽의 아들 허봉은 당시 이조낭관으로 경박하고 사려가 없었다. 김계휘가 그의 아버지 허엽의 잘못을 지적한 것에 노해서 참판 박근원과 모의하여 김계휘를 외직으로 좌천시켰다.104)

이 내용에 의하면 김계휘의 좌천이 이조좌랑 허봉에 의한 것임을 알 수 있다. 낭관의 영향력이 대신의 임명에도 미침을 알 수 있다.

이와 유사한 사례가 선조 14년(1581) 5월에도 보인다.

> 이때에 형조판서 자리가 비어 있었다. 왕이 이조에 명하기를 삼공에게 육경에 합당한 자를 추천받아 주의하라 명하였다. 영상 박순은 김계휘와 정지연을, 좌상 노수신과 우상 강사상은 윤의중과 박근원을 천거하였다. 이조 참판 정탁이 정사를 담당하여 영상이 천거한 자들을 首望에 놓고자 하였다. 그러나 정랑 이순인이 兩相이 천거한 이가 더 중하다고 강력히 주장하여 윤의중이 수망에 올라 落点을 받았고 박근원도 역시 의망되었다.105)

윤의중이 형판에 임명된 배경을 보여주는 기사로 형조판서의 首望을 놓고 참판과 정랑간의 의견 대립이 있었으나, 결국 낭관의 의견이 관철되었음을 보여준다. 이것은 낭관의 영향력을 보여주지만, 판서가 없는 상황에서 참판과의 관계에서 낭관의 의견이 관철되었다는 한계를 지닌다.106)

---

104) 『선조수정실록』 권9, 선조 8년 8월.
105) 『선조실록』 권15, 선조 14년 5월.
106) 『선조실록』 권15, 선조 14년 4월 경술조에 의하면 이판 박대립이 신병으로 세 번

마지막으로 선조 21년 11월 윤근수의 공조참판 의망을 두고 나타나는 논란을 살펴보자.

> 윤근수가 붕당으로 관직에서 물러났는데 銓曹에서 당상관이 그를 공조참판의 末望으로 擬望하였다. 首望에 오른 이로가 落点을 받았다. 이에 이발은 크게 노하여 정랑 유근을 책하기를 너는 인선에 참가하여 붓을 잡았는데 어찌 윤근수를 望狀에 썼는가 하였다.[107]

윤근수를 공조참판에 의망한 것에 대해서 이발이 이조낭관인 유근을 질책한 내용이다. 당시 붕당의 대립 가운데서 동인들이 서인인 윤근수의 관직진출을 두려워하여 그의 이름이 망에 오를 것도 경원하였다. 여기서 주목되는 점은 이발이 유근을 질책하면서 망에 올린 것을 질책하였다는 점이다. 이러한 이발의 질책은 이조낭관이 대신직 임명에 미치는 영향력이 강력한 것을 인정하지 않으면 이해하기 어려운 것이다. 이러한 관점에서 볼 때에 이 자료는 낭관이 대신 주의에 갖는 영향력을 잘 보여주는 것으로 이해된다.

이상에서 대신직 주의에 관계되는 몇가지 사례들을 검토해 보았다. 검토의 대상이 된 사례들이 추출된 시기도 다양하였고, 대신직의 의망이라는 부류로 묶었지만 제각기 다른 직책에 대한 의망이었다. 따라서 낭관의 영향력도 다양한 양상을 보여 주고 있다. 이와 같은 상황을 시기별로 종합해보면, 권신이 출현하였던 중종말기에서 명종대에는 대신직 주의에 미치는 낭관의 영향력이 약하였고, 선조대에 이르면 상대적으로 낭관의 영향력이 강화된 것으로 보인다.

이나 사직한 기록을 볼 수 있다. 이 때문에 판서가 정사에 빠진 것으로 이해된다.
107) 『선조수정실록』 권23, 선조 21년 11월.
　　尹根壽坐黨置散, 有銓曹堂上, 擬工曹參判末望, 首望李輅受点, (중략) 李潑大怒責正郎柳根曰, 爾執筆參銓, 何以尹根壽書諸望狀耶, 根曰李輅, 無才德無資歷, 略無可取, 而尙得首擬, 尹根壽豈不合於其末乎.

② 청요직 주의

다음으로 堂下官의 注擬에 미치는 낭관의 영향력을 살펴보자. 당하관직
의 검토는 먼저 그 정치적 비중이 높은 의정부와 육조낭관, 홍문관원, 대
간 등 소위 淸要職을 중심으로 살펴보고자 한다. 먼저 낭관의 경우를 살펴
보자. 이들의 의망에 관해서는 구체적인 자료가 거의 보이지 않는다. 이는
낭관의 천망이 자천제에 의하여 움직였고 그에 따라서 당상관이 관여할
기회를 얻지 못하였다. 그러므로 이조 내에서 주의를 놓고 당상관과 낭관
이 대립한 사례가 나올 수 없었기 때문으로 이해된다.

오히려 자천제를 따르지 않은 것이 문제가 될 수 있었다. 이는 명종 21
년(1566) 2월에 사헌부가 지적한 다음의 자료를 통해서 살펴볼 수 있다.

> 이조 병조의 낭관들의 薦望은 법전에 규정된 것은 아니지만 그 내력
> 이 오래되었습니다. 어찌 사림 淸選의 자리에 필히 마땅한 사람을 얻
> 고자 아니 하겠습니까. 이러한 연유로 擬望時에는 이조에서 필히 병조
> 의 自薦을 기다려 주의하여야 하고 병조 역시 필히 동료가 같이 의논
> 하여 자천해야 합니다. 얼마 전 병조의 낭관이 궐하니 이조에서 병조
> 의 자천을 기다리지 않고 주의하였습니다.[108]

사헌부는 이조에서는 병조의 자천은 기다리지 않고 주의하였다고 탄핵
하였다. 이러한 사례는 낭관권이 강화된 이후 자천제를 행하지 않는 것이
탄핵의 대상이 되고 있음을 보여준다. 그러므로 의정부를 위시한 육조의
낭관들은 자천제에 따라서 의망되었고, 이에 따라서 낭관의 주의는 전혀

---

108) 『명종실록』 권32, 명종 21년 2월 임자.
吏兵曹郎僚薦望, 雖非法典所載, 而其來已久, 豈非以士林淸選之地, 必欲
得其人哉, 是故擬望之際, 吏曹必待兵曹之薦而擬之, 兵曹亦必待同僚之齊
議然後薦之, 頃者兵曹郎官有闕, 吏曹不待本曹之薦, (중략) 非但盡毁其旧
例, 士大夫間美風亦爲掃地, 臣等窃恐, 政曹之不重自今日始, 吏兵曹郎廳
請并推考治罪, (중략) 答曰, 吏兵曹郎廳并推考.

당상관의 권한 밖의 일이었다.

다음으로 홍문관원의 경우를 검토해 보자. 홍문관원의 注擬 역시 이조
내에서 논란의 대상이 될 수 없었다. 그 까닭은 홍문관원의 임명이 弘文錄
에 의거하였고,[109] 홍문관원이 대간이나 이병조의 낭관으로 진출하면서,
인원이 부족하여 홍문록에 기록된 인원 중에서 선별하여 주의할 여유가
없었기 때문이었다.

그러나 이조 낭관들은 弘文錄 선발의 참여를 통해서 홍문관원의 선발에
관여하고 있었다. 원래 홍문록은 홍문관에서 후보자를 결정하고, 그 명단
이 이조와 의정부를 거치면서 인원이 가감되어 선발되었다. 이조에서의
가감은 낭관들이 맡았다.

이것은 중종 6년(1511) 사론의 다음과 같은 기록을 통해서 알 수 있다.

> 이때 이조의 낭관들이 함께 의논하여 홍문록을 抄하는데, 여러 낭관
> 이 모두 강태수를 경연관에 합당하다 하였다.[110]

이 기록에 의하면 이조 내에서 홍문록의 인원을 가감하는 일에 이조 낭
관이 참여하고 있었다.

이조 낭관이 홍문록의 작성에 참여한 연유는 선조 7년(1573) 2월 경연
중 유희춘의 다음과 같은 언급 중에서 구체적으로 확인된다.

> 신이 전에 옥당에서 弘文錄을 의논할 때 8명이 참가하여 (원점이) 6
> 점 이상을 얻은 자를 선발하여 선발 인원의 부족은 신 등의 잘못입니
> 다. 이 인원 외에 吏曹郎廳과 議政府에서 더 추가했으면 합니다.[111]

이것은 홍문관원의 자리가 많이 비어 그 대책을 논의할 때, 홍문관원 유

---

109) 최승희 「弘文錄考」『대구사학』 15,16, 1978.
110) 『중종실록』 권13, 중종 6년 5월 갑술.
111) 『선조실록』 권7, 선조 6년 2월 병자.

희춘이 제의한 것이었다. 홍문관의 빈자리가 많아 홍문록 선발에 많은 인원을 뽑아야 했으나 6점 이상을 받은 자만을 뽑아 적게 뽑았으니, 여기에 이조와 의정부에서 추가해달라는 요구였다. 홍문록의 선발은 홍문관원 각각에게 동등한 권한을 주고, 후보자 명단에 圓点을 치게 하여 그 원점의 다소에 의해서 本館錄을 선발하고,112) 그 인원을 토대로 이조와 의정부를 거치면서 가감하여 都堂錄을 작성하였다. 그런데 그 당시에는 本館錄의 선발에 6점 이상으로 뽑아 인원이 적었다. 이에 대한 대책으로 이조와 의정부에서 인원을 추가해서 都堂錄을 작성해 달라는 것이었다. 여기서 주목되는 것은 유희춘이 吏曹라고 지적하지 않고 吏曹郞廳이라고 구체적으로 지적하고 있다는 점이다. 이것은 이조에서 홍문록 후보자의 가감을 낭관들이 하였음을 보여주고 있다. 따라서 이조 낭관은 당상관의 견제 없이 홍문록의 선발에 참여하였고, 이는 홍문관원의 선발로 연결되었다.

다음으로 낭관이 대간의 임명에 미치는 영향력을 검토해 보자. 인종 원년(1545)의 다음의 논의 자료는 대간 인사에서 낭관의 영향력을 잘 보여준다.

　　이조에서 지평을 의망하려 하였다. 판서 신광한은 정황을 首望으로 하자 하였으나 정랑 이중열은 京官이 자주 바뀌는 것이 좋지 않다 하였다. 이에 신광한은 京官으로 의망할만한 자가 적으니 어찌할까 하니, 중열은 재외자 중에 감당할 자가 없겠는가 하였다. 이에 광한이 찬성을 표하며 啓를 올린 후 의망하는 것이 가하다 하였다. (啓를 올린 후) 광한은 경기 도사 이수경이 어떠한가 물으니 중열은 병중에 있으니 어찌 하리오 하였다. 광한이 동의하면서 남평 현감 백인걸이나 강원 도사 김취문이 어떠한가 물으니 중열은 무장현감 유희춘이 佳士니 의망함이 어떠한가 하였다. 광한이 희춘은 부모를 위해 지방에 간 것이 아닌가 하니, 중열은 비록 그렇다 해도 오래되었으니 국가에서 인물을 씀에 어찌 그런 것을 따지겠는가 하였다. (중략) 이에 유희춘과 정황을 의망하였다.113)

---

112) 최승희 앞의 논문.

인용 내용이 좀 길기는 하였지만, 지평의 의망을 놓고 벌인 판서와 정랑 간의 의견교환이 상세히 기록되어 있다. 판서는 정황, 이수경, 백인걸, 김 취문 등을 거론하였고 이에 비해 낭관은 유희춘을 추천하였다. 결국 정랑 의 의견이 받아 들여져 유희춘이 首望으로 올려졌다.114) 이러한 사례는 낭관이 대간의 주의에 갖는 영향력이 지대한 것을 보여준다.

명종 12년(1560) 11월 사간원에서 봉상사정 김언거를 탄핵한 배경을 설 명한 다음 사론에도 이러한 낭관의 영향력이 드러난다.

> 강사상이 이조정랑 시에 당상관은 김언거를 대간에 의망하고자 하 나 사상이 그 인물됨을 부족하게 여겨 막았다. 이에 김언거가 원한을 품어 도처에서 강사상을 비난하였다.115)

낭관과 당상관 사이에 대간 의망을 두고 논의한 내용이다. 낭관 강사상 은 당상관이 김언거를 대간에 의망하려는 것을 막았다. 이 자료 역시 대간 의 의망에 갖는 낭관의 영향력이 당상관을 물리칠 만큼 큰 것을 보여준다.

이와 같이 대간 의망에 낭관의 영향력이 커지면서, 대간에 임명되지 못 한 인물과 낭관 사이의 반목 사례가 자주 나타났다.116) 위의 김언거가 강 사상을 비난한 것은 이를 잘 보여주고 있다. 명종 1년에도 이조정랑 임형 수가 진복창의 대간 임명을 막으면서 서로 갈등이 생겼다.117)

---

113) 『인종실록』 권1, 인종 원년 윤정월 무인.
114) 유희춘 정황의 순으로 기록된 것을 보아서 유희춘이 首望으로 오른 것으로 추 측된다.
115) 『명종실록』 권26, 명종 15년 11월 무인.
116) 낭관권이 형성되면서 낭관이 인사에 특히 청요직 인사에 영향력을 행사하게 되 면서 공론을 수용하여 인선하였다. 그러므로 인사로 인해 공식적으로 문제가 될 수 없는 것이었다. 그러나 당시 실록에 이로 인해서 야기된 원한이 자주 기록되 고 표출될 수 있었던 것은, 권신이 정국을 주도하면서 낭관이 수세에 몰린 상황 과 밀접히 관련이 되는 현상이었다.
117) 『명종실록』 권4, 명종 원년 8월 기축.

이상에서 볼 때에 낭관은 삼사의 의망에 거의 절대적인 영향력을 행사한 것을 알 수 있다. 그러므로 낭관들과 대간 사이의 깊은 유대관계를 형성하였다.

이러한 유기적인 관계를 이중환은 『擇里志』에서 다음과 같이 표현하였다.

> 이조의 정좌랑은 臺閣의 권한을 주장하고 있어, 삼공과 육경이 지위가 비록 높지만 조금이라도 거슬리는 일이 있으면 전랑은 삼사를 시켜 탄핵하게 하였다.118)

이러한 지적은 낭관과 대간의 상호유기적인 조화를 잘 보여주는 것이었다. 이 양자의 조화는 낭관이 대간 인선에 갖는 절대적인 영향력에 기인하는 것이었고, 낭관들 역시 대간의 도움을 통하여 당상관을 견제할 수 있었으므로 상호보완적인 것이었다.

낭관의 당상관 견제는 당상관에 대한 견제에서 그치는 것이 아니라 당상관의 배후에서 청탁을 하는 대신들까지 견제하는 의미를 갖는 것으로, 낭관들의 비호아래 신분보장을 받으면서 자유롭게 대신들을 견제할 수 있는 대간의 활동과 그 성격을 같이 하는 것이었다.

이러한 낭관과 대간의 상호관계는 결국 공론정치라는 같은 지향점을 가지고 있었으므로 가능한 것이었다. 낭관의 당상관 견제가 낭관의 사익을 추구하는 것이 아니라 공론에 입각한 것이었으므로, 이를 지원하는 대간도 공개적으로 공론에 반대하는 당상관을 탄핵을 할 수 있었다. 이러한 동향은 결국 공론정치의 진전과 연결되는 현상이었다.

史臣曰, 林亨秀爲吏曹正郎也, 往于具壽聃家, 陳復昌先往矣, 壽聃言於亨秀曰, 復昌其不得爲臺諫耶, 亨秀張目直視曰, 此子可以爲成均司芸矣, 不答而出, 復昌大怒, 壽聃亦懫悔之, 以此大成嫌怨.
118) 『擇里志』 인심.

③ 비청요직 주의

이상으로 이조낭관의 영향력을 대신직 의망과 당하관 중 낭관, 홍문관, 대간 등 정치적 비중이 큰 淸要職의 경우를 살펴보았다. 이들 이외 부서의 관원들의 주의에 미치는 낭관의 영향력이 어떠하였는가를 살펴보자. 이 경우 포괄하는 직책이 많을 뿐만 아니라 구성이 다기하고, 정치적 비중이 적어 추출되는 자료도 극소수에 불과하여 정리하기에 어렵다.

그러나 선조 15년(1582) 정월 이이의 지적은 이에 대해서 좋은 시사를 하고 있다. 이에 의존하여 그 경향을 간략히 살펴보고자 한다.

조종조에는 銓曹의 장관을 중히 여겨 그 인선이 지극하였으니 삼공이 맡거나 중신이 겸임하였습니다. 어찌 오늘날 순서를 따라 자리를 메우는 것과 같겠습니까. 전에 이 직무에 거하는 자는 국정의 世道를 자기임무로 삼으니, 살핌이 극히 밝으며 선택이 극히 공정하여 淸論을 주장하였습니다. 낭관은 그 미치지 못하는 것을 보충할 뿐이었습니다. 지금은 館閣의 淸選이 모두 낭료에게 맡겨져 당상관은 微末之職의 주의를 직무로 삼으나, 그것 역시 전후의 눈치를 살펴 청탁의 고하로 경중을 정하니, 公私가 반만 되어도 時論이 善하다고 합니다. 그러므로 淸議가 낭료에게 있고 장관에게 없습니다.[119]

이러한 이이의 언급은 이판을 사직하는 계에 보이는 것으로, 지금까지 우리의 검토를 간략히 요약해 줄 뿐 아니라 앞으로의 검토의 방향을 제시

---

119) 『선조수정실록』 권16, 선조 15년 정월.
　　古人有言, 欲法堯舜, 当法祖宗, 今日之政, 不擧治不成者良由, 祖宗良法美意, 久廢不行, 而近日謬規弊習, 反如成憲故也, 祖宗朝, 重銓衡之長, 必極一時之選, 或以三公領之, 或以重臣兼之, 豈如今日之取次充位者哉, 昔之居是任者, 以國政世道爲己任 鑑別極其明, 揄選極其公, 主張一時淸論, 而郎官只補其所不逮而已, 今則館閣淸選, 一委之郎僚, 只以注擬微末之職, 爲己任, 而亦復瞻前顧後, 以請託高下爲輕重, 就其中公私相半者, 則時論称善, 故淸議在於郎僚, 而不在於長官, 由是冠구倒置, 不成紀綱焉.

해준다. 즉 館閣의 淸選이 낭관들에게 맡겨졌다는 지적은 지금까지 검토해
온 대신직과 청요직이 이에 해당하는 것으로 지금까지의 검토를 총괄해 준
다. 또한 당상관이 오로지 하는 것은 微末之職의 범주로, 이들이 청탁에 의
해서 주의되고 있다는 지적한 것은 앞으로의 검토의 실마리를 제시해준다.

청탁의 문제는 상당히 이른 시기부터 지적되고 있어 새로운 변화라기보
다는 조선 초기부터 있었던 것이라고 생각된다. 그러나 16세기에 이르러
청요직에서부터 새로운 변화가 나타나면서 사림에 의해서 청탁도 재상권
의 비리로 적극적으로 지적되면서 정치표면에 부각된 것으로 이해된다.
이 문제가 심각해지는 시기는 특히 중종 말기부터 명종대에 이르는 권신
이 출현한 시기였다. 선조 2년(1569) 이판 홍운이 사직을 평하는 사론에
의하면 "명종조에는 權奸이 교대로 國令을 잡아 뇌물이 만연하여 仕路가
혼탁하였다."고[120] 언급하고 있어 비리가 명종 무렵부터 본격적으로 문제
가 된 것을 보여주고 있다. 이러한 점에 유의하면서 몇가지 단편적인 자료
를 검토해보자.

명종 원년 경연 중에 시강관 김개가 근일에 관직이 생기면 대신들이 서
찰을 보내어 청탁한다고[121] 청탁의 풍조를 지적하면서, 좀 더 구체적으로
당시 錄事의 東班敍用의 사례를 들어 근일의 除拜는 필히 삼공의 서찰에
의해서 주의를 한다고 당시 청탁문제를 지적하였다.[122] 이러한 지적은 청
탁이 풍미한 당시의 분위기를 짐작케 해준다.

좀 더 구체적으로 청탁에 의해서 임명되는 자리를 밝혀주는 자료는 명
종 8년(1553) 3월의 사간원에서 올린 계의 다음과 같은 지적이다.

> 무반은 문음출신과 다름이 없기 때문에 이들이 宣伝官, 部將, 守令,
> 兵使, 水使 등이 되는 것도 모두 私請에 의합니다. (중략) 용인의 권한

---

120) 『선조수정실록』 권3, 선조 2년 4월.
121) 『명종실록』 권4, 명종 원년 12월 신묘.
122) 상동조.

이 이병조의 판서에게 있지만 판서가 사람을 택하여 쓰지 못하고 오직 청탁자의 고하에 따라서 주의합니다.[123]

이에 의하면 무반의 서용직책인 宣伝官, 部將, 守令, 兵使, 水使 등이 私請에 의해서 주의되고 있음을 알 수 있다. 특히 여기서 주목되는 것은 "무반은 문음출신과 다름이 없기 때문에"라는 구절이다. 이것은 이미 문음출신이 청탁에 의해서 주의되고 있었으며, 그 위에 무반의 청탁이 추가로 제기되고 있음을 짐작케 한다. 결국 청탁이 행해지는 직책이 문음출신과 무과출신들이 서용되는 관직이었다.

명종 11년 정월의 대사간 박민헌은 다음과 같이 이러한 직책들의 청탁이 그 값까지 정해져 있다고 극언하고 있다.

청탁이 여전히 분분하고 (중략) 비록 대간의 論啓가 있어도 편지를 통한 청탁이 여전하여 전조의 관리도 자유롭지 못합니다. (중략) 사람들은 察訪, 別坐, 僉使, 万戶, 軍官 등의 가격이 정해져 있다고 말하기조차 합니다.[124]

이 내용은 그 사실 여부는 확인되지 않지만, 앞에서 살핀 무반과 문음출신 서용이 청탁에 의하고 있다는 것을 더욱 구체적으로 보여주고 있다.

청탁의 구체적인 양상은 실제 사례의 검토를 통해서 밝혀질 수 있겠다. 그러한 좋은 사례가 명종 8년 3월 명종의 명을 어기고 이조에서 청탁에 따라서 주의하여 문제가 된 경우였다. 이는 사간원에서 다음과 같이 전조

---

123) 『명종실록』 권14, 명종 8년 3월 계묘.
124) 『명종실록』 권20, 명종 11년 정월 갑술.
  臣等窃觀, 朝廷之間, 私情日勝, 公道掃地, 人物注擬之際, 務從公道, 雖有上敎之丁寧, 請託之行, 紛紜如前, 軍官自望之時, 主將擇之, 雖有臺諫之論啓, 片簡之請, 苟且依旧, 銓曹之官亦不能自由, 時人至有言曰, 察訪別坐僉使万戶軍官, 皆有定価.

를 탄핵하여 문제로 제기되었다.

> 근래에 정권이 아래로 옮겨 賄賂가 만연하고, (중략) 국가의 위망이
> 조석에 임박하여 왕은 구하고자 하지만 전조가 따르지 않음이 이에 이
> 르렀습니다. 왕의 지위가 존엄하지만 권력은 오히려 대신에게서 나오
> 고 있습니다.[125]

이러한 탄핵이 있자 이에 관여한 전조의 대신들이 분분히 상소를 올려
변명을 하였는데, 이를 살펴보면 청탁자의 신분, 청탁방법, 청탁에 의해서
임명되는 지위 등이 구체적으로 나타난다.

먼저 전이조판서 송세형의 경우 자신의 사촌인 김세주를 찰방에 의망해
줄 것을 판서와 참판에게 부탁하였다.[126] 영의정 심연원의 경우 이판에게
六寸弟인 허돈을 찰방에 청탁했다.[127] 좌의정 윤개는 이판에게 친구인 이
달형을 금부낭관에 청탁하여, 상의원 별좌에 임명되었다.[128] 이러한 세 사
례를 보면 영의정, 좌의정, 전이조판서 등 핵심 대신들이 이조판서나 참판
에게 자신의 친척이나 친구를 청탁하였다. 청탁하는 직책은 찰방, 금부낭
관, 상의원 별좌 등 비청요직이었다. 이러한 사례를 통해 볼 때 대신들이
청탁한 실상을 보다 구체적으로 알 수 있다. 결국 이이가 지적한 '微末之
職'의 의미는 구체적으로 무반과 문음출신들이 서용되는 직으로, 이들의
주의는 판서가 오로지 하였고 대신들의 청탁에 의해 좌우되었다.

이러한 직책의 경우 낭관들의 권한은 약하였지만 낭관들은 이에 대해서
도 새로운 견제방법을 모색해 갔다. 그것은 두 가지의 방향에서 이루어졌
는데, 하나는 대간을 통한 간접적인 견제였고, 다른 하나는 郎薦制를 통한
직접적인 관여였다. 먼저 대간을 통한 간접적인 견제를 살펴보자. 이것은

125)『명종실록』권14, 명종 8년 3월 신묘.
126) 상동조.
127)『명종실록』권14, 명종 8년 3월 계사.
128)『명종실록』권14, 명종 8년 3월 병신.

이미 앞에서 살핀 바 있는 양사의 탄핵이었다.[129]

명종 20년(1565) 11월 대간이 이조를 탄핵했는데 사신은 그 배경을 細註로 다음과 같이 설명하고 있다.

> 참봉의 자리가 나자 낭관들은 孝行人을 의망하고자 하였지만 판서 오겸은 김명륜의 생질 심인기를 首望에 놓았다. 이에 대간이 탄핵하였다.[130]

참봉의 의망을 놓고 낭관과 당상관이 대립되었는데, 당상관이 낭관의 의견을 물리치고 청탁에 따르자, 낭관들은 대간들을 동원하여 판서를 탄핵하였다.

선조 8년(1575) 7월에도 비슷한 사례가 보인다. 정종영이 이판이 된 政目 뒤에 보이는 사론에 다음과 같이 기록되어 있다.

> 정종영이 사류를 싫어하여 청간에 따라 專擅하였다. 낭관 이발이 자제 이풍으로 인해 후진들과 친근히 하여 이들을 의망하려 하였으나 종영이 따르지 않았다. 이에 김계휘가 대사헌으로 종영을 탄핵하였다.[131]

이는 주의를 놓고 낭관 이발과 판서 정종영 사이에 견해가 대립되었으나, 정종영이 낭관의 의견을 물리치고 청탁에 따라 주의하자, 대간이 탄핵하여 판서를 갈리게 하였다.[132] 이러한 사례 역시 낭관과 대간 사이의 유기적인 조화를 통해서 청탁에 의한 인사를 견제하는 것을 잘 보여준다.

---

129) 낭관과 대간의 연결을 통한 당상관의 견제는 이미 앞에서 살펴보았다. 그러나 이 시기에는 이미 청요직의 제수에 있어서는 낭관의 영향력이 확보된 시기였으므로, 微末之職에 해당하는 부분에서 대간의 도움을 받는다는 것은 앞에서 살핀 낭관권 형성 무렵 대간의 도움을 받았던 것과 차이가 있었다.
130) 『명종실록』권31, 명종 20년 11월 경자.
131) 『선조수정실록』권9, 선조 8년 7월.
132) 상동조

낭관들은 대간을 통한 간접적인 견제에 그치지 않고 郎薦制를 통해서 보다 적극적으로 관여한다. 다음의 기록은 선조 2년(1569) 6월에 보이는 낭천제에 대한 설명이다.

> 인선이 폐습을 따라 청에 의해 되어졌다. 이탁이 이판이 되어 공도를 넓히기에 힘써 初入仕者가 上舍生이 아닌 경우, 門蔭試才를 거쳐 관직에 임명된다면 어찌 현자가 기꺼이 나오려 하겠는가하고, 낭료들에게 그들이 아는 선비들을 啓하게 하였다. 이 郎薦을 입은 자는 試才를 치르지 않고 의망하니 仕路가 조금 맑아졌다.133)

낭천제는 청탁에 의한 주의를 막기 위해 이판 이탁이 제안한 것이다. 낭관에게 비청요직에 적당한 인물을 천거하게 하고, 천거한 初入仕者에게 부과하던 試才를 면해주어 바로 注擬하는 제도였다. 이 제도로 주로 대신이 관리하던 비청요직도 낭관이 직접 관여할 수 있게 되어 낭관 정치력의 강화를 가져왔고, 상대적으로 재상권의 축소를 가져오게 하였다. 그러므로 낭천제의 시행문제는 선조 초기에 중요한 정치적 쟁점으로 부각되었으나, 대간의 지원 하에 낭천제는 계속 정착되어갔다.

이상으로 微末之職의 부류에 속하는 직책에 대한 인사의 실상을 검토해 보았다. 기본적으로 문음출신과 무반 서용직의 인사는 당상관의 영향력이 지대하였고 낭관의 간여는 적었다. 그러나 낭관들은 대간을 통한 견제나 낭천제의 확보를 통해 자신의 영향력을 넓혀갔다.

낭관권이 강화되고, 낭관이 대신직과 청요직은 물론하고, 비청요직까지 영향력을 가지게 되면서 인사의 책임 소재도 구체적으로 명시할 필요가 있게 되었다. 그 이전에는 권한이 당상관에게 집중되었으므로 각조 내에서의 책임을 대부분 당상관이 지는 것이 일반적이었다. 그러므로 '論吏曹官吏'134)나 '吏曹用情之罪'135)등의 모호한 표현이 하등의 문제가 되지 않

---

133) 『선조수정실록』 권3, 선조 2년 6월.

았다.136) 그러나 낭관의 권한이 확보되면서 책임의 소재도 구체적으로 지
적할 필요가 있었다. 그러므로 '其郞官請推考'137) '罷考功郞官'138) '曹堂上
与該郞官罷'139) '吏曹判書請遞'140) '請遞參判以下'141) 등으로 그 책임 소재
를 분명하게 명시하였다. 즉 당상관과 낭관을 구분하고, 그 책임을 각각
구체적으로 지적하고 있다. 이러한 사례들은 이병조 낭관권이 강화되면서
나타나는 변화를 잘 보여주고 있다.

(2) 이병조 외 낭관의 지위

정치적 비중이 컸던 이병조 외의 낭관의 경우에도 낭관권이 확보되면서
유사한 현상들이 나타났다. 다만 여타의 낭관의 경우에는 이병조만큼 정
치적 비중이 크지 못했기 때문에 이조와 같은 구체적인 사례들은 보이지
는 않고 있다.

그러나 중종 15년 집의 유인경은 낭관권 형성 이후의 낭관과 당상관의
일반적 관계를 다음과 같이 언급하였다.

> 刑獄에 관한 일은 삼가지 않아서는 안 되는데, 조정에서는 당상과
> 낭관이 가부를 상의해서 하나 외방에서는 수령이 혼자 결단합니다.142)

---

134) 『연산군일기』 권21, 연산군 3년 2월 을축.
135) 『연산군일기』 권30, 연산군 4년 7월 경자.
136) 이러한 탄핵의 책임은 당상관에 있는 것이 일반적이었다. 그 일례로 연산군 3년
　　 에 "吏曹注擬之際, 用情太甚."이라는 대간의 탄핵이 있자, 이조 판서와 참관이
　　 사직을 하는 것을 들 수 있다(『연산군일기』 권21, 연산군 3년 2월 을축).
137) 『중종실록』 권39, 중종 15년 6월 기묘.
138) 『중종실록』 권35, 중종 15년 6월 을묘.
139) 『중종실록』 권71, 중종 26년 7월 정묘.
140) 『선조실록』 권23, 선조 22년 정월 신유.
141) 『선조수정실록』 권9, 선조 8년 9월.
142) 『중종실록』 권40, 중종 15년 10월 경자.

이는 낭관권 형성 이후 당상관과 낭관 사이의 관계가 상호 상의하는 관계였다고 보고 있다. 여기서 '刑獄'을 거론한 것을 보아서 이병조 외의 낭관의 경우에도 낭관과 당상관은 상호 협조 및 견제하는 관계에 있었다고 생각된다.

의정부 낭관의 경우는 몇몇 자료를 통해서 그들이 지위를 높여간 모습이 확인된다. 명종 2년(1547) 12월 좌의정 이기는 의정부 낭관의 변화를 다음과 같이 지적한다.

> 낭관이 당상관의 말을 듣지 않으며, 심지어 舍人, 檢詳 등은 정승의 낭관인데 정승의 말을 따르지 않습니다. (중략) 일이 많이 전도되어 대신이 대신의 일을 할 수 없고 아랫사람들이 越次하여 일을 논의합니다.[143]

이기는 의정부의 낭청이 "정승의 말을 따르지 않습니다."라고 당시의 상황을 설명하고 있다. 이는 의정부 내에서의 낭관들의 지위 변화를 보여주는 것이다. 물론 이러한 변화는 낭관권이 형성 강화되면서 나타나는 낭관직 전반적인 변화의 일환이었다. 특히 구체적으로 "아랫사람들이 월차하여 일을 논의합니다."라고 언급한 것은 낭관들이 공론을 수용하여 부서의 정책까지 주도하고 있음을 짐작케 한다.

좀 더 구체적인 이들의 동태를 사헌부에서는 명종 4년 12월 다음과 같이 지적하였다.

> 舍人이 비록 정승의 낭청이라 말하지만 정승의 명을 따르지 않고, 비록 선생을 존대한다 하지만 존대하지 않으며 따로 一司를 만들어 폐단을 야기하고 있습니다.[144]

---

143) 『명종실록』권6, 명종 2년 12월 경술.
144) 『명종실록』권9, 명종 4년 12월 계미.

의정부의 낭관들이 대신들의 말을 듣지 않고 있음을 보여준다. 특히 이들이 따로 一司를 조직하고 있다고 말하고 있어 이들이 舍人司를 만들고 이를 중심으로 움직이는 변화를 보여주고 있다. 의정부 낭관들이 舍人司를 구성하여 활동하면서 문제도 있었지만,[145] 이들이 낭관권을 형성하면서 일정한 역할을 하고 있음을 분명하게 보여주고 있다.

이러한 의정부낭관의 지위변화로 이들은 육조낭관과 유대를 가지고 활동할 수 있었다. 그것은 '政府舍人六曹郎官等上疏'로[146] 표현되었다. 이것은 이전에 보이던 '六曹郎官啓'가 확대된 것이었다. 의정부낭관들은 일찍부터 자천제가 확보되어 육조낭관들과의 연결 가능성은 있었지만, 낭관권과 대립되는 재상권의 핵심인 의정부의 낭관이라는 제약으로 결속이 불가능하였다. 그러나 낭관권이 강화되면서 이때에 이르러 보조를 같이 할 수 있었던 것으로 이해된다.

특히 시간이 지나면서 명종 6년에는 '議政府舍人率六曹郎官上疏'의 표현 양식이 나타나고 있어서 주목된다.[147] 이는 사인이 육조의 낭관들을 이

---

145) 상동조. 가장 중요한 폐단으로 지적되는 것은 한성부의 車子와 匠人을 임의로 징발한 것이었다.

別作一司貽弊多端, 車者本屬於漢城府, 非舍人司之私物, 舍人司憑籍都堂之勢, 冒占至於二百余兩, 只役一司, (중략) 且百工之役, 皆有餼廩, 而舍人司任意發牌, 分借諸處.

그 외의 폐단으로 지적되는 것이 堂參이었다. 이는 수령이나 만호, 첨사 등이 의정부나 이병조에 부임 인사를 하면서 내는 물건이었다. 이것은 결국 민으로부터 거두어 내는 것으로 여러 차례 혁파가 명해졌으나 잘 시행되지 않았다(『중종실록』 권94, 중종 36년 정월 병오에도 혁파가 명해졌다). 이는 낭관의 폐단으로만 볼 수는 없으나 당참을 낭청이 거두었으므로 낭관이 관련되어 있었다(『명종실록』 권27, 명종 16년 5월 정묘. 凡守令及鎭將, 赴任時, 參謁於政府吏兵曹, (중략) 各其司郎廳 責納齲物, 名之堂參, 督索甚急, 下人因緣作弊者頗多). 이 문제는 수시로 문제로 제기되어 여러 번 혁파가 명해졌으나 쉽게 정리되지 못했다(『명종실록』 권32, 명종 21년 3월 기유조에도 역시 혁파가 명해졌다.).

146) 『명종실록』 권1, 명종 즉위년 7월 기사.
尹元老의 일로 상소했다.

끌고 상소의 居首로 부각되고 있음을 보여준다. 이는 사인이 堂下의 長으로 낭관 중 가장 품계가 높았고, 의정부의 낭관은 자천을 통해서 육조의 낭관들이 승진하는 자리였으므로, 서로 유대가 강화되면서 가능해진 것으로 이해된다.148)

이병조와 의정부의 낭관 외에도 낭관들은 낭관권을 형성하면서 일정한 역할을 하였을 것으로 추측된다. 단편적인 자료이지만, '郎廳不行堂上之言'149) 등 포괄적인 언급을 통해서 짐작이 된다. 또한 낭관권 형성이후 부서에서 책임 소재를 당상관과 낭관을 나누어 분명히 하고 있었는데, 이러한 현상이 여타의 부서에서도 확인된다. 즉 '請祀曹堂上及色郎廳幷罷'150) '戶曹郎廳罷職'151) 등의 표현이 그것이다. 이는 낭관의 지위가 강화되면서 여타의 부서에서도 그 책임 소재를 분명히 하는 현상이었다.

이상으로 낭관권이 강화되면서 나타나는 변화를 검토해 보았다. 자료의 제약으로 미진한 부분이 많았지만, 전체적인 추세는 낭관들이 독자적인 영역을 확보하고 그 지위를 통해서 당상관들을 견제한 것으로 보인다.

낭관들은 낮은 지위에 있었기 때문에 이들 주장의 정당성을 公論, 淸議 등으로 표현되는 여론과의 연결에서 찾으려 하였고, 이는 결국 공론정치의 확대와 연결되었다. 이러한 동향은 사림이 지배신분인 훈구 대신들에 대항할 수 있는 새로운 권력구조를 만들어 가고 있었다. 이는 결국 사림의

---

147) 『명종실록』 권11, 명종 6년 정월 임인조에 禪科復立의 문제를 거론하면서 "議政府舍人尹釜等, 率六曹郎官上疏,"라고 표현되면서 이전의 "議政府舍人李世璋等及六曹郎廳李龜琛等上疏."(『명종실록』 권4, 명종 원년 9월 정묘)라는 상호 대등한 표현인 '及'이 '率'로 바뀌었다. 이러한 바뀐 표현방식은 이후 계속 나타난다(『명종실록』 권12, 명종 6년 12월 경신, 『명종실록』 권31, 명종 20년 8월 경해, 『선조실록』 권4, 선조 3년 7월 경진, 『선조실록』 권11, 선조 10년 8월 경오).

148) 명종 초기의 이러한 사례로 李鐸, 洪曇, 兪峰 등의 경우를 들 수 있다.

149) 『명종실록』 권6, 명종 2년 12월 경술.

150) 『명종실록』 권29, 명종 18년 2월 병자.

151) 『선조실록』 권12, 선조 11년 7월 신미.

정치참여를 활성화하기 위한 노력의 일환이었다(「16세기 郎官權의 형성과
정」『한국사론』14, 1986).

제4장 薦擧制 강화운동

1. 薦擧制의 시행

1) 遺逸薦擧制

중국의 경우 천거제는 前漢의 鄕擧里薦으로 시작되었다. 漢 文帝가 그 15년(165)에 賢良能直言極諫者를 천거 받아 親策한 것이 최초였다.[1] 唐에 이르러 시험에 의한 貢擧가 정비되면서 천거제는 制擧로 실시되었으나, 唐, 宋에 이르면 負責保擧로 그 내용이 달라졌다. 이 保擧制가 정비된 것은 송대였다.[2] 五代의 절도사체제가 갖는 한계를 극복하면서 성립된 宋은 문치주의적 사대부 관료체제를 추구하였다. 문벌이 사라지면서 인사제도는 능력에 입각한 保擧制와 科擧制에 의해서 운영되었다. 그러나 보거제는 이전의 천거제와는 달리 入仕路의 기능을 하지 못하고, 과거를 통해서 선발된 관료 후보자인 選人의 관직 진출과 관리들의 승진에 작용하였다. 즉 擧官, 擧薦, 保任 등으로 표현되었던 保擧는 기성 관직자의 보증에 의해서 피천자가 임용되는 제도로 選人의 관직 진출이나 승진에 필수적인 것이었다. 선인이 종9품의 京官으로 改官하는데는 5인의 추천장이 필요하

---

1) 이하 서술은 다음 논문 참조
   오금성 「중국의 과거제와 그 정치사회적 기능」『과거』 일조각 1983.
   김한규 「西漢의 求賢과 文學之士」『역사학보』 75,76, 1977.
   鄧嗣禹 『中國考試制度史』 1967.
   沈兼士 『中國考試制度史』 1969.
2) 신채식 「송대 관인의 推薦에 관하여」『소헌 남도영박사 화갑기념 사학논총』 1984.

였고, 승진의 경우에도 역시 보거가 요구되었다. 그러나 보거의 획득은 용이하지 않았다. 그것은 擧主가 될 수 있는 직속상관의 수에 제한이 있었고, 이들 또한 추천장의 남발을 방지하기 위한 여러 제약을 받고 있었다. 그 한 규제의 예로 거주는 피천자의 잘못에 連坐되도록 규정되어 있었다. 이러한 까닭에 일단 보거가 되면 양자는 擧主-門生의 관계를 맺게 되고 이를 통해 형성된 인맥관계는 宋代 당쟁의 중요한 요소로 작용하였다.

우리나라에서 천거제가 실시된 것은 고려초부터였다.[3] 성종이 그 11년 (993) '有文才武略者'의 自薦을 허용한 이래『高麗史』선거지에 의하면 고려조를 통하여 15회에 걸쳐서 천거를 명하는 왕명이 반포되었다. 고려의 천거제는 외면적으로 보면 漢의 鄕擧里薦制와 같이 入仕路로 운용된 듯하다. 그것은 賢良, 方正, 淸白 등의 선발조건과 함께 '側微無聞者' '肥遯不仕者' 등 향리에 은거하여 登仕하지 않은 遺逸之士를 그 대상으로 하고 있기 때문이다. 그러나 사례를 통해서 운영의 실제를 보면 송의 보거제와 유사하게 입사로가 아닌 관직에 오른 이들의 승진체계로 작용하였다.『고려사』 열전에 의하면 16명의 피천자가 추출되는데 그들 중 15명은 과거 합격자였고, 나머지 1명도 문음을 통해서 관직에 오른 자였다.

고려 천거제의 실제 기능이 송대의 보거제와 유사했지만 양자 사이에는 차이점도 있었다. 고려의 경우 천거제가 정기적으로 시행된 것이 아니라 왕명에 따라서 비정기적으로 시행되었다는 것이 근본적인 차이점이었다. 이로 인해서 고려에서는 천거가 관직 진출이나 승진에 있어 필수적인 것도 아니었고, 거주가 피천자의 잘못에 연좌되는 규정도 없었다.

宋代와 같은 보거제는 朝鮮에서 실시되었다. 조선에서는 보거제가 관행화되었으며, 관리의 승진에도 필수적이었다. 따라서 거주는 피천자의 잘못에 연좌 처벌되는 규정도 마련되었다. 보거제가 태조대부터 보인다. 태조 원년(1393)에 이미 六曹, 臺諫에게 賢良을 천거하라는 왕명이 있었고,[4] 정

---

3) 이하의 서술은 김한규「고려시대의 薦擧制에 대하여」『역사학보』 73, 1977.

종 원년(1399)에도 6품이상에게 현량을 천거하라는 명이 있었으나[5] 보거의 명목으로 실시된 것은 태종대였다.[6] 세종 6년(1421)에 3科에 걸쳐서 매년 일차라는 규정이 정해졌다.[7] 이 규정이 더욱 구체화되어서『経濟六典』에는 三科에 걸쳐서 매 삼년마다 時散에 관계없이 동반 6품, 서반 4품 이상이 천거하도록 명시된 뒤[8]『經國大典』에서는 거주의 대상을 축소시켜 "京外東西班 三品이상이 3년마다 春孟月에 3인을 천거한다."는 것으로 바뀌어 등재되었다.

보거가 관행화됨에 따라서 보거는 관리의 승진에 필수적인 것이 되었다. 문종 즉위년에 周致唐이 보거 없이 은율현감이 되었다고 하여 사간원의 탄핵을 받은 것이 그간의 사정을 잘 보여준다.[9] 주치당이 보거 없이 현감에 일단 임명되었다는 것은 아직 보거제가 완전히 정착되지 못하였음을 뜻하기도 하지만, 그것이 탄핵의 대상이 되었다는 것은 점차 보거가 관리승진에 필수적인 것이 되어가고 있을 의미하기도 한다.

단종 즉위년에도 위와 비슷한 사례가 보인다. 司憲府에서 박장윤이 東部錄事에 임명된 것을 이유로 吏曹를 탄핵하였는데, 박장윤은 이미 將仕郞으로 임명되었으나 보거를 얻지 못하여 승진되지 않자, 관직에 나아가지 않은 생원으로 속이고 장인인 관찰사 金文起의 門蔭을 얻어 錄事로 다시 진출하였던 것이다.[10] 이는 보거가 필수화되면서 야기되는 비리로 보거가 관직임명에 필수적인 것이 되었음을 잘 보여준다. 위의 두가지 사례에 의하면 세종대에 보거가 관행화되었고 늦어도 단종대까지는 보거가 관리승진에 필수적으로 요구되었음을 알 수 있다.

---

4)『태조실록』권1, 태조 원년 8월 신해.
5)『정종실록』권2, 정종 원년 11월 을축.
6)『태종실록』권27, 태종 14년 1월 계사.
7)『세종실록』권24, 세종 6년 5월 정축.
8)『세종실록』권80, 세종 20년 2월 을미.
9)『문종실록』권4, 문종 즉위년 11월 병오.
10)『단종실록』권2, 단종 즉위년 8월 을묘.

그러나 실제에 있어서 보거제가 의미를 갖는 것은 參下官들에게 있어서였다. 보거제가 그 대상을 3품이하 모든 관원으로 하고 있었지만,[11] 동반 6품 이상과 서반 4품 이상은 擧主가 될 수 있어 이들은 서로 천거해 주거나 스스로를 천거하는 경우까지 있었다.[12] 피천인 대상 인원수 역시 參上官 3인, 參下官 1인으로 규정되어 있어[13] 참상관이 유리하였다. 이러한 까닭에 참하관은 보거를 취득하지 못하는 경우가 많았던 것으로 보인다. 앞에서 살핀 두 사례의 경우도 참하관의 직책에서 문제가 생긴 것은 그러한 사정을 잘 보여준다.

보거가 관리승진에 필수적인 것이 되자 몇가지 문제점이 제기되었다. 그것은 보거가 능력에 따른 것이 아니라, 私情에 따르고 있다는 것이었다. 보거의 천거 규정은 3科 혹은 7科의 규정이 있었으나[14] 이 규정을 어기고 피천인이 거주의 친척이거나 '干請之輩'이며,[15] 심한 경우 자신을 천거하거나 서로서로 천거해주고 있다는 것이다.[16] 이러한 문제가 야기되자 세종 20년(1438)에는 거주의 連坐규정이 만들어져서 강력히 시행되었다.[17] 그러나 이러한 연좌규정만으로는 실효를 거두지 못하자 보거제 자체를 보완해 보려는 제안들이 나왔다. 개선안의 대표적인 예는 密薦과 自薦이었다.

密薦의 경우 세종 29년에 제시된 것으로[18] 거주의 수를 줄여서 政府,

---

11) 『경국대전』 이전 천거조에 의하면, 그 대상을 3품에서 無職으로 규정하고 있어 초직자도 포함하고 있는 듯하나, 초직자는 대상이 아니었다. 그러므로 보거제는 입사로의 역할을 한 것이 아니었다. 이것은 『성종실록』 권94, 성종 9년 7월 계유조의 "生員進士, 雖不保擧敍用."라는 지적에서 거듭 확인된다.

12) 『세종실록』 권115, 세종 29년 2월 계사.

13) 『세조실록』 권46, 세조 14년 6월 병술. 이 규정은 『경국대전』에는 3인으로 바뀐다.

14) 『세종실록』 권24, 세종 6년 5월 정축.
    『세종실록』 권115, 세종 29년 2월 계사조에 의하면 처음에는 3과에 걸쳐서 선발했으나, 7과의 선발로 바뀐다.

15) 『문종실록』 권4, 문종 즉위년 10월 경진.

16) 『세종실록』 권115, 세종 29년 2월 계사.

17) 『세종실록』 권80, 세종 20년 2월 을미.

18) 『세종실록』 권115, 세종 29년 2월 계사.

六曹 당상에 한하고 은밀히 천거하자는 안으로, 이것은 대신들의 입장에서 제시된 것이었다. 自薦은 문종 즉위년에 제안된 것으로 관료들 스스로가 자기의 자리에 올 후임을 천거하게 하는 방법이었다.[19] 이는 예문관의 참하관 등이 이미 실시하고 있던 것을[20] 전관원에게 확대 실시하여 보거의 한계점을 극복해 보려는 것으로, 하급관료들의 입장을 반영하였다. 결국 밀천과 자천은 보거제를 보완하는 목적은 같은 것이었지만 그 입장은 전혀 다른 것이었다. 이 두가지의 제안은 모두 채택되지 않았다.

그러나 결국 대신들의 견해인 密薦의 방식이 채택되어 東西班 3품 이상을 擧主로 하는 안이 『경국대전』 천거조에 수록되었다. 이는 당시 훈구들에 의해 재상권이 강화되는 상황하에서 자연스럽게 귀결된 것이었지만, 이러한 방법에 의한 보거제의 개선은 오히려 보거제를 약화시키는 결과를 가져오게 되었다. 즉 거주의 자격이 대폭 축소되면서 피천자도 대폭 축소될 수밖에 없었으므로, 결국 관료 승진에 보거의 필수적 요구를 철회하는 방향으로 나아가는 결과를 가져오게 되었다.

천거제의 한 변형이었던 보거제가 대신의 입장에서 일단 정리되어 위축

이 안은 집현전 직제학 이계전에 의해서 제시되었다. 그는 이 방법의 제의와 함께 '前銜新進落点之法'의 폐지를 주장하였다. 이 법이 어떻게 운영되었는지 구체적인 실상을 알 수 없지만, "雖無自薦之名, 而進退之權實在於下."라고 지적하는 것을 볼 때에 自薦制的인 요소를 가진 것으로 이해된다. 이 제의를 보아도 그의 입장은 낭관적 입장과 반대되는 대신적 입장에 선 것으로 이해된다. 이 문제와 별도로 당시에 이미 자천제적인 법이 있었다는 것은 주목되는 현상이다.

19) 『문종실록』 권4, 문종 즉위년 10월 기묘. 이는 직제학 박팽년에 의해서 제기되었다. 박팽년은 중국의 蘇軾의 예를 들면서 이 문제를 제기하였는데, 이 제의를 의정부에서 "令自代, 卽是造化之權, 在於下矣."라는 관점에서 받아들여지지 않았다. 이 제의가 집현전에서 제기되고 있다는 점은 흥미로운 현상이다. 이러한 입장의 차이는 집현전의 성격변화에서 오는 것인지, 이계전, 박팽년 등 개인적인 태도의 차이에서 오는 것인지는 더욱 검토가 요구된다. 즉 세조 즉위이후 이계전이 정난 좌익공신에 책봉된데, 비하여 박팽년은 사육신으로 죽었다는 점은 흥미로운 대조를 보여준다.

20) 최이돈 「성종대 홍문관의 言官化 과정」 『진단학보』 61, 1986.

되어지면서, 천거의 본의를 살려보려는 제의가 다른 입장에서 제기됐다. 그것은 사림파라는 새로운 관료군의 진출을 배경으로 천거제에 대한 인식을 새로이 하면서 제기된 遺逸薦擧였다. 조선초기의 보거제는 遺逸을 포괄하는 入仕路的인 성격을 표방하고 있었다. 태종이 遺逸薦擧를 하라고 명한 것이나,21) 정도전의 『朝鮮経國典』에 유일천거를 규정한 것22) 등이 이를 보여주었다. 그러나 실제에 있어서는 제기능을 하지 못했다. 이것은 조선초기의 정치상황과 밀접히 연관되는 현상이었다. 조선의 개국으로 士類들은 참여와 절의로 그 입장의 차이를 나타내었으며, 절의를 표방한 이들은 산림에 은거하였다. 이러한 상황에서 산림의 사류들을 대상으로 하는 유일의 천거는 표방에 그칠 수밖에 없었으며, 따라서 천거는 보거로 변형될 수밖에 없었다.

그러나 왕조의 안정과 함께 지방의 사림도 점차 정치에 참여하게 되었고, 상당한 시간이 경과한 성종대에는 적극적인 진출이 모색되었다. 이들은 홍문관의 언관화를 통해서 정치에 참여할 발판을 마련하면서 적극적인 진출을 위한 노력을 하였다. 이러한 상황에서 천거제에 대해 새롭게 인식하게 되었다. 즉 사림은 향촌의 자치를 통한 백성의 교화를 내세워 유향소복립 등을 도모하는 한편 지방자치와 밀접한 맥락을 갖으면서, 또한 인선구조의 개선방안인 천거제에 대한 관심을 표시하게 되었던 것이다.

천거제와 유향소 복립에 동시적으로 사림이 관심을 표명한 것은 이들이 개혁의 본으로 삼은 『周礼』에 기인한 것이었다. 『周礼』에 보이는 향촌의 鄕大夫, 党正 등은 지방행정의 자치와 향민의 교화만을 주도한 것이 아니었다. 이들은 賢能者를 賓客으로 중앙에 천거하는 역할도 수행하였다. 이들은 빈객을 천거하여 중앙관료의 모집단으로 기능하여 중앙의 일방적인 통제 하에 놓이지만은 않고, 중앙의 인선에 간접적이나마 관여할 수 있었

---

21) 『태종실록』 권17, 태종 9년 6월 무진.
22) 『조선경국전』 천거.

고, 중앙에 진출시킨 관료를 통해서 지방의 자치를 보호받을 수 있었다. 그러므로 빈객의 천거는 향촌의 자치를 실현하기 위한 정치적 기반으로 작용하였다. 이러한 『周礼』의 내용을 잘 알고 있던 사림은 빈객의 천거를 조선에서도 실시할 수 있다고 보고 유향소 복립과 동시에 유일천거를 추진하였다. 사림은 천거제의 시행이 지방자치를 위해서 뿐 아니라, 사림의 중앙진출의 활성화를 위해서, 그들이 신봉하는 성리학적 사회와 정치의 구현을 위해서 절실히 요구된다고 보았기 때문이었다.

사림의 유일천거는 朱溪副正 李深源에 의해서 최초로 제기되었다. 그는 金宏弼, 鄭汝昌 등과 師友관계에 있었으며[23] 성조에게 세조대의 勳臣들을 사용치 말라고 극언한 사림계의 인물이었는데,[24] 성종 9년(1478) 4월 글을 올려 遺逸薦擧를 제시하면서 다음과 같이 당시 인선의 문제점을 지적하고 있다.

> 지금 得人의 문이 적다고 할 수는 없습니다. 科擧, 保擧, 吏任取才, 蔭取才 등이 있습니다. 그러나 과거는 多文하지만 實함이 없으며, 보거는 친척이 아니면 賄賂하는 무리들이며, 吏任取才, 蔭取才는 지극한 뜻을 태만히 하여 헛되이 文具가 되니 이 방법들로써 得人하려 한다면 가이 虛疎한 것입니다.[25]

이심원은 '得人'의 방법을 과거, 보거, 취재로 파악하고 그 각각의 문제점을 지적하면서 이런 방법에 의존하여서는 인재를 얻을 수 없다고 하였다. 그는 새로운 인재로서 鄭汝昌, 丁克仁, 姜応貞 등을 천거하면서 새로운 得人의 방법은 유일천거임을 제시하였다. 이것은 사림이 정계 진출을 도모하는 이즈음에 제기되었다는 점, 피천인들이 사림이었다는 점 등으로

---

23) 『일두집』 사우문인록.
24) 『성종실록』 권91, 성종 9년 4월 기해.
25) 상동.

특히 주목된다. 그러나 이심원의 제의는 받아들여지지 않아 문제를 제기
하는 데에 그치고 말았다.

유일천거를 사림의 정계 진출이 많아지면서 성종 13년에 曺偉가 다시
제기하였다. 그는 우리나라의 用人이 科擧나 保擧로 하지만 어찌 이로써
인재를 다 얻을 수 있겠는가라고 전제하면서 전에 安良生, 李復善, 金孟性
등을 擧用한 예를 따라서 逸民을 搜訪할 것을 제의하였다. 또한 그는 유일
천거를 시행하면 보거의 문제점인 '士人求進之風'도 고쳐질 것이라고 말하
였다.26) 이 제의에 대하여 당시 경연에 같이 참가하였던 大司諫 蔡壽도
'用保擧 不可得人'이라고 曺偉의 제의에 동의를 표하였다.27) 여기서 주목
되는 것은 보거에 대비되는 것으로 유일천거가 제시되고 있다는 점이다.
보거의 문제점이 일단 거주 자격을 3품 이상으로 규정하는 大臣의 입장에
서 정리된 이후에도28) 계속 보거가 문제를 야기하자, 이에 대한 반발로 사
림에서 유일천거를 제시하였다.

특히 유일천거와 함께 曺偉에 의해서 留鄕所 복립도 같이 제기되고 있
는 점이 주목된다.29) 유향소 복립의 건의는 성종 13년 정월에 獻納 金台
에 의해서 제기되었지만 실시되지 못하자,30) 성종 13년 12월에 사림 조위
에 의해서 다시 제기되었다. 유향소 복립과 천거제의 실시가 비슷한 시기

---

26) 『성종실록』 권142, 성종 13년 6월 경신.
　　侍讀官曺偉啓曰, (중략) 我國用人, 或以科擧, 或以保擧, 然豈能盡得人才,
　　(중략) 我國雖土地偏少, 然豈無遺才, (중략) 以矯士人求進之風, 宜令搜訪逸
　　民以用之.
27) 상동.
　　用保擧決不可得人, 搜訪逸民以用可也.
28) 현존하는 『경국대전』은 을미(성종 16년)대전이나, 이 규정은 훈구계가 강력하였
　　던 갑자(성종 4년)대전까지는 결정되었으리라고 여겨진다.
29) 『성종실록』 권149, 성종 13년 12월 경진.
　　曺偉又啓曰, 鄕大夫以鄕三物糾万民, 此古制也, 請復留鄕所, 糾察不正之人,
　　使不得立於鄕曲.
30) 『성종실록』 권137, 성종 13년 1월 경인

에 동일인에 의해서 제안되었다는 것은 주목된다. 지방자치와 천거의 문
제가 『周禮』이래로 불가분의 관계로 인식되어 왔다는 점을 상기하면 그
것은 당시 사림운동의 양 측면을 보여주는 것이라고 하지 않을 수 없다.
조위의 천거제 실시 제의는 성종에 의해서 그 필요성이 인식되어 대신들
의 收議에 붙여졌으나 대신들의 반대로 일단 부결되고 만 듯하다.[31]

　성종 17년에 大司諫 金首孫 등에 의해서 이 문제가 다시 거론되는데,
김수손 등은 오늘날의 보거의 법이 唐虞의 '推賢讓能'과 같겠는가라고 의
문을 표시하면서 오늘날의 보거자는 故旧人이나 同里閑人, 婚姻之家 등이
어서 薦賢의 義를 잃고 있다고 지적하였다.[32] 김수손 등은 단순히 보거 비
리의 지적에 그치지 않고 보거의 거주인 3품 이상인 자는 수효가 많은데
모두가 현명할 수는 없다고 비판하기도 하였다. 이와 같이 거주의 자격문
제까지 들고 나오는 것은 조위의 제의가 대신들에 의해서 거부된 상황에
서 그 논조가 강해진 것으로 이해된다. 또한 이들은 보거의 비리를 해결하
기 위해서 거주의 연좌 규정의 준수를 강조하기도 하였다.

　김수손 등은 같은 상소에서 이 제의와 함께 유향소 복립을 제안하였
다.[33] 이것은 앞에서 살핀 것처럼 이 두 제안이 상호 표리관계에 있음을 다
시 확인시켜주는 것이다. 그러나 유향소 복립이 성종 19년(1488)에 실시된
것과는 대조적으로 천거제는 성종대에는 시행되지 못하였다. 이는 천거제
가 유향소문제와 달리 지방자치에 그치는 것이 아니라 새로운 入士路의 형
성이라는 중앙정치의 주도권에 영향을 줄 수 있는 비중이 큰 문제였기 때
문이었다.

---

31) 며칠 뒤 을축조에도 건의되고 있지만 그 응답은 찾을 수 없다.
32) 『성종실록』권196, 성종 17년 10월 병신.
　　今日, 保擧之法, 其能与唐虞之推賢讓能乎, 臣等伏覩今之保擧者, 非故旧之
　　人也, 卽必同里閑人也, 非同里閑人也, 卽亦必婚姻之家也, (중략) 今之爲三
　　品以上者, 其麗多矣, 其皆賢哉, (중략) 國家之設留鄕所, 所以糾正鄕里之風
　　俗也.
33) 상동조.

그러나 이러한 사림의 요구가 나오면서 과도기적인 현상들이 나타난다. 그것은 먼저 성종 21년 경연 중 대사헌 이계동의 건의에 의해서 '山林沈滯之士'의 천거로 나타났다. 그는 경연 중 공경에게 賢能하나 沈滯된 자로 가용한 자를 천거하게 하자고 건의하였다.[34] 성종은 이것을 적극 수용하여 영돈녕 이상과 정부 육조 한성부에게 묻게 하였다. 다음날 대신들이 모여 黃玎만을 천거하자 성종은 "山林沈滯之士를 대신들이 어찌 다 알겠는가?"라고 지적하면서, 이병조에 作散人 명단을 만들게 하여 대신들이 이것을 보면서 논의하게 하였다. 이로서 정성근 등 9명이 천거되었다.[35] 이 천거는 명목은 山林沈滯之士의 천거였지만 결국 作散人의 천거에 그쳐서 분명한 한계가 있었다. 그러나 이러한 조치가 주목되는 것은 명목에 그쳤지만 산림의 천거가 추진되었고, 이것에 성종이 적극적인 관심을 표현했다는 점이었다.

이러한 관심의 결과는 성종 25년에 李克均이 유일을 천거한 것으로 나타났다. 경상도 관찰사인 이극균은 隱逸之士라는 명목으로 천거를 하면서 生員 鄭鐵堅, 生員 金宏弼 등 유일과 前郡守 郭順宗, 參軍 朴始明 등 전직 관료를 천거하였다.[36] 이것은 아직 유일 천거제가 확립되지 않은 상황에서 취해진 것으로 성종의 적극적인 관심을 이용한 것이었고, 유일천거를 추진하는데 좋은 선례로 작용하였다.

천거제는 연산군대에도 다시 제기되었다. 연산군 원년에 司諫 李宜茂 등은 이극균에 의해서 천거된 김굉필이 참봉의 직에 머물고 있을 뿐, 鄭鐵堅은 아직 草野에 있음을 지적하면서 遺逸을 천거할 것을 주장하였다.[37] 연산군 6년에도 掌令 朴說은 경연 중 다음과 같이 유일의 천거의 필요성

---

34) 『성종실록』 권246, 성종 21년 10월 임술.
35) 『성종실록』 권246, 성종 21년 10월 계해.
36) 『성종실록』 권290, 성종 25년 5월 정미. 전직 관료로 박시명(參軍), 곽순종(郡守) 등이 천거되었다. 이 경우는 유일천거가 아니었다.
37) 『연산군일기』 권10, 연산군 원년 11월 정유.

을 제기하였다.

> 산림의 유일지사를 당연히 搜訪해야 합니다. 무릇 門閥子弟는 과거
> 가 아니어도 朝班에 오를 수 있지만 遠方의 寒士들은 과거가 아니면
> 천거될 수 있는 기회가 없습니다. 과거를 통한 자가 모두 賢才가 아니
> 듯이 과거를 통하지 않아도 모두 棄才는 아닙니다. 각 도의 감사들에
> 게 지방 인재를 搜訪하게 하고 啓에 따라서 서용하소서.[38]

여기서 朴說은 산림의 유일들은 과거가 아니면 관직을 할 수 없는 현실
을 지적하면서 유일의 천거를 강조하였다. 이 제의는 연산군에 의해서 수
용되지 않아 성과를 거두지 못하고 말았지만, 천거제의 실시가 계속적으
로 추진되고 있음을 보여준다. 이는 특히 이 제의가 되어진 시점이 무오사
화를 당한 직후인데, 이 시기에도 사림의 정계진출을 위한 모색인 천거제
가 계속 추진되었음을 보여주어 주목된다.

유일천거의 실시 노력은 별 성과가 없었으나, 유일천거의 이면에서 제
기되었던 보거에 대한 규제 조치는 상당한 진전을 거두었다. 이미 살핀 것
처럼 성종 17년 김수손 등에 의해서 '謬擧抵罪之罪'가 강조되었고,[39] 그
위에서 연산군 원년(1495)에는 사림계인 金馹孫에 의해서 한층 더 강력한
견해가 제시되었다. 그는 피보거인이 범죄한 후에 거주를 처벌할 것이 아
니라 보거된 사람을 臺諫이 심사하여 문제점을 미리 막자고 제의하였
다.[40] 이 제의는 弘文館의 言官化 이후 강력해진 言官權을 통해서[41] 이
문제를 근원적으로 해소해 보려는 제안이었다.

---

38) 『연산군일기』 권38, 연산군 6년 6월 무술.
39) 『성종실록』 권196, 성종 17년 10월 병진.
40) 『연산군일기』 권5, 연산군 원년 5월 경술.
　　臣願, 每歲議政府, 六曹, 臺諫, 侍從, 用十科而擧士, 入薦者不滿時望, 台諫
　　得以駁, 正則公道行.
41) 최이돈 「성종대 홍문관의 言官化 과정」 『진단학보』 61, 1986.

이 제의가 받아 들여졌는지는 확인되지 않지만 연산군 초기부터 보거는 일단 침체된다. 연산군 원년 金馹孫은 상소 중에 '薦擧之法頗廢'라고 그러한 현상을 지적하였다.[42] 연산군 3년 경연 중 송일도 "우리나라에는 천거의 법이 있으나 천거하는 대신이 없다."[43]라고 지적하고 있어 이러한 현상이 구체적으로 확인된다. 여기의 천거는 『경국대전』의 薦擧條를 말하는 것으로 실제적으로는 보거를 의미하는 것이다.[44] 이러한 지적들에 의하면 보거제도는 연산군대에는 거의 폐지되었다.

보거제가 침체된 것은 사림이 등장하면서 나타나는 현상이었다. 사림이 등장하여 훈구를 견제하게 되면서, 이미 성종 17년 경연중 薦人의 문제가 거론되자, 영사 洪応은 "宰相이 郡小의 무리를 薦引하여 당을 만들어 서로 도우면 불가불 죄를 주어야 한다."고[45] 훈구들이 보거를 경계하는 발언을 하였다. 이후 사림세력이 더욱 커지고 특히 언론삼사를 중심으로 그 기능이 강화되면서, 보거제를 비판하고 천거제를 추진하자 훈구들은 더욱 조심하게 되었다.

이점을 연산군 3년 경연 중 特進官 朴崇質이 근자에는 대신이 천거하고 싶은 바가 있어도 논박이 따르므로 천거를 할 수 없다고 분명하게 밝히고 있다. 당시 경연에 참여하였던 領事 鄭文炯도 박숭질의 의견에 동의하면서 "지금 천거하지 않는 것은 사람들의 말을 두려워하기 때문입니다."[46]라고 같은 의견을 제시하고 있다. 이러한 현상은 보거제가 사실상 유명무실

---

42) 『연산군일기』 권5, 연산군 원년 5월 경술.
43) 『연산군일기』 권25, 연산군 3년 7월 병진.
44) 『연산군일기』 권5, 연산군 원년 5월 경술.
    김일손의 경우 천거가 폐지되었음을 지적하면서 "『大典』에 동서반관원은 해마다 수령이나 만호를 감당할만한 자를 천거해야 하고, 정부는 육조 대간과 동의하여 관찰사나 절도사를 감당할만한 자를 천거하도록 하였으나 유명무실하다."고 비판하고 있어 그가 지적하는 천거가 보거임을 분명히 하고 있다.
45) 『성종실록』 권187, 성종 17년 정월 무오.
46) 『연산군일기』 권5, 연산군 원년 5월 경술.

하게 되어졌음을 잘 보여준다.47)

중종대에 이르러 천거제 논의는 새로운 국면에 접어들게 된다. 중종 원년(1507)에 중종은 外方의 賢良方正之士를 서용하라는 명을 내렸다.48) 다분히 형식적인 것으로 보이지만 유일천거가 제기되어온 상황에서 볼 때 전에 없는 처사였다. 이러한 분위기에서 중종 2년에 領事 柳順汀이 경연 중 유일천거를 다음과 같이 제기하였다.

> 我國의 用人은 文武兩科와 門蔭子弟에 불과합니다. 그 나머지 초야의 선비는 비록 賢才여도 이 세 가지 방법으로 말미암지 않으면 사용되지 못합니다. (중략) 지금 각도의 監司에게 명하여 초야의 遺逸之士와 閑散朝官을 搜訪하여 알리게 하소서.49)

반정의 핵심인물인 유순정에 의해서 유일천거가 거론된 것은 중요한 변화였다. 이러한 유순정의 지적이 있자 경연에 같이 참가한 侍讀官 金安國은 중종 원년에 搜訪의 명이 있었으나 지금까지 2,3道에서만 來報해 왔다고 지적하면서 漢 武帝의 예를 따라 遺逸을 천거하지 않는 監司들은 치죄할 것을 건의하였다.50)

이 제의는 중종의 허락을 얻어 三公의 의결에 붙여졌고, 삼공은 수령이 수방하지 않으면 관찰사가 치죄하고 관찰사가 즉시 보고하지 않으면 관찰사를 推問할 것을 결의하였다.51) 이것은 천거제 운동에 있어 획기적인 변

---

47) 물론 보거가 완전히 없어진 것은 아니었다. 북방의 야인을 토벌하기 위한 西征이 논의되면서, 영의정 신승선이 주도하여 무사를 천거하기도 하였고(『연산군일기』권17, 연산군 2년 8월 갑오), 연산군 6년에도 영사 이극균이 유순정을 장수의 재목으로 천거한 것과 같은 사례가 있었다(『연산군일기』권37, 연산군 6년 5월 임신).
48) 『중종실록』권1, 중종 원년 10월 신해.
伝曰, 成均館, 四學, 及外方可擧賢良方正之士, 敍用.
49) 『중종실록』권4, 중종 2년 10월 무술.
50) 상동조.
51) 상동.

화였다. 이 논의를 사림 김안국이 도왔다고 하지만 대신측에서 먼저 제의
하였고 삼공 역시 여기에 동의한 것은 새로운 변화였다. 이러한 변화는 중
종반정 이후 사림세력이 자신감을 가지고 그 세력을 넓히고 있었고, 연산
군대의 비리의 쇄신을 표방하면서 공신들도 사림의 의견을 어느 정도 수
용하지 않을 수 없었다. 또한 공신들 내에도 사림과 연관을 갖는 인물들이
있어서 가능한 것이었다. 이 문제를 제시한 유순정도 반정의 핵심인물이
었지만 김종직의 문인으로 가계 역시 鉅族이 아닌 지방출신이었다.[52] 유
순종의 출신 배경을 고려한다면 이 문제를 그가 제기한 것은 우연이 아니
었다고 생각된다.

  반정공신의 승인 하에 사림이 추구한 유일천거제가 실시되자, 경상도
관찰사에 의해서 생원 강관, 진사 김만균, 유학 노필 등이 유일로 천거되
었다.[53] 중종 3년 12월에는 薦擧單子를 吏曹에 내려 적절한 부서에 자리
가 나는 대로 서용하라는 명이 내려졌다.[54] 이와 같은 조처로 유일천거제
는 합법적인 인선방법으로 규정되어졌으며 이후 계속적으로 시행 강화되
어 갔다.

2) 學生薦擧制

  遺逸의 천거와 함께 제기된 것이 學生의 천거였다. 중종 2년(1507) 10월
경연중 집의 김근사는 다음과 같이 學生薦擧를 제의했다.

  선왕조에서는 성균관에 거하는 유생 중에서 経明行修한 자를 들어

---

52) 『점필제집』 문인록.
53) 『중종실록』 권6, 중종 3년 5월 신해.
   유일천거와 한산조관의 천거가 동시에 진행되어 현령 이창도 같이 천거되었다.
54) 『중종실록』 권7, 중종 3년 12월 무진.
   伝于吏兵曹曰, 薦擧單字曾已啓下, 人器相当處, 隨闕擬望.

사용하였으니 지금도 시행함이 가할 듯합니다.55)

이는 이전에 시행되었던 성균관의 학생천거를 다시 실시하자는 제안이었다. 성균관의 학생천거는 勸學의 방편으로 세종대에 集賢殿에서 제기한 것이었다. 세종 11년 여러해 성균관에 居하여 나이 많으나 과거에 급제하지 못한 자를 예조에서 "月講의 分數와 圓点의 다소를 살펴 京職에 제수한다."는 방침이 정해졌고,56) 이는 『경국대전』에 다음과 같이 명문화되었다.

> 여러 해 居館하여 학문이 정숙하고 操行이 卓異하며 나이가 50세인 자, 성균관의 日講, 旬講, 旬課와 예조의 月講의 分數가 뛰어난 자, 여러 해 문과에 응시하여 성균관 한성시에 7번 합격하고 나이가 50세인 자는 啓聞하여 서용한다.57)

이 『경국대전』의 규정은 세종대의 규정들이 보다 구체화되어 명시된 것이다. 천거의 대상은 학문이 정숙하고 조행이 뛰어난 50세 이상의 유생, 日講, 旬課, 月講의 성적이 뛰어난 유생, 文科初試에 7번 합격된 50세 이상인 유생 등 세 부류였다. 이 규정은 操行, 학문과 나이를 중심으로 한 것에 특색이 있다. 그러나 이 규정은 50세라는 나이규정 때문에 실제로는 시행되지 못하였다.58) 50세까지 성균관에 머문 유생은 없기 때문이었다.

성종 8년(1477) 11월에 禮曹에서는 이러한 상황의 문제점을 다음과 같이 지적하면서 이에 대한 대안을 제시하였다.

> 법이 아름답지 않은 것은 아니지만 지금 居館하는 유생으로 50세가

---

55) 『중종실록』 권4, 중종 2년 10월 무술.
56) 『세종실록』 권43, 세종 11년 정월 경술.
57) 『경국대전』 예전 권장.
58) 규정에는 50세라는 나이규정은 없지만 실제는 나이규정이 적용되었다(『성종실록』 권111, 성종 10년 11월 갑신).

되는 이는 없습니다. 이러한 까닭에 이 법이 생긴 이후 한 사람도 뽑힌
적이 없습니다. 40세에 始仕함이 옛 제도이니 금후에는 40세 이상인
자도 천거를 허락하여 권장함을 보이소서.[59]

위의 내용은 예조에서 올린 '儒生向學節目'의 일부이다. 예조에서는 학
생천거가 50세라는 나이 규정 때문에 유명무실하다고 지적하면서, 이에
대한 대안으로 나이 제한을 40세로 내릴 것을 제안하였다. 이는 대신들의
심의를 거쳐서 시행하기로 하였으나 실제적인 효과는 없었다. 40세까지
성균관에 거하는 유생도 없었기 때문이었다.

이 문제가 성종 10년에 다시 거론됐다. 경연 중에서 知事 徐居正이 무
릇 성균관에 거하는 자로 나이가 50이 되고 經學에 통달하며 예조의 月講
에 열번 일등하면 서용한다는 법이 大典에 있지만 "한사람도 서용된 사례
가 없다."라고 지적하면서 40,50세가 되도록 거관하는 유생이 없으니 연한
의 제한을 철폐하는 것이 어떠한가라고 제안했다. 이는 성종 8년에 예조에
서 제시했던 40세로 낮추는 방안보다 한층 적극적인 제안이었으나 채택되
지 않았다.[60]

당시 성균관의 상황은 40,50세 이상의 거관자가 없었을 뿐 아니라 성균
관에 거하는 유생의 전체 인원이 극히 적은 상태였다. 성균관에 거하는 유
생이 허소한 문제는 세종대이래 중요한 논란거리였다. '居館者少', '成均館
空虛' 등으로 표현되는 이 문제는 상당히 심각하였는데, 그 원인은 충순위
등에 학생들이 투속하였기 때문이었다.[61]

조선은 고려말기 관원의 귀족적 성향이 갖는 모순을 깊이 인식하고 이
를 불식하려고 노력하였지만 공신들을 새로이 창출하는 과정에서 門蔭의
특전을 부여하지 않을 수 없었다. 이런 사정으로 태종 4년(1404)에 '勳親之

---

59) 『성종실록』 권86, 성종 8년 11월 신사.
60) 『성종실록』 권111, 성종 10년 11월 갑신.
61) 이성무 「鮮初의 成均館연구」 『역사학보』 35,36, 1972, 228-229쪽.

嗣加冠從仕法'이 제정되었고[62] 이에 따라 문음자제는 18세 이상이 되면 芸文館에서 실시하는 간단한 取才를 통해 입사할 수 있었다. 이 규정은 『経濟六典』에 門蔭子弟 薦擧法으로 성문화되었고[63] 이것이 일부 수정되어서 『경국대전』에 수록되었다.[64] 이렇게 갖추어진 조선의 문음제는 고려보다는 그 비중이 약해진 것이었다. 고려에서는 문음이 5품 이상 관료들의 자손들에 적용된 반면에 조선에서는 2품 이상 관원의 자손을 대상으로 하였다. 이는 문음제를 인정하면서도 그 대상을 축소한 결과였다.

그러나 왕조가 안정되어 가면서 문음으로 대표되는 귀족적 성향이 더욱 강화되는 측면도 나타났다. 그 한 예가 세종대부터 보이는 특수병의 설치였다. 세종 즉위년(1418)의 忠義衛, 세종 5년의 忠順衛의 설치가 그것이다. 이는 처음에는 공신자제들에 대한 우대 조치에 불과했지만 점차 그 입속 자격이 넓어져 문음자제들도 들어갈 수 있게 되었고, 문음자제들은 입속 후 일정기간이 지나면 守令이나 京官으로 진출할 수 있었다. 세종 32년에는 충순위의 입속자들에게 授職時에 부여하던 考講마저 폐지하였고, 성종 2년(1471)에는 특수병 입속자들에게 특수병와 더불어 성균관의 籍을 이중 소지할 수 있는 조처가 취해지는 등[65] 우대가 강화되어졌다.

특히 이중적의 허용은 중요한 의미를 갖는 것으로, 이로 인해 특수병 입속자들은 특수병 출번의 여가에 성균관에 나아가 원점을 얻어 과거에 응시할 수 있었고, 과거급제 시에는 특수병에서 얻은 雜加로[66] 인해서 상위 직에 오를 수 있었다. 이와 같은 귀족적 성향의 강화 추세는 세조말 성종 초의 훈신들의 權貴化와 표리관계를 이루는 현상이었다. 이 시기의 鉅族 출신 대신들의 입사로를 분석할 때에 문음출신이 차지하는 비중이 적지

---

62) 『태종실록』 권26, 태종 13년 7월 기축.
63) 이성무 『조선 초기 양반연구』 1980, 44쪽.
64) 『경국대전』 이전.
65) 이성무 앞의 연구 240쪽.
66) 加資를 의미한다. 유생이 충순위 등에 나가서 가자를 얻는 것을 천하게 여겨 雜加로 부른 것으로 보인다.

않은 까닭도 이러한 배경에서 가능한 것이었다.[67]

이러한 귀족적인 인사정책에 대한 문제점은 문음제나 특수병 제도를 부정할 수 없는 상황에서는 정면으로 제기될 수가 없었다. 따라서 학문의 공, 學行 등의 명분으로 내세운 成均館, 五部學堂 등의 空虛의 문제로 그 일단이 표출되었다. 이 문제는 특수병이 설치된 세종대부터 제기되었고 여러가지 대안들이 제시되었다. 문음자제의 從仕나 특수병 입속에 나이 제한를 두어 조절하는 방법과 別試의 시행이나 문과정원을 조절하는 과거제에 의한 방법이 제의되었으나 대부분 채택되지 않았다.[68] 이 시기에는 오히려 특수병제가 강화되어 가는 추세에 있었으므로 이 문제가 본격적으로 제기될 수 없었고 그 대책 역시 미봉적인 것에 지나지 않았다.

이 문제는 사림계열의 인물들이 중앙에 빈번히 진출하는 성종대에 들어서 본격적으로 논의되었다. 성종 16년 8월 경연 중 다음과 같은 김종직의 지적이 그 예다.

> 생원 진사들이 忠順衛에 투속함이 많은데 나이가 어리고 장래성이 있는 자도 그러합니다. (이로 인해 성균관에) 居館하는 자가 적으니 國學이 이와 같아서야 되겠습니까?[69]

김종직은 성균관 거관자가 적은 원인을 특수병의 투속에서 찾았다. 그는 이러한 지적에서 한걸음 더 나아가 入番하지 않으면서도 加資를 冒受하는 자가 많으니 이것은 필시 "兵曹에서 군적을 검핵하지 않은 연고입니다."라고 특수병의 폐단까지 문제로 삼았다. 이것은 성균관의 활성화를 거론하면서 성균관 문제를 빌미삼아 특수병의 근본적인 문제점까지 지적한 것이었다. 이러한 김종직의 지적에 대해서 대신들의 태도는 미온적인 것

---

67) 이태진 「15세기 후반기의 거족과 명족의식」『한국사론』 3, 1976, 318쪽.
68) 이성무 앞의 논문 239-241쪽.
69) 『성종실록』 권182, 성종 16년 8월 경자.

이었다. 김종직이 이 문제를 제기한 그 경연에 領事로 참석한 李克培는 생원 진사로 뜻있는 자는 忠順衛에 투속하지 않을 것이다. 그러나 "투속하기를 원하는 자는 금할 수 없습니다."라고[70] 입장을 밝혔다. 그의 이러한 입장은 그 개인의 것만은 아니었고 대신들 전체의 입장이었다. 또한 김종직의 경우에도 성균관 空虛를 빌미삼아 가장 근본적인 문제로 특수병의 문제를 제기하였지만 아직 특수병 자체를 부인하지는 못하였다는 점에서 한계가 있었으므로 이 문제는 진전을 볼 수 없었다.

성종은 好學的인 경향을 보였고 이에 따라서 성균관의 유생들은 자주 왕앞에 불려가 講書하는 기회가 주어졌다. 성균관은 공허하였으므로 유생들의 講書 능력은 저조한 것으로 나타날 수밖에 없었다. 그러므로 이러한 상황의 원인으로 성균관의 空虛가 자주 문제점으로 지적되었다. 이러한 계속적인 지적에 따라 여러가지 대책이 모색되었지만 특수병 투속을 인정하는 바탕위에서 모색되는 것들이어서 피상적인 논의밖에 되지 못하였다.

논의에 오른 대안들을 살펴보면 크게 성균관의 제도개선을 통한 방법과 과거제의 운영개선을 통한 방법으로 나누어 볼 수 있다. 먼저 성균관의 제도개선을 통한 방법을 살펴보자. 그 첫 번째 방법은 유생들의 日講을 폐지하자는 것이었다.[71] 유생들이 매일하는 강서를 기피하여 거관하지 않는 것으로 파악하고 그에 대한 대응으로 日講을 폐지하자는 것이었다. 그러나 이 방법을 실시한 결과 강서 능력만 떨어졌을 뿐 거관 유생은 늘지 않아 실패로 돌아갔다.

두 번째 방법은 성균관에 출석하지 않는 유생을 처벌하는 것이었다.[72] 성조 18년(1487) 李克增이 同知成均館事로 있으면서 실시한 것으로 유생을 직접 처벌할 수 없기 때문에 家童을 유생이 출석할 때까지 잡아 가두는 간접적 처벌 방법을 취하였다. 이 방법은 나름대로 성과를 거두었으나 몇

---

70) 상동.
71) 『성종실록』 권198, 성종 17년 12월 임신.
72) 『성종실록』 권209, 성종 18년 11월 기미조 史論.

몇 대신들의 반대로 계속 실시하지 못하고 폐지되고 말았다.[73]

세 번째 방법은 學生薦擧의 방법이었다. 『경국대전』의 학생천거조의 규정을 실시하자는 것으로 규정이 엄해서 그대로는 효과가 없을 것으로 보고 월강 10번 居首의 규정을 바꾸어 日講 月講의 略通 이상을 서용하자고 제시했다.[74] 이미 성종 10년에 나이 제한의 폐지가 제기되었지만 나이 제한 외에도 조건이 까다로워 학생천거를 활성화하기 위해서는 그 규정을 완화할 필요가 있었던 것이다. 그러나 이 제의도 洪應, 尹弼商 등 대신들의 반대로 실시되지 못하고 말았다.

다음으로 과거제의 운영 개선을 통한 방법을 알아보자. 이것은 初試講経의 방법과 圓点의 방법으로 나누어 살필 수 있다. 초시 강경은 성종 18년 8월 경연석상에서 知事 李克增에 의해서 제기된 방법이었다.[75] 당시 성균관에 거하는 진사가 30여 명에 불과한 상황에서 이극증은 유생이 거관하지 않는 이유를 문과초시에서 강경하지 않기 때문이라고 보았다. 그는 初試를 製述로 선발하고 다음 봄의 會試에 가서야 講経을 하므로 총민한 이들은 이 기간에 강경을 준비해도 되므로 성균관에 나오지 않는다고 보았다. 그러므로 그는 당시 유생이 성균관에 거관하지 않는 사태의 연원을 세종대 申叔舟에 의해서 初試製述이 제안되면서부터라고 보았다.[76] 조선 초기부터 문과초장의 製講是非는 분분했지만 『경국대전』에 初試製述이 규정된 후로는 처음으로 儒生居館의 관점에서 이 문제가 제기된 것이었다.[77] 이 제의는 『경국대전』에 없는 규정이라고 받아들여지지 않았다.[78]

---

73) 『성종실록』 권210, 성종 18년 12월 신미. 영의정 윤필상 등이 반대하였다.
74) 『성종실록』 권251, 성종 22년 3월 신오. 이 제의도 홍응, 윤필상 등의 반대로 실시되지 못하였다.
75) 『성종실록』 권206, 성종 18년 8월 갑술.
76) 『성종실록』 권210, 성종 18년 12월 신미.
77) 박천규「문과초장 講製是非攷」『동양학』 6, 1976.
78) 『성종실록』 권206, 성종 18년 8월 갑술.
　　上曰, 初試講経, 則不載大典, 未可爲也.

그러나 별다른 대책이 없는 상황에서 다시 논의되었다. 대신들은 계속 반대하였지만 성종은 "恒式으로 하고자 하는 것은 아니고 다만 유생들이 학문에 나태하니 시험으로 권장하려할 따름이다."라고 非恒式이라는 절충안을 제시하면서 실시를 명하였다.79)

이에 홍문관에서는 시행과정에서 야기될 수 있는 문제점을 제기하였다. 성종 19년(1488) 4월 경연 중 試講官 李昌臣은 講経時 試官과 응시자가 마주대하게 되면 京華子弟가 합격되고 외방의 寒士는 떨어질 것이니 서로 얼굴을 대하지 못하게 하자고 제의하였다. 그러나 이 제의는 시험장에 臺諫이 참석할 것이니 私情의 가능성은 없다고 대신들이 반대하여 받아들여지지 않았다.80) 이에 대해 홍문관에서는 그날 저녁 경연에서 중앙의 시험에서는 대간의 참여로 부정이 적을 것을 인정하면서, 대간의 규찰이 미치지 못하는 지방에는 문신을 보내어 시험을 감독하자고 제의하였다.81) 그러나 이 제의 역시 대신들의 반대로 시행되지 못하였다.

이러한 우려는 시험 결과 현실로 드러났다. 성종 19년 9월 경연 중 特進官 盧公弼은 초시 결과 京中에는 합격자 액수가 차지 못한데 비해 지방에서는 그 수가 찬 것을 지적하면서, 이러한 사태는 외방의 경우 청탁에 따른 '乳臭之子'의 합격에 기인한 것으로 보고 廢榜을 제의하였다.82) 이에 대해 知事 徐居正은 곧 會試를 치르자는 대안을 제시하였고 성종도 폐방은 반대하였다. 그러나 대간들에 의해서 '權勢之子'의 명단이 具崇璟, 鄭承忠, 任熙載 등 구체적으로 지적되자,83) 이 문제가 정식으로 논의되었고 대신의 收議를 거쳐 폐방을 하고 내년에 다시 시험을 치르도록 결정되었다.84) 따라서 초시 강경의 방법은 성균관 활성화에 얼마나 기여하였는지

---

79) 『성종실록』 권210, 성종 18년 12월 정축.
80) 『성종실록』 권215, 성종 19년 4월 갑진.
81) 상동.
82) 『성종실록』 권220, 성종 19년 9월 갑자.
83) 『성종실록』 권220, 성종 19년 9월 병진.
84) 『성종실록』 권220, 성종 19년 9월 임신 계유 무자.

분명치 않은 채로 단명에 그치고 말았다.

다음으로 圓点의 방법을 살펴보자. 이 방법은 성종 22년(1491) 성종에 의해서 제시되었다. 원점의 방법은 성균관에 출석일수를 계산하여 館試의 자격을 부여하는 것으로 이전에도 실시된 것이었고[85] 가깝게는 성종 18년 都承旨 宋瑛에 의해서 제기된 방법이었다.[86] 송영의 제의는 주목되어 성종은 상세한 검토를 명하였지만 "과거를 자주 치룰 수는 없다."는 이유로 시행되지 못하였다.[87] 그러나 별다른 대책이 서지 못하는 상황이 계속되자 성종은 이 방법을 다시 거론하였다. 성종이 이 방법을 제기하면서 "다른 방법으로는 유생들을 성균관에 모이게 할 수 없다."라고 지적하였듯이[88] 이 방법은 특수병을 인정하는 한 실시될 수 있는 가장 강경한 방법이었다. 즉 원점을 통한 별시 응시자격의 부여는 정부에서 취할 수 있는 최후의 방책이었다. 이 제안은 대신들의 收議에서 부결되고 말았으나 성종이 강력히 주장하여 결국 실시되었다.[89] 그러나 이 방법 역시 근본적인 대책이 될 수는 없었다. 유생을 성균관으로 끌어들일 수 있는 강력한 방법이기는 하였지만 '數設科擧不可'라는 기본적 제약이 뒤따랐기 때문이었다.

결국 일련의 성균관 활성화 대책들은 실패로 돌아갔다. 그 근본적인 원인은 성균관의 주된 구성원을 京華子弟, 門蔭子弟로 표현되는 고관의 자제들에게서 찾았기 때문이었다.[90] 그들에게는 이미 門蔭이나 특수병의 진출과 성균관의 二重籍까지 허용되어 있었으므로 쉽게 관직에 나아갈 수 있었고, 여기에서 얻은 雜加는 과거합격시 높은 자리를 얻는 발판이 되었기 때

伝旨祀曹曰, 今年中外進士生員, 及文科鄕漢城試, 至爲猥濫, 并於明春改試.
85) 이성무 앞의 논문 261쪽.
86) 『성종실록』 권210, 성종 18년 12월 신미.
87) 상동.
88) 『성종실록』 권251, 성종 22년 3월 경인.
89) 『성종실록』 권251, 성종 22년 3월 경인조에 의하면 홍응, 노사신, 이극배 등이 불가함을 고집하였으나 왕이 강권으로 승낙하게 한 것으로 되어있다.
90) 이성무 앞의 논문 228쪽에서도 그러한 견해를 피력하고 있다.

문에 성균관에 居館할 필요가 없었다. 그러므로 특수병이나 문음을 인정할 때에 성균관의 활성화 대책은 근본적으로 다른 방향에서 모색되어야 할 것이었다.

그것은 성균관 유생의 주된 구성원을 이전과는 다른 데서 찾는 것으로 성종 20년(1489) 10월 경연석상에서 사림인 시독관 趙之瑞에 의해서 제시되었다.[91] 그는 居館者가 심히 적은 당시의 상황을 지적하면서 그 원인과 대책을 다음과 같이 제시하였다.

> 생원, 진사가 조그마한 성취에 안주하고 게을러 鄕村에 은거하면서 학업을 일삼지 않고 있습니다. 지금 각도의 監司들에게 명하여 늙거나 병든 이들을 제외한 모든 在鄕 생원, 진사들을 올려 보내어 居館케 함이 어떠합니까?[92]

조지서는 성균관 空虛의 원인을 생원, 진사들이 향촌에 은거해 있는 데서 찾았고 그 대책으로 각도 감사들에게 명하여 이들을 성균관에 보내어 성균관을 채우게 하자고 제의하였다. 이 제의는 앞에서 살핀 여러 방법들과 문제의 파악이나 해결방안의 제시가 전혀 다른 시각에서 이루어진 것이었다. 그러한 시각의 전환은 재지 사림의 확산과 사림들의 정계진출이라는 배경에서 가능했다. 당시 사림들은 홍문관을 토대로 훈구들과 대립하면서 留鄕所復立, 遺逸薦擧制 실시 등을 통해 사림의 정치적 영향력 강화를 추구하고 있었다.[93] 이러한 상황에서 훈신의 자제들을 중심으로 하는 성균관의 활성화 방안이 계속 부진한 상태를 면치 못하자 사림 중심의 대책을 제시한 것이었다. 이 제의에 대해서 성종은 '其言甚是'라고 적극적인 찬성을 표시하였고 다음날 즉시 諸道 觀察使들에게 "40세 이하로 무고

---

91) 이태진 앞의 책 180쪽.
92) 『성종실록』 권233, 성종 20년 10월 갑인.
93) 최이돈 「성종대 홍문관의 言官化 과정」『진단학보』 61, 1986.

히 성균관에 거관하지 않는 자를 모두 살펴 보내라."고 명을 내렸다.94)

이 조처는 유효하였던 것으로 나타난다. 성종 22년(1491) 3월까지만 해도 朝食은 겨우 10여명 夕食은 많아야 40-50명이며, 그나마도 식사후에는 모두 흩어지는 상황이었으나95) 성종 23년 2월에는 "지금 유생이 200여 인입니다."라고96) 지적되었다. 이러한 인원의 증가가 일시적인 것이 아니라 계속적인 현상으로 나타났기 때문이다.97) 그러나 인원수의 변화만으로 성균관의 인원의 증가가 조지서의 제안에 의한 것이라고 단정하기에는 조금 주저되는 바가 있다. 이것을 좀 더 분명히 구명하기 위해서는 과연 성균관 유생들이 지방의 유생들로 구성되었는가의 검토가 요구되기 때문이다.

이점은 성종 25년 1월 경연 중의 대화에서 확인된다. 正言 孫澍가 師長이 교육에 열심이 없어 성균관에 거하는 자가 수십 인에 불과하다고 문제를 제기하자, 성종은 大司成 權健을 불러 그 원인을 물었다. 이 때 권건은 다음과 같이 성균관 침체의 원인을 대답하였다.

신이 전년 8월에 본직을 제수받으니, 유생의 수는 항시 200명을 채웠으나 작년 가을부터 겨울까지 유생수가 점차 감소하였습니다. 그 이유를 물은 즉 외방유생들이 覲親이나 有故로 환향하여 그러하다고 합니다. 이제 봄이니 조금씩 還集되고 있습니다.98)

이 내용은 당시 성균관 유생수가 줄어든 것이 지방유생들의 근친, 유고 등에 의한 것으로, 지난 가을까지 있던 200명 중 현재 남아있는 수십 명을 제외한 대부분이 지방유생이었음을 잘 보여주고 있다. 물론 당시에 성균관에 남아 있던 인원중에도 지방유생이 섞여 있으리라고 생각된다. 그러

---

94) 『성종실록』권234, 성종 20년 11월 을묘.
95) 『성종실록』권251, 성종 22년 3월 임오.
96) 『성종실록』권262, 성종 23년 2월 병진.
97) 『성종실록』권286, 성종 25년 1월 병오.
98) 상동.

므로 위 자료는 조지서가 제시한 방법에 의해서 성균관이 활성화된 것을
잘 보여주고 있다. 성균관의 空虛가 해소된 뒤에도 유생들의 특수병 입속
은 계속 지적되었다.99) 京中의 고관자제들은 성균관에 나아가기 보다는
여전히 문음이나 특수병을 통해서 진출했던 것을 보여주고 있어, 성균관
의 인원이 지방유생들에 의해서 채워졌음을 알 수 있다.

  이와 같이 지방유생들이 성균관에 모여드는 현상은 단순히 왕명에 대한
순응이라는 수동적인 입장에서만 이해될 수는 없다. 조선초기에도 居京宿
衛를 통해서 지방의 사류들을 중앙으로 끌어들이려는 움직임이 있었지
만100) 중앙의 일방적인 통제의 성격을 갖는 것이어서 실패할 수밖에 없었
다. 이에 비해서 이 시기 성균관의 활성화는 지방유생들의 능동적이고 적
극적인 참여로 가능한 것이었다. 이러한 적극적인 참여는 당시 사림의 움
직임과 밀접한 연결속에서 가능했던 것이다. 당시 사림은 홍문관을 기반
으로 하여 중앙정치에 진출하고 있었고, 留鄕所復立을 실현하여 지방자치
를 추구하였으며, 정치참여의 일환으로 遺逸薦擧를 추진하고 있었다. 유생
들이 적극적으로 성균관에 거관한 것은 이러한 움직임의 일환이었고 결국
은 학생천거의 토대로 작용하였던 것이다.

  성종 말기에 이르러 성균관이 지방유생들의 차지가 되면서 이들은 三司
를 중심으로 활동하는 사림의 활동에 뜻을 같이 하였다. 이것은 勳臣에 대
한 비판활동에서 잘 나타나고 있다. 그 좋은 사례가 성종 23년(1492)에 보
이는 領議政 尹弼商에 대한 탄핵이었다. 성종이 大妃의 뜻을 따라 '除禁僧
之令'의 문제를 대신들에게 의논케 하자 여기에 참석한 윤필상은 대비의
뜻에 찬성을 표하였다.101) 이러한 윤필상의 행동에 대하여 三司를 중심으

---

 99)『성종실록』권275, 성종 24년 3월 갑신.
    侍讀官閔輔翼啓曰, 儒生等以挾書爲恥, 而皆有干祿媒進之計, 或屬忠順衛
    忠贊衛, 占取資級.
100) 한영우「여말선초 한량과 그 지위」『한국사연구』4, 1969.
101)『성종실록』권271, 성종 23년 7월 무자.

로 비난이 빗발쳤다. 성균관에서도 상소를 올려서 비난하였는데 유생들은 상소에서 윤필상을 '奸鬼'라고 극언하였고,[102] 이것이 문제가 되어 李穆을 비롯하여 沈順門, 崔光潤, 趙元起, 南袞, 宋汝礪, 李守成, 李允濯 등이 하옥되기에 이르렀다. 성균관은 기본적으로 佛事에 관계되는 일에는 예민한 반응을 보여왔지만 이렇게 극언한 사례는 없었다. 이것은 성균관 구성원이 기존의 유생들과 다른 지반을 갖는 데서 그 원인을 찾을 수 있다. 이 문제로 하옥된 유생들은 성균관 유생들을 대표하는 인물로 이해되는데[103] 이들을 살펴보면 사림파와 깊은 관련을 맺는 인물이었다.[104] 이와 같은 성균관의 동향은 성균관의 지방분소로 파악되는 司馬所가 反動舊的 역할을 한 것과 표리관계에 있는 것이었다.[105]

성균관의 이러한 상황은 燕山朝를 거쳐 中宗朝에도 동일하였다. 이러한 점에서 볼 때에 앞에서 살핀 중종 2년(1507)의 金謹思의 학생천거 제의는 의미있는 것이었고 유일천거가 실시되는 상황하에서 받아들여져 시행되었다.[106]

그러나 이미 성종 10년에는 나이 제한을 철폐하자는 논의가 있었고, 성종 22년에는 학문 수준도 내려 日講, 月講 略通이상인 자를 서용하자는 제의가 있었으므로[107] 『경국대전』 薦擧條의 자격규정은 지켜질 수 없었다. 그저 간략하게 '經明行修'한 것을 조건으로 제시하였다.[108]

---

102) 『성종실록』 권272, 성종 23년 12월 경자.
103) 『성종실록』 권272, 성종 23년 12월 신축, 임인, 계묘, 갑진조 등에서 유생들은 위의 하옥된 인물들이 성균관 전체의 의견을 대표하는 것임을 밝히고 있다.
104) 이들 중 이목, 남곤 등은 戊午士林이었다. 이수성은 무오사림인 사촌 이수공과 밀접한 관계에 있었고, 甲子士禍에 이수공과 같이 연루된 인물이었다. 조원기는 己卯士林이었고, 이윤탁의 경우 승문원 정자로 일찍 죽어 뚜렷한 성향이 파악되지는 않았으나 아들 이충건은 己卯士林이었다.
105) 이태진 앞의 책 178쪽.
    윤희면 「경주 司馬所에 대한 일 고찰」, 『역사교육』 37,38, 1985.
106) 『중종실록』 권4, 중종 2년 10월 무진.
107) 『성종실록』 권182, 성종 16년 8월 경자
108) 『중종실록』 권4, 중종 2년 10월 무인.

이러한 자격요건의 변화는 선발방식에도 이전과는 다른 변화를 야기시켰다. 이전에는 자격 규정이 명확하여 규정에 합당한 이들을 성균관에서 예조에 啓하면 되었다. 그러나 자격규정이 経明行修로 바뀌면서 선발규정 역시 애매해졌고 이미 학문적 조건이 日講, 月講 略通이상으로 대폭 약화된 상황에서 학문적 요건보다는 行修라는 인품적 요소가 더욱 강하게 부각되어졌다. 그러므로 이전의 학문적 능력과 나이에 의한 기계적인 선발은 통할 수 없었고 새로운 선발방식이 등장하였다.

그 방식은 成均館 議薦109)이었다. 이 방법을 대신 안당은 "천거는 필히 성균관 당상 장관과 200명 생원의 뜻이 합한 후에 됩니다."110)라고 설명하였다. 즉 성균관 유생들의 衆論내지 興論에 의한 천거였다. 그러므로 성균관 천거는 의논에 의한 천거라는 의미를 지닌 '議薦'이나 公論에 의한 천거라는 의미인 '公薦'111) '公選'112) 등의 용어로 표현되었다. 이와 같은 학생천거 방식의 수용은 이미 성균관의 운용이 齋會라는 관내 자치회를 통해서 되어졌고113) 인사에서의 인품 중심적인 경향이 弘文錄,114) 自薦制115) 등을 통해서 제기되고 있는 상황에 힘입은 것으로 이해된다.

이러한 성균관 구성원에서의 변화와 피천인 선발방법에서의 변화는 성균관 유생천거가 유일천거와 비슷한 성격을 갖도록 하였다. 즉 양 천거가 모두 지방의 사림을 대상으로 한 것이었으며, 선발이 인품에 의한 공론을 따른 것으로 인정되었다.116) 이 까닭에 양 천거는 '儒生与於薦擧者'117) '請

---

109)『중종실록』권14, 중종 6년 6월 임인.
　　檢討官 孔瑞麟曰, 礼曹成均館議薦, 閔世貞朴璨等數人.
110)『중종실록』권22, 중종 10년 6월 임술.
　　今考成均館薦擧, (중략) 経明行修之人, 而被薦焉必合, 成均館堂上長官, 及二百生員之意然後, 擧之.
111)『중종실록』권20, 중종 9년 2월 정미.
112)『중종실록』권14, 중종 6년 10월 무자.
113) 이성무 앞의 논문 228쪽.
114) 최이돈「성종대 홍문관의 言官化 과정」『진단학보』61, 1986.
115) 최이돈「16세기 郎官權의 형성과정」『한국사론』14, 1986.

用遺逸之士及學生被薦人'[118] 등의 표현으로 구분하여 거론하기도 했으나 통칭해서 '薦擧者'나[119] '薦擧人' 등으로[120] 표현하는 것이 보통이었다.

이러한 의미를 갖는 학생천거는 중종 2년 김근사에 의해서 제의되었고 실시가 결정되었으나, 결정적으로 이것이 강화된 것은 중종 5년 중종이 "太學 유생중 経史를 통하고 治体를 알며 임용에 감당할 만한 인재를 천거하라."고 명한 데서 기인하였다.[121] 중종은 『輿地勝覽』에 실린 徐居正이 지은 尊経閣記의 "지금 조정에 포열된 자는 모두 綺紈子弟이어서 不學無術하니, 학생 중 経史를 통하고 治本을 알며 재능이 임용을 감당할 수 있는 자를 성균관에 명하여 천거하라."는 성종의 명을 읽고 자극되어 위의 명령을 내렸다.

중종이 공신들의 영향력 하에서 왕권강화를 모색하던 당시 상황은 성종이 훈신들의 영향력 하에서 왕권강화를 추구하던 상황과 비슷하였다. 그러므로 성종이 綺紈子弟로 표현되는 훈신들의 자제들에 대비되는 새로운 인재를 성균관에서 찾으려 했던 것은 중종에게 시사적이었다. 앞에서 보았듯이 성종대에는 사림으로 성균관이 채워지는 성과를 거두었으나 학생을 관직에 등용하지는 못하였다. 중종대에는 아래로부터 학생천거의 움직임이 추진되고 있던 상황이어서 학생의 등용이 쉽게 현실화될 수 있었다. 그러므로 중종의 명에 의해서 학생천거는 점차 활성화되어 갔고, 중종 6년 趙光祖, 金錫弘, 黃澤, 朴璨, 閔世貞 등이 학생으로 천거되면서 學生薦擧는 본격화되었다.[122] 이들은 대부분 사림이었다.[123]

---

116) 『중종실록』 권7, 중종 4년 2월 을해. 公論薦之.
117) 상동조.
118) 『중종실록』 권12, 중종 5년 8월 임진.
119) 『중종실록』 권7, 중종 4년 2월 을해.
　　　今之薦擧者, 必皆有用之材也, 当速擧用.
120) 『중종실록』 권7, 중종 4년 2월 임진.
　　　伝曰, (중략) 薦擧人不用与否, 并問之.
121) 『중종실록』 권10, 중종 5년 정월 갑신.

2. 薦擧制의 활성화

1) 被薦人의 관직 서용

유일 학생천거제가 실행되었지만 천거제가 실시되었다는 것과, 피천인 들이[124] 관직에 서용되는 것, 서용된다 해도 어느 정도의 대우를 받느냐는 것은 전혀 다른 문제에 속하였다. 원칙적으로 본다면 천거제의 실시가 곧 관직서용을 의미하는 것이었지만 현실적으로 그렇지 못하였기 때문이다. 그러므로 이 문제는 천거제 실시 이후 새로운 쟁점으로 등장하였다.

이 문제는 중종 4년(1509) 대사간 朴世釆가 경연 중 피천인을 銓曹에서 서용치 않는다고 지적한 데서 발단되었다. 이에 대해서 중종은 피천인은 公論에 의해서 선발된 것이니 먼저 서용하여야 한다고 명하였으나[125] 중 종의 명은 곧 시행된 것 같지 않다. 이후에도 피천인 서용 제의가 계속 나 타나고 있기 때문이다.

중종 4년 2월 경연 중 李世仁, 洪彦弼 등은 이 문제를 다시 지적하였다.

---

122) 『중종실록』 권13, 중종 6년 4월 임오.
　　이 중에서 선택되어 조광조, 박찬, 민세정 등의 관직 제수가 거론되었으나, 조광 조는 아직 공부할 때라는 이유로 빠지게 되었고, 박찬과 민세정 등이 관직에 오 른다.

123) 가문을 보면 이들은 한미한 가문이 대부분이었다. 민세정은 여흥민씨, 김석홍은 부안 김씨로 鉅族가문이 아니었고, 황택, 박찬 역시 『文科榜目』이나 『万姓大 同譜』에 나오지 않아 한미한 가문의 인물로 추측된다. 조광조만 한양조씨로 거 족가문이었으나 법적 친족인 4촌 밖에 있었다. 이들의 활동을 보면 조광조, 민세 정 등이 사림의 핵심으로 활동하였고 박찬은 현량과에 천거되었다.

124) 천거된 사람들을 지칭하는 당시의 용어는 薦擧人, 薦擧者였다. 그러나 현대적 인 의미에서 본다면 이 용어는 천거를 해준 사람이라는 의미를 가지므로 혼란을 피하기 위해서 被薦人이라는 용어를 사용하였다.

125) 『중종실록』 권7, 중종 4년 정월 무신.
　　伝曰, 今之薦擧者, 以公論擧之, 不可不用, 其先擧用.

참찬관 李世仁이 지금의 천거된 자가 모두 쓸만한 인재이니, 당연히 속히 서용되어서 野에 賢才가 남아있지 않게 해야 한다. 그러나 "한 번도 쓰이는 것을 못 보았으니 신은 文具에 그칠까 두렵다."고 천거인이 안 쓰이는 상황을 지적하였다. 이에 檢討官 洪彦弼도 "여러 번 政事가 지났어도 피천인은 한 명도 서용되지 않고 있다."고 이러한 사태가 일시적 현상이 아님을 강조하였다.126) 이때에도 중종은 피천인들을 빨리 서용할 것을 명하였다.

그러나 그 후 이 문제가 검토관 成世昌에 의해서 경연 중 다시 거론되는 것을 보아서 이 명령은 실시된 것 같지 않다.127) 이러한 형편은 중종 3년에 천거된 바 있는 사림 노필, 강관 등이128) 중종 5년 관찰사에 의해서 유일로 다시 천거되고 있는 데서도 잘 나타난다.129) 이 사례는 유일이 천거된 지 2년이 지나도 서용되지 못한 상황을 잘 보여주고 있다.

수차의 중종의 명에도 불구하고 피천인이 서용되지 못하자 중종은 그 까닭을 吏曹에 물었다. 이에 대한 이조의 답은 闕所가 없다는 것이었다.130) 그러나 당시의 상황을 볼 때에 궐소가 없다는 것은 변명에 불과하였다. 당시 상황은 문신의 부족으로 인해서 別試의 실시가 건의되고 있었다.131) 이러한 상황은 피천인이 과거급제자인 문관의 대우를 받지 못하고 문음출신의 대우를 받았기 때문이었다. 그렇다면 위의 궐소가 없다는 것은 문음출신에 해당되는 직책이 없다는 것으로 해석이 되는데, 그렇게 해석해도 역시 변명에 불과하였다. 당시에 일반 문음출신들은 대신들의 청탁을 통해서 계속 관직에 진출하고 있었기 때문이었다.132) 결국 피천인이

---

126) 『중종실록』 권7, 중종 4년 2월 을해.
127) 『중종실록』 권7, 중종 4년 2월 신묘.
128) 『중종실록』 권6, 중종 3년 5월 신해.
129) 『중종실록』 권10, 중종 5년 정월 병진.
　　天災로 遺逸의 搜訪의 명이 있자, 노필, 강관과 함께 이교가 천거되었다.
130) 『중종실록』 권7, 중종 4년 2월 임진.
　　吏曹啓曰, 文官不足, 別試甚当, 薦擧人因無闕, 未敍耳.
131) 상동.

서용되지 못한 이유는 피천인이 서용되어야 할 관직이 문음출신 서용처였고, 그 자리에 대신들의 청탁에 의한 문음출신이 서용되어 피천인의 진출이 저지되었기 때문이었다. 그러므로 피천인 서용문제는 대신들의 비호하에 있는 문음출신들과 서용 우위를 놓고 다시 격돌하지 않을 수 없는 것이었다.

이러한 상황에 대해 사림들은 삼사의 관원들을 통해 이 문제를 계속적으로 제기하였다. 앞에서 살핀 박세채, 홍언필, 이세인, 성세창 등이 이 문제를 계속적으로 제기하였다. 중종 5년 경연 중 기사관 柳墩이 遺逸之士와 薦擧人을 사용할 것을 청한 것도 한 사례였다.[133]

사림들은 이와 더불어 문음출신 진출을 억제하는 방안도 모색하였다. 문음출신의 진출 억제는 바로 피천인의 서용처의 확보로 통하였기 때문이었다. 이미 세종대부터 대신자제들이 특수병이나 문음에 진출하는 것에 대해서 사림이 성균관의 '공허'를 이유로 견제하였다는 것은 앞에서 지적한 바 있다. 그러나 그 방법은 특수병 입속의 연한을 20세에서 25세로 올리는 소극적인 것이었으며, 이것마저도 세조대를 거치면서 환원되어『경국대전』에는 20세로 규정되고 말았다. 성종대에 이르러 사림에 의해서 이 문제는 다시 거론되었지만 구체적인 규제는 별다른 진전을 보지 못하였다.

중종대에 들어서 피천인의 서용이 이루어지지 않자 다시 이 문제가 거론되었다. 중종 4년(1509) 2월 사헌부는 다음과 같이 이 문제를 제기하였다.

근래의 士쩝이 아름답지 못하여 충순위, 충찬위, 교수 등에 다투어 투속하여, 과거급제를 하면 이미 6품을 넘었으므로 (과거에 합격하면) 참상직을 제수 받으니 사람들이 모두 躁進에 뜻을 두고 있습니다. 40세가 못되어 입속한 자는 비록 司果, 教授를 지냈어도 과거급제후 모

---

132)『중종실록』권12, 중종 5년 10월 을미.
　　宰相之薦人, 專以私意干請, 若非子弟族類, 卽門庭哀乞之人, 紛紜請託.
133)『중종실록』권12, 중종 5년 8월 임진.

두 다 三館에 分館하도록 하소서.134)

이 내용은 40세 이전에 특수병이나 문음으로 관직에 나아간 자들을 과거에 급제하여도 이전의 경력을 무시하고 일반 유생급제자들과 같이 성균관 등의 權知로 분관하자는 제의였다. 문음인들이 충순위 등 특수병이나 문음으로 진출하는 것은 관직의 획득 자체를 위한 것이기보다는 대부분 雜加를 취득하여 급제후 보다 높은 직책으로 진출하고자 하는 의도였으므로,135) 이들을 일반 유생급제자와 같이 분관하여 잡가를 인정하지 않으면 문음출신의 진출이 봉쇄되리라는 의도에서 이러한 제의가 나왔다. 40세라는 나이 규정도 이전에 비하여 획기적인 것이었다. 이 제의는 대신의 收議를 통해 받아들여졌고 『大典後續錄』에 등재되었다.136) 이로 인해 문음출신 진출이 상당히 억제되었다. 따라서 피천인의 진출이 강화되었다고 생각되나, 문음 출신들의 雜加 자체를 부인한 것인지는 분명치 않아 아직 한계가 있는 것이었다.

중종 5년에는 보다 강력한 견제 조처가 제시되었다. 경연 중 시독관 이빈은 대신의 자제들이 성균관에서 공부하지 않고 관직을 구한다고 당시 대신자제들의 특수병이나 문음직의 진출을 비난하면서, 이미 관직에 나아간 이들은 과거를 보지 못하게 하자고 제안하였다.137) 이 제의는 받아들여

---

134) 『중종실록』 권8, 중종 4년 4월 기사.
135) 한영우 「조선초기의 상급서리 성중관」, 『동아문화』 10, 1971.
136) 『중종실록』 권8, 중종 4년 4월 임신; 『大典後續錄』 이전 관직조에 의하면 신급 제자의 품계가 5, 6품이어도 6품 실직을 거치지 않았으면 分館하도록 하였으며, 나이규정을 어기고 試才하여 교수, 충순위, 충찬위에 나아간 자는 비록 6품 실직을 지냈어도 분관하도록 하였다. 이 규정의 전반부에 보이는 비실직자들에 대한 규정은 아마도 代加에 의해 품계를 얻은 경우를 규정한 것으로 추측된다(최승희 「조선시대 양반의 대가제」, 『진단학보』 60, 1985).
137) 『중종실록』 권12, 중종 5년 9월 기묘.
今則, 宰相子弟, 未見在學宮者, 纔免總角, 已有求仕之計, 士習不美, (중략) 若欲求此弊風, 則已登仕版者, 勿許赴擧, 然後此風可革矣.

지지 않았지만 문음직과 과거를 분리하여 근본적으로 문음직 진출을 제한하려 했다는데 의미가 있다.

이러한 상황이었으므로 사림은 피천인 서용 문제로 문음의 해택을 누리며, 청탁의 방법으로 자제들을 문음으로 진출시키고 비호하는 대신들을 공격하는 데까지 나아가지 않을 수 없었다. 중종 5년 10월 경연 중에 보이는 正言 權撥의 다음 지적은 대표적인 사례였다.

> 대신이 薦人을 오로지 私意로 하고 子弟, 族類가 아니면 門庭哀乞之人을 분분이 청탁하여 이조의 택용을 현란하게 하고 있습니다. 鄕擧里選의 법을 오늘날 다시 행할 수 없지만, 漢唐에서는 오히려 賢良方正으로 取士하였습니다. 지금 천거인이 심히 많은데 吏曹에서 전혀 임용치 않으니 이러한 폐단을 혁파치 않으면 어디로 말미암아 淸明之治를 볼 수 있겠습니까?[138]

권발은 향거이선이나 賢良方正의 뜻을 지니는 피천인이 전혀 임용되지 않고 있다고 지적하면서 그 원인을 대신들의 청탁에 따르는 이조의 注擬에서 찾았다. 이러한 대신들에 대한 비난은 단순히 피천인의 서용을 제의하는 것만으로는 당시 인선의 구조적 한계를 극복할 수 없다는 인식에서 되어진 것이었다.

이와 같이 사림은 문음에 대한 제도적 규제를 강화하고 대립되는 대신들을 비판하면서, 한걸음 더 나아가 피천인의 우대 서용은 제기하였다. 이는 피천인을 문음인보다 우위에 놓음으로써 피천인의 관직서용을 활성화하려는 조치였다. 이는 먼저 '越次敍用'의 제의로 나타났다. 중종 5년 경연 중 檢討官 權撥은 피천인이 서용되지 못한다고 지적하면서 피천인 可用者는 越次敍用하자고 제의하였다. 중종은 "가당한 자가 있으면 자급을 계산하지 않고 超敍하는 것이 가하다."고 동의하여 이 제의는 실시된다.[139]

---

138) 『중종실록』 권12, 중종 5년 10월 을미.

사림은 이러한 성과를 바탕으로 중종 6년에는 피천인을 문음출신보다
앞에 놓아야 한다고 주장하였다.

> 근래에 士習이 卑下되고 奔競과 躁進이 成風을 이루니, 이는 대신
> 이 자제를 위해서 관직을 구하기 때문입니다. (중략) 公選의 도가 없어
> 지고 賢才가 이로 인해 침체됩니다. 청컨대 지금부터 사람을 쓸 때 兩
> 科 외는 公薦을 우선하고 子弟로서 특별히 능한 자가 아니면 육조의
> 顯職에 쓰지 마소서.140)

이는 대간에서 올린 계에서 주장되는 것으로 천거인의 서용에 걸리는
모든 문제를 거론하면서, 이 문제의 해결책으로 피천인을 문음인에 우선
하게 하자고 제시하고 있다.

물론 이러한 사림의 주장에 대하여 대신들은 당연히 반대의 입장을 취
하였다. 위의 제의가 있자 중종은 대신의 收議를 명하였는데, 대신들은 '士
習躁進'은 인정하였지만 賢才가 침체되고 있다는 지적은 부인하면서 피천
인의 문음출신에 대한 우위를 부정하였다.141)

이러한 대신들의 완강한 반대로 인하여 천거제를 둘러싼 사림과 대신들
간의 갈등은 심해졌는데, 이러한 대립이 보다 잘 드러난 것은 중종 7년 9월
경연 중에서였다. 경연석상에서 領事 송일은 반정후 천거의 명이 있었지만
피천자가 모두 '平常人'이었다고 피천인의 서용을 부정적으로 평가하였다.
이는 대신들이 천거제에 대하여 갖는 견해를 단적으로 드러내준 발언이었
다. 이에 대해서 같은 경연에 참여하였던 장령 李彦浩는 비록 특이한 자가

---

139) 『중종실록』 권12, 중종 5년 9월 기묘.
140) 『중종실록』 권14, 중종 6년 10월 무자.
　　　公選之道旣絶, 賢材亦因此而見滯, 請自今用人兩科之外, 以公薦爲先, 子
　　　弟無異能者, 勿敍六曹顯職, 以淸銓選之路.
141) 상동.
　　　近來公薦之路廣, 而未知何人見滯.

없어도 대신의 청탁에 의한 문음자제들의 서용보다 못하겠냐고 반박을 하고 나서 당시 대신들과 사림들의 첨예한 대립을 잘 보여주었다.[142]

위와 같은 대신들의 반발은 계속 되었지만 사림의 노력으로 천거제는 계속 활성화되어 갔다. 그것은 먼저 천거제가 公論에 의한 선발이라는 인식 위에 있었기 때문이었다. 이는 천거를 公薦,[143] 議薦[144]이라고 표현한 데서도 나타났으며, 선발의 실제에서도 그러하였다. 유일의 천거의 경우 衆人에 의해서 덕망이 인정되는 지방의 名儒가 천거되었고, 학생천거의 경우 역시 성균관의 전 유생들의 衆議에 의해서 선발되었다. 이러한 천거제의 공천적 성격은 당시 문제점으로 파악되었던 대신들의 청탁에 의한 私薦과[145] 대비되어 긍정적이며 혁신적인 의미를 가졌으며, 이러한 긍정성은 그들이 대신들과의 대립에서 논리적 우위를 점하게 하였다.

둘째로 천거제가 활성화될 수 있었던 이유를 중종의 지지에서 찾을 수 있다. 중종은 천거제가 갖는 긍정적인 면을 잘 이해하고 있었을 뿐 아니라, 공신들의 견제 하에 있는 자신의 현실적 위치를 개선하기 위해 대신들을 견제하는 사림을 주목하였고, 그들이 추진하는 천거제에 지지를 보냈다. 중종 5년『尊経閣記』의 '今布列朝者皆綺紈子弟'라는 구절에 동감하여 천거제의 강화를 명한 것은 그 단적인 예였다.[146]

마지막으로 천거제가 강화되는 이유로 제시될 수 있는 것은 천거제를 추진할 수 있는 세력의 강화에서 찾을 수 있다. 천거제는 삼사를 중심으로 한 사림에 의해서 추진되었는데, 삼사는 성종대 弘文館의 言官化 이후 그

---

142) 『중종실록』 권16, 중종 7년 9월 정축.
　　反正後, 雖今薦擧而被薦之人, 率皆平常之人, (중략) 被薦之人, 雖無特異者, 然不猶愈於聽宰相之囑, 而用其子弟者乎.
143) 『중종실록』 권14, 중종 6년 10월 무자.
　　『중종실록』 권20, 중종 9년 2월 정미.
144) 『중종실록』 권14, 중종 6년 6월 임인.
145) 『중종실록』 권20, 중종 9년 2월 정미.
146) 『중종실록』 권10, 중종 5년 정월 갑신.

능력이 크게 강화되었다. 중종대에 이르러서는 郎官權이 형성되면서 사림
은 더욱 강력해질 수 있었고, 강력해진 세력을 바탕으로 천거제를 추진할
수 있었다. 이들은 자신들의 세력 결집의 기반으로 인품 중심의 인선 방법
인 弘文錄, 自薦制 등을 이용하고 있었고[147] 같은 맥락에서 역시 인품중
심의 인선방식인 천거제를 入仕路로 추진하였다. 결국 이들은 천거제 확
보하여 그것을 통해서 대신들과의 대립에서 자신들의 힘이 되어줄 지방
사림들을 진출시켜 자신들의 세력을 더욱 강화시키려 하였던 것이다. 이
러한 몇 가지 이유에서 천거제는 활성화되면서 피천인의 관직서용도 활발
해졌다.

이에 사림은 피천인의 관직서용의 문제에서 나아가 參上職의 서용까지
추진하게 되었다. 이 움직임은 중종 5년(1510)부터 '越次敍用'의 제의로 그
조짐이 보였으나[148] 중종 6년부터 구체화된다. 중종 6년 피천인 閔世貞,
朴璨이 각각 參奉, 別坐에 임명되자, 홍문관에서는 이들을 하위직에 임명
하는 것이 천거의 본의가 아니라고 비판하면서 이들을 참상직인 현감에
제수할 것을 제의하였다. 이에 대해서 중종은 대신들에게 의견을 물었고,
대신들은 그들의 임기가 차면 참상관으로 옮겨 주기로 결정하였다.[149] 이
는 홍문관원들의 의견이 바로 반영된 것은 아니었지만 피천인에 대한 참
상직 제수의 가능성을 보여주었다.

중종 8년에도 유사한 사례가 보인다. 姜琯과 金万鈞이 천거되어, 김만균
은 參奉에 제수되었고, 강관은 천거후 과거에 등제하여 정8품 學正에 임
명되었다. 이들이 養親의 이유로 사퇴를 청하자 吏判 金銓은 이들을 參上

---

147) 최이돈 「성종대 홍문관의 言官化 과정」『진단학보』 61, 1986.
148) 『중종실록』 권12, 중종 5년 9월 기묘.
　　前日令臺諫侍從, 各薦可用之人, 然其薦擧之人未聞敍用, 若其可用之人,
　　雖越次用之, 何害於政.
149) 『중종실록』 권14, 중종 6년 6월 임인.
　　希顔曰, (중략) 今弘文館, 以世貞等一時見薦, (중략) 雖授參奉別坐之職, 若
　　箇滿卽令遷轉, 以示異待之意何如.

官으로 높여 인근 지방수령에 임명할 것을 제의하였다. 이 제의는 수락되
었고 이들은 참상관직에 임명되었다.150) 이러한 과도기적인 사례들을 거
쳐서 피천인의 참상관 제수는 계속 추진되어 활성화되어 졌다. 중종 10년
趙光祖에게 종6품 宣務郞 主簿職을 준 것이 그 대표적인 사례였다.151)

피천인의 참상직 제수 이면에서는 피천인에 대한 인식의 변화가 보인
다. 이전에 살핀 피천인이 문음출신보다 낫다는 주장은 이미 앞에서 살핀
바 있는데, 이러한 주장은 과거출신자들의 우위를 인정한 위에서 되어졌
다. 그러나 이즈음에 이르러서는 피천인들이 과거 급제자들과 다름이 없
다는 견해가 사림에 의해서 제시되었다. 중종 10년 이판 안당은 "천거인은
성균관 당상관과 200명 생원의 뜻으로 천거되었으므로 이들을 문신과 같
이 사용해야 합니다."라고 주장하였다. 그의 견해는 피천인이 '議薦' 즉 公
薦되었으므로 과거 급제자와 다름없다는 것이었다.152) 이러한 변화는 재
능보다는 인품을 우위에 놓는 人選觀의 변화와 밀접한 관련을 갖는 것이
었다.

피천인들의 참상관직 서용은 이러한 견해를 반영한 것이었다. 물론 피
천인 전원에게 참상직이 주어진 것은 아니었지만 참상직의 서용은 파격적
인 것이었다. 科擧 급제자의 경우 장원을 제외한 모든 급제자가 참하직에
임명되었고, 중종 4년 門蔭, 특수병 등을 통해 획득한 雜加도 과거 급제시
에 인정되지 않아 참상직 진출이 봉쇄되었다. 이러한 상황에서 볼 때 피천
인의 대우는 문과 급제자들보다 오히려 더 나은 면도 있었다.

그러나 천거제의 활성화는 순탄하지만은 않았다. 여전히 문음인의 진출

---

150)『중종실록』권18, 중종 8년 6월 병오.
151)『중종실록』권22, 중종 10년 6월 계해.
　　『중종실록』권22, 중종 10년 6월 임술.
　　당시 이판 안당은 성균관에서 천거된 조광조, 김식, 박훈 등에게 宣務郞을 줄
　　것을 청했고, 6품직 임명을 중종에게 허락 받았다. 이에 의해서 조광조는 다음날
　　造紙署의 司紙에 임명되었다.
152) 상동.

이 많았기 때문이었다. 중종 8년 검토관 채침은 '지금 피천된 자로 현명한 자가 많으나 "전조에서는 사람을 쓸 때 피천인을 쓰지 않고 대신의 자제를 쓰니 심히 불공평합니다."고 비판하였다.153) 대신 자제만을 전조에서 쓰는 이유는 청탁으로 인한 것이었다. 이러한 상황은 당시 대간이 "근래 대신이 천거를 좋아하지 않고 전조에 편지를 보내어 자제의 관작을 구합니다."라는 지적이나154) 사림 이자가 "삼공은 조정에 公薦을 하고 私薦을 해서는 안 됩니다."고 지적한 데서 잘 나타난다.155)

이러한 지적들은 구체적인 사례로 확인된다. 다음의 중종 9년 12월의 史論은 당시의 그러한 분위기를 잘 보여준다.

당시 대신으로 子弟를 위하여 求官하는 자들이 (朴說을) 侵責함이 많아서 注擬時에 公薦人이 있어도 마음대로 하지 못하고 대신의 청에 따를 뿐이었다.156)

이 자료는 吏判 朴說이 사직할 때 보이는 기록으로 朴說이 이판이었으나 대신들의 청탁 때문에 공천인들을 서용할 수 없었음을 잘 보여 준다. 그러나 三司를 중심으로 추진되는 천거제의 활성화 움직임의 압력도 강력한 것이어서 대신들과 이들의 양 압력속에서 이조판서 朴說은 사직할 수밖에 없었다. 이는 천거제의 활성화가 줄기차게 추진되었지만 아직 대신들의 견제력도 강력하였음을 보여준다. 그러나 앞에서 살핀 것처럼 吏判이었던 김전, 안당 등에 의해서 피천인의 참상직 제수가 추진되었고, 朴說역시 사직할 수밖에 없었던 것을 보면 천거제 활성화의 추진력이 더욱 강

---

153)『중종실록』권19, 중종 8년 11월 무진.
　　중종은 이에 동의하여 마땅히 천거인을 쓴 후에 문음인을 써야하나 전조에서 그렇게 하지 않고 있으니 事体에 부당하다고 지적하고 있다.
154)『중종실록』권20, 중종 9년 3월 계해.
155)『중종실록』권20, 중종 9년 2월 정미.
156)『중종실록』권21, 중종 9년 12월 병진.

한 것이 아니었나 생각된다.[157] 이러한 추세는 중종 8년 말까지 반정 주도
세력이 다수 死沒한 것과 밀접한 연결을 맺는 것으로 추측된다.[158]

2) 孝廉科의 논의

피천인의 관직서용이 강화되어 피천인들은 발탁되었고 6품직에도 서용
되었으며, 피천인이 문과출신과 같다는 인식까지 제시되었다. 이러한 변화
는 피천인의 지위가 문음출신자들보다 높아진 것을 의미하였다. 그러나
기본적으로 피천인의 위치는 非文科 출신이라는 범주를 벗어난 것은 아니
었다. 이들은 문음출신이 서용되는 직책에 임명되었고 문과 출신들이 서
용되는 소위 淸要職에는 임명되지 못하였다. 중종 12년(1517) 정월 경연
중 安處順의 다음 같은 지적은 그러한 형편을 잘 말해준다.

    가령 擢拔되어도 六寺나 七監에 서용됨에 불과하니 사람들이 어떻
    게 顯異하게 대하는 뜻을 알겠습니까.[159]

위 기록은 피천인이 발탁되어도 六寺나 七監 등 非淸要職에 서용되는
당시의 사정을 잘 보여준다. 이러한 사정을 중종 13년 3월 金正國도 다음
과 같이 말하고 있다.

    우리나라의 규모가 매우 협소하여 무릇 淸要로 가이 일할 만한 자리
    는 문관에게 맡깁니다. 오늘날 그 습속이 이미 성하여 出身者라야 物

---

157) 『중종실록』 권22, 중종 10년 4월 임오조의 政目에 의하면, 박열의 후임으로 안
    당이 이판에 임명됨을 볼 수 있다. 안당은 대표적인 훈구가문이었지만 親士林
    的 태도를 보여준 인물이었다. 안당이 이판에 임명된 것은 당시 사림세력의 수
    준을 보여준다.
158) 이병휴 앞의 책 79쪽.
159) 『중종실록』 권17, 중종 12년 정월 신축.

望도 중히 여깁니다.160)

이 기록은 경연 중의 발언으로 淸要職에는 문관들만이 임명되고 있는
상황을 잘 전해주고 있다. 위의 두 사례를 보면 피천인들은 상당한 대우를
받았음에도 불구하고 청요직에는 서용되지 못했음을 잘 알 수 있다. 이러
한 피천인의 대우는 개인의 사례를 검토해 보아도 잘 알 수 있다. 그 대표
적인 사례를 金湜의 경우에서 찾을 수 있다.

金湜은 중종 10년 조광조와 같이 學生薦擧로 6품인 宣務郎에 발탁된 인
물로,161) 賢良科가 실시되기 전인 중종 14년에는 정4품 掌令에 오를 정도
로 그의 승진 역시 급속하여,162) 피천인 중 대표적인 진출양상을 보여주었
다. 그러나 그 역시 非文臣으로 간주되어 여러차례 淸要職의 서용이 제지
당하였다.

김식은 중종 12년 慶興主簿에서 刑曹佐郎으로 전직되었다. 김식은 형조
의 낭관들과 갈등이 있자 병을 빙자하여 職事에 나아가지 않았고, 형조 당
상관의 명을 받은 刑曹正郎 李純의 체직 제의에 의해서 바뀌게 되었다.163)
체직은 김식이 문과출신이 아니었던 것이 중요 원인이었다. 그것은 刑曹
堂上官이 김식에 대하여 "南行을 형조에 둘 수 없다."라고 발언한 데서 잘
나타난다.164) 김식은 南行 즉 비문신 출신으로 인정되었고 그것이 그의
체직에 중요한 원인이었다.

---

160) 『중종실록』 권32, 중종 13년 3월 임자.
161) 『중종실록』 권22, 중종 10년 6월 임술.
162) 『중종실록』 권35, 중종 14년 3월 계축 政目.
163) 『중종실록』 권28, 중종 12년 6월 계축.
　　刑曹正郎李純, 以堂上意啓曰, 曹佐郎金湜, 以行修進病不仕已久, (중략) 請遞.
164) 상동.
　　判書李惟淸又謂, 南行不可爲詳覆司, 改授他郎, 盖忌也.
　　『경국대전』에는 형조낭관에 문음을 쓸 수 있도록 규정되어 있으나, 낭관권이 형
　　성되면서 형조에서도 문과 출신을 임명하는 것이 일반화되었다.

김식은 賜暇讀書의 선발에도 문신이 아니라는 이유로 참여할 수 없었다. 중종 12년(1517) 持平 韓忠은 賜暇讀書 동료인 朴世喜, 尹衢 등과 함께 『性理大全』을 읽고자 하였으나 해독하기 어려워, 金湜을 사가독서로 뽑아 같이 공부하게 해달라고 제의하였으나 金湜이 문신이 아니라는 이유 때문에 뜻을 이루지 못하였다.[165]

이외에도 김식의 높은 학식을 바탕으로 近侍로 서용하는 것도 제의되었다.[166] 중종 12년 韓忠에 의해서 김식에게 경연 중 『性理大全』을 進講케 하자는 제의나[167] 중종 13년 경연관에 임명하고자 한 김구의 제의 등이 되어졌으나 허락되지 않았다.[168] 그 이유는 중종 13년 김식을 성균관원으로 쓰자는 제의에 대해 대신들이 "南行을 쓰는 것은 법을 위반하는 것입니다."고 거절한 것과 같았다.[169] 이러한 김식의 사례는 피천인의 서용이 비청요직에 국한되고 있음을 잘 보여주고 있다.

---

165) 『중종실록』 권28, 중종 12년 7월 신축.
   『중종실록』 권34, 중종 13년 11월 정축.
166) 『중종실록』 권29, 중종 12년 8월 갑진.
   중종 12년 8월 경연 중 특진관 이사균은 "과거출신자가 아니어도 近侍에 둘 수 있다."고 지적하면서, "近侍에 둔 연후에야 마음에 품은 것을 풀어 베풂을 볼 수 있다. 그렇지 않으면 사용하는 것이 무슨 이익이 되겠는가."라고 천거인의 근시 서용의 필요성을 제기하였다.
167) 『중종실록』 권28, 중종 12년 7월 신축. 이 제의에 중종은 '當不次用之'라고 긍정적인 태도를 보였으나, 대신 정광필이 "祖宗朝法制, 不可盡変."이라는 반대하여 이루어지지 않았다.
168) 『중종실록』 권34, 중종 13년 10월 경오.
   시강관 김구는 "経術이 있는 선비로 가히 師儒나 経筵官이 될 수 있는 자는 과거 합격여부와 관계없이 사용하는 것이 좋겠다."고 청하였다. 이 제의에 대해 중종은 "典章을 가볍게 어기는 것은 불가하다."고 반대하면서, "대간이 되어서 경연에 들어와서 말하면 경연관과 무엇이 다르겠는가."라고 과거급제 자격을 요구하지 않는 대간직을 통한 경연의 참여를 권하였다.
169) 『중종실록』 권34, 중종 13년 11월 갑진.
   政府吏曹礼曹同議以啓曰, 成均館等處幷用文臣, 自有大典之法, 今以南行差之, 則此法毀矣. (중략) 毀祖宗之法, 啓後世之弊, 恐難施行.

그러므로 피천인의 비문신직 서용은 천거제 활성화의 한계로써 부각되었고, 그러한 한계를 극복해 보려는 노력이 사림에 의해서 추구되었다. 먼저 그 과도기적인 과정으로 피천인 召對制의 추진과 개별적인 문관직 진출이 모색되었다. 소대의 경우는 중종 12년 정월 경연 중 제기되었다. 당시 典経 安處順은 다음과 같이 이 문제를 제기하였다.

> 과거 외의 英才, 良彦으로 세상과 맞지 않아, 白首로 窮経하지만 과거에 합격하지 못하는 자가 없겠습니까? 설사 擢拔되어도 六寺, 七監에 서용됨에 불과하니 사람들이 어찌 顯異하게 서용하는 뜻을 알겠습니까? 비록 弘文館에 두지 못하더라도 옛날의 延英閣의 제도를 따라서 한 처소를 마련하고 이들을 거처하게 하여, 때로 召對하면 장차 유익함이 있을 것입니다.[170]

安處順은 피천인들이 청요직에 서용되지 못하는 현실을 비판하면서, 그 대안으로 延英閣의 예에[171] 따라서 천거인을 수시로 召對하여 정책에 도움을 받을 것을 제기하였다. 소대의 제의는 피천인을 청요직에 둘 수 없다는 것을 인정한 한계는 있었지만 나름대로 고심의 소산이었다.

이 문제는 다음 달인 2월에 다시 논의되었다. 경연 중 천거의 문제가 논의되면서 侍講官 洪彦弼은 "科擧로 取人하여 郷擧里選之法은 폐하여지고 있다."라고 당시 인선이 과거 출신자 중심으로 시행되어지고 있는 상황을 비판하였다. 이에 사림 尹自任이 만약 最賢者는 召對하며 말하고자 하는 것을 물어본다면 어찌 아름답지 않겠는가라고 다시 소대제를 제기하였다. 이에 대해서 중종은 最賢者는 소대하겠다고 긍정적인 태도를 보여주어 이 문제는 일단락되었다.[172]

---

170) 『중종실록』 권27, 중종 12년 정월 신축.
171) 集賢殿의 전신으로 延英殿이 고려조에 있었으나 상세한 것은 알 수 없다.
172) 『중종실록』 권17, 중종 12년 2월 병인.
  上曰, 遺逸之士亦多矣. 雖不与科目若最賢者, 則召對前席, 聞其所語, 其不

사림은 소대에 만족하지 않고 개별적인 문관직 진출을 모색하였다. 먼저 경연관으로의 진출을 추진하였다. 이미 비정기적인 왕과의 면대인 소대제가 확보된 바탕위에서 정기적인 면대인 경연의 참여를 모색하는 것은 당연한 것이었다. 경연의 참여는 문관에게만 허용된 것이었으므로 이것은 문관직 진출의 가능성을 탐색한 것이기도 하였다.

이러한 움직임의 대표적인 사례가 앞에서 살핀 金湜의 경우였다. 김식의 뛰어난 학문적 능력을 바탕으로 하여 사림은 김식의 문관직 진출을 추진하였다. 그 전초적인 것이 중종 12년 賜暇讀書 참여 제의와[173] 경연 중『성리대전』진강의 제의였다.[174] 계속해서 중종 13년에도 경연관에 서용할 것을 제의하였으나 이것도 '非祖宗法制'라는 명목으로 대신들이 반대하여 실패하고 말았다.[175]

金湜의 문관직 진출의 모색은 김식 개인의 일에 그치는 것이 아니었고 피천인들의 문관직 진출의 가능성에 대한 탐색이었다. 그러므로 김식의 실패는 결국 천거제의 활성화의 한계를 보여주는 것으로 이해되었다. 이는 중종 13년 경연 중 崔淑生이 "대우가 과거출신자들과 다를 때 피천인들은 나오지 않을 것입니다."라는 발언이 잘 보여주고 있다.[176]

사림들은 소대제의 확보와 이를 바탕으로 한 피천인들의 문관직 진출을 모색하는 과도기를 거치면서 결국 천거의 활성화를 위해서는 천거제에 과거의 형식을 갖추어야 한다는 인식에 이르게 되었다. 이러한 인식의 표현이 먼저 孝廉科의 제의로 나타났다. 새로운 科目의 필요성은 효렴과 제의 이전부터 지적되었다. 중종 11년 김구는 경연 중 과거 式年의 정원이 많은 것 같지만 守令, 教授 등에 임명되어서 요절처에 이용할 사람은 적으니,

---

美哉.

173)『중종실록』권28, 중종 12년 7월 신축.
　　　『중종실록』권34, 중종 13년 11월 정축
174)『중종실록』권28, 중종 12년 7월 신축.
175)『중종실록』권34, 중종 13년 10월 경오.
176)『중종실록』권32, 중종 13년 3월 경술.

천거의 길을 넓혀 用人의 도를 다할 수 있도록 따로 과거의 제를 만들자고
제의하였다.[177] 아직 科目의 명칭을 구체적으로 언급하지 않았지만 새로
운 과거의 필요성을 제기한 것이다.

孝廉科를 직접 논의한 것은 중종 11년 경연에서였다.『礼記』를 강론하
면서 '事親孝, 故忠可移於君'의 논리에서 효가 강조되자, 중종은 중국의 孝
廉科가 성사였음을 지적하면서 비록 효렴과를 설치하지 못하더라도 효렴
인은 擢用하라고 명하였다. 이러한 중종의 언질이 있자 經筵官으로 참석
한 奇遵은 효렴과를 제의하였다.

> 우리나라는 단지 科目으로 用人하여 仕路가 너무 좁아 혹 賢者가
> 사용되지 못하니, 만약 孝廉하여 특이한 자가 있으면 擢用함이 편합니
> 다. 上께서 孝廉科를 美事로 여기시니 조정에서 의논하여 행함이 어떠
> 합니까?[178]

이러한 기준의 제의는 중종이 효렴인의 발탁을 명하자 즉각적으로 제시
되었다. 이는 앞에서 보았듯이 새로운 과목의 설치가 요청되어 모색하고
있던 중에 중종이 효렴인에 호감을 표하자 효렴인을 대상으로 과목의 설
치를 요구한 것이었다. 과목을 설정하면 피천인들을 효렴인으로서 진출시
킬 수 있을 뿐더러, 이러한 예를 따라 피천인에 대한 科目도 설치가 가능
하리라는 생각에서 추진되어진 것이었으나 이 제의는 수용되지 않았다.
물론 이는 선발대상을 '孝廉' 그 자체에만 국한하고 있어 이후에 되어지는
孝廉科의 제의와는 차이가 있었다. 그러나 이는 중종 12년(1517)에 이르러
科目 설치의 필요성이 증가되면서 중종이 호의를 보였던 효렴과라는 명칭
이 손쉽게 운위될 수 있는 토대를 제공하였다.

새로운 과목에 대한 의견들이 제기되자 중종 12년 2월 중종 역시 이 문

---

177)『중종실록』권24, 중종 11년 4월 기사.
178)『중종실록』권26, 중종 11년 11월 기묘.

제를 대신들에게 묻게 되었다.

> 요즘 士習이 아름답지 않아 헛되이 詞章만을 힘써서 科目을 준비한
> 다. 鄕擧里選은 옛같지 않으나 과거 역시 폐할 수 없다. 어찌하여야 인
> 재를 많이 배출하여 名臣을 많게 할 수 있겠는가?[179)]

중종 역시 과거 외의 다른 방법에 의해 인재를 얻을 필요성을 느끼고
있었다. 특히 과거의 한계를 詞章으로 지적한 것과 이 기록이 보이는 며칠
전에 피천인의 소대제까지 허락한 것을 본다면, 중종은 피천인을 중심으
로 한 과목의 설정을 의식하고 있었던 것이 분명하다. 이러한 중종의 문제
제기에 대하여 대신 정광필은 "宋朝의 名臣碩輔가 모두 과거를 통해서 나
왔으니 '心學之士'도 과거를 통해서 나오는 자가 역시 있을 것입니다."라고
말하면서 과거 외의 다른 科目의 설정을 반대하였다.[180)]

이러한 조정 분위기에서 사림들은 중종 12년 4월에 효렴과를 제의하였
다. 경연 중 시강관 金淨은 "用人의 도는 덕행을 먼저하고, 문예를 나중으
로 해야 합니다."고 전제하고 당시의 詞章에 의한 선발인 과거의 한계를 지
적하면서 효렴과를 제의하였다.[181)] 이에 대해서 중종은 지금 과목에 의해
선발되는 자는 "그 재주는 알 수 있으나 心行은 알 수 없다."고 기본적으로
김정의 견해에 동의였으나 孝廉科는 祖宗朝에 없는 일이므로 경솔히 시행
할 수 없다고 그 실시를 반대하였다. 대신 鄭光弼 역시 科目 외에 선행으로
化俗하는 자는 서용할 수 있다고 心行人의 천거를 인정하면서도 효렴과의
설치는 반대하였다. 효렴과는 받아들여지지 않았지만 제의는 계속되었다.
중종 12년 7월에도 司經 정응은 경연 중 士習이 아름답지 못한 것은 후세
에 과거를 설치한 데서 유래한다고 과거의 폐단을 지적하면서 "科目 외에

---

179) 『중종실록』 권27, 중종 12년 2월 계유.
180) 상동.
181) 『중종실록』 권27, 중종 12년 4월 기사.

별도로 효렴과와 같은 것을 설치하는 것이 가하다."고[182] 孝廉科의 설치를
건의하였다.

효렴과의 건의로 효렴과와 과거제 사이의 관계 설정이 불가피하였다.
사림은 과거제의 한계를 지적하면서 새로운 科目의 설정을 정당화하였다.
앞에서 김정이나 정응이 詞章에 의한 선발, 士習 폐단의 원인으로 과거를
비판하고 있는 것이 그 예이다. 이러한 과거제에 대한 비판은 科擧制가 천
거의 활성화에 제약으로 작용하였기 때문이었다. 과거는 문장으로 능력을
시험하였으므로 천거의 대상인 소위 德行之士는 자의 타의로 진출이 저지
되었다. 자의적인 측면을 보면 소위 古道에 뜻을 둔 草野의 선비들은 문장
의 공부에 불과한 과거 공부를 거부하였고[183] 과거에 나아가는 것도 '自
衒'으로 여겨 부끄러워하였다.[184] 그러나 타의적인 측면에서 보면 이러한
태도는 과거를 치를 수 있는 능력을 결하게 하였으며,[185] 이들이 천거제에
의해서 진출하여도 非文臣이라는 제약 속에 중요 직책으로 나아갈 수 없
게 하였다. 이러한 상황에서 천거제가 침체되자,[186] 제약으로 작용하는 과
거제의 한계를 지적하면서 새로운 과목의 설정을 모색하는 것은 당연한
것이었다.

이들에 의해서 지적되는 과거제의 한계는 과거의 선발이 문예, 문장에
의한 선발이라는 것이었다. 이점은 '先德行而後文芸'라는[187] 김정의 지적

---

182) 『중종실록』 권28, 중종 12년 7월 계묘.
183) 『중종실록』 권27, 중종 12년 4월 기사.
　　草野之士, 存心於古道, 而不事擧業.
184) 『중종실록』 권28, 중종 12년 7월 계묘.
　　掌令鄭順朋曰, 聞外方多有遺逸之士, 而乃以取科第自衒爲羞, 故不肯出矣.
185) 상동.
186) 『중종실록』 권32, 중종 13년 3월 경술.
　　淑生曰, 人物豈可謂必無乎, 但國家必以科擧取之, 然後可任於爲事之地,
　　外方遺逸之賢, 雖屢薦拔, 与科擧所取之人異用, 則恐其人以爲賤, 而不肯
　　就焉.
187) 『중종실록』 권27, 중종 12년 1월 기사.

에서 단적으로 나타났다. 즉 인선에서 중요한 것은 문예보다는 덕행인데 이점을 과거제는 충족시켜주지 못하고 있다고 보았다. 이것은 土習의 不美를 과거에 돌리는 정응의 주장과도 일맥상통한 것이었다. 이에 비해 천거제는 덕행에 의한 선발이었고, 덕행에 의한 선발은 '德行皆爲時輩所推'로 표현되듯이[188] 선발방식에 있어서 衆人의 천거를 수반하는 것이어서 公論과 연결되었고, 그들이 일관성 있게 추구해온 공론정치와 연결되는 것이었다. 이러한 논리는 기본적으로 천거제를 추진해온 일관된 논리였다. 천거제의 실시, 피천인의 관직제수, 피천인이 문과출신자와 다름없다는 주장까지도 이 논리에 의해서 제기되었다. 이제 같은 논리로 과거제를 비판하면서 효렴과의 설치를 주장하기에 이른 것이었다.

그러나 이들의 과거제 비판은 과거제를 폐지하자는 것은 아니었다. 그점은 중종 11년(1516) 김구의 '科擧不可無'[189] 라는 지적이나 중종 12년 정응의 '科擧也 科目雖不可無'[190]라는 지적에서 잘 보이고 있다. 이러한 견해는 사림의 공통된 주장이었다. 과거제의 폐단이 없지 않았으나 긍정적인 기능과 의의가 없지 않았고, 효렴과를 주장하는 자신들도 과거제를 통하여 진출하였으므로 이를 완전히 부정할 수 없었다. 또한 중종 역시 '科擧之事 亦不可廢'라는 생각을 표방하고 있었기 때문에[191] 이들은 중종의 지지를 얻기 위해서도 과거의 폐지까지는 주장할 수 없었던 것으로 이해된다.

이들의 기본입장은 科擧制의 존속 위에 덕행에 의한 선발인 孝廉科를 병존시킨다는 것이었다. 이들은 병존의 가능성을 과거에 의해 선발된 인

---

188) 『중종실록』 권27, 중종 12년 4월 기사.
189) 『중종실록』 권24, 중종 11년 4월 기사.
190) 『중종실록』 권28, 중종 12년 7월 계묘.
191) 『중종실록』 권27, 중종 12년 2월 계유.
　　近來士習不美, 徒務詞章以爲科擧之資, 鄕擧里選縱不如古, 而科擧之事, 亦不可廢也, 何以則人才輩 出蔚爲名臣乎.

원이 부족하다는 점에서 찾았다. 중종 11년 기준이 "우리나라는 오직 과거
로 용인하여 그 길이 심히 좁다."192)라고 지적한 것이나 중종 11년 김구가
"식년의 정액이 많은 듯하지만 혹 守令 教授가 되어 要切處에 사용할 인
원은 적다."193)라고 지적한 것은, 이들이 문과를 통해 배출된 인원의 부족
에서 효렴과 설립의 근거를 찾고 있음을 잘 보여준다.

  이들의 이러한 파악은 정확한 것이었다. 당시 광범위한 문음출신의 진
출이 파악되고 있기 때문이다. 결국 이 문제는 문음출신의 문제와 결부될
수밖에 없었다. 중종 11년 4월 경연 중 金安國의 다음 지적은 이러한 맥락
에서 제시된 것이었다.

> 우리나라의 入仕路는 매우 협착하여 3년에 33인을 선발하는데 불과
> 하니 만약 과거에 등제하지 못하고 媒進마저 못하면 산림에서 늙어 죽
> 을 수밖에 없습니다. 그러나 대신의 자제는 문음으로 입사하는 자가
> 많습니다.194)

  이 내용은 薦擧制의 科目化를 의식하면서 문신의 수가 적으며 나머지는
문음출신으로 채워지는 상황을 지적하고 있다. 당시 문음출신의 진출은
천거제에 의해서 제지되었지만 여전히 광범한 것이었다. 중종 12년 경연
중 侍講官 李淸이 근래의 仕路가 넓지 못한데, "그나마 거의 문음으로 채
워지니 향촌인은 몇이나 그 속에 끼어있습니까?"라고 지적한 것은 여전히
문음출신이 광범위하게 진출하고 있음을 보여준다.195)

  결국 사림의 효렴과 제의는 천거를 넓혀서 지방 사류의 진출을 더욱 원
활히 하는 한편 대신자제들인 문음출신의 진출을 억제하려는 것이었다.
이러한 까닭에 대신들은 과거제만을 주장하였고, '非祖宗法制'라는 명분을

---

192) 『중종실록』 권26, 중종 11년 11월 기묘.
193) 『중종실록』 권24, 중종 11년 4월 경오.
194) 상동.
195) 『중종실록』 권29, 중종 12년 8월 갑진.

내세워 효렴과를 반대하였다.

반면 중종은 과거제의 문제점이나 효렴과의 필요성을 깊이 느끼고 있었다. 중종 12년(1517) 4월 효렴과 제의에 대한 중종의 다음과 같은 답이 그것을 잘 말해준다.

> 옛날 鄕擧里選으로 取人함은 科目에 의지하지 않은 까닭에, 사람의 德行으로 모두 時輩에 의해서 추천된 것이다. 지금 科目에 합격한 자들은 그 재능은 알 수 있으나 心行은 알 수 없다.196)

이 기록을 보면 중종은 과거제에 의한 인선의 한계를 알고 있었다. 그는 德行, 心行에 의한 선발의 필요성을 느끼고 있었으며, 심행 덕행인이 '時輩' 들 즉 公論에 의해서 선발되어야 하리라는 것에도 인식이 미치고 있었다.

중종은 孝廉科에 대한 긍정적인 인식과 훈구공신에 대한 견제의 필요성에서 효렴과의 실시를 동의하고 있었지만 '非祖宗朝事'라는 대신들의 반대로 선뜻 결정하지 못하였던 것이다. 이러한 상황에서 중종은 기존의 천거제를 적극 활용하려는 방향으로 나아갔다. 중종 12년 4월 중종은 대신은 힘써 천거함이 가하다고 명하였고,197) 동년 11월에는 "대신의 직무는 薦賢입니다."라는 경연관의 지적에 동의를 표하면서 대신에 천거를 거듭 명하였다.198) 중종은 이에 그치지 않고 대신의 천거를 기다리지 않고 내가 천거하여 사용함을 담당하겠다고 천거제를 적극 시행할 의지를 강하게 표현하였다.199) 이러한 중종의 언질은 천거에 노력하지 않을 뿐 아니라 오히

---

196) 『중종실록』 권27, 중종 12년 4월 기사.

197) 상동.

198) 『중종실록』 권30, 중종 12년 11월 기축.
    大臣之職薦賢, 爲大賢者布列庶位, 而大綱已正, 則事事自無闕失, (중략) 上曰, 予意今日之切務, 無如求賢之一事, (중략) 聰明有所不逮, 聞見有所未及, 大臣当薦之.

199) 『중종실록』 권30, 중종 12년 11월 무자.

려 막는 대신들에 대한 강한 불만의 표시였고, 천거제를 추진하는 사림에게는 적극적으로 지원하겠다는 약속이었다.

사림은 효렴과 제의가 받아들여지지 않았지만, 천거의 활성화를 위해 계속 노력하였다. 중종 12년 7월 장령 鄭順朋이 별도로 科制를 만들지 못하더라도 "中外에 多薦하도록 명하여 사용하소서."라고[200] 다천을 제의하였다. 또한 '多薦'을 실현하기 위해서 중종 13년 2월 시강관 金正國은 薦賢해야 한다는 것은 필히 王佐의 재목을 천거해야 한다는 것이 아니라 '一才一能'한 사람도 모두 천거하여 사용하자는 것이라고[201] 천거의 대상의 범위를 '一才一能'한 사람에게까지 확대할 것을 제의하였다.

이와 더불어 士林은 피천인에게 관직 서용시 부과하던 取才를 폐지하여[202] 조금씩 피천인의 上來를 막는 요소들을 제거해 나아갔다. 그러나 사림은 이러한 소극적인 모색에만 그치지 않고 중종 13년부터 薦擧別試를 제안하여서 새로운 국면을 열어갔다.

3) 薦擧別試의 시행

孝廉科는 薦擧制 활성화의 일환으로 제의되었고, 시행해보려는 사림의 끈질긴 노력이 경주되었지만 非祖宗法制라는 명분을 내세운 대신층의 반대로 실패하였다. 이에 새로운 방안으로 제기된 것이 薦擧別試였다. 이 방안은 효렴과와 같이 항구적인 科目을 설정하는 것이 아니라 이미 시행되고 있는 別試의 양식을 빌어서 천거제를 활성화해 보려는 의도를 가진 것이었다. 즉 非祖宗法制라는 대신측의 반대 명분을 피하기 위해서 항구적

---

200)『중종실록』권28, 중종 12년 7월 계묘.
201)『중종실록』권32, 중종 13년 2월 경인.
202)『중종실록』권32, 중종 13년 2월 계사.
　　外方薦擧之人, 豈無可用者乎, 以不試吏任, 才不得敍用矣, 若賢者則必不要試才矣, (중략) 上曰苟有賢德者, 不計試才, 而敍用可也.

인 科目化를 양보한 제안이었다.

이 안은 중종 13년(1518) 3월 경연 중 조광조 등에 의해서 제기되었다. 참찬관 조광조는 詞章에 의해서만 관원을 선발하면 浮薄한을 선발하자고 말문을 열었다. 이에 참찬관 이자는 이 말을 받아 같은 자리에서 다음과 같이 薦擧別試를 제안하였다.

조정에 인물이 부족하다는 탄식이 있으니 이는 괴이한 일입니다. (중략) 大臣 侍從들에게 論薦할 것을 명하면 才行이 가용한 사람이 없겠습니까? 別試 역시 祖宗朝事이니 (이들에게 별시를 치르게 하면) 비록 한번만 이렇게 하여도 유익함이 클 것입니다.[203)]

李耔는 조정의 인물부족 문제를 지적하면서 大臣, 侍從들에게 천거케 하고, 천거된 이들에게 별시를 치르게 하자고 제의하였다. 이것은 별시라는 기존의 방법을 차용하여서 새로운 과목의 설정을 피하고, "한번이라도 좋다."는 임시적 성격을 부과하여 대신들의 반대를 무마시켜서 천거제를 활성화하고, 이미 천거로 관직에 나와 있는 이들의 청요직 진출을 추진하기 위해 고안된 것이었다. 이자의 제안에 대해서 조광조는 이 의견은 자신이 말하고 싶었던 것이라고 찬동을 표하면서 구체적인 방안까지 제시했다. 즉 지방에서는 監司, 守令이 중앙에서는 弘文館, 六卿, 臺諫 등이 인재를 천거하고, 이들을 왕이 親策하여 선발하자는 것이었다. 또한 조광조는 이것이 漢의 賢良方正科의 遺意를 따르는 것이라고 실시의 명분까지 제시하였다.[204)]

---

203)『중종실록』권32, 중종 13년 3월 경술.
204) 상동.
　　이 점에 다른 입장에 서있던 지사 남곤도 동의하였다. 그는 경연 중 三代이후 宋까지의 천거제의 古事를 거론하면서, 지금 만약 천거하여 策으로 大庭에서 시험하면 이는 옛날의 賢良方正之科와 거의 비슷하다고 천거별시가 현량방정과와 유사함을 설명하였다(『중종실록』권32, 중종 13년 3월 신유).

이와 같이 구체적 방법과 명분이 제시되자 경연에 領事로 참여하였던 신용개도 "이 일은 祖宗의 법을 변하는 것이 아니니 서울과 지방에 명하여 많이 천거하게 하는 것이 가합니다."고 찬성을 표했다.[205] 중종도 역시 "피천인을 과거출신자와 같이 사용한다면 銓曹에서 인물부족을 탄식하는 일은 없을 것이다."고 찬성을 하면서 즉시 이 안에 대해서 兩相의 의견을 묻도록 承政院에 명하였다.

중종의 반응이 이처럼 호의적이자 다음날 경연 중에 시강관 신광한은 조광조가 제시한 '薦擧取人事'는 조광조 개인의 의견이 아니라 홍문관원들의 합의된 견해임을 지적하면서, 이 일을 여러번 할 수는 없지만 "지금이 진정 할 수 있는 기회입니다."[206]라고 실시를 거듭 촉구하였다. 이에 대해 중종은 단지 빠뜨리는 사람이 있을까 걱정일 뿐 나머지 일은 걱정할 것도 못된다고 거의 확정적으로 답하면서 대신들과 의논하겠다고 하였다.

이 안이 대신들에게 넘겨지자 정광필은 薦擧別試의 제의가 祖宗의 법을 바꾸는 것은 아니지만 한번 시행하는 것도 폐가 될지 모른다고 반대하였고 나머지 대신들은 애매한 태도를 취하였다.[207] 그러나 반대하는 정광필까지도 천거별시가 非祖宗事는 아니라고 표명하고 있어 반대는 약할 수밖에 없었고, 따라서 천거별시 제의가 노리는 의도는 일단 달성된 것으로 이해된다. 이런 정도의 대신들의 의사를 들은 중종은 "이 일은 祖宗의 법을 변경하는 것은 아니다."[208]라고 다시 천명하면서 節目의 마련을 명하였다.

이로써 이 문제는 일단락 된 듯하였으나 대신들의 반대는 계속되었다. 절목이 명해진 다음날 경연에 참가한 정광필은 "천거별시가 祖宗의 법을

---

205) 상동.
206) 『중종실록』 권32, 중종 13년 3월 신해.
207) 상동조. 신용개, 안당, 유담년 등 대신들은 薦擧取才가 옛날의 賢良方正孝廉科와 같아서 행하는 것이 당연하나, 精審하게 하지 않으면 科擧만 못하다고 기본적인 의도에는 찬성하였으나 그 시행은 반대하였다. 그러나 이들은 만약 실시한다면 절목을 반복 검토해서 상세히 하여야 한다고 실시의 가능성도 제시하였다.
208) 상동조.

파하는 것은 아니나 또한 파하지 않는 것도 아닙니다."라고[209] 애매한 논리로 천거별시의 시행을 거듭 반대하였다. 이에 대해서 같은 경연에 참가한 持平 李淸은 이것은 법을 파하는 것이 아닌데 대신들이 따르지 않는 것은 그 이유를 알 수 없다고 정광필을 비난하였다. 侍講官 金正國 역시 式年試에는 祖宗朝이래로 규례가 있지만 별시는 大庭에서 試策하거나 성균관에서 시험을 치는 등 정규가 없음을 지적하면서, 근래 과거급제자들은 行優之人이 없어 이러한 非常의 일을 시행해야 한다고 別試의 필요성을 주장하였다.

또한 대신들의 반대가 특별히 조종의 법에 집중되자 김정국은 한걸음 더 나아가 천거별시가 법에 위반되어도 실시해야 한다고 다음과 같이 주장하였다.

> 대신들이 啓한 바 旧章을 준수해야 한다는 말은 당연합니다. 그러나 옛말에 말하기를 漢, 唐은 三代에 미치지 못하였고, 宋, 元은 漢, 唐에 미치지 못한다고 하였으니, 만약 祖宗之治를 바라기만 하면 필히 祖宗에도 미치지 못할 것입니다.[210]

이 주장은 앞의 정광필의 애매한 태도를 공격하기 위한 것이었다. 이들은 대신들의 반대를 피하기 위해서 별시의 방법을 제의하였으나 역시 非祖宗事라는 말을 하자, 한걸음 더 나아가 非祖宗事라도 하여야 한다고 강경한 태도를 취한 것이었다.

이러한 견해는 김정국뿐 아니라 조광조 역시 주장하였다. 그는 근래에 대신들의 의론이 모두 행하기 어렵다고 하는데, 그 이유는 다른 것이 아니라 近古에 행해보지 않아서 그러하다고 합니다. 그러나 "오늘 한다면 이것은 내일에는 古事가 될 것입니다."라고 古事는 만들어 가야한다고 강하게

---

209) 『중종실록』 권32, 중종 13년 3월 임자.
210) 상동조.

주장하였다.211)

사림들의 이러한 강경한 태도에 일부 대신들은 이에 동의하는 태도도 보여주었다. 사림은 지원하였던 안당은 물론, 앞에서 보았듯이 이 일이 祖宗의 법을 변하는 것이 아니라고 인정한 신용개가 동의하였다. 남곤도 천거별시를 시행할 때 야기될 문제점들을 거론하면서 천거로 사람을 취하는 것은 비록 "한번은 하더라도 常行할 수는 없다."고 부득이 하다면 한번은 시행할 수 있다고 양보하였다.212)

그러나 대부분의 대신들은 완강하게 반발하여 중종이 명령한 節目도 마련하기 어려웠다. 그것은 절목 마련이 명해진 뒤 예조에서 오늘 본조는 정부에 모여 薦擧別試節目을 논의 하였으나, 鄭光弼, 權鈞, 曹継商, 成世昌 등은 薦擧取人事는 후폐가 있을 것이니 불가하다고 반대를 하였고, 申用漑, 安瑭, 崔淑生 등은 한번쯤 하는 것은 무방하다고 하여 "節目 마련이 어려우니 왕께서 결정해 주십시오."라고 한 데서 잘 나타난다.213) 이에 대해서 중종은 별시이며 한번만 치루는 것을 강조하면서 절목 마련을 재차 명하였다.

그러나 대신들의 반대는 계속되었다. 위의 명령이 내린 며칠 뒤 三公, 六卿 등을 모아 중국과의 무역에서 오는 문제점을 의논하게 하자, 이 의논의 결과를 啓하면서 정광필은 다시 별시의 문제를 제기하였다. 그는 재삼 이 문제를 논하는 것을 죄송스럽게 생각한다고 전제하면서, 이 문제를 주야로 생각하여도 마음이 편치 않으니 오늘 마침 三公, 六卿이 모였으니 가

---

211) 『중종실록』 권32, 중종 13년 3월 갑자.
212) 『중종실록』 권32, 중종 13년 3월 신유.
    남곤은 천거별시 시행의 문제점을 다음과 같이 거론하였다.
    "외방에 모두 천거하라고 명하면 猥濫에 이를 것이고, 만약 共薦만을 명하면 너무 적을 것이다. 또한 잘못 천거한 자를 벌한다는 것도 역시 어렵다. (중략) 鄕擧里選之法을 비록 오늘에 復行하고자 하지만, 천거되는 자가 어찌 三代의 사람들과 같겠는가."
213) 『중종실록』 권32, 중종 13년 4월 정묘.

부를 묻는 것이 어떠한가라고 啓하였다. 중종은 이를 허락하였고, 다시 논
의가 되어졌으나, 안당, 최숙생 등을 제외한 강혼, 장순손, 김전, 남곤, 고
형산, 이유청, 손수 등이 반대하였다.[214]

이러한 상황에 부딪히자 중종은 이들의 동조 하에 시행하기 힘들다는
것을 느끼고 자신의 재량으로 처결하기에 이르렀다. 그는 이미 절목 마련
을 명했던 것을 상기시키면서 "이미 명을 받고도 행하지 않음은 政令이
하나 되지 못하는 것이 아닌가. 천거별시를 하는 것이 무방하니 속히 시행
하라."고 명하였다.[215] 이러한 중종의 강경한 태도에 대신들은 양보할 수
밖에 없었다. 대신들의 집요한 반발은 천거제 추진이후 문음출신들 진출
의 둔화와 사림세력의 증가라는 현실적 손실이 천거별시 이후에 가속되리
라는 우려에 기인한 것이었다. 이로써 천거별시는 시행 단계에 들어가게
되었는데 이러한 성취는 사림들의 적극적인 추진에 의한 것임을 부언할
필요가 없겠다.

別試가 최종적으로 결정되자 節目이 마련되었다. 절목의 마련에서 가장
중요한 문제는 담당부서의 책정이었다. 이미 천거별시 결정 이전에 조광
조는 지방에서는 監司, 守令 등을, 중앙에서는 弘文館, 臺諫, 六卿 등을 담
당부서로 제의한 바 있었다. 그는 지방의 유일천거를 담당해온 감사, 수령
을 그대로 별시의 천거도 담당케 하고 중앙에서는 사림의 주력을 이루는
三司를 중심으로 하여서 이 일을 추진하고자 하였다.[216] 그러나 천거별시
가 결정되고 절목이 마련되면서 이 문제는 새롭게 논의되었다.

가장 먼저 이 문제를 제기한 사람은 이판 안당이었다. 그는 지방에서는
감사가, 중앙에서는 成均館과 四學이 이 문제를 담당하도록 하자고 제시
하였다.[217] 이는 당시까지 천거를 담당해온 핵심부서들을 지적한 것이었

---

214)『중종실록』권32, 중종 13년 4월 계사.
215) 상동조.
216)『중종실록』권32, 중종 13년 3월 경술
217)『중종실록』권32, 중종 13년 4월 정해.

다. 당시까지 遺逸薦擧는 감사가, 學生薦擧는 성균관에서 담당해 왔기 때문이었다. 여기에 四學이 제시된 것은 사학에서도 유생의 천거가 가능하리라고 생각한 데서 기인한 것 같다. 이 제의는 받아들여졌다.

그러나 지방의 천거를 감사가 담당한다는 점에는 이의가 없었지만, 중앙의 경우에는 몇 차례의 수정을 거치게 되었다. 어떤 부서가 천거를 담당하는가는 피천인의 선정에 있어 다른 결과를 낳을 소지가 있었기 때문이었다. 가장 먼저 이의를 제기한 이는 김정이었다. 그는 안당이 제시한 成均館, 四學 안에 대하여, 연소한 선비가 四學에서 공부하다가 성균관에 陞補되므로 "成均館 안에 四學이 있는 것이니 사학은 빼자."고 제의하였다. 또한 그는 吏曹와 礼曹를 넣을 것을 청하였고, 이 안은 수용되었다.[218] 예조의 추가는 예조가 과거를 관장하는 부서이기 때문이었으며, 이조를 넣는 것은 피천인의 범주를 현직 관원들까지 포함시킬 것을 의식한 조처로 이해된다. 사림은 이미 천거를 받아 관직에 들어갔어도 청요직에 나아가지 못하고 있는 사림의 淸要職 소통을 의식하면서 이 문제를 제기하여 온 만큼, 기존에 천거로 임명된 관리들을 천거별시의 범주에 넣는 것은 당연하였다. 이 일은 성균관만으로 할 수 없는 것이었으므로 관리들의 인선을 담당하는 이조를 추가시키고자 한 것이었다. 물론 이 경우에 이조의 인선이 당상관들에 의해서 대신의 견해만 반영될 가능성도 있었지만 이조의 낭관들이 郞官權을 형성하고 있어 당상관에 의한 일방적 선발을 막을 수 있으리라는 생각에서 취해진 제의였다.[219]

그러나 이 안은 대신들이 절목을 의논하는 과정에서 다시 수정되어, 吏曹, 礼曹 외에 刑曹, 工曹, 戶曹, 兵曹 등의 四曹와 漢城府가 추가되어 節目에 제시되었다.[220] 이 의견은 한성부 등 대신들의 뜻이 반영될 수 있는

外方則薦擧人才事, 已下諭于監司矣, 京中則令成均館四學薦擧.

218) 상동조.

219) 최이돈「16세기 郞官權의 형성과정」『한국사론』14, 1986.

220) 『중종실록』권33, 중종 13년 6월 신미.

폭을 넓힌 것이었다. 이에 대하여 중종은 천거부서가 적어 천거가 넓지 못할까 염려된다고 부서를 넓힐 것을 명하였다. 단순히 중종은 부서를 넓히라고 말하였지만 사림의 견해를 반영할 수 있는 三司를 의중에 둔 것이었다. 이에 정부에서는 兩司는 잘못 천거된 이들을 바로 잡아야 하므로 천거를 못하게 하였다고 변명하면서 四館을 추가하였다.221)

四館의 추가는 의미있는 것이었다. 신용개는 四館의 추가 이유를 "모든 試取는 四館에서 분장하며, 유생들의 賢否는 四館에서 소상히 압니다."라고 말하였다.222) 신용개의 발언은 四館의 첨가 사유를 두가지로 말하고 있다. 그 하나는 四館이 시험을 관장한다는 것이었다. 四館은 礼曹의 속아문으로 과거가 있을 때마다 이들 아문에서 試官이 차출되었고, 특히 四館의 參下官들은 試場을 관리하였다. 그러므로 예조와 같이 이들이 천거에 참여하는 것은 당연하다고 본 것이었다. 다른 하나는 유생들의 현명한지 여부를 四館에서 소상히 안다는 것이었다. 四館의 참하관은 문과 급제자들의 初職處로 급제한지 얼마 되지 않은 문관들이 배치되어 있었다. 그들은 성균관에서 같이 공부한 처지어서 그들 서로간에 또한 아직 성균관에서 공부하고 있는 유생들의 인품과 능력을 잘 알 수 있었다. 그러므로 이들이 참하관과 유생들을 천거하는 것은 적절하였다.

의정부에 의한 四館의 첨가에 대해서 사림도 만족하게 생각하였다. 그것은 같이 참석하였던 사림 대사헌 이자가 육조, 한성부, 四館 등이 천거한즉 빠뜨리지 않을 것이라고 발언한 데서 잘 나타난다.223) 이자가 四館의 첨가를 기꺼이 받아들인 것은 신용개가 지적한 四館의 적절성 외에 다른 측면이 있었기 때문이었다. 이는 四館에서도 자천제가 시행되고 있었기 때문이었다.224) 사관 중 예문관에서는 일찍부터 자천제를 시행하였고,

---

221) 상동조.
222) 상동조.
　　用漑曰, 臣意凡試取之事, 四館皆掌之, 而儒生之賢否, 四館之所詳知也.
223) 상동조.

이즈음에 이르러 낭관권이 형성되면서 자천제가 강화되는 추세였다. 참하
관에서의 자천제는 참상관들의 자천제인 낭관권과 밀접한 연결이 있었고,
나아가 사림세력의 기반을 이루는 것이었다. 그러므로 사림계열은 四館의
참가를 환영하였고, 이로써 천거담당기관의 선정은 일단락되었다.

그 다음날 발표된 절목은 다음과 같았다.

> 京中은 四館이 專掌하여 儒生 朝士를 막론하고 성균관에 薦報하고,
> 성균관은 예조에 轉報하며, 중추부 육조 한성부 홍문관 역시 아는 자
> 를 천거하여 예조에 보낸다. 외방은 留鄕所에서 본읍 守令에게 알리고
> 수령은 관찰사에게 보고하며, 觀察使는 다시 詳察하여서 礼曹에 보낸
> 다. 예조에서는 京外의 천거한 자의 성명, 행실을 합하여 議政府에 보
> 고한다.225)

이 내용을 그려 보면 다음과 같이 정리된다.

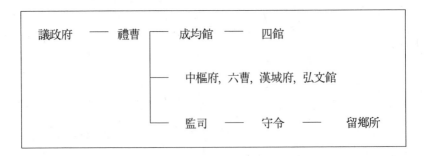

위의 절목을 보면 논의 중에 언급된 바 없는 中樞府가 추가된 것으로 나
타난다. 이것은 한성부와 더불어 대신의 견해를 반영하기 위한 것으로 이
해된다. 또한 논의과정에서 거론된 바 없는 유향소가 유생천거 기관으로

---

224) 최이돈 「16세기 郎官權의 형성과정」『한국사론』14, 1986.
225)『중종실록』권33, 중종 13년 6월 계유.

등장한 것이 주목된다. 당시 유향소는 사림의 입장에서 볼 때 긍정적인 기능을 유지하고 있었고 그러한 기능은 유일천거를 담당하면서 강화되어 온 것으로 생각된다. 그러므로 유향소가 천거를 담당하는 것은 당연하였다.

끝으로 주목되는 것은 모든 피천인의 명단이 예조에 모아져 의정부에 올려 최종 취사된다는 점이다. 이것은 여러 논의를 거쳐 사림의 의견이 반영되었지만 최종적으로는 대신들에 의해서 명단이 결정되는 것을 의미하였다. 그러나 별시의 실시과정을 구체적으로 살펴보면 의정부나 예조의 재량에는 제약이 가해지고 있었다.

의정부는 최종적인 결정권을 가지고 있었으나 다음의 중종 13년(1518) 12월 중종의 다음과 같은 명령을 보면 그것이 여의치 않았음을 알 수 있다.

> 지금 정부에 전적으로 위임한 후, 物議가 있어 누구는 가하며 누구는 불가하다고 (다른 의견이 있어) 취사가 하나 되지 못하면, 비단 事体에 불편할 뿐 아니라 精選되지 못할 수도 있다. 그러니 잠시 該司(예조)가 가부를 가리게 하여 공론이 大定하고 인물의 賢否가 가려진 후에 의정부에 선택을 명함이 가하다.[226]

위 기록은 각 기관의 추천에 의해서 만들어진 천거단자가 의정부에 내려진 중종 13년 12월 중종의 명으로, 중종은 피천인들에 대한 최종적 심사기관인 의정부의 취사를 하위부서의 선택이후로 보류하도록 명하였다. 중종은 의정부의 선택 후에 물의가 있으면 의정부의 체통이 서지 않는다는 점에서 이 조치의 명분을 찾고 있으나, 사실은 천거별시를 반대해 왔으며 피천인의 인품에 대해서도 잘 알지 못하는 의정부의 간여를 줄이려는 조처였다. "정선되지 못할 수 있다."는 지적은 중종의 이러한 심경을 잘 보여주는 것이었다. 이 조처를 통해서 의정부의 간여를 전혀 배제할 수는 없었지만, 이미 하위부서에서 '公論大定 人物之賢否自辨'한[227] 뒤였으므로 의

---

226)『중종실록』권35, 중종 13년 12월 병인.

정부의 심사는 큰 의미를 가지기 어려웠다.

　의정부의 취사가 형식적 검토에 그칠 때 피천인의 취사는 예조에서 장
악하게 되었다. 중종은 예조의 취사마저도 문제를 삼았다. 경연중 중종 13
년 12월 중종은 다음과 같이 이 문제를 지적하였다.

　　　근일 피천인들을 試取할 것인데 예조에서 다시 擇除하고 있다. 각
　　　인이 천거한 뜻을 어찌 예조에서 알 수 있겠는가, 만약 擇除하면 初薦
　　　의 뜻과는 다르게 되리라고 생각한다.[228]

　중종은 예조에서 피천자의 인품을 알 수 없으므로 예조의 취사가 타당
치 않으며, 오히려 초천의 뜻을 그르칠 것을 우려하였다. 중종은 모든 피
천인이 취사없이 시취에 임하기를 바랐던 것이다. 이러한 중종의 지적이
있자 경연에 참석하였던 사림 김정도 예조에서 이미 피천인을 반수이상을
제하여 남은 수가 40여 인에 불과하다고 지적하면서 70,80인은 뽑아야 할
것을 주장하였다. 중종이나 김정의 이러한 견해는 무조건 많은 인원을 뽑
고자 한 것은 아니었다. 오히려 재상권의 일원인 예조 당상관들의 자의적
취사로 천거의 본뜻이 가려질까 염려하였던 것이다.

　그러나 檢討官으로 경연에 자리를 같이 한 사림계 인물인 구수복은 여
러 의견이 많지만 소수를 뽑고자 하는 자가 많다고 취사의 필요성을 강조
하면서, 특히 취사의 주체가 예조의 당상이 아니고 낭관이니 그 증감에 상
세한 바를 얻을 수 있으므로 우려할 필요가 없다고 말하였다.[229] 구수복
발언의 의미는 당시의 낭관 동향에 대한 이해에서 파악될 수 있다. 이 시
기의 낭관들은 낭관 정치력을 강화해서 당상관의 독주를 견제할 수 있었

---

227) 상동조.
228) 『중종실록』 권35, 중종 13년 12월 임오.
229) 상동조.
　　壽福曰, 議論固不同, 然欲少其數者多, 且今礼曹郎官擇除, 故其所增減, 必
　　得其詳也.

고, 자천제의 운영을 통해서 四館의 관원, 성균관의 유생 등과 유대를 갖고 있었으므로 피천인들에 대해서 정확한 정보도 가질 수 있었다.[230] 특히 중요한 점은 낭관직이 사림계의 인물들에 의해서 장악되고 있었다는 점이었다. 이러한 상황이었으므로 왕이나 사림계 인물들은 예조낭관이 피천인을 선택하는 데는 이의가 없었고, 이에 이 문제는 일단락되었다. 실제로 당시 예조낭관으로 천거를 담당하였던 이는 사림 金匡復 등으로 확인된다.[231] 결국 피천인의 취사는 예조당상들에게 있지 않아, 형식상으로는 대신들에게 있는 듯이 보였으나 실제로는 낭관직을 장악하고 있는 사림에게 있었다.

이러한 과정을 거쳐서 피천인들은 취사되었다. 절목이 결정된 중종 13년 6월부터 천거가 실시되어 그해 12월까지 예조에 천거된 인물이 120여 명이었다.[232] 이 인원을 예조에서 걸러 40여 인만 의정부에 보고되었다.[233] 이 인원을 의정부에서 다시 걸러져 최종적으로 28인이 남아 이들을 대책으로[234] 선발하였다.[235]

---

230) 최이돈 「16세기 郎官權의 형성과정」『한국사론』 14, 1986.

231) 『중종실록』 권34, 중종 13년 7월 을축조 政目. 아직 이 시기에는 예조낭관보다 더욱 비중이 있는 이조낭관도 정목에 언급되지 않는 시기였다. 그런데 예조낭관이 나온 것은 천거별시와의 관련 속에서 특별히 명기된 것으로 보인다. 특히 사림 崔山斗가 예조낭관이었던 것이 확인된다(위의 책 권34, 중종 13년 10월 무자).

232) 『중종실록』 권35, 중종 13년 12월 임오.
경연 중 김정은 "初薦擧者 百二十余人."이라고 밝히고 있다.

233) 『중종실록』 권35, 중종 13년 12월 계미. 경연 중 영사 안당은 "初薦百余人, 而今抄四十余人, 已報府."라고 당시 상황을 보고하고 있다.

234) 策에 의한 선발은 천거별시를 제의하면서 이자 등에 의해서 제안된 방법이었다(위의 책 권 32, 중종 13년 3월 경술). 절목에도 별다른 논의 없이 殿庭親策으로 결정되었다(『중종실록』 권32, 중종 13년 6월 계유). 그러나 이후에 이 문제는 중종에 의해서 다시 거론되었다. 중종 13년 7월에 중종은 경연석상에서 천거 試取를 文으로서 시험하는 것은 불가하니, 經書를 講한 후 對策을 하면 어떠한가라고 물었고, 대신 신용개는 천거인 중에는 혹시 학문에 부족한 이들도 있을

천거별시에 선발된 28명의 전력을 살펴보면 출사 중이었던 時散官이 12
인이었고, 나머지 16인은 유생이었다.[236] 천거별시가 천거제의 활성화의
방향이었다는 점은 급제자들 특히 관원으로 급제한 이들을 검토해 보면 잘
드러난다. 즉 이들은 모두 천거에 의해서 관직에 나아간 인물이었다.[237] 그
러므로 천거별시는 피천인의 청요직 진출을 위한 자격 추인의 의미를 갖는
것임이 분명해진다.

그러므로 중종 14년(1519) 4월 중종은 이들을 상례대로 서용하지 말 것,
즉 자급에 구애하지 않고 서용할 것을 명하고 있다.[238] 이에 따라 이들은
대거 청요직에 진출하는데 이들의 청요직 진출의 양상은 별시 직후 弘文

수 있으니, 試講할 필요는 없다고 하여 策으로만 시험하기로 하였다(『중종실록』
　　권34, 중종 13년 7월 을묘). 이후에도 논의가 있었으나 책으로 시험하도록 결정
　　되었다(『중종실록』권35, 중종 13년 12월 계미).
235) 勤政殿에서 策으로 시험한 것은 문과 殿試에서 33인의 순위만을 정하는 것과
　　같이, 합격과는 관계없이 등수를 정하는 의미만 있었다.
236) 『중종실록』권35, 중종 14년 4월 병자.
237)

성 명	천거 종류	직 위	전거 (권, 년 월 조)
김 식	학생	장령	22, 10 6 계해
박 훈	학생	지평	22, 10 6 계해
조 우	학생	좌랑	33, 13 6 갑오
정 완	학생	정랑	기묘록보유
민세정	학생	현감	33, 13 6 임오
민회현	효렴	좌랑	33, 13 5 갑진
이연경	유일, 학생	좌랑	33, 13 6 갑오
방귀온	유일	전참봉	30, 12 10 갑자
김유대	유일	전직장	32, 13 3 을축
김 우	유일	직장	32, 13 3 을축
송호지	공천	정랑	기묘록보유
김신동	공천	정랑	기묘록보유

＊ 송호지 김신동의 경우 천거의 종류가 분명치 않다.
238) 『중종실록』권35, 중종 14년 4월 신사.
　　上曰, 近日別試得人最多, 若是得人, 則当不拘常例用之, 昨日爲政, 敍新及
　　第以例職, 此非予之志也, 吏曹之意, 必以資級不足, 如是是耳, 然如是之
　　人, 不可不別用也.

錄의 선발과정에서 잘 드러났다. 별시 직후 홍문관의 궐원이 많아 홍문록의 선발이 명해졌는데,[239] 중종은 弘文錄 선발 인원이 15명에 불과한 점을 지적하면서 조광조에게 홍문관에서 本館錄으로 선발하여 의정부에 올린 인원이 얼마였는가를 물었다. 이에 조광조가 23명이라고 대답하자 "중종은 정부가 어찌 홍문관과 같이 상세히 알 수 있겠는가."라고 말하면서 의정부에 다시 택할 것을 명하였다.[240] 중종은 이에 그치지 않고 홍문록의 폐지까지 주장하였다.

> 홍문록은 圓点의 다소에 의해서 선발하여 협소하다. 마땅히 공론에 의해서 선발해야 한다. 대신의 자제는 대신이 알겠지만 초야의 선비를 어찌 알겠는가.[241]

중종은 대신들의 圓点에 의해 선발하는 홍문관 都堂錄을 못마땅해 하면서 이를 폐지하겠다는 의사까지 나타내었다. 이에 안당이 원점도 공론에 의한 것임을 강조하면서 폐하는 것을 반대하여 이 안은 시행되지 않았지만, 이러한 중종의 발언은 천거별시 합격자들의 청요직 진출의 양상을 짐작케 해준다.[242]

4) 피천인 서용의 활성화

孝廉科와 薦擧別試가 진행되면서 그 이면에서는 계속 천거의 활성화가 추진되었고 음서직에 대한 제한도 가해졌다. 먼저 천거 추진을 보면 피천자에게 6품을 주는 문제가 초점이 되었다. 앞에서 이미 보았듯이 특별한

---

239) 『중종실록』 권35, 중종 14년 4월 경진.
240) 『중종실록』 권35, 중종 14년 4월 정해.
241) 상동조.
242) 『중종실록』 권35, 중종 14년 4월 무자.

경우 피천인의 6품직 제수는 실시되었으나, 중종 12년 경연 중 시독관 柳
庸謹은 "천거된 자의 나이가 이미 40,50인데 참봉을 준다면 언제 所懷를
펼칠 수 있겠는가."라고 지적하였다. 이에 중종은 6품 수령직에 서용하여
"그 행적을 보는 것도 가하다."라고 6품직 서용을 허락하였다.[243] 또한 중
종 13년에는 유일을 搜訪하고 성균관에 明経行修한 자를 천거하도록 명하
면서 "資級에 구애하지 말고 서용하라."는 중종의 명령에 따라[244] 피천인
의 6품 진출은 더욱 활성화되었다.

그러나 피천자가 모두 6품에 서용된 것은 물론 아니었다. 그것은 중종 13
년 정월 奇遵이 피천인 서용 강화를 건의할 때 중종이 마땅히 薦擧人을 먼저
서용해야 하며 "最賢最能한 자는 6품에 서용해도 가하다."라는 언급에 잘 나
타난다.[245] 6품직 제수에는 '最賢最能'이라는 단서가 붙었다. 이러한 중종의
언급에 대해서 대신들은 더욱 엄격한 태도를 취하였다. 대신 정광필은 "과거
를 통해서 진출해도 甲科 1인이 아니면 6품직에 제수되지 않습니다."고 말하
면서 참봉직에 제수할 필요는 없지만 참외직 역시 여러 급이 있으니 재능에
따라 고하의 직을 맡기자고 말하였다. 또한 같은 해 5월 경연 중에서도 정광
필은 "피천자가 모두 6품을 맡는 것은 불가하다."고 거듭 주장하고 있다.[246]
그러나 대신의 발언 역시 피천인의 6품 제수를 부정하고 있지는 않았다. 중종
은 그 14년 천거별시에 천거되었으나 별시에 합격되지 않은 이들에 대해서도
우대할 것을 명하면서 육품을 주는 것도 가하다고 명하였다.[247] 그러므로 6
품직의 진출은 빈번했고 중종 13년 6월에는 "지금 6품직에 오르는 자가 심히
많으며 7품이 되는 자도 있다."라고 표현될 정도로 6품직 제수가 빈번하였
다.[248] 이러한 상황에서 중종 14년 6월에는 지평 趙佑가 "근래에 피천인이 심

---

243) 『중종실록』 권31, 중종 12년 12월 을해.
244) 『중종실록』 권31, 중종 13년 정월 갑인.
245) 『중종실록』 권31, 중종 13년 정월 병진.
246) 『중종실록』 권33, 중종 13년 5월 경술.
247) 『중종실록』 권36, 중종 14년 6월 병인.
248) 『중종실록』 권33, 중종 13년 6월 신미.

히 많다."고 지적하였고, 金緘가 "근래의 용인은 태반이 천거인이다."라고[249] 지적할 만큼 천거제가 활성화되었다.

사림은 이러한 천거제 활성화에 노력하면서 음서인에 대한 적극적인 견제에도 노력하였다. 종종 12년 장령 鄭順朋은 음서인이 어린 나이에 공부를 하지 않고 관직에 나아가는 것을 비판하면서, 관직에 나간 자는 과거를 보지 못하게 하자고 이미 중종 5년 이빈이 제의한 것을 다시 제시하고, 이에 유보조항을 달아 "과거를 보려면 필히 관직을 버리고 보게 하자."라고 제의하였다.[250] 이 제의는 중종에 의해서 年少者가 入仕하는 것은 아름다움 일이 아니나 법을 만들어 금하는 것은 불가하다고 거절당하였으나, 문음인을 견제하려는 사림의 집요한 노력을 잘 보여준다.

사림은 음서인의 진출을 계속 견제하였다. 사림은 이를 위해 문음취재 과정도 직접 관리하려고 노력하였다. 문음취재는 문음인이 관직의 서용을 위해서 필요한 시험절차였는데 당시 문란해져 있었기 때문이었다. 중종 11년 김안국은 경연 중 다음과 같이 이 문제를 제기하였다.

取士하는 방법은 단지 文武科와 門蔭, 吏任이 있는데, 正科는 매 3년에 시취하여 그 길이 협소한 고로 관리가 되어 中外에 서용된 자가 적습니다. 庶職에 포열되고 烈邑에 임명된 자는 거의 다 門蔭이나 吏任으로 出仕한 자들입니다. 그러나 이조에서 시험을 치는데 거의 신경을 쓰지 않고 있습니다. (중략) 그러므로 (문벌의 자제들이) 평시에 학문을 하지 않아 지식이 없어 發身한 후에도 行事가 어둡고 직무에 태만합니다. 인물이 부족하다는 탄식이 이상할 것이 없고, 庶職이 다스려지지 않음이 이로 말미암으니 이것이 當今의 급무입니다.[251]

---

249)『중종실록』권36, 중종 14년 6월 병인.
250)『중종실록』권12, 중종 5년 9월 기묘.
　　『중종실록』권29, 중종 12년 8월 경오.
251)『중종실록』권25, 중종 11년 5월 경자.

이조에서 관장하였던 문음, 이임취재의 문제를 구체적으로 지적하고 있다. 문음인에게 시험을 쳐서 관직에 임명하도록 하였으나 이러한 규정이 거의 형식적으로 운영되고 있었다. 그러므로 문음인은 걸러짐이 없이 관직에 진출하였고, 청탁으로 임명되어 천거인의 관직진출이 어려웠고, 심지어 문음이 문과 출신보다 승진이 빠르다는 지적까지 나오고 있었다. 그러므로 사림은 근본적으로 문음, 이임취재를 바르게 실시하여 부적격자를 제대로 걸러내어 문음인의 질을 높이면서, 문음인의 무제한의 관직 진출을 저지하여 천거인의 서용을 용이하게 하려고 노력하였다.

김안국은 『경제속육전』과 『경국대전』을 검토하면서 다음과 같이 그 방안을 제시하였다.

> 門蔭吏任取才를 매년 정월에 실시하고, 혹은 다른 곳에서 시험을 실시하고, 諸科의 예에 따라서 대간이 本曹(이조)의 시험에 참여하게 하여, 같이 榜을 내고 牌를 주도록 하소서. (중략) 그러면 乳臭不學하고 庸愚無識한 무리들이 조종에 出仕하지 못할 것입니다.[252]

이 방안은 엄격한 규례에 따라서 취재를 실시하고, 그러한 과정을 대간이 감시하게 하자는 것이었다. 이 안은 다음날 대신들의 논의에 붙여졌는데 이 논의에서 대신들은 긍정적인 반응을 보였다. 특히 金応箕는 大典의 법을 고쳐서는 안 되나, 이조의 三堂上이 齊坐하여 취재하고 대간이 같이 참가하는 것은 합당한 것 같다. 지금 雜科取材에는 대간이 참여하고 있으니 어찌 불가하겠는가. 錄事나 訓導의 取才까지 참여할 필요는 없지만 "수령의 취재는 중요하니 대간을 참여하게 하는 것이 어떠하겠는가?"라고 대간이 수령취재에 참여하게 하자고 건의하였다. 이에 따라서 門蔭, 吏任, 守令取才를 새 규정에 따라서 행하고 대간이 참여하도록 결정되었다.[253]

---

252) 상동조.
253) 『중종실록』 권25, 중종 11년 5월 신축.

그러나 중요한 성과의 하나인 대간의 참여는 대간에서 이의를 제기하였
다. 중종 11년 6월 사간원은 취재에 대간이 참여하는 것은 국가에서 이미
六卿에게 위임하고 다시 대간에게 감찰하게 하는 것이어서 事体에 어긋난
다고 반대하였다. 그러나 중종은 이미 대신의 의견을 거친 것임을 분명히
하면서 대간이 雜科의 시취에 참여하고 있으므로 문음 시취에도 참여하도
록 명하였다.254) 그러나 며칠 뒤 사간원에서는 吏任, 門蔭取才를 만약 吏
科로 別名한 후에 대간이 참여하게 함은 가하다고 이 문제를 해결할 절충
안을 제기하였다. 이 방법은 문음취재에 과거의 명칭을 붙여주면 참여하
겠다는 것이었다. 이 논리에 의하면 당시 예조에서 실시하는 잡과의 시취
에 대간이 참석하는 것은 雜科도 명칭 상 과거의 하나이므로 다른 과거에
참여하는 것의 연장선에서 참여하는 것이었다. 그러므로 이임이나 문음취
재를 吏科로 科擧의 칭호를 붙여 준다면 참여할 수 있다는 논리였다.255)
이러한 논리는 상당히 형식적이고 다소 구차한 것이었다.256) 이때에도 중

중종은 이 결정이 된 며칠 뒤 訓導의 취재까지 대간이 참여하는 것이 어떤가라고
묻고 있다. 그러나 번거롭다는 이유로 시행되지 않았다(『중종실록』 권25, 중종 11
년 5월 계묘).

254) 『중종실록』 권25, 중종 11년 6월 갑자.
255) 물론 여기의 吏科는 조선 초기에 성중관을 뽑는 吏科와는 다르다. 조선 초기의
吏科는 여기의 吏任取才에 해당한다.
한영우 「조선 초기의 상급서리와 그 지위」 『조선전기 사회경제연구』 을유문화
사 1983 참고.
256) 이러한 대간의 행동은 꾸준히 문음출신을 견제하기 위해 일관성 있게 노력해온
기존의 입장에서 볼 때 이해가 되지 않는다. 이러한 태도는 추측컨대 이 문제에
대한 당시 사림 내의 입장이 정리되지 않은 데서 온 것으로 이해된다. 이 문제를
제기한 김정국의 경우 대간의 참여를 바라고 있었다. 그러므로 그는 이 문제를
제기했을 뿐 아니라, 계속 대간이 참여가 절실하다고 분명히 자신의 의견을 제
시하고 있다(『중종실록』 권27, 중종 12년 정월 경인).
그러나 문음취재에 실재로 참석해야 하는 대간의 입장에서는 이 문제는 천거제
의 추진보다 어려운 일이었다. 즉 문음취재를 감시하는 것은 문음자제를 둔 대
신과 개인적으로 부딪혀야 하는 문제였으므로 대간의 입장에서는 피하고 싶은
일이었다. 그러므로 실시하고자 하는 원칙적 입장과, 당면한 현실의 어려움에서

종은 이미 대신과 의논하여 정한 것을 변경할 수 없다고 반대하였다.[257]

이 문제는 중종 12년 정월 吏曹에서 吏任取才를 실시할 시기가 되자 다시 대간에 의해서 문제로 제기되었다. 대간들은 대간으로 이임취재에 참석하게 하는 것은 銓曹를 불신하는 것이어서 "事体에 未便하다."고[258] 이의를 다시 제기하자, 중종은 부득이 다시 대신들에게 물을 수밖에 없었다. 이에 삼공은 대간의 의견이 옳다고 인정하면서 이조에 위임하고 잘못이 있으면 糾正하는 것이 낫다고 말하자, 왕은 대간의 직접 참여는 중지시켰다.[259] 이러한 조치로 결국 문음인 취재에 대간의 참여는 실패하였다.

보다 적극적으로 음서에 대하여 제한을 가한 것은 '沙汰'의 시행에서 찾을 수 있다.[260] 중종 9년(1514)에 災變을 이유로 京外官 17인을 사태시킨 것이 그 시발이었고[261] 피천인의 6품 진출이 활발해지자 자주 논의되었다. 중종 11년의 執義 성세창에 의한 사태의 제의도 그러한 예였는데,[262] 주로 6품직 관원을 대상으로 한 것이었다. 이미 성종대에 서리직의 정리를 통해서 하급서리의 자유로운 승진이 봉쇄되어서[263] 주로 문음인이 6품직에 진출하였다. 이 관직에 대한 포폄은 提調들에 의해서 이병조에 보고하도록 되어 있었으나, 吏兵曹의 判書들은 직위가 提調들보다 낮았기 때문에 이들을 실질적으로 통괄하지 못하였다. 그러므로 각사의 6품직은 문음에 의한 대신들의 자제들로 채워졌고, 그들의 인사평가 역시 대신들에 의

피하고 싶어 하는 입장이 사림 내에서 나뉘었고, 이 양자를 절충하는 입장에서 吏科 명칭을 요구하는 방안이 나온 것으로 추측된다. 그러므로 이후에도 대간 불참의 문제가 다시 제기되어 결국 불참으로 결정되면서도, 이과의 명칭을 요구하는 절충론은 여전히 계속되었다(『중종실록』 권27, 중종 11년 2월 '병인).

257) 『중종실록』 권25, 중종 11년 6월 병인.
258) 『중종실록』 권27, 중종 12년 정월 무자.
259) 『중종실록』 권27, 중종 12년 정월 경인.
260) 沙汰의 의미는 불필요한 관원을 도태시킨다는 뜻이었다.
261) 『중종실록』 권29, 중종 9년 9월 정해.
262) 『중종실록』 권26, 중종 11년 11월 기묘.
263) 한영우 「朝鮮초기 上級胥吏 成衆官」『동아문화』 10, 1971.

해서 장악된 상황이어서 이들에 대한 인사는 합리적인 인사체계에서 방치된 상태였다.[264] 이 문제는 성종 말기부터 提調制의 政出多門의 폐단으로 사림에 의해서 제기되었고, 提調制의 폐지까지 논의되었으나 성공을 거두지 못하였다. 이 문제가 이 시기에 이르러서 피천인 진출의 활성화를 위해서 다시 주목되었다. 특히 피천인의 6품직 서용이 활발해짐에 따라서 기존의 6품직을 차지하고 있는 문음인을 도태시키는 沙汰가 주된 문제로 제기되었다.

이러한 의도를 갖는 사태 요청에 대하여 領事 申用漑는 각사의 提調가 黜陟을 엄하게 하면 賢愚가 명확해질 것이라고[265] 제조를 통한 규제라는 기존의 방법을 주장하였다. 이에 대해서 중종은 각 사에 불량인이 있어도 提調가 그들의 평가를 下等으로 주지 않는 경우, 法司에서 提調를 탄핵한다면 褒貶이 엄해질 것이라고 提調를 통한 조정책을 수락하면서, 한편으로 吏曹에도 沙汰의 시행을 명하였다.[266]

일단 沙汰의 시행이 결정되었으나 다음으로 담당부서의 선정이 문제되었다. 이것은 인사문제였으므로 이조가 담당하는 것이 당연하였다. 그런데 吏判 南袞은 沙汰는 중대지사인데 사람마다 견문이 다르므로 "吏曹 홀로 감당할 수 없으니 의정부와 같이 하겠다."고[267] 제안하였다. 이러한 南袞의 의견은 당시 사태의 대상인의 평가를 맡고 있는 이들이 提調를 겸하고 있는 대신들이었기 때문에 나온 것이었다. 이 제안은 중종에 의해서 타당성이 인정되었으나 사림이 반대하였다. 경연에 참석하였던 사림계 인물인 執義 성세창은 吏曹는 상시로 임용에 임하여 인물의 賢否에 밝으니 "이조가 홀로 하도록 명하는 것이 가하다."고[268] 이조에서 단독으로 시행할 것을 주

---

264) 최이돈 「성종대 홍문관의 言官化 과정」『진단학보』61, 1986.
265)『중종실록』권26, 중종 11년 11월 을묘.
266) 沙汰를 명령한 자료는 보이지 않는다. 그러나 沙汰 주체의 논의가 吏曹에서 나온 것으로 보아 그 이전 어느 시기에 명령이 되어졌음을 추정할 수 있다.
267)『중종실록』권26, 중종 11년 11월 경진.
268) 상동조.

장하였다. 大司諫 柳雲은 '六曹同議' 시행이라는 절충안을 제시하였지만,
성세창은 계속 이조에서 전담할 것을 주장하였다. 특히 柳雲의 제의에 대
하여 성세창은 "六卿들이 어찌 그들을 다 알 수 있겠는가? 이조는 항시 들
어 아는 바가 있다. 나 역시 이조정랑을 지냈기 때문에 그러한 까닭을 안
다."고 말하여서 그가 이조의 전담을 주장하는 이유를 짐작케 한다.269)

이러한 사태의 제의가 提調의 비호 하에 있는 문음인들을 정리하려는
시도이었던 것만큼 인원의 선정은 의정부나 육조의 대신들에 의해서 결정
되어서는 안 되었다. 그러므로 이조에서 전담케 하고 이조에서도 당상관
이 아닌 낭관들에 의해서 선별케 하려했던 것이다.270) 성세창이 "이조정
랑을 지내었기 때문에"라는 언급한 것은 그러한 맥락에서 해석될 수 있다.
결국 沙汰의 주체는 吏曹로 결정되었고 다음달에는 관원 13명을 '考課勤
慢貶黜'의 명목으로 사태시켰다.271)

사태의 논의는 한 번에 그치지 않고 피천인 6품직 서용이 적극적으로
되면서 중종 13년 정월 다시 추진되었다.272) 이조에서 主簿의 자리에 불
필요한 사람이 많아 "아랫사람을 참직에 임명할 수 없다."고 지적하면서
논의를 제기하였다.273) 이는 제의 하루 전에 피천인의 6품직 서용문제가
심각하게 논의되었다는 점을 보아서274) 피천인을 적극적으로 서용하기 위
한 것이었다. 이 사태에 대해서 이조판서 남곤이나 대신 신용개 등이 "모
든 사람이 汰去를 바라는 것은 아니다, 汰去가 거듭되어서 인심이 불안하
다."고275) 반대의 의사를 표명하였지만, 吏曹에서 主簿 16인을 선별하고

---

269) 상동조.
270) 최이돈「16세기 郎官權의 형성과정」『한국사론』14, 1986.
271)『중종실록』권27, 중종 11년 12월 계유조 司圃, 司議, 司紙, 引儀, 主簿, 経
    歷, 別坐, 別提 등 주로 6품직에 해당하였다.
272)『중종실록』권28, 중종 12년 7월 신사.
273)『중종실록』권31, 중종 13년 정월 정사.
274)『중종실록』권31, 중종 13년 정월 병진.
275) 상동조.

대신들의 의견을 묻는 형태로 진행되었다.276) 16명은 主簿의 정수가 36인임을 볼 때에 상당한 인원이었다. 그러나 대신들의 결정이 늦어지자 臺諫에서 직접 主簿들에 대한 탄핵을 하였다.277) 대신들은 沙汰하면 그 자리에 마땅한 인물을 얻을 수 없다고 반대의사를 표명하면서, 진퇴를 담당하는 것은 이조라고 이조에 최종결정을 전가하고 말았다.278) 이에 이조에서는 16인의 사태를 결정하였다.

사태결정 이후 문제는 누구로 그 자리를 메우는가 하는 것이었다. 사태를 추진한 사림들은 사태의 추진 의도부터 피천인의 진출을 의식한 것이었지만 대신들은 이에 반대하였다. 吏判 남곤도 "신이 마음대로 이들을 폐하고 피천인들을 모두 사용할 수는 없다."라고 반대를 표명하였다.279) 그러나 사림은 이 기회를 놓치지 않았다. 경연 중 사림인 侍講官 奇遵은 경상도 감사 金安國이 대거 유일을 천거한 것을 지적하면서 지금 사태를 시행하였으나 "임명되는 자가 不賢하면 도움이 못됩니다. 지금 천거된 이들이 나이도 많고 쓸만한 인물이 많습니다."고 피천인의 서용을 제기하였다.280) 이 경연에 참가한 사림계 인물인 이자도 6품직을 凡人들에게 쉽게 줄 수는 없다. 그 중 나이가 많고 재행이 있는 자에게 제수하여야 한다고 피천인을 임명할 것을 기정사실로 하고 그들 중에서 신중한 선택을 할 것을 제안하였다.281) 이러한 사림의 의견에 중종은 동의하였고, "뛰어난 자에게는 參職을 주어라."고 명하였다.282)

---

276) 『중종실록』 권32, 중종 13년 3월 정사.
277) 『중종실록』 권32, 중종 13년 3월 신유.
278) 『중종실록』 권32, 중종 13년 3월 임술.
279) 『중종실록』 권32, 중종 13년 3월 을축.
　　今雖以薦擧之人敍用, 然箇滿置簿, 而陞者亦百余人, 此人等朝夕望其遷轉, 臣不可擅自盡廢此輩, 而皆用薦擧之人也.
280) 상동조.
281) 상동조.
282) 『중종실록』 권32, 중종 13년 3월 정묘.
　　伝曰, 沙汰主簿之輩, 幾至十六員, (중략) 今則令汰兀, 而只觀歲月之置簿,

　이러한 태거가 주로 京官들에 대한 것이었다면 지방관원들에 대한 沙汰도 있었다. 그것은 殿最의 강화 형식으로 추진되었다. 그 예로 중종 11년 대간은 전최가 부실하여, 충청도 경기도에서는 無黜하였고 경상도의 경우에도 단지 訓導 3명만을 貶黜하였다고 지적하면서 三道의 감사들을 추고할 것을 청하였다.[283] 이것은 汰去라는 형식을 취하지는 않았지만 포폄의 형식을 통한 부정 관리의 태거를 노린 것이었다. 당시 주로 문음출신들로 구성되어 있던 지방 관리들은 중앙의 대신들과 연결을 통해서 부정을 일삼고 있었고, 이러한 부정을 관찰사들은 눈감아 주고 있었다. 이는 중앙의 관리들이 提調의 옹호 아래 인사의 합리적 관리에서 벗어나 있던 것과 같았다. 京官의 경우에는 이들을 조직적으로 파악하고 있는 이조 병조낭관들이 있었고, 三司를 통해 탄핵으로 통제할 수 있었으나 지방관원에 대해서는 해결수단이 부족하여 三司를 통한 개별적인 탄핵 외에 중앙정치의 장에서 계속 추진될 수 없었다.

　그러나 사림이 관찰사로 나가면서 부분적으로 실효를 거두었다. 그 대표적인 사례를 金安國의 경우에서 볼 수 있다. 그가 경상도 관찰사로 나가 있으면서 중종 12년 9월에 올린 계를 보면 수령으로 居中者는 14인, 居下者는 4인이었고, 訓導로 居中者는 34인, 居下者는 20인이었다.[284] 이것은 앞에서 본 중종 11년 12월에 경상도 포폄에서 훈도 3인만을 폄출하였던 것과 비교해 볼 때 획기적인 것이었다. 특히 훈도의 경우 『경국대전』에 총수가 57인으로 규정된 것을 본다면[285] 무려 54인을 貶黜한 것은 주목되는 현상이었다. 이러한 김안국의 貶黜에 대해서 당시 史臣들은 "士林은 그의

　次次以塡其闕, 則不如不汰之爲愈也, 已前被薦者尙多, 且今慶尙監司金安國, 薦擧者亦多, 不可皆授參職, 亦不可例用於參奉事也, 擇其尤者授參職, 而其余亦斟酌用於百執事, 可也.

283) 『중종실록』 권27, 중종 11년 12월 신미.
284) 『중종실록』 권29, 중종 12년 9월 갑술.
285) 『경국대전』 이전 외관직조에 의하면 경상도의 훈도 수는 倭學訓導 2인을 포함하여 57명으로 되어있다.

貶陟이 엄하고 밝은 것을 칭찬하였으나, 재상들은 기뻐하지 않았다.”라
고286) 사림과 대신들의 엇갈린 입장을 서술하고 있어, 수령의 殿最가 갖
는 의미를 분명하게 알 수 있다.

京官의 汰去가 피천인의 서용과 연결되면서 문음인의 견제를 노리는 것
이었듯이 수령의 태거 역시 피천인 서용과 연결을 갖는 것이었다. 그것은
중종 13년 경연 중 奇遵이 지금 피천자 중 年老하여 쓸 자가 많은데 “이들
을 수령으로 한다면 어찌 무익하겠는가?”라고 발언한 데서 잘 나타났
다.287) 이러한 제의는 그 날 올라온 경상도 관찰사 김안국의 천거를 토대
로 되어진 것이었다는 점에서 주목된다. 포폄을 통하여 수령을 태거하고,
유일을 천거하여 이들을 수령직에 서용하는 일관성 있게 추진되는 사림의
움직임을 잘 보여주고 있다.

이러한 일련의 사태와 피천인의 서용의 움직임은 궁극적으로 재상권에
대한 간접적 견제를 의미했지만 사림들은 이에서 그치지 않고 직접적인
견제도 취하였다. 사림이 목표하는 개혁을 추진하기 위해서는 문음인을
견제하고 천거인을 서용하는 것으로 충분치 않았기 때문이다.

대간의 탄핵을 통해서 문제가 되는 대신들을 견제하였다. 이는 홍문관
의 言官化 이후 매거하기 어려울 정도로 빈번하게 추진되었다. 이러한 개
인적인 탄핵 외에 대신의 집단적인 사태로 주목되는 것이 중종 13년 12월
에 보이는 特進官 사태였다. 臺諫들은 왕의 전후좌우에 正人이 아니면 둘
수 없다라고 주장하면서 경연에 참가하는 대신인 특진관을 ‘선별’할 것을
제안하였다.288) 당시 사림은 “지금 通政의 품계를 가진 자가 200명에 이
르지만 參議나 參知에 쓸 사람이 한명도 없다.”고289) 지적하고 있었으므
로, 당연히 특진관도 엄선해야 하다고 주장하였다. 이는 대신을 직접 목표

---

286)『중종실록』권29, 중종 12년 9월 갑술.
287)『중종실록』권32, 중종 13년 3월 을축.
288)『중종실록』권35, 중종 13년 12월 을해.
289)『중종실록』권33, 중종 13년 6월 신미.

로 하는 사태였다.

이러한 사림의 주장에 대하여 중종은 동의하였으나 대신들은 적극 반대
하였다. "특진관을 사태하면 접견자가 30,40명에 불과할 것이니 너무 적
다."고 주장하였다. 이에 사림은 특정대신을 거론하면서 이들만이라도 제
외해야 한다고 타협안을 제안하였으나 타결되지 못하였다.[290]

이 문제는 계속 거론되었으나[291] 대신들의 적극적인 반대로 결국 이루
지 못하였다. 대신층의 적극적인 반대는 그들이 沙汰의 불가함을 주장하
면서 "근래 대신으로서 외방으로 돌아간 자가 많다."고[292] 대신들 스스로
상당한 위기의식에 사로잡혀 있음을 언급하였다. 당시의 자료에 의하면
지방으로 돌아간 이들 외에도 서울에 있지만 사임하고 있는 대신 역시 상
당수에 있는 것으로 보이는데, 史官들은 이들을 新進輩들에 의해서 배척
을 당한 훈신들이었다고 밝히고 있다.[293] 이러한 상황에서 대신으로 왕과
밀접히 대면할 수 있는 특진관에서까지 沙汰되어서는 완전히 주도권을 상
실하는 것이었으므로 대신들의 반대는 거셀 수밖에 없었다.

그러나 사림은 대신에 대한 직접적인 견제를 계속 추진하였다. 보다 근
본적인 대신에 대한 견제는 '偽勳削除'였다.[294] 이미 공신으로 책정된 대
신을 삭훈하는 일을 제기하고 추진하였다. 이는 특진관사태보다 더욱 심
각한 견제였다. 이에 대해서도 대신들은 적극 방어하였으나, 사림은 집요
하게 이 문제를 추진하여 공신으로 책봉되었던 인원의 3/4에 해당하는 인
원에 대하여 삭훈하는 성과를 거두었다.

이러한 사태를 통해서 공신들은 크게 위기의식을 느꼈고, 사림의 세력
이 강화되면서 불안해하던 중종과 결탁하여 사화를 일으켰다. 己卯士禍를

---

290) 『중종실록』 권35, 중종 13년 12월 기묘.
291) 『중종실록』 권35, 중종 14년 정월 병진.
292) 상동조.
293) 『중종실록』 권35, 중종 14년 2월 계해조의 史論에 의하면 김응기, 윤금손, 송
    흠, 유담년, 홍숙, 송천희, 홍경주, 김전, 권작 등이 거론되고 있다.
294) 『중종실록』 권37, 중종 14년 11월 신축.

통해서 사림은 큰 피해를 입었고, 그간의 개혁들도 모두 실패로 돌아갔다. 당연히 薦擧制를 비롯한 사림세력을 확대하려고 시도한 모든 개혁이 폐지되었다.

대신들의 반격으로 천거제가 폐지되었으나, 사림은 낭관과 언관의 정치력을 유지하려고 노력하였다. 사림은 낭관권과 언관권을 기반으로 지속적으로 투쟁하였고, 선조대에 이르러 사림이 집권하면서 사림정치를 실현하였다. 사림이 주도권을 잡으면서 천거제는 다시 시행되었다. 이후 붕당정치의 전개 속에서 천거제는 다양한 모습으로 전개되었으나, 그 기본 이념은 인사 개혁의 핵심 이념으로 자리잡아 조선 말기까지 유지되었다(「16세기 사림파의 천거제 강화운동」『한국학보』54, 1989).

제5장 公論政治의 형성

1. 公論形成層의 확대

1) 조선초기의 공론

성종대부터 사림의 등장으로 정치구조가 변하고 있었고, 그 이면에서 천거제가 추진되어 사림의 정치참여가 확대되어졌다. 사림은 이에서 그치지 않고 재야사림의 의사까지를 정치에 수용하려고 하였다. 이러한 사림의 노력은 公論政治로 추진되었다. 공론정치 체제는 성종대부터 그 모습을 모색하기 시작하여 중종대에 정비되었다.

공론정치는 성종대 이후 구체화되었으나 조선 초기부터 언급되었다. 그러므로 태조대에서 성종대에 이르는 기간 동안 언급된 공론에 대하여 먼저 검토하고자 한다. 조선 초기부터 공론정치는 정치인들이 추구하였던 이상정치의 모형으로 이해되었다. 공론이 중요하게 인식된 것은 고려 말부터 나타난 새로운 주자학적 정치론으로 인한 것이었다.

신진사대부들은 정치를 하늘의 뜻을 이루는 것으로 이해하였다. 즉 왕과 관원들은 자신들의 지위가 하늘로부터 주어진 天位이며 天職으로 생각하였고, 이들은 하늘의 백성인 천민을 하늘의 뜻을 따라서 다스리는 임무를 받았다고 생각하였다.[1] 그런데 하늘의 뜻인 天心은 人心으로 반영된 것으로 이해하였다.[2] 그러므로 인심의 결집인 공론에 따른 정치의 구현을

---

1) 최이돈『조선전기 공공통치』경인문화사 2017.
2)『단종실록』권9, 단종 원년 11월 병자.

이상시하였다.

공론은 人心이 결집된 것으로, 一國의 사람들이 당연하다고 생각하는 것으로 간주되었다.[3] 그러므로 공론은 정치행위에서 무엇보다도 우선하는 것으로 바로 國是였다.[4] 따라서 공론에 따라서 國是가 정해졌고, 이에 입각한 정치가 시행될 때에 국가가 바르게 다스려지는 것으로 이해되었다.[5] 관원들이 공론이 國体를 유지하는 것으로 보거나,[6] 공론을 국가의 元氣로 이해하는 것은 이러한 인식에 기인한 것이었다.[7]

공론은 인심이 결집된 것이므로 국가의 구성원 모두를 포함하는 기반을 가져야 할 것으로 이해되었고 '儒者皆有公論',[8] '士林之公論'이나[9] '一鄕之人 宜有公論'이라는[10] 생각이 일반적이었다. 따라서 크고 적은 일을 막론하고 卿士와 庶民에게 의논한다는[11] 인식이 형성되었고, 국가에서는 이들의 공론을 받아들일 수 있는 체계를 갖추는 것을 당연하게 여겼다. 이러한 맥락에서 서민들은 敎書의 대상이었으나[12] 이들에게는 上言의 길도 열려

公論所在則, 天心之所在.
3) 『성종실록』권262, 성종 23년 2월 임술.
   一國之人, 以爲当然者, 謂之公論.
   『성종실록』권65, 성종 7년 3월 정미.
   臣等聞書曰, 天命有德, (중략) 天之所命所討, 非諄諄然命之討之, 以人心公議卜之而已.
4) 『성종실록』권262, 성종 23년 2월 임술.
5) 상동조.
   公論行則國是定, 而治化從而美矣.
6) 『성종실록』권282, 성종 24년 9월 을미.
   自古維持國体者, 公論也.
7) 『성종실록』권268, 성종 23년 8월 경신 .
8) 『세조실록』권39, 세조 12년 8월 무진.
9) 『세종실록』권123, 세종 31년 3월 병신.
10) 『세종실록』권45, 세종 11년 9월 정묘.
11) 『세종실록』권94, 세종 23년 윤10월 경진.
12) 『태조실록』권1, 태조 원년 7월 정미.
   敎中外大小臣僚閑良耆老軍民.

져 있었다.

그러나 조선 초기 현실에서 공론의 역할과 민의 지위는 이러한 이상과는 달랐다. 민의 上言은 현실적으로 제한되어, 이들이 공론의 구성원이라는 것은 이념적인 표방에 불과하였다. 이념적으로 모든 민은 공론의 형성층이었고 민심이 공론이었지만, 이들의 의사표출과 그것의 정치로의 수렴은 현실적으로 시행되지 않았다.

그 단적인 예가 '部民告訴禁止法'이었다. 이 규정은 민들이 수령의 잘못을 고소할 수 없게 한 것으로, 민들이 수령에게 부당한 불이익을 당하여도 중앙에 호소할 수 없었다. 여기서 部民은 일반 양인은 물론 지방의 품관까지 포괄하는 것이었다.

이와 같이 자신이나 이웃의 문제를 거론하기 힘든 상황에서, 양인들이 상소나 다른 방법을 통해서, 국가의 정책이나 현안을 거론한다는 것은 불가능한 것이었다. 종종 求言이 내려져서 의사를 수렴하고 있었지만, 그것도 형식적인 것에 그쳐, 상소를 하는 부류도 관원들에 국한되는 것이 보통이었고, 구언에 의한 상소까지도 문제를 삼는 경우가 있었다.

조선 초기 현실에서 공론은 왕, 대신과 언관에 국한되어 있었다. 즉 이들만이 공론의 형성층이었던 것이다. '代天理物'하는 자로 인식되는 왕은13) '天의 뜻을 따라서 통치해야 하였고, 天心과 人心의 반영인 공론을 수용하고, 공론을 결정하는 공론의 주인으로 인식되었다14). 그러므로 공론의 수용여부는 왕이 하늘을 대신한다는 명분이었고, 통치의 정통성과 연결되는 것이었다.

주로 의정부와 육조의 당상인 대신들은 국사를 왕과 논의한다는 입장에서, 공론을 유지한다는 명분을 가졌고, 공의를 왕에게 건의해야 할 것으로 기대되었다.15) 대신들은 담당업무에 대해서 정책을 만들어 제안하였고,

---

13) 『성종실록』 권221, 성종 19년 10월 신축.
14) 『연산군일기』 권9, 연산군 원년 9월 계사.
　　人君公議之主.

담당하지 않는 사안에도 收議를 통해서 영향력을 행사하였다. 이들은 논
의에서 私論이 아닌 公論을 대변해야 할 것이 요구되었다.16) 그러므로 공
론형성층이 분명하지 않았던 당시에, 대신들의 공통된 의견이 공론으로
인식될 수밖에 없었다. 따라서 이들에게 있어서 공론의 의미도 왕의 경우
에서와 같이 통치의 정당성을 확보하는 이념에 불과하였다.

왕이나 대신이 보여주었던 것과는 다른 성격의 공론을 대간에서 찾을
수 있다. 대간은 왕의 耳目으로 인식되었고17), 耳目의 역할은 공론을 모아
왕에게 이르게 하는 것으로 파악되었다.18) 이러한 입장에서 이들은 지위
가 낮았지만 국정을 논하는 위치를 부여 받고 있었다.19)

즉 대간은 언론을 맡아 나라의 공의를 전달하는 지위를 부여 받았고,20)
따라서 국민의 공론을 수용하는 기구인 公論所在로 인식되었다.21) 또한
대간의 언론은 一國臣民의 공의를 대변하는 것으로 이해되었다.22) 따라서
대간의 언론은 공론이었고, 대간 언론의 폐지는 공론의 폐지로 인식되었
다.23) 그러므로 대간의 의견은 국가의 다스려짐을 위해서 중요한 것으로

---

15) 『성종실록』 권221, 성종 19년 10월 신해.
　　爲大臣者, 亦当謨遠猷斟酌事体輕重, 建白公議, 納君無過, 乃其職也.
16) 『성종실록』 권255, 성종 22년 7월 경자.
　　伝曰, 凡事議于大臣者, 欲聞公論也.
　　『연산군일기』 권25, 연산군 3년 7월 갑인.
　　思愼曰, 凡收議者, 欲可否相濟而採公論也.
17) 『정종실록』 권3, 정종 2년 정월 기축.
18) 『성종실록』 권222, 성종 19년 11월 경오.
19) 『경국대전』 이전 경관직.
　　掌論執時政.
20) 『성종실록』 권221, 성종 19년 10월 병진.
21) 『정종실록』 권3, 정종 2년 정월 기축.
22) 『단종실록』 권14, 단종 3년 4월 임진.
　　臣等雖無狀, 所論一出於國人之公議.
23) 『성종실록』 권268, 성종 23년 8월 무술.
　　公論廢則言路塞.

인식되었고, 각종 정책과 인사를 결정하는 경우에, 대간들은 자신들의 견해를 밝히고 영향력을 행사하는 것을 사명으로 하였다.

그러나 이러한 대간의 임무에도 불구하고 조선 초기에는 이들의 권력구조적 지위가 취약하였고, 공론형성층도 구성되지 않아 이들의 언론은 표방과는 달리 그 기능을 다하지 못하였다. 특히 대간은 대신이나 왕과 의견이 다를 경우 크게 견제를 받았다.[24] 왕과 대신들은 견해가 다른 경우 대간의 언론을 언론기관의 공통된 공론이라는 것도 부정하고, 대간 개인적인 의견으로 몰아서, 문제된 사안을 먼저 제안한 자를 다른 대간들로부터 분리하여 처벌하는 경우도 많았다.[25] 이러한 상황에서 대간은 공론을 대변하는 기능을 못하였다. 따라서 조선 초기 실질적인 공론의 형성층은 대신에 한정되었고, 성종 초까지만 하여도 대신들의 收議가 공론을 수렴하는 자리로 인식되었다.

2) 참상 참하관의 공론형성

조선 초기의 이러한 양상은 공론형성의 바탕이 되는 공론형성층이 구성되지 않은데 기인하였다. 이러한 상황에서 공론이 갖는 의미는 지극히 제한적이었고, 대신들의 정책결정이나 언론기관의 이념적 표방이상을 넘어서기 어려웠다. 그러나 사림이 등장하여 언관권이 강화되고, 낭관권이 형성되어 권력구조가 변화하면서, 공론은 단순한 이념적 표방이상의 의미를 지니게 되면서 새로운 단계로 전개되었다. 즉 구체적으로 공론을 형성하

---

24) 그 한 예로 문종대에 沈溫에게 직첩을 돌려주는 문제로 대간이 반대하자, 문종은 "予於此事, 非自謂善處之也, 取朝廷公論耳."라고 자신이 공론을 수렴한 것으로 주장하면서, "老大臣之言, 不得爲公論而, 新進小儒之言, 乃爲公論耶, 此議甚謬."라고 대신들의 의견도 공론임을 강조하였다(『문종실록』 권8, 문종 원년 7월 신유).

25) 남지대 앞의 논문 149면.

는 공론형성층이 드러나게 되었고, 이들의 의견이 정치에 반영되었다.

이 변화가 사료에 '外議라는 용어의 사용을 통해서 구체적으로 나타났다. 外議는 공론과 같은 의미였으나, 공론형성층의 확대과정에서 나타나는 변화를 반영하는 이 시기 특징적 용어였다. 外議는 글자의 뜻대로 외부의 의견 이라는 의미였다. 이는 기존의 공론형성층으로 인정되었던 왕, 대신, 언관 이외의 일반관원의 의논이라는 의미였고, 나아가 조정밖 사림의 의견이라는 의미였다.

검토의 편의를 위해서 먼저 관원의 의견이라는 측면을 살펴보자. 관원은 크게 대신과 당하관으로 나눌 수 있다. 대신은 정치를 행하는 직책으로 인식되어 있었고, 이들은 부서를 대표하거나 혹은 收議를 통해서 인사나 정책에 의사를 표출하였고, 여기서 합의된 것은 공론으로 인정되었다.

그러므로 外議에 해당하는 관원은 당하관에 한정되었다. 당하관은 행정을 하는 직책으로 언관을 제외하고는 의사표출이 거의 불가능하였다. 당하관들은 왕의 구언에 응하는 경우나, 왕과 만나는 輪對의 기회를 통해서 의견을 표시할 수 있었지만, 이 기회는 왕의 자의에 의해서 좌우되어서, 이를 통해 국가 현안에 대한 의사를 충분하게 표현할 수는 없었다. 이들은 맡은 부서의 실무자로 자신의 의사를 사안의 작성에 반영할 수도 있었으나, 그것이 안건으로 채택되는 여부는 대신들에 달려 있었다. 따라서 당하관들은 행정실무자에 불과하였고, 국가정책의 결정에 영향력을 주거나 결정된 사항에 이의를 표할 수 없었다. 즉 실제적으로 공론형성층이 될 수 없었다.

그러나 언관권이 강화되고 낭관권이 형성되어 권력구조가 재편되면서, 관원들의 의사표출도 활성화되어 당하관들의 의견이 대간의 언사에 반영되어, 정책결정에 영향을 주기 시작하였다. 중종 3년(1508) 11월 경연 중 박원종은 다음과 같이 당시 변화한 관원들의 논의구조를 언급하고 있다.

문신이 사사로이 서로 모여서 조정의 득실을 의논합니다. 대간들이
이러한 의견을 받아들여 府中에서 논의하여 언론하고 있습니다.[26]

이 자료는 공식적인 논의의 토대가 마련되어 있지 않은, 당하관급 관원
들이 사사로이 모여서 논의를 하고 있었고, 그 논의를 대간이 수용하고 있
음을 보여준다. 박원종이 이러한 모습을 '太平의 氣象'이 아니라고 비난하
였다.[27] 새로운 변화에 대해 대신들은 부정적이었다.

그러나 대간 성세창은 공론은 멈추게 할 수 없는 것이라고, 당시의 관원
들 간의 논의를 인정하면서 오히려 박원종의 발언을 비난하였다.[28] 언관
들은 이들의 논의를 공론으로 인정하고 언관의 활동에 수용하고 있었던
것이다. 대신들도 이러한 논의구조를 비판하고는 있었으나, 논의 내용 자
체는 '淸議'로[29] 파악하고 있어 긍정적으로 인식하는 면도 있었다.

이러한 중종 초기의 자료는 단편적인 것이기는 하지만, 당하관들이 비
공식적 모임의 활성화를 통해서, 공론 형성층으로 등장하고 있는 것을 잘
보여주고 있다. 이 현상은 이 시기에 돌발적으로 나타난 것이라기보다는
이미 성종 말부터 형성되었으나, 구체적으로 표출되지 않던 것이 사림이
중종반정을 성공한 자신감에서 구체적으로 표출된 것으로 생각된다.

좀 더 구체적인 양태를 살피기 위해 당하관을 참상관과 참하관으로 나
누어 살펴보자. 먼저 참상관이 경우를 살펴보자. 참상관의 핵심구성원은
의정부와 육조의 낭관들이었다. 이들은 자천제를 기반으로 하여 낭관권을
형성하면서, 상호간에 역할의 동질성을 통해서 결속되었고, 결속을 통해서
공론형성층의 역할도 하고 있었다. 이들은 '作會'를 통해서 결속을 다지고
있었다. 六曹郎官作會, 舍人作會 등의 作會는 낭관 상호의 침목모임이었

---

26)『중종실록』권7, 중종 3년 11월 경신.
27) 상동조.
28) 상동조.
29) 상동조.

다.[30] 낭관은 이를 통해서 다져진 결속을 바탕으로, 중요 사안에 대해서 공론을 형성하는 역할을 하였고, 이는 六曹郎官啓나 疏 등을 통해서 표출되었다. 낭관들이 중종 13년(1518) '소격서' 문제나[31] 중종 14년 '공신삭직'의 문제를 거론한 것이 그 예였다.[32] 육조낭관의 결속 위에 의정부의 낭관들이 참여하면서 '政府舍人六曹郎官等'의 上疏도 되어졌다.[33] 이러한 모습은 참상관들이 공론을 형성하고 이를 상소를 통해서 표현하는 모습을 보여주었다.

그러나 이들이 공론형성층이 된다는 것은, 집단으로 자신의 의사를 상소를 통해 직접 표현하였다는 것만을 의미하지 않는다. 이러한 방식은 오히려 특별한 경우였고, 더욱 중요한 것은 이들의 논의가 공론수용기구를 통해서 정책에 반영되는 것이었다. 그러한 방식의 움직임이 더욱 일반적이고 빈번하였을 것으로 생각된다.

그러한 활동의 한 사례는 명종 4년 대간이 피렴하면서, 外議의 주체로 병조낭관을 거론한 것을 들 수 있다. 참상관들이 공론을 형성하였고 이러한 의견이 대간에 의해서 外議로 받아들여지고 있었다. 그 구체적인 모습이 앞에서 언급한 것과 같이 '문신이 사사로이 모여서' 조정의 득실을 논의하는 모습이었을 것으로 짐작되고, 이를 대간을 수용한 것으로 보인다.[34]

참하관도 공론형성층이 되었다. 參下官의 경우에는 홍문관, 예문관, 승문원, 성균관, 교서관 등의 관원들이 그 핵심을 이루고 있었다. 이 중 홍문관은 언관화 이후 언사를 주도하면서 나머지 부서와 구별되었다. 남은 4부서는 四館으로 호칭되면서 같은 보조를 취하고 있었다. 사관은 과거급제 후 바로 배치되는 부서로, 그 관원들은 성균관에서 공부를 같이 한 관계로

30) 『중종실록』 권45, 중종 17년 8월 신사.
    최이돈 「16세기 郎官權의 형성과정」 『한국사론』 14, 1986.
31) 『중종실록』 권34, 중종 13년 9월 무술.
32) 『중종실록』 권37, 중종 14년 11월 계사.
33) 『명종실록』 권1, 명종 즉위년 7월 기사.
34) 『명종실록』 권9, 명종 4년 6월 정묘.

일찍부터 유대가 있었고, 사관에 배치되면서 免新祀도 같이 하는 등 유대
를 가졌다. 그들의 임무는 각기 다른 것이었지만, 사관은 공통으로 유생들
을 糾正하여 名教를 유지하는 역할을 하면서[35] 같이 협조하는 관계에 있
었다. 그러므로 사관의 참하관들은 관원과 유생들 간의 연결고리로서 역
할을 자신들이 하는 것으로 생각하였다. 사관 관원들은 이러한 인식을 같
이 공유하고 활동하면서 서로 간에 유대를 깊이 가질 수 있었다. 이들 간
의 모임은 친목으로 시작하였으나 중종대 이후 정치구조가 변하면서는 정
치적인 발언의 주체로 나서기 시작했다.

    사관 참하관의 모임의 대표는 예문관의 관원들이었다. 예문관 참하관의
인선은 자천제로 운영하였고, 직무상 왕의 가까이 있어 사초를 기록하였
으므로 四館 중 대표적인 위치에 있었다.

    그러므로 예문관원은 상소를 통해서 자신들의 의견을 표현하였다. 예문
관 참하관의 상소는 성종대에 나타나기 시작하였다. 성종 19년 임사홍의
문제가 조정에서 야기되자, 예문관에서 자신의 입장을 다음과 같이 표현하
였다.

        신 등은 사관의 직에 있어 친히 교서를 전교 받아 史冊에 기록하는
    데, 전후의 차이가 있으면 盛德에 누가 됩니다.[36]

    예문관은 왕의 행적을 서술하는 사관으로서 왕의 행적을 기록하는데,
누가 될 사안에 대하여 발언을 한다는 입장을 표현하고 있다. 예문관도 관
서의 하나이었으므로 자신들의 부서에 관련되는 일에 대해서는 발언할 수
있었다. 그러나 예문관의 역할은 특이하였다. 예문관은 왕의 행적을 기록
하는 사관의 일을 하였고, 사관이 기록하는 왕의 행적은 국정 전반에 걸친
모든 일이었다. 따라서 이 논리에 따른다면 사관이 무슨 사안이나 논의할

---

35)『성종실록』권146, 성종 13년 9월 경자.
36)『성종실록』권223, 성종 19년 12월 경자.

수 있다는 결론에 도달한다. 이러한 예문관의 발언은 공론이 활성화되는 분위기 속에서 인정되었다. 따라서 예문관은 이로 인해 계속 언사를 할 수 있는 선례를 갖게 되었다.

성종 23년 11월에도 '禁僧'의 문제가 제기되자 예문관에서 상소하여 자신들의 의견을 피력하였다. 여기에서도 다음과 같이 자신들의 언사의 이유를 달고 있다.

> 신 등은 사관의 직에 있으면서 매일 経筵에 입시하여 왕의 거동을 서술하고 있습니다. 앞에서는 禁僧의 법을 만들었다고 쓰고, 연속해서 禁僧을 폐지하였다고 쓴다면, 万世之下에 사람들이 전하를 어떠하다고 평하겠습니까?[37]

예문관의 입장은 '왕의 거동'을 서술하는 史官임을 강조하는 것으로, 앞에서 살핀 성종 19년의 것과 같았다. 이와 같이 언사를 할 때마다 그 언사의 이유를 적는 것은, 조정의 분위기가 아직 이들이 언사를 당연한 것으로 용인하는 분위기가 아니었음을 보여준다.

이후 예문관에서는 자신들이 侍從임을 강조하면서 언론의 타당성을 강조했다. 이는 홍문관이 시종이라는 입장을 강조하면서 언관화한 상황을 이용한 것이었다. 즉 홍문관이 시종으로서 언론을 행사하므로 자신들도 시종이니 언론을 행사하겠다는 주장이었다.

연산군 3년에 예문관이 언론을 하면서, 예문관이 '職在侍從之列者'[38]라고 자처한 것은 그 좋은 사례였다. 중종 13년에 예문관에서 소격서의 문제로 계를 올리자 중종이 "너희는 시종으로 있으면서 내가 허락하지 않는 뜻을 모르는가?"라고[39] 언급한 것도 그러한 맥락이었다. 즉 중종이 이들이

---

37) 『성종실록』 권271, 성종 23년 11월 을미.
38) 『연산군일기』 권24, 연산군 3년 6월 기해.
39) 『중종실록』 권34, 중종 13년 8월 을미.

시종임을 인정하였고, 또한 시종의 입장에서 한 언론 역시 인정한 것이었다. 이들이 시종으로 인식되는 것은 시종인 홍문관을 '公論所在'로 인식하고 있던 당시의 분위기의 연장선상에 있었다.

이러한 인식이 형성되어 있었으므로 연산군 3년 승정원에서는 "임금이 史官을 두려워하지 않으면 무엇을 두려워하겠습니까?"[40] 라고 예문관의 상소를 받아들일 것을 요구하고 있다. 이것은 이들의 언론을 당연한 것으로 인식한 위에서 가능한 발언이었다.

물론 이러한 예문관 단독 활동으로 인해서 사관의 유대가 사라지지 않았다. 여전히 예문관이 四館을 대표해서 공론을 표현하는 기능 역시 유지되었다. 예문관은 중종 10년 11월 '폐비'의 문제를 거론하면서 자신들이 참하관을 대변하고 있음을 다음과 같이 거론하였다.

> 신 등은 末官이고 자신의 직책이 아닌데 인사를 하는 것은 황송하고 미안하지만 단지 大小臣僚의 의사를 전하고 싶은 것입니다.[41]

여기서 예문관은 '末官'임을 분명히 명시하면서 '大小臣僚의 의사' 즉 공론을 전달하는 것을 자신의 임무로 자처하였다. 여기서 '大小臣僚의 의사'를 반영한다는 지적은 당시의 정치구조에서 본다면, 당상관이나 참상관들은 따로 자신의 의사를 개진할 수 있었으므로, 이들이 반영하고 있는 것은 주로 참하관의 의사였다고 볼 수 있겠다.

이러한 위치에 서있었으므로, 이들은 연산군 원년 7월 노사신을 비판하는 상소에서, 예문관은 다음과 같이 참하관들의 위상을 정립하고 있다.

> 왕은 元首이며 삼공육경은 股肱心膂이며, 대간과 시종은 耳目이고,

伝曰, 爾等在侍從, 已知予不允之意.
40) 『연산군일기』 권24, 연산군 3년 6월 을해.
41) 『중종실록』 권23, 중종 10년 11월 경술.

내외의 有司들은 筋肌支節의 血脈이다.[42]

대신과 대간을 몸에 비유하여 거론한 사례는 많지만, 이 자료에서처럼 내외의 유사까지 거론한 경우는 보기 드문 예인데, 내외의 유사들은 당시의 공론을 주장한다고 파악되었던, 대신, 대간, 시종 등을 제외한 모든 관원들을 지칭하는 것이었다. 이러한 언급의 주체가 예문관이고, 당시 예문관에서 四館을 중심으로 하는 참하관의 입장을 수용했던 상황을 감안한다면, 사관을 중심으로 하는 참하관의 입장에 대한 정리였다고 볼 수 있겠다. 四館은 이러한 정리를 통해서 자신들도 '血脈'으로서, 정치결정에 일정한 영향력을 행사하는, 공론형성층으로서 역할에 정당성을 확보해 갔다.

이상의 검토에서 참상관과 참하관의 의견이 정책이나 인사의 결정에 영향을 주는 공론으로 작용하는 것을 알 수 있었다. 이들은 상소를 통해서 직접 자신들의 의사를 표출할 수도 있었고, 또한 공론수용기구인 삼사나 낭관 등을 통해서 의사를 반영할 수 있었다. 즉 이들은 공론을 형성하는 공론형성층으로서 정치결정에 압력집단으로 작용하였던 것이다.

이들이 공론형성층으로 등장하면서 이들은 당연히 향촌 사림의 이해관계를 반영하였다. 그러나 재야의 사림은 이러한 공론이 수용되는 분위기 속에서 스스로 공론을 형성할 수 있는 공론형성층으로 성장해가고 있었다. 이는 다음절에서 살펴보자.

3) 재야 사림의 공론형성

(1) 성균관 유생의 공론

중하급관원이 공론형성층이 되는 변화 이면에서 재야사림도 공론형성

---

42) 『연산군일기』 권7, 연산군 원년 7월 무술.

층이 되어갔다. 재야사림의 동향은 중앙의 성균관을 중심으로 하는 유생들과 지방 유생으로 나누어 살필 수 있다. 먼저 성균관 유생들의 경우를 살펴보자. 교육기관인 성균관을 중심으로 결집된, 중앙의 유생들은 이전부터 '斥仏'의 문제 등 일부의 주제에 한정되었으나 국가정책에 의견을 개진하였다.

그러나 성종말기부터 성균관의 구성원이 달라졌고, 성균관 운영방식이 달라졌다. 성종 말부터 성균관은 지방의 사림으로 채워졌고, 운영도 齋會방식에 따라 유생의 衆論에 의해 자치적으로 운영되었다. 이러한 변화 속에서 성균관을 지방의 사림이 주도하였다.[43] 그러므로 성균관 유생들은 자연스럽게 삼사와 낭관에 진출한 사림파와 밀접한 관계를 맺으면서, 사림파와 훈구파의 대립에서 사림파의 입장에 공감하고 있었다. 이러한 변화를 바탕으로 성균관 유생들은 이전과는 다른 양상을 보여주기 시작하였다.

이를 잘 보여주는 것이 성종 23년 '禁僧'의 문제에 대한 성균관의 동향이었다. 성균관 유생 이목은 '禁僧' 문제에 찬성한 대신 윤필상을 '奸鬼'라고 격렬히 비난하였다. 이에 성종은 유생들을 문책하였는데, 이 때 이목은 다음과 같이 성균관의 입장을 피력하였다.

> 人主가 士庶를 耳目으로 삼고, 대신을 팔 다리로 삼았으며, 스스로는 元首가 되었습니다. (중략) 子産이 향교를 헐지 않고 학교를 고금의 群議所在로 보았으며, 徐元述 역시 正論은 국가의 元氣인데 원기의 일맥이 大學에 있다고 보았습니다.[44]

이목은 기존에 대간과 시종이 '耳目'이라는 일반적인 관념을 깨고, 士庶를 耳目이라고 주장하고 있다. 즉 성균관의 기능을 언론을 수행하는 삼사와 같은 수준으로 해석하고 있다. 이러한 주장의 당연한 귀결로 성균관을

---

43) 최이돈 「16세기 士林派의 薦擧制 강화운동」 『한국학보』 54, 1989.
44) 『성종실록』 권272, 성종 23년 12월 병오.

'群議所在' 즉 '公論所在' 즉 공론이 있는 곳이라고 중국의 고사를 들어서 주장하였다. 자신들이 공론형성충임을 강조하고 있다.

이전부터 성균관이 유학의 '根本之地'라는 입장에서, 불교를 배척하는 문제에 대해서는 의견을 제시하였지만, 성균관이 '耳目'이라는 견해나, 성균관이 '공론소재'라는 주장은 일반적인 인식은 아니었다. 이와 같은 변화는 훈구파와 사림파의 대립이 격화되어 가는 상황에서, 성균관 유생들의 정치의식이 고양되어 가고 있었음을 보여준다. 이러한 동향은 이미 성종 말기부터 성균관 유생들이 공론형성층으로 성장해가고 있었음을 보여준다.

이러한 변화는 중종반정이후 더욱 활성화되었다. 특히 기묘사림에 의해서 천거제가 활성화되어 성균관의 유생들이 관원으로 천거되는 일이 빈번해지면서 성균관 유생들은 더욱 적극적으로 조정에서 논의하는 문제에 의견을 개진하였다. 중종 4년 '忌晨齋'의 문제로 언관들이 언사를 계속하여도 왕이 수용하지 않는 상황이 전개되자, 성균관 유생들은 상소를 하여 자신들의 견해를 피력하였다.

이에 중종은 "대간과 시종이 말하여도 듣지 않았거늘 너희가 하는 말을 듣겠는가?"라고 거부하였다.[45] 이에 성균관 유생들은 중종 4년 다음과 같이 자신들의 言事의 정당성을 강조하였다.

> 公論所在는 芻蕘之賤이라도 경하게 여기서는 아니 되고, 公論所不在는 공경의 귀함이라도 중히 여겨서는 안 됩니다. 그 핵심은 格君하여 匡國하는데 있습니다. (중략) 무릇 대간과 시종은 왕의 잘못한 일이 크든지 적든지 모두 간쟁하는 것이 마땅합니다. 그러나 우리들은 일이 국가의 흥망이나 吾道의 성쇠에 관계되어, 좌시하고 구하지 않을 수 없는 경우에만 말하므로, 어찌 대간이나 시종보다 중하지 않겠습니까?[46]

---

45) 『중종실록』 권8, 중종 4년 7월 병오.
46) 『중종실록』 권8, 중종 4년 7월 정미.

유생들은 공론이 '芻蕘之賤'에게도 있을 수 있음을 강조하면서, 성균관 언사의 정당성을 주장하였다. 특히 자신들은 중요한 일에만 한정해서 언사를 하므로, 오히려 자신들의 언사가 대간이나 시종보다도 더 중요하다고까지 주장하였다. 이러한 주장은 유생들의 의식성장을 잘 보여주고 있다. 중종은 이러한 성균관의 주장을 수용하여 기신제의 문제를 처리하였다. 이는 중종이 성균관 유생들을 공론형성층으로 인정한 조치였다. 이후 유생들은 이러한 선례를 기반으로 정치 현안에 대해서 공론형성 기능을 계속하였다.

성균관 유생들의 공론이 인정되면서, 유생들이 정치에 대하여 개별적으로도 자신의 의견을 피력하는 일도 나타나기 시작하였다. 그 좋은 사례가 중종 10년 유생들이 別試의 답안지를 통해서 대간을 비난한 것이다. 박상과 김정이 端敬王后 愼氏를 복위시킬 것을 요청하자 대간이 이들을 탄핵하였다. 이에 유생들 30여명이 당시 시행된 별시의 답안을 통해서 대간을 비난하였다. 이는 전에 없던 일로 조정에 문제가 되었다. 더구나 殿試에서까지 策을 통해서 대간을 비난하는 답안이 나오자[47] 조정에서는 논의가 분분하게 되었다.

대신들은 이것을 부당한 것으로 인식하였다. 영사 정광필은 언론이 대간에 돌아간 것도 말세의 일이라고 전제하면서 유생의 의사표현을 비판하였다. 그러나 상당수 관원들은 유생들의 주장을 긍정적으로 평가하였다. 중종도 근본적으로 대간의 입장을 수용하는 편이었다. 중종은 다음과 같이 유생의 공론을 수용하는 입장을 표하였다.

　　유생이 조정의 시비를 논의하니, 이는 조정에 부정한 일이 있어 처처에 공론이 있는 것이다. 어떻게 公論을 막을 수 있겠으며 公論之人을 벌할 수 있겠는가.[48]

---

47) 『중종실록』 권23, 중종 10년 9월 정해.
48) 『중종실록』 권23, 중종 10년 9월 무자.

중종은 유생의 의견을 公論으로 보고, 유생이 조종의 문제를 의논하는 것을 당연하게 인정하였다. 이러한 중종의 발언은 유생이 조정문제를 논하는 것을 인정하는 조치였다. 당시 조정에서는 "기묘사림이 국정을 주도하고 있어, 국가의 權柄이 모두 台閣에 있어서 대신은 말없이 두려워하고 있다."라고[49] 史官이 표현할 정도로 사림이 언론을 통해서 활발히 활동하고 있었다. 이러한 분위기 속에서 유생의 논의를 긍정적으로 수용하였고, 이 문제를 殿試에서 제기한 이충건도 과거에 합격할 수 있었다. 이러한 사례는 유생들이 성균관이라는 틀을 매개로 하지 않고도, 의견을 개진할 수 있는 길을 열었다는 점에서 의미가 있는 현상이었다.

유생이 공론형성층으로 중앙 정치의 사안에 대하여 의견을 표시할 수 있는가의 문제는 중종 12년 다시 한 번 이성언이 상소를 통해 정리되었다. 수원부사 이성언은 당시의 공론이 활성화되는 분위기를 다음과 같이 비판하였다.

> 정부는 정부의 일을 자유롭게 하지 못하고, 육부는 육부의 일을 자유롭게 하지 못하고, 대간은 대간의 일을 자유롭게 하지 못합니다. 일을 의논하는 것은 반드시 外議에 따라 의논하고, 일을 행하는 것은 반드시 외의에 따라 행하니, 그 자리만 지키고 있을 뿐이고 정사는 밖의 논의에 따라 결정됩니다.[50]

이성언은 조정의 논의가 '外議에 이해서 좌우되는 상황을 문제로 지적하고 있다. 이와 같은 내용은 공론형성층이 활성화되고 조정이 중요한 사안의 결정에 외의에 귀를 기울이고 있었음을 알 수 있다. 여기의 외의에는 당연히 유생들의 공론까지 포함되어 있었다. 그러므로 조광조가 이성언의 주장을 논박하면서 '초야의 賤士'라도 '조정의 문제'를 의논할 수 있다고[51]

---

49) 상동조.
50) 『중종실록』 권30, 중종 12년 10월 임자.

주장하였다.

이러한 분위기 속에서 이후에도 유생들은 개별적으로도 조정의 문제에 의사를 표현하였다.[52] 물론 유생의 의견개진에 대한 조정에서의 수용여부는 정치변동에 따라서 달라지는 것이었지만, 이들의 의견을 조정에서는 일단 공론으로 인정하고 있었다.

이와 같이 중앙의 유생들이 성균관을 통해서나 개별적으로 정책에 대한 의사를 표현할 수 있었고, 이러한 의견이 공론으로 인정되는 상황에서, 지방의 사림의 의사도 공론으로 인정되지 않을 수 없었다. 이를 다음절에서 살펴보자.

(2) 지방 유생의 공론

다음으로 지방유생의 공론형성을 살펴보자. 지방의 유생들은 求言에 응할 때나, 자기문제의 억울함에 대해서는 상소를 할 수 있었으나, 기본적으로 국가 정치 현안을 논의한다는 것은 허용되지 않았다. 그러나 성균관이 자신의 입장을 새롭게 정리하고, '공론소재'라고 자처할 무렵에 지방유생들도 다른 상황에 들어가고 있었다.

지방에서도 이미 조선초부터 지방적인 공론인 '鄕論'의 형성을 이념적으로 인정하고 있었으나,[53] 당시 중앙정치에서 공론이 이념에 그친 것처럼, 지방의 향론 역시 이념에 불과한 것이었다. 그러나 성종 초엽부터 사림이 중앙에 진출하여, 한편으로는 중앙의 정치구조의 변화에 주력하였고, 한편으로는 지방의 자치적 운영구조 형성에 노력하면서, 새로운 변화가 나타나기 시작하였다. 사림은 중앙정치에서 공론에 의한 통치를 추구한 것과 마

---

51) 『중종실록』 권30, 중종 12년 11월 임진.
　　雖草萊賤士, 堯舜君民之志, 莫非分內之事, 則豈不議朝廷之事乎.
52) 『중종실록』 권32, 중종 13년 2월 갑신.
53) 『세종실록』 권123, 세종 31년 3월 기유.
　　一鄕必有公論.

찬가지로, 향촌의 통치 역시 향론에 따르는 자치적 운영을 이상시하였다.

그러한 구체적인 방법으로 留鄕所의 복립을 제기하고[54] 유향소가 향론의 중심이 되기를 기대하였다. 그러나 이루어진 유향소의 복립은 그 인원의 선발이 京在所에 의해서 좌우되는 것이 원칙이어서, 사림이 바라는 역할을 수행하기에는 어려운 구조였다. 이러한 제약 속에서 일부 지역에서는 사림이 유향소를 장악하고 이를 중심으로 지방의 자치를 실시하기도 하였으나 대세를 점하기 어려웠다.

이들이 유향소를 통해서 이룩하려 했던 것은 사림의 결속에 따른 鄕論에 의한 향촌의 통치였다.[55] 사림은 이 방법만이 당시 지방의 문제였던 수령이나 권력형 토호의 비리를 해결할 수 있다고 보았다. 그러므로 유향소 복립 후에 사림은 유향소를 통한 향사례, 향음주례를 시행하면서 향촌의 주도권을 잡기에 노력하였다. 향사례, 향음주례를 통해서 향론에 의한 향촌통치의 기반을 마련하고자 하였다.

이러한 사림의 의도는 성종 21년 윤효손의 다음과 같은 언급에 잘 나타난다.

> 향음주례는 나이가 높고 덕행이 있는 자가, 향사례는 '好礼不亂'한 자가 참여하는데, 참여하는 자는 物議를 무서워하여 게으르지 못하고, 불참자는 힘써서 행하려고 합니다.[56]

여기의 '物議'는 향촌의 공론 즉 '향론'이었다. 향사례, 향음주례는 物議로 표현된 지방의 향론에 입각한 예전이었다. 예전의 시행을 통해서 향론에 의해서 향촌이 질서를 잡아가고 있었다.

---

54) 이태진 『한국사회사연구』 1986, 156-166쪽.
55) 『新增東國輿地勝覽』 예천.
    留鄕所, 即古党正之遺意也. 鄕有頑囂, 自恣不孝悌不睦不姻不任恤者, 此堂得以議之.
56) 『성종실록』 권245, 성종 21년 윤9월 계미.

그러나 사림은 향사례, 향음주례의 추진도 여의치 않자, 일부에서는 새로이 司馬所를 만들어 이를 중심으로 향촌의 자치적 운영을 추구하였다. 사마소 역시 향론의 형성을 통한 자치적 운영을 위한 기구였다. 이점은 연산군 4년 윤필상이 사마소를 비난하면서 '私相聚集, 群飮橫議라고57) 표현한 데서 잘 드러난다. 여기의 '橫議'는 향론이었는데, 윤필상이 훈구파의 입장에서 이를 부정적으로 표현하였다.

이러한 사림의 자치노력은 일단 戊午士禍로 위축되었지만, 연산군을 축출한 이후에는 사림이 더욱 자신감을 가지고 추진하였다. 중종대에 들어가면 鄕論의 형성이 지방에서 일반화되는 분위기였고, 중종 4년에는 원악향리의 치죄까지 향론에 의해서 하는 것이 어떠하냐고 중앙에 건의를 할 만큼, 향론에 의한 향촌운영이 일반화되어가는 추세였다.58)

이러한 향론이 활성화되는 향촌의 분위기를 잘 보여주는 것이 다음의 중종 11년 10월의 중종이 관찰사에게 내린 교서이다.

> 도내의 無賴之徒들이 유생을 가칭하며 州郡에 횡행하며 轉食하는 데, 수령의 대접이 소홀하면 분을 내고, 公論을 가탁하여 망령되이 毁譽하니 수령이 두려워한다.59)

이 내용에 의하면 유생을 가칭하는 '무뢰지도'들이 군현에서 문제를 일으키고 있었다. '공론'을 가탁하였기 때문에 이들을 수령이 함부로 제지하지 못하고 심지어 두려워하고 있었다. 여기서 '유생을 가칭'하는 무리들에 의해서 '공론을 가탁'하는 현상은 조정에서 문제로 삼을 만큼 빈번하였던 것으로 짐작된다. 이러한 현상은 향촌에서 유생들이 공론을 형성하여 향

---

57) 『연산군일기』권31, 연산군 4년 8월 계유.
58) 『중종실록』권9, 중종 4년 8월 정해 기축.
  元惡鄕吏治罪之法, 著在大典, 当隨其事發, 依法嚴治, 不可只憑鄕所鄕校之議.
59) 『중종실록』권26, 중종 11년 10월 병인.

촌의 문제를 제기하면, 수령도 무시하지 못하는 상황이 전개되고 있었음을 보여준다.

그러므로 이 자료는 지방에서 유생들이 공론을 형성하고 있었고, 이러한 향론이 지방의 통치에 중요한 역할을 하고 있음을 알 수 있다. 물론 아직 향론의 수렴 방식이나 향론에 입각한 향촌의 운영에 미숙한 상황이어서, 이와 같이 '공론'을 가탁하는 '무뢰지도'들도 빈번하게 나타나고 있었던 것으로 짐작된다.

이러한 상황을 고려한다면 공론을 거론하고 있지는 않지만, 중종 9년 2월 정광필이 경연중 지적한 다음의 자료도 향론이 활성화된 향촌의 양상을 잘 보여준다.

근래 외방에서 유생이라 칭하는 자들이 州縣을 돌아다니면서, 조금이라도 뜻에 맞지 않는 일이 있으면, 비방하고 헐뜯으며 院이나 驛에 글을 써서 붙이니, 이러한 풍속은 아름답지 않은 것입니다.[60]

여기서도 앞의 기록과 유사하게 '유생이라 칭하는 자'가 주현의 문제를 일으키고 있음을 보여준다. 이는 중앙정부의 관점에서 부정적으로 파악되고 있으나, 이 자료 역시 향론이 활성화되면서 향촌이 변화하는 모습을 잘 보여준다. 아직 공론을 수렴하고 처리하는 방법이 미숙하여, '비방'이나 '헐뜯는 것'으로 보이는 일면도 있었으나, 잘못된 것을 院이나 驛에 글로 써 붙일 만큼 매우 적극적인 동향을 보여주고 있다. 이상에서 검토한 두 가지 자료를 통해서 중종 중반에 이르면 향촌에서 향론이 활성화된 것을 잘 알 수 있다.

이러한 상황에서 향론의 형성하는 기구도 확대되었다. 성종대에 향론을 형성하는 중심 기구는 유향소였으나, 중종대에는 유향소와 더불어 향교가

---

60) 『중종실록』 권20, 중종 9년 2월 임술.

제기되고 있어 주목된다.[61] 유향소는 품관이 중심이 된 조직이었으나, 향교
는 유생들이 중심이 되었으므로 이는 공론구성원이 확대되는 현상이었다.

이러한 현상은 성종대의 유향소가 제기능을 못하는 상황에 연유하였다.
유향소가 제기능을 못하자, 사마소가 향론 주체로 등장하였다. 즉 품관중
심의 유향소에서, 생원, 진사 중심의 사마소로 주체가 전환된 것은 일단
진전이었다. 사마소에서 한 단계 더 나아간 것이 향교였다. 구성원이 생원,
진사에 국한되었던 사마소보다 향교는 교생을 구성원으로 하였다.

생도가 향론의 구성원으로 등장하는 것은 단순히 공론형성층의 확대에
그치는 것은 아니었다. 이는 질적인 면에서도 의미가 있는 변화였다. 즉
기존의 생도에 대한 연구에서 생도의 구성원을 사류와 일반 양인이었다고
밝히고 있기 때문이다.[62] 향교에는 양인이 주요 구성원이었다. 이러한 내
용은 대사간 문근이 언급한 다음의 내용으로 알 수 있다.

> 향교는 피역하는 곳이어서, 문자를 아는 자는 향교에 이름을 두는
> 것을 부끄러워 피하려고 애씁니다. 그러므로 훈도와 교수는 樵童과 牧
> 竪의 무리를 모아 그 수를 충당합니다.[63]

이 내용은 향교 교생의 주된 구성원이 양인이었음을 보여주고 있다. 주
된 구성원 '樵童과 牧竪의 무리'들이어서 '문자를 아는 자'는 오히려 향교
에 소속되지 않으려 하고 있다고 말하고 있다. '피역'을 거론한 것도 같은
맥락이었다. 그러므로 이러한 지적을 인정한다면 향론의 중심이 향교까지
확대되는 것은, 향론의 구성원이 일반양인에게까지 확대되고 있었음을 시
사해 주는 것으로 볼 수 있다.

이와 같이 향교의 교생이 향론의 구성원에 포함되는 것을 정부도 인정

---

61) 상동조.
62) 이범직 「조선전기의 校生身分」『韓國史論』3, 1976, 340-342쪽.
63) 『중종실록』권29, 중종 12년 8월 을축.

하고 있다. 그러므로 중종 10년에 지방에 '유일천거'를 시행하면서 이를 담당하는 주체로 품관과 더불어 생도도 같이 거론하였다.[64] 이는 정부가 정부의 정책을 지방에서 시행하는 주체로, 품관은 물론 향교의 생도까지 인정하고 있음을 잘 보여준다.

교생이 공론의 주체가 되고 있다는 점은 양인까지 공론형성층이 되고 있음을 함축하고 있는데, 이러한 관점에서 앞에서 살핀 공론의 주체를 거론한 자료를 다시 한 번 세심하게 살필 필요가 있다. 중종 9년 2월 정광필이 경연 중 언급한 자료나 중종 11년 관찰사가 언급한 자료를 다시 한 번 살펴볼 필요가 있다. 먼저 중종 9년의 자료에서 문제가 되는 이들을 '유생이라 칭하는 자'들이라고[65] 표현하고 있다. 여기서 유생이라고 칭하는 자들이라는 애매한 표현이 주목된다. 이는 정광필이 향촌에서 공론을 사칭하면서 문제를 일으키는 이들이 유생이라고 볼 수 없으나, 그들은 스스로 유생으로 칭하고 있었다. 이러한 표현은 그 구성원이 교생까지 포괄하면서 양인들도 그 구성원에 포함되었기 때문에 이러한 표현을 한 것으로 추측해본다.

또한 중종 11년 관찰사가 언급한 자료에도 향론을 표방하는 이들이 '유생을 가칭'하며[66]라고 표현하고 있다. 이 역시 유생으로 보기에는 충분하지 않으나, 유생으로 가칭할 수 있는 조건을 가지고 있었기 때문에 이러한 호칭을 사용하였을 것으로 짐작된다. 이러한 표현 역시 그 구성원에 양인 교생들이 같이 끼어 있는 상황에 연유한 것으로 해석해도 무리가 없다고 생각된다. 공론을 형성하는 무리에 유향소의 품관, 사마소의 생원, 진사 등이 구성원으로 포함되어 있었으나, 그렇지 않는 무리도 끼어 있게 되면서 중앙정부의 입장에서는 이를 '유생이라 칭하는' 혹은 '유생을 가칭하는' 등

---

64) 『중종실록』 권22, 중종 10년 5월 계축.
　　其府(開城府), 品官及生徒皆薦(閔伯和)節行, 于留守權弘.
65) 『중종실록』 권20, 중종 9년 2월 임술.
66) 『중종실록』 권26, 중종 11년 10월 병인.

의 표현을 사용한 것으로 짐작된다.

그러한 관점에서 볼 때 위의 자료들은 향론 구성원에 양인이 끼어있음을 보여주는 자료로 이해될 수 있다. 즉 이러한 애매한 호칭은 이 시기의 공론형성층의 구성원의 확대를 잘 보여주는 것으로 이해된다. 중종 11년 정광필 역시 공론정치가 활성화된 모습을 설명하면서 다음과 같이 애매한 표현을 사용하였다.

> 신이 지금 풍습을 보건대, 배우는 자로부터 사대부에 이르기까지 아름답지 못한 풍습이 많습니다. 생원, 진사로서 군현에 드나들며 헐뜯고 기리기를 제 마음대로 하므로, 요사이 法司에서 극력 금지하고 있습니다. 다만 조정은 온 나라의 근본이 되는 것인데, 성균관 유생들이 독서는 하지도 않고 과거에 민첩한 자가 있으며, 또한 더벅머리 총각들이 조정 정사를 비방하기를 일삼습니다.[67]

지방과 중앙에서 공론이 활발하게 형성되는 모습을 잘 보여주고 있다. 지방에서는 "군현을 드나들며 헐뜯고" 중앙에서는 "조정정사를 비방하는" 모습을 구체적으로 언급하고 있다. 정광필은 그 주체로 생원, 진사, 유생, 총각 등을 거론하고 있다. 특히 여기서 총각이라는 애매한 표현이 주목된다. 이는 생원, 진사, 유생 외에 다른 계층으로 앞에서 살핀 것과 같은 양인 교생과 같은 부류를 지칭한 것으로 이해된다.

이러한 관점에서 볼 때, 중종 4년 3월 박원종의 다음과 같은 지적도 같은 맥락에서 흥미롭다.

> 延安府의 앞에는 나무가 많은데 머리가 희고 배가 나온 노부들이 나무아래 다수 모여서 수령의 잘잘못을 논하고, (잘못이 있으면) 상경

---

67) 상동조.
朝廷者, 四方之根本, 而成均館儒生輩, 有不待讀書而捷科者, 且總丱之徒, 亦以非議朝政爲事, 朝士輕薄之風, 亦多礼讓之習掃地, 外方亦然.

하여서 고소합니다. 金海 역시 그러합니다.[68]

이 자료는 지방에서 수령에 대한 鄕論을 정하고 있는 모습을 보여준다. 이 기록에서도 앞에서 본 것 같은 애매한 호칭인 '老父'가 향론의 주체로 등장한다. '노부'라는 애매한 호칭은 앞에서 살핀 '총각'이라는 호칭과 비슷한 성격을 보여준다. 여기서 노부의 신분은 분명하지 않다. 이들이 유향소나 향교에서 의논하지 않는 것을 보아 유향소 품관이나 심지어 향교 교생도 아닌 듯하다.

그러므로 이 자료 역시 앞에서 살핀 애매한 호칭들이 사용되었던 자료들과 연관시켜서 좀 더 적극적으로 해석할 수 있다. 즉 이미 양인 교생이 향론의 형성에 구성원으로 참가하였다는 것을 연결시켜서 해석한다면, '노부'는 교생의 연장선상에 있는 늙은 양인으로 해석할 수 있다. 향론이 활성화되면서 양인 교생이 주체로 참가면서 나이가 많은 양인도 향론의 주체로 참가하지 못할 이유는 없었다.

그러므로 이상의 자료를 종합하여 볼 때 공론이 활성화되면서 재야 사림도 공론형성층이 되고 있었고, 공론형성층이 확대되고 있었다. 향론의 형성층은 품관과 생원, 진사, 교생 등이 주된 계층이었고, 뚜렷하게 계층을 지목하기 어려운 무리도 향론형성에 참여하고 있었다. 향론에 참여하는 품관 이하의 계층들은 신분적으로는 모두 협의양인이었다. 이들은 모두 신분적으로 피지배층으로 법적으로 그 지위가 다르지 않았으므로, 향론형성층이 확대되는 과정에서 이들 간에 특별한 갈등은 노출되지 않았다.

---

68) 『중종실록』 권8, 중종 4년 3월 계축.

2. 公論 수용기능의 확대

공론형성층이 구체화되고 확대되어, 당하관들은 물론 재야 사림까지 공론형성층으로 인정되면서, 공론을 수용할 수 있는 기능도 확대되었다. 조선 초기에 있어서 공론을 수용하는 경우, '公論所在'라 지칭하였는데, 그 의미는 공론이 있는 곳, 나아가 공론을 수용하여 대변하는 곳이라는 의미였다. 즉 대신이 공론소재였다는 의미는 대신들의 의견이 공론이었고, 나아가 대신이 공론을 수용하는 역할을 하였음을 의미하였다.

양사를 '公論所在'라고 칭하는 경우에도 그러하였다. 즉 대간들이 공론을 담당하고, 또한 공론을 수용하여 대변하는 역할을 한다는 의미였다. 언관들은 공론을 모으고 대변해야 하는 사명이 있었지만, 공론형성층이 활성화되지 않는 상황에서, 대간들의 집약된 의사가 공론으로 인정되었다. 물론 조선 초기에 대간들은 권력구조의 제한 속에서, 자신들의 의사를 집약하여 반영하는 역할도 충분히 하지 못하였다. 조선 초기에는 대신과 대간이 공론소재로 인정되어 공론을 수용하는 역할을 하였으나 그 기능은 제한되었다.

그러나 성종대에 들어 사림이 중앙정치에 등장하여, 성종의 지원을 받아 언론기관을 중심으로 서용되고, 공론형성층도 서서히 형성되면서 새로운 변화가 나타났다. 변화는 먼저 대간들에게서 나타났다. 대간들은 우선 대간의 언론을 활성화하려고 노력하였다. 먼저 대간들은 언론행사에서 '箚子'를 사용하는 방법을 확보하여, 자신들의 의사를 간편하면서도 정확하게 전달하려고 노력하였다. 또한 대간의 합의 제도인 圓議制를 강화하여, 언론이 대간의 합의된 의견이라는 인식을 확보해가고 있었다.

또한 언사가 대신과 갈등을 일으키는 경우, 대간 발언의 근원인 言根을 캐물음으로 언사가 위축되기 쉬운 문제를, '不問言根'이라는 관행을 확보함으로 대간 언론이 활성화될 수 있는 환경을 조성해갔다.[69] 이러한 성과를 통해서 대간의 언론기능이 강화될 수 있었다. 대간 언론이 활성화되면서 자연스럽게 대간이 공론수용기구로서의 기능도 원활하게 수행할 수 있었다.

그 위에 성종 중엽부터는 홍문관이 언론기능을 하게 되면서, 언론을 더욱 활성화되었다. 홍문관은 경연을 통해서 왕을 교육하는 것이 주된 임무였다. 그러나 경연은 君德을 輔養하는 것을 임무로 하였고,[70] 따라서 홍문관원은 경연을 통해 자신들의 의사를 개진할 수 있었다. 특히 중요한 사안에 대해서는 疏를 올려 자신들의 의사를 표현할 수 있었다. 이러한 홍문관의 언사에 대해서 성종도 "홍문관은 고문의 직에 있으니 내가 생각하지 못한 일을 말하는 것이 가하다."라고[71] 수용하는 모습을 보여주었다. 그러므로 홍문관은 '君德'을 세운다는 목적에서 시작한 언사가 확대되면서, 홍문관도 기초적인 언론을 행하는 기구로 인정되었다.

홍문관의 언론 초기 활동은 양사가 제안한 사항의 수용을 촉구하여, 양사의 언론을 지원하는데 그치는 것이 보통이었다.[72] 그러나 때로는 홍문관에서 양사가 제기하지 못한 새로운 사안을 제기하기도 하였고,[73] 이 경우 당연히 언사를 담당하는 양사가 문제를 제기하지 않은 태만을 지적하는 것이 일반적이었다.[74] 이는 홍문관이 양사를 지원하는 단계를 넘어서 독자적인 활동을 하는 것으로, 홍문관이 언론기관이 될 가능성을 보여주는 것이었다.

이와 같이 홍문관의 언론활동이 본격화되면서, 먼저 대간이 홍문관 언

---

69) 최이돈 「성종대 弘文館의 言官化 과정」 『진단학보』 61, 1986.
70) 『성종실록』 권161, 성종 14년 12월 계유.
71) 『성종실록』 권223, 성종 19년 12월 계사.
72) 弘文館이 兩司의 言事를 지원하는 일은 일반적이어서 일일이 지적할 수 없지만,
     『성종실록』 권144, 성종 13년 8월 기유조를 그 한 예로 들 수 있다.
73) 『성종실록』 권161, 성종 14년 12월 계유.
74) 상동조.
     臣等雖非臺諫之比, 然台諫默無一言, 而臣等叨參経幄, 以輔養君德.

사의 정당성을 인정하였다.75) 대간은 홍문관에 '淸議76) 즉 공론이 있음을
인정하였다. 홍문관의 언론 기능을 분명하게 부여한 이는 성종이었다. 성
종은 성종 19년에 나는 너희를 대신과 같이 대우하니 "대간과 같이 외부
일을 듣는 데로 말하라."77)고 홍문관에 적극적인 언사를 요구하였다. 이러
한 상황에서 홍문관은 성종 21년부터 '公論所在'로 간주되었다.78) 또한 성
종 22년에는 "홍문관에 言責이 있다."79)는 언급까지 보이게 되면서 홍문
관의 언관화는 진행되었다. 이는 홍문관이 새로운 공론수용기구로 등장한
것을 의미하였다.

　홍문관의 언관화는 여기서 그치지 않고, 양사와 긴밀한 관계를 맺으면
서, 양사의 공론수용기능을 더욱 제고하는 역할을 하였다. 그러한 중요한
계기가 된 것은 홍문관에서 '臺諫彈劾權'을 확보한 것이었다. 대간탄핵권
은 당연히 언사를 해야 할 사안에, 양사가 언사를 하지 않는 경우에 홍문
관에서 양사를 비판하면서 제기되었다. 이미 성종 14년 홍문관에서 대간
이 언론활동을 해야 할 문제에 태만하다고 비난하자 대간이 사직한 사례
가 있었다.80) 이는 홍문관이 적극 언론활동을 시작한 성종 19년에서부터
본격적으로 문제가 되었다.81) 홍문관이 양사의 언론을 비판한 것에 대하
여, 대간은 "홍문관은 공론의 所在之地인데 우리를 비난하니 직에 나아갈
수 없다."고 사직을 청하였고,82) 성종까지 이에 공감하여 양사를 파직하면
서 홍문관의 대간탄핵권이 형성되었다.

---

75)『성종실록』권223, 성종 19년 12월 갑진.
76)『성종실록』권285, 성종 24년 12월 기축.
　　弘文館淸議所在, 斥臣獻諛, (중략) 在職心實未安.
77)『성종실록』권223, 성종 19년 12월 계사.
78)『성종실록』권242, 성종 21년 7월 기사.
79)『성종실록』권252, 성종 22년 6월 무신.
　　弘文館有言責.
80)『성종실록』권160, 성종 14년 11월 무신.
81) 최이돈「성종대 弘文館의 言官化 과정」『진단학보』61, 1986.
82)『성종실록』권242, 성종 21년 7월 기사.

대간탄핵권으로 홍문관이 대간 언사를 관리하면서 단순히 양사의 언론을 간섭하는 것이 아니라 양사언론을 적극 지원하였다. 그 위에 성종 22년부터는 홍문관원이 대간직으로 진출하게 되면서 이 양자의 관계는 유기적인 조화를 이루게 되었다. 이 변화 위에서 양사 중심의 언관의 한계를 극복하고 성종 말기에는 홍문관과 양사는 삼사로 인정되면서 대간 언사의 양과 질이 획기적으로 변화하였다. 물론 이는 언관의 공론수용기능이 강화되었음을 반영하는 것이었다.

삼사의 언론이 공론의 수용기능을 활성화하면서, 낭관들도 공론의 수용기구로 등장하였다. 낭관의 핵심은 육조와 의정부의 낭관이었다. 의정부와 육조는 소관사항에 대해 공론을 수용해서, 안건을 상정하고 처리해야 할 의무가 있었다. 즉 공론수용기구로서의 사명이 있었다. 그러나 앞에서 언급한 대로 공론형성층이 구체화되지 않은 상황에서, 이 부서들은 공론수용기능을 하지 못하고, 대신들의 합의된 의논이 바로 공론이었다.

그러나 낭관권이 형성되면서 새로운 변화가 야기되었다. 본래 낭관은 각 부서의 장관인 대신을 보좌하는 역할을 하여 낭관은 정책에 대하여 가부를 결정하는 것은 불가능하였다. 그러나 낭관들이 自薦制를 통한 인사의 자율성을 확보하여 낭관권을 형성하면서, 각 부서의 일의 결정에 영향력을 행사하게 되자 다른 상황이 전개되었다.[83] 육조에서 입안되는 사안에 대하여, 낭관은 공론을 수용하여 대변하면서 당상관과 가부를 논할 수 있게 되었다. 육조의 공론 수렴 기능이 낭관을 통해서 행해졌다.

낭관들은 각부서의 일을 공론에 입각하여 처리해야 함을 원칙으로 하고 있었다. 명종 5년 영경연사 상진은 이조에서 낭관들이 공론에 의해서 인사하는 모습을 다음과 같이 묘사하고 있다.

　　신이 일찍이 이조 판서가 되어 注擬할 때에 郎廳이 外議라고 하면서

---

83) 최이돈 「16세기 郎官權의 형성과정」『한국사론』 14, 1986.

"아무는 아무 직임에 합당하고 아무는 아무 관직에는 적합하지 않습니다."고 하면 신은 그것이 불가한 줄은 알았지만 이미 관습이 되었으므로 애써 따랐습니다. 무릇 주의할 때에는 반드시 外議을 위주로 하고 있습니다.84)

이 내용에 의하면 이조에서 인사를 낭관이 주도하고 있었고, '外議' 즉 공론에 따라서 시행하고 있었다. 낭관들이 낭관권을 바탕으로, 공론수용에 적극적으로 나서고 있었고, 당상관도 이에 수긍하고 있었다.

이와 같은 동향은 중종 12년 이조판서 한세환이 注擬에 임하여 "대간의 뜻을 모르니 어찌하나, 옥당에서는 어떻게 말하고 있는가?"85) 등을 물어 걱정하면서 注擬를 지체하였다는 기록에 잘 나타났다. 또한 중종 39년 이판 신광한이 贊成의 擬望을 놓고 "이일은 마땅히 衆論을 두루 얻어야 하는데 중론을 모르니 어찌해야 하는가?"86) 라고 의논한 것도 유사한 사례였다. 이러한 예들은 낭관이 공론수용을 하게 되면서, 대신들까지도 인사에 임하면서 공론을 수용하기 위해서 노력하는 모습을 잘 보여준다.

물론 각 부서에서 대신들은 낭관이 수용한 공론을 따르지 않는 경우도 많았다. 이 경우 낭관들은 대간의 지원을 받아서, 자신들의 의사를 관철하려고 노력하였다. 이러한 사례는 중종 12년 이조판서 한세환이 대간의 탄핵을 받아 갈릴 때에, 그 배경을 설명해 주는 다음 史論에 잘 나타난다.

한세환이 注擬에 임하니 (중략) 사성 유부와 첨정 채침이 명사였지만 時議에 배척을 받았고, 이에 낭관들은 이들을 지방의 교수에 의망하려 하였다. 한세환은 반대하여 이들에게 그렇게 하는 것이 불가하다고 저지하였다. 낭관들이 이를 크게 싫어하여 物論을 일으키니, 대간이 한세환을 어둡다고 탄핵하여 바꾸었다.87)

---

84) 『명종실록』 권10, 명종 5년 6월 갑진.
85) 『중종실록』 권31, 중종 12년 윤12월 정유.
86) 『중종실록』 권104, 중종 39년 8월 기사.

유부, 채침 등이 '時論', '物論' 등 공론의 배척을 받자, 낭관들은 이들을
외직으로 내치려하였다. 그러나 이판 한세환이 이를 막자 낭관이 '물의' 즉
공론을 조성하여 대간의 도움을 받았다. 즉 대간이 이판을 탄핵하여 이판
을 바꾸었고, 이판을 바꾼 이후 공론에 의한 인사를 시행하였다. 이러한
사례는 공론의 수용이라는 관점에서 낭관과 언관이 긴밀하게 협조한 것을
잘 보여준다.

낭관들이 이렇게 공론수용 기능을 활성화하자, 이러한 낭관의 공론수용
기능을 '淸議'로 표현하기도 하였다. 선조 15년 이이는 "청의가 낭료에게
있고 장관에게 없습니다."[88]라고 표현하였고, 선조 16년 도승지 박근원도
"淸議가 郎官에게서 많이 나왔습니다."[89]라고 표현하였다. 이러한 표현은
낭관들이 삼사와 더불어 '청의' 즉 공론을 수용하는 기능을 하고 있음을
잘 지적하고 있다.

낭관의 공론 수용기능은 그 정치적인 비중이 높고 활동이 빈번한 이조
의 경우 두드러지게 나타나고 있었다. 그러나 그러한 변화는 모든 부서에
서 공통이었다. 포괄적인 표현이기는 하지만 당시의 낭관의 동향을 명종
2년 "郎官이 堂上의 말을 듣지 않습니다."[90]라고 표현하였다. 이는 당시의
낭관이 공론을 수용하면서 당상관과 대립되는 현상이 각 부서에서 공통이
었음을 보여준다.

심지어 의정부의 낭관인 舍人의 경우도, 공론의 수용을 위해서 정승과
맞서는 경우가 있었다. 명종 4년 사헌부는 다음과 같이 의정부의 상황을
지적하고 있다.

정승의 낭청이라 말하지만 정승의 명을 따르지 않고, 비록 先生을

존대한다고 하지만 존대하지 않고 따로 一司를 만들어 폐단을 야기하고 있습니다.[91]

이는 의정부의 낭청인 사인과 검상이 사인사를 만들어 정승의 명령을 따르지 않았음을 보여준다. 이러한 자료들은 이병조 외의 다른 부서의 낭관들도 自薦制를 기반으로 자율권을 확보하면서, 이병조의 낭관과 같이 각부서의 일에 공론 수용을 추진하면서 대신들과 대립하고 있음을 잘 보여준다.

결국 낭관들은 낭관권을 토대로 공론수용기능을 하고 있었다. 이러한 현상은 삼사가 공론을 수용하여 이미 결정된 정책이나 인사에 대하여 견제한 것에서 한걸음 더 나아가, 낭관들에 의해서 실무의 결정과정에서, 공론을 수용하는 진전된 모습을 보여주는 것이었다. 삼사 언론과 낭관들이 공론수용기능을 하면서 공론의 형성이 활성화되고, 공론형성층 역시 확대될 수밖에 없었다.

3. 公論政治의 정립과 朋党

1) 士禍와 공론

언관과 낭관의 핵심인물이었던 사림이 기묘사화로 패퇴하면서, 공론형성층의 의사표출도 제약되었고 공론의 수용기능도 위축되었다. 그러나 기묘사림의 패퇴가 바로 언관권이나 낭관권의 폐지를 의미한 것은 아니었다.[92] 따라서 공론수용 기능 역시 살아있었고 사림의 공론형성 기능도 유지되었

---

91) 『명종실록』 권9, 명종 4년 12월 계미.
92) 최이돈 「16세기 郎官權의 형성과정」 『한국사론』 14, 1986.

다. 그러므로 여전히 사림의 의사는 '外議로 정책에 반영되고 있었다.

그러나 사화 직후에는 공론정치가 위축되어 있었다. 이는 外議가 부정적으로 인식되고 있는데서 잘 알 수 있다. 기묘사림과 공론은 불가분의 관계에 있었으므로, 사화 후 이에 대해 비판을 하는 것은 당연하였다. 이러한 입장은 한동안 지속되었는데, 중종 18년 다음의 홍문관의 상소는 이를 잘 보여준다.

> 언론에 거하여 사람들의 부축임에 따라서 인물을 탄핵하고, 外議가 이와 같다 하였으니, (중략) 지금의 사림 중에는 外議를 언급하면 痛心唾罵하는 자들이 있습니다.93)

기묘사림을 '朋邪之輩'로 부정적으로 표현하고 있다. 이들을 그렇게 보는 중요 이유로 이들이 '외의'를 빙자하여, 편파적으로 인물을 탄핵하였다는 것이다. 이는 기묘사림이 공론을 수용하여 정치에 반영한 것을 사화이후 반대편의 입장에서 부정적으로 비판한 것이었다.

기묘사화 이후 공론을 부정적으로 파악하는 인식을 중종도 공유하고 있었다. 이는 중종 23년 중종의 다음과 같은 언급에 잘 나타난다.

> 내가 보건대, 전에 조광조 등이 홍문관에 있을 때 '외의'를 핑계대어 번번이 대간을 논박하였다. 따라서 대간이 직무에 오래 있지 못하고 홍문관에 견제되었다. 그 끝의 폐단을 어찌 이루 말할 수 있었겠는가마는, 그때는 보는 자가 괴이하게 여기지 않아서 마침내 큰 폐단을 이루었다.94)

중종도 '외의'를 비판하고 있다. 특히 홍문관이 대간의 언론을 지원하면

---

93)『중종실록』권48, 중종 18년 6월 을묘.
94)『중종실록』권63, 중종 23년 10월 무오.

서 공론정치가 활성화되고 있는 현상까지도 같이 묶어서 비판하고 있다. 이 역시 外議와 공론을 부정적으로 파악하고 있음을 잘 알 수 있다.

그러므로 홍문관 등에서는 공론정치를 유지하기 위해서, 외의와 공론을 나누어 보려는 시도도 하였다. 중종 18년 홍문관의 다음과 같은 언급을 들 수 있다.

> 신 등이 근래에 상차하여 이전 대관의 잘못을 논하였는데, 전하께서 대신에게 그 차자를 보이시고, 面對까지 하신 끝에, 차자 가운데 기록한 "物論이 따르지 않는다."는 말을 지적하고, 대신이 이를 '외의'라고 하였습니다. 신 등은 그 말을 듣고 놀라움을 금할 수 없었습니다. 대신이 말한 '외의'라는 것이 과연 무엇을 가리킨 말입니까? 지난번에 朋邪의 무리들이 언로의 자리에 있으면서 남의 사주를 받아서 "時政과 人物을 탄핵하고 스스로 '외의'가 이와 같다."하였습니다.[95]

홍문관에서 대간의 언론을 활성화하기 위해서 대간을 비판하면서 '物論'이라는 구절을 사용하였다. 물론은 공론을 의미하였다. 이러한 구절에 사용한 것은 外議가 부정적으로 이해되면서, 이것을 공론과 구분하고자 하는 조치였다. 그러나 대신들이 이를 '外議'로 해석하자, 홍문관에서는 대신들이 이것을 外議로 보는 것은 언론을 막기 위한 압력으로 해석하고, 이에 반발을 하고 있다. 즉 '외의'는 공론은 다른 것으로 주장하고 있다. 즉 외의는 편파적인 의견으로, 공론과 다른 것으로 정리하면서 홍문관의 공론수용기능을 지속하려고 하였다.

전반적인 여건은 어려웠지만, 공론정치의 틀은 완전히 무너지지 않고, 세월이 가면서 공론이 다시 형성되고 제역할을 찾아가고 있었다. 중종 26년 장령 정만종은 다음과 같이 공론이 외의의 형태로 다시 정립되고 있음을 거론하고 있다.

---

95) 『중종실록』 권48, 중종 18년 6월 을묘.

그리하여 사림 유식자라도 '紛紜有議'을 하게 되는데 하물며 무식한 사람들이겠습니까? 대신이 그런 말을 들었으면서도 시비를 분별하지 않으니, 저들이 시비를 모르기 때문에 그런 것인지, 아니면 外議에 현혹되어 그런 것인지를 모르겠습니다.96)

정만종은 김안로의 복귀 문제로 공론이 형성되고 있음을 거론하고 있다. '사림 유식자'들이 공론을 형성하고 있었고, 이는 '외의'로 대신들에게 영향을 미치고 있었다. 중종 26년경에 이르면 다시 사림의 공론이 外議의 형태로 다시 형성되고 있음을 보여준다.

여기서 외의라고 표현하고 있으나, 부정적인 의미는 약화되고 있다. 그러므로 당시에 홍문관에서 역시 "國是가 정해지지 못하여 群議가 疑異하고 外議가 朋興합니다."라고97) 말하거나 "外議가 모두 미편하게 여깁니다."라는98) 등의 표현을 사용하고 있었다. 서서히 정국이 안정되면서 공론이 형성되고 있었고, 이러한 상황에서 외의라는 용어도 부담 없이 다시 사용하고 있었다.

이러한 '外議'라는 용어의 사용은 일반관원들에게서도 마찬가지였다. 윤구가 옥중에서 상소를 하면서 '外議皆云'이라고 外議를 거론하고 있는 사례나,99) 좌의정 남곤이 중종과의 대화 중에 "조석지간에 명령이 불일하여 外議가 분요합니다."고 말한 사례100) 등이 이를 잘 보여준다. 대신들 역시 '鄭世虎의 문제'를 논하면서 "이것은 비단 대간만의 뜻이 아니라 外議도 그러합니다."고 주장하였다. 이러한 동향은 사림이 사화를 극복하고 공론을

---

96) 『중종실록』권72, 중종 26년 11월 무진.
　　掌令鄭万鐘曰, 今者大臣不爲國家大事, 故外議不定, (중략) 雖士林有識者,
　　亦紛紜有議.
97) 『중종실록』권54, 중종 20년 7월 을축.
98) 『중종실록』권63, 중종 23년 10월 무오.
99) 『중종실록』권38, 중종 15년 3월 기묘.
100) 『중종실록』권40, 중종 15년 7월 경인.

활성화하면서 관원들은 '외의'를 수용하여 정책에 반영하고 있음을 보여주었다.101)

2) 權臣과 공론

이상과 같이 사화이후에 세월이 흐르면서, 사림은 공론의 기능을 회복하였다. 그러나 중종 말부터 김안로, 윤원형, 이양 등 權臣이 등장하면서 공론정치의 활성화는 제한되었다. 중종말기에는 권신 김안로가 등장하여 대간직을 장악하고, 낭관직에도 자신의 세력을 침투시키기 위해서 노력하였다. 그러므로 언관은 물론 낭관들도 공론수용기능을 제대로 못하는 상황이 전개되면서,102) 공론정치도 제대로 활성화되기 어려웠다.

김안로가 국정을 좌우하면서 대신들은 '不爲國家大事'하거나103) '傍觀'하고104) 있었다. 국정의 논의에서도 '無異論'하면서105) 상황에 순응하고 있었다. 그러나 사림은 김안로를 견제하기 위해서 노력하였고 공론이 外議로 형성되면서 정책의 결정에 압력으로 작용하였다. 그러므로 김안로도 대간의 장악을 통해서 공론을 의탁하지 않고서 권신으로서의 지위를 유지할 수 없었다.106) 그러므로 김안로는 자신의 세력을 대간직에 침투시키기 위해서 노력하였다.

그러나 김안로의 퇴진 이후 공론은 제자리를 찾았다. 김안로 퇴진 이후 공론정치가 활성화되는 것은 중종 32년 홍언필은 다음과 같이 지적하고

---

101) 『중종실록』권81, 중종 31년 3월 정묘.
102) 최이돈 「16세기 郎官權의 성장과 朋党政治」『규장각』 12, 1989.
103) 『중종실록』권72, 중종 26년 11월 무진.
104) 『중종실록』권72, 중종 27년 2월 신사.
105) 『중종실록』권86, 중종 32년 11월 무자.
106) 『중종실록』권86, 중종 32년 11월 무자.
　　政院曰, 危亂之時, 權奸爲之主張, 以瓜牙腹心, 布列言地, 欲爲之事, 無不爲之, 使言者先爲發論, 權奸從而贊之, 外托公論, 必請從之.

있다.

> 오늘날 街談巷論이 꺼리는 바가 없으니 이것은 다스림에 이르는 조짐
> 입니다. (중략) 근래 유생 역시 기탄없이 논하니 더욱 즐거운 일입니다.[107]

홍언필은 공론을 '街談巷論'이라고 표현하면서 '꺼리는 바가 없으니'라
고 공론이 활성화되고 있음을 지적하고 있다. 특히 "유생 역시 기탄없이
논하니"라고 유생들이 활발하게 공론을 형성하고 있음을 밝히고 있다. 사
림파인 홍언필은 이러한 상황을 '즐거운 일입니다.'라고 표현하였다.

이러한 상황에서 유생들은 단순히 제기된 정책에 의사를 표명하는데서
나아가, 새로운 정책도 제안하였다. 그 한 예로 중종 33년 유생들이 기묘
사림의 서용을 건의하였다. 이에 대해 조정에서는 논의가 분분하였다. 일
부의 관원들은 이러한 유생들의 동향에 대하여 부정적이었다. 이를 다음
황헌의 언급이 잘 보여준다.

> 근일에 조종의 대사를 유생이 말을 함에 따라서 행하고 있습니다.
> 이러한 즉 사람마다 모두 국사를 의논함이 가할 것이니 그러면 國体가
> 어찌될 것입니까? (중략) 비록 公論이라고 하나 초야에서 국사를 논하
> 는 조짐이 커가는 것은 불가합니다.[108]

황헌은 유생의 의논이 '공론'임을 인정하고 있으나, 조정의 대사를 유생
의 제안에 따라서 행하는 것은 불가하다고 주장하였다. 이러한 의견에 중
종도 동의하였다. 중종은 "기묘인을 서용하는 것은 당연하나, 布衣가 조종
의 일을 논하는 것은 폐가 없지 않으리라."[109]고 이에 동의하였다.

---

107) 『중종실록』 권86, 중종 32년 12월 기미.
　　今則街談巷論, 無有所忌, 此乃致治之漸耳, (중략) 近來儒生亦不憚所論, 此
　　尤可喜之事也.
108) 『중종실록』 권86, 중종 33년 정월 병신.

유생들이 조정의 문제를 먼저 제기하는 것에 대해서는 부정적이었지만 이를 막거나 처벌하는 분위기는 아니었다. 그러므로 유생들은 기묘사림 서용의 문제를 건의한 다음 달에, 김안로에게 아부하던 이들의 탄핵을 다시 거론할 수 있었다. 이때에도 일부 관원들은 우려를 표현하였으나, 전반적인 논의의 분위기는 다음의 성세창과 중종의 대화를 통해서 알 수 있다.

> "국가의 큰일이 모두 조정에서 나오고 그중 한 가지 일이 유생에게서 나와 시행된다 해도 진실로 무방할 것입니다."하니, 상이 일렀다. "대사가 이미 정해졌어도 구언할 즈음에 조정에서 미처 거행하지 못한 것을 유생들이 상소를 올린 것은 안 될 것이 없으나, 이를 빌미로 하여 조정에 간여한다면 반드시 뒤에 폐단이 있을 것이다. 조정의 의논에 유생이 상소를 올린 것을 나쁘다고 하는 것은 아니다."110)

성세창은 유생이 정책을 제기하는 것을 긍정적으로 언급하였다. 이에 대하여 중종도 '뒤에 폐단'을 염려하였으나, 유생이 상소를 올린 것을 비판하지는 않았다. 즉 유생이 조정의 문제를 먼저 거론하는 것은 것을 문제삼고 있었으나, 유생의 논의를 공론으로 인정하고 있어, 왕과 관원들은 기본적으로 이러한 유생들의 동향을 인정하였다

그러므로 사림은 공론을 통해 적극적으로 조종의 문제를 제기하고 나아가 그 문제를 관철하려고까지 노력하였다. 그 한 예로 인종 원년 성균관 유생들이 이항의 복직을 반대하였고, 이를 관철하려고 노력하였다. 이에 대하여 인종은 다음과 같이 답하였다.

> 너희들이 首善하는 곳에 있으면서 옛일을 좋아하고 時事를 논하여 疏章을 세 번이나 올렸는데 말이 간절하고 의리가 곧으니, 배운 바가

---

109) 상동.
110) 『중종실록』 권87, 중종 33년 2월 갑자.

바른 것이 어찌 이보다 더할 수 있겠는가. (중략) 그러나 太學은 '공론
소재'라 하지만 시비를 정하는 것은 본래 조정에 있으니, 시비를 말하
는 것은 좋으나 반드시 시비를 정하려 하는 것은 諸生의 일이 아니다.
너희는 우선 물러가서 다시 생각하라.[111]

성균관에서는 이항의 복직을 반대하면서 3차례나 상소를 올렸다. 이에
대하여 인종은 대학이 '공론소재'임을 인정하였으나, 결정은 조정에서 하는
것임을 강조하였다. 이러한 사례는 유생들이 적극적으로 조종의 문제를 제
기하고 나아가 그 문제를 관철하려고 노력하고 있음을 보여준다. 이러한
동향은 권신 김안로가 퇴진하면서 공론정치가 활성화되고 있음을 잘 보여
준다.

김안로 퇴진 이후 명종대에 들어서서 윤원형이 권신으로 등장하였다. 윤
원형이 권신으로 등장하여 "權歸外戚 政由私門 士類盡去"[112]하는 상황이
전개되면서, 공론정치는 다시 위축되었고 '外議'는 부정되었다. 명종 5년
우의정 상진은 "무릇 外議는 천하가 무도한 때에 나타났다."라고 극단적으
로 외의 즉 공론을 부정하였다.[113] 그는 다음과 같이 공론의 주체는 달라
져야 한다고 생각했다.

무릇 천하에 공론이 하루라도 없어서는 안 되나, 위에 있은 즉 다스
려지고 아래 있은 즉 어지러워집니다.[114]

상진은 공론이 위에 있어야 한다고 주장하였다. 즉 유생이나 중하급관원

---

111) 『인종실록』 권1, 인종 원년 3월 기묘.
　　　答曰, 大學雖曰公論所在, 是非之定自有朝廷, 言是非則得矣. 期於定是非
　　　則, 非諸生事也, 汝等姑退而更思之.
112) 『명종실록』 권3, 명종 원년 2월 경자.
113) 『명종실록』 권10, 명종 5년 6월 갑진.
114) 『명종실록』 권10, 명종 5년 5월 무인.

이 공론형성층이 되는 것을 부정적으로 보았다. '위에'라는 표현은 공론이
대신들에게 있어야 한다는 생각을 표현하고 있었다. 이러한 견해는 상진만
의 견해가 아니었다. 영경연사 이기도 "대신의 지위에 있은 연후에야 그 일
을 행함이 가한데 지금은 그 지위에 있지 않아도 高論을 좋아합니다."115)
라고 공론을 '高論'으로 비판하면서 공론이 대신에게 있어야 함을 강조하고
있다.

　윤원형 집권 하에서 대신들이 이러한 입장이었으므로, 당연히 유생들의
공론을 부정하였다. 명종 5년 우의정 상진은 다음과 같이 사림의 공론을
비난하였다.

　　　我國 습속의 병폐는 輕薄하고 議論을 좋아하는데 있습니다. (중략)
　　멀리 山林에서 아래로 商旅에 이르기까지 모두 盡言하고 숨기지 않은
　　것이 가합니다. 그러나 같이 모여서 사사로이 논의하고, 망령되게 국정
　　의 시비를 논하는 것은 불가합니다.116)

　상진은 '山林'이나 '商旅'에 이르기까지 언론이 허용되어 있다는 점은 인
정하였다. 그러나 그는 '사사로이 논의', '국정의 시비' 등을 부정하면서 실
제로 재야에서 공론이 형성되는 것을 인정하지 않고 있었다. 이는 결국 앞
에서 언급한 것과 같이 대신의 공론만을 인정하는 것이었다. 이러한 분위
기 속에서 조정에서는 '外議'를 조정을 움직이려 하는 '浮議', '邪論'으로까
지 비판하였다.117)

　당시 조정에서는 공론정치를 부정하면서 공론수용기구에서 外議를 수
용하는 것도 부정하였다. 먼저 대간이 外議를 수용하는 것을 문제로 삼았

---

115) 『명종실록』 권10, 명종 5년 6월 무술.
　　　身居宰相之位然後, 可行其事, 而今則不在位, 好爲高論, 弊源出於己卯.
116) 『명종실록』 권10, 명종 5년 5월 무인.
117) 『명종실록』 권7, 명종 3년 4월 갑술.
　　　侍講官金澍, 此等浮言, 皆欲動朝廷而發也, 自上鎭靜則, 邪論自戢矣.

다. 명종 2년 홍문관에서는 외의에 의해서 위축되는 대간의 언론을 다음과
같이 비판하였다.

> 대간이 말하고 싶은 일이 있어도 두려워하고 위축되어서 사람들을
> 따라 항시 外議가 어떠한가만 살피고 감히 자신의 뜻을 전달하지 못하
> 고 있습니다. 이러한 습속이 이미 중종조에 생겼으니 공론이 어찌 생
> 기겠습니까?[118]

홍문관에서 대간이 外議를 수용하는 것을 비판하고 있다. 대간이 공론
수용기구로서 외의를 살피는 것은 당연하였는데 이를 비판하고 있다. 이
는 앞에서 살핀 대신들에게 공론이 있어야 한다는 주장과 같은 입장에서,
대간이 유생이나 하급관원의 공론을 살피는 것을 비판한 것이었다. 즉 대
간이 外議 주체인 유생이나 중하급관원들의 의견을 무시하도록 요구한 것
이었다. 특히 홍문관이 이러한 주장을 한 것이 주목되는데, 이는 이미 홍
문관이 윤원형세력에 장악되었음을 보여준다.

윤원형 일파는 이와 같이 대간이 공론수용기능을 하는 것을 문제로 삼
으면서, 대간이 유생의 상소나[119] 중하급관원들의 '外議'에 의해서 사퇴를
청하는 것을 막고 있었다.[120] 이러한 동향 역시 유생이나 중하급관원의 공
론을 대간이 수용하지 못하도록 하는 조치였다.

또한 낭관들이 공론을 수용하는 것도 문제로 삼았다. 특히 전조의 낭관

---

118) 『명종실록』 권5, 명종 2년 5월 무인.
119) 『명종실록』 권5, 명종 2년 5월 무인.
   舍人鄭惟吉, 將三公意啓曰, 以儒生上疏諫院引嫌, (중략) 儒生語侵言官, 而
   言官輒引嫌, 則其漸將至於論在儒生, 極爲不당, 請令臺諫勿避, 答曰啓意
   至당.
120) 『명종실록』 권9, 명종 4년 6월 정묘.
   大司憲陳復昌啓, (중략) 臣之意以爲, 大抵責非臺諫之論, 若顯出於弘文館
   一會 則可以辭避也, 兵曹郎官雖有言者, 亦非衆論, 諫院一二人, 相語於酒
   間, 亦不如院中完席之論, 不可以此遽爲辭避.

이 공론을 수용하여 인사에 반영하는 것을 문제로 삼고 있었다. 명종 5년
에 상진은 전조낭관이 인사할 때에, "外議가 이 사람은 이 직에 가하다 하
고, 저 사람은 저 직에 불가하다고 합니다."121)라고, 낭관들이 외의에 따라
주의하는 동향을 비판하고 있다. 이는 윤원형 일파가 낭관의 공론수용기
능을 비판한 것이었다.

그러나 이러한 상황에서도 사림은 기존의 관행을 유지하면서 공론정치
의 구조를 유지하려고 애썼다. 명종 10년 홍문관에서 銓曹를 비난하면서,
다음과 같이 말한 것은 그 대표적인 사례이다.

> 오호라 공도가 행해지지 않고 있습니다. 시비가 전도되고 銓曹의 注
> 擬가 群議에 따르지 않고 있습니다.122)

여기의 '群議'는 공론의 다른 표현이었다. 그러므로 이러한 홍문관의 비
판은 인사가 공론에 의해서 시행되지 않고 있는 상황에 대한 비판이었다.
이는 전조의 내부에서 낭관이 공론에 의해서 인사하려고 노력하였지만,
대신들의 제약으로 여의치 않았다. 그러므로 홍문관에서 이를 비판하면서
바로 잡으려 노력하였다.

이러한 노력은 계속되어 사림은 공론이 '輿情'임을123) 주장하면서 다수
의 의견에 따를 것을 강조하였고, 이러한 다수의 토대로서 사림을 강조하
면서 공론의 수용하여 '士氣'를 높일 것을 촉구하였다.124)

---

121) 『명종실록』 권10, 명종 5년 6월 갑진.
    尙震曰 (중략) 臣嘗爲吏曹判書, 注擬之時, 郞廳以外議言曰, 某也可爲某職,
    某也不合某官云, 臣知其不可, 習俗已成, 故黽勉從之, 凡注擬必以外議爲主.
122) 『명종실록』 권29, 명종 10년 11월 신해.
    弘文館上箚 (중략) 嗚呼公道不行, 是非顚倒, 銓曹注擬, 不循群議.
123) 『명종실록』 권33, 명종 21년 11월 신해.
124) 『명종실록』 권29, 명종 18년 10월 경술.
    承政院回啓曰, 士氣公論同條共貫, 士氣振起, 則公論自張, 士氣摧喪, 則公
    論鬱塞.

낭관들도 낭관권을 유지하면서 권신들과 대결구조를 유지하여,125) 공론 수용기능을 유지하려 애썼다. 낭관은 인사가 공론에 의해서 되어야 함을 강조하면서126) 공론에 의한 인사를 유지하려고 애썼다. 또한 이판이 권신에게 지시받아 인사를 처리하는 것도 政体에 불합한 일이라고 비판을 하였다.127) 이러한 노력으로 사림은 결국 권신들을 몰아낼 수 있었다. 명종대 윤원형과 이양의 퇴진시키면서 공론정치는 재정립되었고, 언관과 낭관들은 다시 공론을 수용하는 역할을 하게 되었다. 이에 따라 공론형성층도 자유롭게 의견을 개진하였으며 공론정치는 활성화되었다.

3) 朋黨과 공론

선조 초부터 권신이 물러가고 사림이 주도권을 잡게 되면서, 공론에 의한 정치가 정립되었다. 그러나 공론정치의 정립은 몇 차례의 공론의 의미를 확인하는 과정을 거친 후에 가능하였다. 즉 선조 초기는 사림이 언관권, 낭관권은 물론 재상권까지 장악하였다. 그간 공론은 언관권, 낭관권과 긴밀한 관계를 가지면서, 권신들이 장악한 재상권과 대립되는 관계를 가졌는데, 이제 사림이 재상권까지 장악하면서, 공론과 재상권의 관계를 재정립할 필요가 제기되었다.

재상권까지 사림이 장악하였으나, 국정의 운영에서 재상권을 장악한 선배 사림과 언관권, 낭관권을 장악한 후배 사림 간에 갈등이 없을 수 없었

---

125) 최이돈「16세기 郎官權의 성장과 朋党政治」『규장각』12, 1989.
126)『명종실록』권23, 명종 12년 11월 신해.
　　諫院啓曰, 政曹郎官古称淸選, 其於薦望之際, 必採公論薦之.
127)『명종실록』권24, 명종 13년 8월 무오.
　　大司諫尹仁恕曰, 吏曹判書安玹, 欲使權柄不出於己, 故有闕輒議于三公, 而不敢自專, 銓曹之權, 似移於大臣, 此最妨於政体也.
　　여기서 三公이라고 칭하고 있으나 당시 尹元衡이 右議政이었다.

다. 그러한 갈등 속에서 대신들이 공론의 정당성을 다시 문제를 삼을 수
있었다. 선조 2년 6월 金鎧의 다음과 같은 지적은 그 대표적인 사례였다.

> 雜議가 三公을 존중히 여기지 않고 비방합니다. (중략) 대간이 대신
> 의 잘못을 논하는 것은 당연하나, 집에서 私議를 하는 것은 인심을 요
> 란하게 할 뿐이니 해서는 안 되는 일입니다.[128]

여기서 김개는 삼공 대신을 비판하는 사림의 의견을 '雜議', '私議'로 비
판하고 있다. 물론 '집에서'라는 단서를 달고 있으나, 공론이 형성되는 논
의구조에 대하여서 비판하였다. 이러한 김개의 주장은 당시 대신들의 일
반적인 의사를 대변한 것이었다. 즉 이는 대신들이 정책의 논의에서 언관,
낭관 등과 대립하면서, 언관과 낭관들이 공론을 근거로 대신과 대립하는
것을 문제로 삼은 것이었다.
   이러한 김개의 발언에 대하여 낭관과 대간들은 크게 반발하였다. 대간
들은 김개를 크게 비판하였는데, 그 중 기대승은 다음과 같이 반박하였다.

> 東漢의 末에 党禍가 일어나서 諸賢을 모두 죽였고, 때가 혼란하여
> 공론이 초야에 있었으나, 일거에 이들까지 죽이자 동한 역시 망하였습
> 니다. 唐 말에도 淸議가 성하다는 것을 듣지 못하였는데, 朱全忠이 淸
> 流로 지목하여 馬驛에서 죽이고 황하에 던지니 당이 역시 망했습니다.
> 자고로 이러한 일이 한 둘에 그치지 않았는데, 사람들로 하여금 私議를
> 말하지 못하게 하는 것은 聖明之下에 감히 할 수 없는 말입니다.[129]

기대승은 대신들이 공론을 私議라고 비판하고 있으나, 사의는 '청의' 즉
공론이라고 주장하고, 漢이나 唐이 私議를 말하지 못하게 하여서 망하게
되었다고 주장하였다.

---

128) 『선조실록』 권3, 선조 2년 6월 신사.
129) 상동조.

이와 같은 대신들과 언관 낭관들과의 갈등은 선조 5년까지 계속되었다. 선조 5년에도 이준경은 상소를 올려서 대신의 입장에서, 낭관들과 언관들을 붕당으로 몰아서 견제하려 하였다. 이러한 동향에 대하여 이이는 대신 이준경이 비판하는 '붕당'이라는 무리는 "모두 일시의 淸望이며 공론을 주장하는 자입니다."라고[130) 오히려 이준경을 비판하였다.

이러한 동향은 대신들이 중심이 되는 재상권과 당하관들이 중심이 되는 언관권, 낭관권 간에 주도권을 잡기 위한 대립이었다. 언관들은 자신들의 의견이 공론이라는 것을 강조하면서 대신들을 비판하고 탄핵하였다. 언관들은 공론이 '초야'에도 있다는 것을 강조하면서, 시비를 정하고 邪正을 구별하는 기준은 공론에 있는데, "공론이 한 번 발하면 대신도 막을 수 없고 人主도 굽힐 수 없습니다."라고[131) 공론과 그에 따른 공론정치를 강조하였다. 이러한 대신들과 당하관들 간의 갈등은 시간이 지남에 따라서, 이준경 등 핵심 대신들이 물러가면서 해소되어 공론정치가 자리를 잡아갔다.

그러나 선조 8년 이후 붕당정치가 전개되면서 공론의 의미는 다시 한번 정리가 필요하였다. 그것은 선조 초기의 이준경 등 대신들이 퇴진하고, 선조 초기의 삼사와 낭관권을 장악하고 있던 무리들이 서서히 대신으로 진입하면서, 새롭게 낭관과 언관에 진입하는 신진들과 갈등을 일으키면서, 붕당이 형성되고 있었기 때문이었다. 이 양자는 서서히 東과 西로 분파를 일으키면서 그 대립이 격화되고 있었다.

이러한 상황에서 재상권을 기반하고 있었던 서인은 언관권과 낭관권을 기반으로 하였던 동인을 공격하면서 공론을 비판하였다. 이는 선조 12년 이이의 다음과 같은 상소에 잘 나타났다.

> 人心이 동의하는 바를 公論이라 하고 공론이 있는 바를 일컬어 國

---

130) 『선조수정실록』 권6, 선조 6년 7월.
131) 『선조실록』 권8, 선조 7년 6월 기미.

是라고 합니다. 국시는 일국의 사람들이 모의하지 않아도 같이 그러하다고 하는 바입니다. (중략) 오늘의 소위 국시라는 것은 이와 달라 主論者는 스스로 옳다고 하나, 듣는 자는 혹은 따르고 혹은 따르지 않습니다.132)

이이는 당시 朋党이 전개되면서 사림이 나누이고, 그에 따라서 주장하는 바도 달라지고 있는 모습을 이렇게 논하였다. 이이는 선조 초기에는 낭관과 언관의 지위에 있으면서, 선배 대신들의 공론에 대한 공격을 막았던 인물이었으나, 대신의 지위에 오르면서, 후배인 낭관들과 언관들이 주장하는 공론에 대하여, 그 공정성을 문제삼고 있는 것이었다. 물론 이 시기에는 이이가 아직 동서를 중재하는 입장을 버리지 않는 시기였으므로, 동서를 중재하는 입장에서 공론에 대한 비판은 심하지 않았다.

그러나 이이가 동서의 중재에 실패하고, 서인으로 몰린 이후인 선조 15년의 공론에 대한 공격은 매우 신랄하였다.

소위 浮議는 그 나온 곳을 모르며 처음에는 미미하나, 점점 성해져서 마지막에는 廟堂을 흔들고 台閣을 움직이게 되면, 온 조정이 움직여 대항할 수 없으니, 부의의 權은 태산보다 중합니다. (중략) 오호라 일찍이 '政在台閣'이면 憂亂이라 하였는데 '政在浮議'면 어떻게 되겠습니까?133)

이이는 공론을 '부의'라고 강하게 비난하고 있다. 공론정치는 사림이 공론을 형성하였고, 그것을 삼사와 낭관들이 수용하여 대변하면서 활성화되었으므로, 당연히 동인세력의 기반이 되고 있었다. 그러므로 동서가 분열되고 대립이 거세지면서, 동인은 공론을 의탁하면서 서인을 공격하고 있었다. 그러므로 서인인 이이의 입장에서 보면, 당시 동인이 주도하는 공론

---

132) 『선조수정실록』 권13, 선조 12년 5월.
133) 『선조수정실록』 권16, 선조 15년 9월.

은 편파적이고 타당성을 잃은 건강한 여론이 아니었다. 그러므로 이이는 그것은 '浮議'라고 주장하였다.

이이는 이러한 사태의 원인을 "縉紳이 不睦하고 國是가 靡定하여 浮議가 橫流합니다."라고[134] 보았다. 즉 동서로 붕당이 형성되어서 서로 반목하고 있었으므로, 공론이 공정한 여론인 '國是'가 되지 못하고 있다고 보았다. 이것은 단지 이이만의 의견이 아니라 서인의 의견이었다. 선조 16년 成渾도 "지금 말하는 자는 스스로 공론이라고 하지만 그 말이 불공하고 불평함이 이와 같으니 장차 어떻게 인심을 굴복시킬 수 있겠습니까?"라고[135] 공론의 편파성을 지적하였다.

이러한 서인의 태도에 대해 동인은 호된 비난을 가했다. 선조 15년 홍문관에서 공론은 "万乘의 존귀에 있어도 굴복하여 따라야 할 것인데, 오히려 대신의 지위에 있는 자가 공론을 멸시하기를 기탄없이 하니 가한가?"라고[136] 이이를 비난하였다.

그러나 이러한 이이를 중심으로 한 공론에 대한 서인의 비난은 이이가 죽으면서 꺾인다. 이이가 죽으면서 서인의 세력은 위축되었고, 이에 비하여 동인은 젊은 사림을 계속 충원하면서 그 세력이 확대되고 있었기 때문이었다.

이러한 상황에서 서인은 오히려 공론과 연결을 모색하면서, 자신들의 입지를 공론에 가탁하려고 애썼다. 그 논리의 초점은 자신들도 사림이라는 것이었다. 이점은 이미 선조 12년 이이가 다음과 같이 밝히고 있는 바였다.

신이 들으니 자고로 국가가 믿고 지탱하는 자는 士林입니다. 사림은 국가의 원기입니다. 사림이 盛하고 和하면 국가는 다스려지고 사림이

---

134) 『선조수정실록』 권17, 선조 16년 4월.
135) 『선조수정실록』 권17, 선조 16년 7월.
136) 『선조수정실록』 권16, 선조 15년 9월.

다투고 분열되면 국가는 어지러워지며, 사림이 패하고 없어지면 국가
는 망합니다. (중략) 심의겸을 許하는 자들은 전배사류이고, (중략) 김
효원을 許하는 자들은 후배사류이며, 전후배가 모두 사류입니다.137)

이이는 기본적으로 동인과 서인이 모두 사림이라는 것을 강조하였다.
단지 사류가 나누어져 있을 뿐이라는 것이었다. 이러한 생각은 이이가 아
직 동서의 중재를 모색할 당시의 생각이었다. 자신이 서인으로 몰리면서
중재를 포기하고, 선조의 신임을 의탁하여 동인을 공격하는 상황에서는,
동인을 꺾는데 몰두하였고 이러한 동질성을 강조하는 주장은 표출되지 않
았다. 그러나 이이가 죽은 뒤에 서인의 위세가 약해졌고 동인이 국정을 주
도해 가자, 서인들은 이러한 논리를 차용하여서 자신들의 입지를 펼쳤다.
그 대표적인 사례가 선조 20년 李貴의 다음과 같은 상소였다.

서인은 사류이며 동인 역시 사류입니다. (중략) 오늘날에 이르러 사
림으로 이이와 성혼을 알고 존경하는 이들을 서인이라 합니다. 오늘날
조야의 公論之人이 그들입니다.138)

이러한 주장은 이이의 생전에 부정하려 하였던 공론정치를 수용하려는
태도였다. 즉 자신들도 공론에 근거한 공론정치를 수용하고 그에 입각한
정치를 펼치겠다고 주장하고 있다.
서인이 자신들의 기반을 공론에서 찾고 공론과 연결을 지으려고 노력하
고 있었다. 이러한 노력으로 사림은 동인만을 지지하지 않았다. 그 구체적
인 사례로 성균관 내에서도 의견이 갈리고 있었다. 선조 16년 성균관에서
이이를 비난하는 상소를 올리자,139) 며칠 뒤 성균관에서는 다시 상소를 올

---

137) 『선조수정실록』 권13, 선조 12년 5월.
138) 『선조수정실록』 권21, 선조 20년 3월.
139) 『선조실록』 권17, 선조 16년 8월 정사.

러서 앞에 올린 상소가 대학 유생의 공론이 아니었다고 밝히고 있다.[140] 이러한 사례는 서인이 공론과 연결을 모색하면서, 성균관의 유생들 사이에서 논의가 합일되지 못하는 현상을 잘 보여준다.

이러한 상황에서 동인과 서인이 모두가 사류라는 서인의 주장은 일단 공론을 서로 인정하면서 동인과 서인간의 갈등을 해소하고자 하는 모색이었다. 이러한 모색을 통해서 붕당정치와 공론정치가 연결될 수 있었다. 이후에는 공론을 각 붕당의 정당성의 근거로 삼는 붕당정치가 전개되어, 결국 공론정치는 붕정정치의 정립으로 연결되었다.

이러한 상황에서 공론이 '草野'에 있다는 것,[141] 성균관이 '공론소재'라는 것,[142] 공론은 대신이나 왕조차도 따라야 할 것[143] 등의 공론정치의 기본적 합의가 형성되었다. 또한 이러한 합의가 형성되면서 왕이나 대신들은 사안을 처리하는 데에 있어서, '外議'가 어떠한지를 살피는 것을 당연시하였다. 선조 21년 '卜相'의 문제가 있자 선조는 대신들에게 "外議가 어떤 사람을 뽑기를 바라는가?"라고 공론의 뜻을 알고자 하였고, 대신들 역시 이에 대해서 "外議를 참작하여서 복상을 하겠습니다."[144]고 답하고 있다. 이러한 사례는 선조 중후반이 되면 왕과 대신들이 국정을 공론을 살피면서 결정하는 공론정치가 정립되었음을 잘 보여 준다(「16세기 공론정치의 형성과정」 『국사관논총』 34, 1992).

---

140) 『선조실록』 권17, 선조 16년 8월 을미.
141) 『선조실록』 권3, 선조 2년 6월 신사.
142) 『선조실록』 권17, 선조 16년 8월 정사.
143) 『선조실록』 권8, 선조 7년 6월 기미.
144) 『선조실록』 권22, 선조 21년 5월 계사.

제6장 言官權 郞官權의 성장과 朋党政治

1. 중종말 명종조의 언관권 낭관권의 정립과 權臣

1) 권신 김안로

성종대에 강화된 언관권과 중종대에 형성된 낭관권은 권력구조를 변화시켰고, 그것은 당연히 정치운영방식에서도 변화를 초래할 수밖에 없었다. 그러나 권력구조의 변화는 긍정적으로 수용되지 못하고 왕과 대신이 연합하여 새로운 변화를 견제하는 방향으로 귀결되어, 그 결탁의 매개자로서 權臣이[1] 등장하였다.

물론 외척이 권신으로 대두할 수 있었던 것은 낭관권의 형성으로 대신들의 활동이 제약당하는 상황에서 가능한 것이었다. 이전에는 대신들이 왕을 견제하여 외척의 등용을 적극 제한하였기 때문에 외척이 쉽게 등장하지 못했다.[2] 중종말기의 金安老, 명종대의 尹元衡, 李樑 등은 모두 그러

---

1) 권신의 의미는 왕의 신임을 얻어 권한을 휘두르는 관원으로 정의할 수 있겠다. 권신의 등장은 권력구조의 변화에서 가능한 것이었다. 즉 언관권과 낭관권이 새로운 정치권력으로 기능하면서, 이에 반발하여 대신과 왕이 연합한 형태를 취하는 상황에서, 외척이 그러한 연합의 매개체로 등장하여 권신이 되었다. 그러므로 언관과 낭관은 권신과의 대립이 불가피하였다. 사료 상에는 權臣, 權奸 등으로 지칭되고 있으나 권간은 평가가 포함되어 있는 용어여서, 권신이라는 용어를 사용하여 보았다.

2) 權臣은 왕과 대신과의 연합의 양상에서 출현하지만, 외척으로 왕의 신임에 의해서 권력을 휘두른 점에서 정상적인 재상권을 온전하게 대변한다고 보기는 어렵다. 중종 말기에 김안로가 집권하자, 일반대신들이 '不爲國家大事'하거나 '傍觀'

한 상황에서 나타난 권신들이었다. 이들은 낭관권과 언관권을 견제, 장악하려고 노력하였다.

이러한 과도기적인 어려움 속에서 사림은 언관과 낭관을 장악하고 권신을 견제하여 정치균형을 찾기 위해서 노력했다. 권신을 견제하는 역할에서 가장 중요한 것은 낭관이었다. 언관직은 자천제에 의해서 인사를 보호받는 낭관들에 비해서 상대적으로 쉽게 권신세력에 의해서 침해를 입었다. 특히 비중이 큰 이조낭관은 낭관직을 장악하려는 권신들과 첨예하게 대립하였다.

선조 16년(1583) 7월 다음의 史論은 낭관과 권신의 대립을 검토하기 위한 중요한 실마리를 제공하고 있다.

> 그때 堂下의 淸望은 모두 吏郎에 의해서 나와서 吏郎의 선발은 극히 중요했다. 吏郎은 필히 미리 수인을 천거, 入啓하여서 제수하였으며 왕 역시 이를 중시했다. 이에 台閣과 新進은 매번 公卿과 서로 다투었는데, 불행히도 權奸이 當國하여 왕을 가리면서 士林의 화가 일어났고, 吏郎이 가장 먼저 당하기를 거듭하였다. 그러나 풍습이 이미 성립되어서 名官으로 參銓하지 못하면 수치로 알았다.[3]

이 기록은 두가지 사실을 확인케 해준다. 첫째 선조대에 이르기까지 이조낭관이 낭관권을 토대로 청요직의 의망을 주도하면서 대신들과 다투었

하였다는 기록은 권신 하에서 대신들도 자신의 역할을 못했음을 보여준다(『중종실록』 권72, 중종 26년 11월 무진; 『중종실록』 권72, 중종 27년 2월 신사). 기본적으로 사림이 대신에 대한 공격은 대신의 권력의 남용이나 그와 연관된 경제적 비리에 대한 것이었다. 사림은 대신이 국정전반을 통솔해야 함을 인정하였고, 그것이 관원기구를 통해서 보장되어져야 함도 인정하였다. 이는 가장 급진적이었던 己卯士林의 경우에도 잘 나타난다. 기묘사림이 활발히 활동한 중종 11년에 재상권의 강화로 인정되는 議政府署事制가 복설된 것은 그 좋은 예이다(『중종실록』 권25, 중종 11년 5월 신사).
3) 『선조수정실록』 권17, 선조 16년 7월.

다. 둘째 權奸이 국정을 장악하면서 이조낭관을 비롯한 사림이 큰 피해를
입었다. 여기에서 초점이 되는 부분은 권간이 당국할 경우에 야기되는 문
제였다. 권신들의 등장으로 이조낭관이 피해를 입고, 낭관권의 원활한 기
능이 왜곡되었다. 이로 인해서 새로운 권력구조와 정치운영방식의 실현이
지연되고 있었다.

권신이 가지는 영향력은 중종 32년 경연석상에서 시강관 신거관이 다음
과 같이 언급한데서 잘 나타났다.

> 六曹의 공사는 모두 안로에게 물어본 연후에 거행하였습니다. 육경
> 이상으로 비록 대신의 지위에 있어도 역시 모두 안로에게 물어본 연후
> 에 일을 행하였습니다.[4]

권신은 모든 정책에 결정적인 영향력을 행사하였다. 이와 같은 권신의
영향력은 김안로뿐 아니라 모든 권신에게 그대로 적용되었다. 유일하게
권신의 독주를 견제하는 것은 낭관들이었다. 그러므로 모든 권신들은 낭
관과 언관을 견제하려고 노력하였다.

중종말경에 김안로가 권신으로 등장한다. 김안로가 권신이 되면서 어떻
게 언관과 낭관을 위협하고 침해하였는가를 살펴보자. 우선 김안로가 언
관을 어떻게 공략하였는가를 살펴보자.

낭관은 언관의 인사를 주도하면서, 언관을 왕과 대신들로부터 보호하여
언관이 활발히 활동할 수 있는 기반을 제공하였다. 또한 언관은 낭관의 활
동을 언사로 지지하여 이 양자는 상호 연합관계에 있었다.[5] 그러나 권신
의 등장은 그러한 보완관계를 위태롭게 하였다.

다음 중종 32년(1537) 6월에 보이는 사례는 김안로와 그의 무리들이[6]

---

4) 『중종실록』 권86, 중종 32년 11월 정축.
5) 최이돈 「16세기 郎官權의 成長과 朋黨政治」 『규장각』 12, 1989.
6) 여기서 党이라는 용어는 붕당을 지칭하는 것은 아니다. 사료 상에서 사용되는 용

어떻게 양사를 침해하고 언관권을 장악해 갔는지 보여준다.

　　김안로가 부제학 소봉을 시켜서 대간을 탄핵하고, 박홍린, 채락, 정
　희렴 등을 대간으로 삼으니 이들은 모두 김안로의 처족이었다.[7]

이에 의하면 권신은 홍문관을 먼저 장악하여 홍문관이 갖는 臺諫彈劾權
을 이용하여[8] 대간을 공격하여 물리치고 그 자리에 자신의 당여를 임명하
였다.

김안로의 지위가 강해지면서 이러한 상황은 가속되었다. 위의 일이 있
은 뒤 2개월 뒤에 정희렴이 지평이 되는 정목 뒤에 그 배경을 설명하는
사론에도 다음과 같이 권신이 언관을 침해하는 상황을 잘 설명하고 있다.

　　정희렴은 김안로 누이의 사위이다. 안로와 다른 자는 대간이나 시종
　에 의망될 수 없었다. 참관 유세린 역시 안로의 무리인데 의망할 인물
　이 없다는 이유로 三望을 갖추지 않고 정희렴만을 입계하였다.[9]

이에 의하면 당시에 김안로의 위세를 업고 참관 유세린이 인사를 좌우
하였다. 김안로의 무리가 아니면 대간이나 시종에 의망조차 되기 힘든 상
황임을 알 수 있다. 특히 인사는 三望을 갖추어 올리고 왕의 낙점을 받는
것이 보통이었는데, 한 명만을 의망하여 낙점을 받고 있어, 김안로의 권신
으로서의 위세를 짐작게 한다. 김안로가 인사를 전횡하면서 자기에게 아
부하는 인물이 없으면 자리를 비워두기도 하였다. 따라서 "百司에 인물을
채지 못한 곳이 심히 많았다."[10]는 지적도 보이고 있다.

　어를 그대로 사용하였을 뿐이다.
7)『중종실록』권85, 중종 32년 6월 무진.
　至如言論重地, 亦有非其人, 而冒受者, (중략) 遞臺諫.
8) 최이돈「성종대 홍문관의 言官化 과정」『진단학보』61, 1986.
9)『중종실록』권85, 중종 32년 8월 기유.

이러한 상황에서 김안로는 언론을 바탕으로 자신의 주도권을 강화해 갔
다. 당시의 상황을 승정원에서 다음과 같이 설명하고 있다.

　　危亂할 때에 權奸이 주장하고 심복들이 언론에 포열하여 하고 싶은
　일을 못하는 것이 없었습니다. 언관에게 먼저 발언하게 하고 權奸은
　따라서 도우며, 공론을 의탁하여 필히 따를 것을 청하였습니다.11)

　김안로가 자신의 심복들을 언관직에 임명하고, 이들을 앞세워 공론을
가탁하여 정책을 주도하고 있었다. 언관권을 자신의 주도권 강화에 이용
하고 있었다.
　권신은 언관을 장악하고 이를 통해서 자신에 반대하는 낭관을 견제하였
다. 이는 중종 32년 다음과 같은 홍문관의 탄핵을 통해서 알 수 있다.

　　전조 낭관은 사림의 重選입니다. 비록 그 자리를 비워둘지언정 구차
　히 채우지 않는 것은 사람을 구하기 어렵기 때문입니다. 근래에 비루
　하고 어리석은 자가 그 안에 몰래 들어가, 낭료를 천거함이 物論에 어
　긋나게 보임이 분명하나 꺼리지 않고 끌어 들여 名器를 더럽히고 있습
　니다.12)

　이는 전조 낭관의 인선이 문제가 있다고 공격하고 있다. 이는 김안로일

---

10) 『중종실록』 권86, 중종 32년 11월 정축.
　　물론 삼망을 갖출 수 없는 상황이나 관직을 채우지 않고 두는 상황은 그만큼 김
　　안로의 무리가 적었음을 보여준다. 특히 참상관직을 가진 김안로의 무리가 부족
　　했음을 짐작할 수 있는데, 이는 뒤에 언급할 것처럼 김안로 퇴진의 결정적인 요
　　인이 되었다.
11) 『중종실록』 권86, 중종 32년 11월 무자.
　　政院曰, 危亂之時, 權奸爲之主張, 以瓜牙腹心, 布列言地, 欲爲之事, 無不爲
　　之, 使言者先爲發論, 權奸從而贊之, 外托公論, 必請從之.
12) 『중종실록』 권85, 중종 32년 6월 정묘.

파가 삼사를 장악하면서 낭관직까지 장악하기 위한 공격의 일환이었다. 낭관과 삼사는 유기적인 관계를 가지고 재상권을 견제할 수 있었는데, 권신의 강력한 위세 앞에 삼사와 낭관이 분열, 대립되는 모습을 보여주고 있다.

위의 언급에서는 구체적으로 관원명은 거론하지 않았으나, 중종 26년 2월의 다음의 사론에 좀 더 상세하게 그 배후 상황을 잘 설명해주고 있다.

> 이찬이 전에 지평으로 있으면서 作疏하여 시사를 논했는데 時人의 뜻과 합하지 않아 쓰이지 못했다. 김로 역시 홍문관에 있으면서 동료들과 의논이 합하지 않는 바가 많으니, 양사에서 그를 심술이 邪謬하다고 탄핵하여 파직시켰다. 홍문관에서 차를 올려 兩司가 찬 등을 엄하게 탄핵하지 않았다고 하여 양사를 갈도록 하였다. (중략) 당시 대간과 시종에는 김안로에게 붙은 이들이 많아서 재삼 논하여 찬 등을 杖配에 이르게 하였다.[13]

이는 이조정랑 이찬과 홍문관 저작 김로의 파직의 배경을 설명하고 있다. 그 배경으로 주목되는 것은 "대간과 시종에는 김안로에게 붙은 이들이 많아서"라는 구절이다. 이 내용에 의하면 이조정랑 이찬이 탄핵을 받은 것을 삼사를 장악한 김안로의 일파가 낭관 이찬을 견제한 것이었다.

구체적인 갈등의 내용은 드러나지 않고 있지만, 당시 정황을 살핀다면, 김안로 복용의 움직임과 연결되는 것으로 짐작된다.[14] 결국 이조낭관 이찬 등은 김안로의 복직을 견제하려 하면서 김안로 일파의 공격을 받았다. 이러한 상황이 지속되었는데 이는 이찬의 후임으로 보이는 이조낭관 이림이 간원에 의해서 탄핵을 당한 것으로 짐작할 수 있다.[15]

김안로 일파는 낭관들을 탄핵하여 물리치고 그 자리에 자파의 인물로 채우려고 노력했다. 이는 홍섬이 파직당한 사례에 잘 나타난다. 중종 30년

---

13) 『중종실록』 권70, 중종 26년 2월 을해.
14) 『중종실록』 권70, 중종 26년 3월 을축.
15) 『중종실록』 권70, 중종 26년 3월 임인.

이조좌랑 홍섬이 사간원의 탄핵을 받아 파직을 당했다. 그 탄핵 죄목은 '邪謗'하다는 것이었다.[16] 그 구체적인 내막은 술 취한 홍섬이 사간이 된 허항의 집에 가서 "이때가 어떠한 때인가, 자고로 이와 같이 하여서 보전한 자가 있는가. 나의 아버지 역시 걱정하고 있으며 사림이 모두 매우 두려워하고 있다."[17]라고 한 대화가 문제가 되었다. 이것은 김안로 등용 이후의 정치적 변화에 대한 비판이었다. 이러한 홍섬의 비판을 김안로 무리가 문제 삼아 홍섬을 탄핵하였다.

그러나 이 문제의 배후에는 더 근본적인 대립이 깔려 있었다. 중종 30년(1535) 1월의 좌의정 김근사와 우의정 김안로의 계문 중에서 나오는 다음 구절이 그것을 보여준다.

> 홍섬이 말하기를 곧 이조좌랑을 천거하는데, 조사수와 박충원 두 사람이 어떨까요, 공은 필시 채락과 김기를 추천하고 싶으시겠지요.[18]

이것은 이조낭관 홍섬이 이조좌랑의 천거를 놓고 이판 허항과 한 대화의 일부로, 이것에 의하면 홍섬 등 낭관들은 조사수와 박충원 등을 자천하고자 하였으나, 김안로일파인 허항 등은 김안로의 아들인 김기와[19] 김안로의 처족인 채락을[20] 천거하고자 하였다. 즉 이조낭관에 자파를 넣고자 하는 김안로 일파의 압력이 이조의 선생인 허항을[21] 통해서 행사되었다. 그러나 홍섬이 이에 반대하면서 김안로당의 동향을 비판하자, 김안로 일파는 위에서 언급한 사건을 빌미삼아 홍섬을 파직시켰다.

---

16) 『중종실록』 권79, 중종 30년 1월 정묘.
   諫院啓, (중략) 吏曹佐郎洪暹, 人物至爲邪謗, 請罷.
17) 『중종실록』 권79, 중종 30년 1월 기축.
18) 『중종실록』 권79, 중종 30년 1월 신미.
19) 『万姓大同譜』 연안김씨.
20) 『万姓大同譜』 인천채씨.
21) 『중종실록』 권84, 중종 32년 4월 기유조에 허항이 이조좌랑이었음이 확인된다.

그러나 비록 홍섬은 파직되었으나 김기나 채락 등이 이조낭관이 되지 못했고 오히려 낭관들이 천거하는 박충원이 낭관에 임명되었다.[22] 이러한 사례는 낭관에까지 자신의 인물을 서용하여 낭관을 장악하려는 김안로 일당의 책동을 잘 보여주었다. 한편 이러한 책동의 실패는 낭관권이 권신의 집권 하에서도 상대적으로 강하였음을 보여주었다.

그러나 때로는 낭관 내에까지 권신세력이 들어오는 경우도 있었다. 중종 26년 간원에서는 이조정랑 민제인을 탄핵하여 파직시켰다.[23] 탄핵의 명목으로 지적된 것은 '挾私用權'이었다. 그러나 당시 사관은 민제인이 '不附時議'한 까닭으로 탄핵을 당하였다고 해석하였다.[24] '不附時議'의 의미는 김안로에 붙지 않은 것을 의미하는 것이었다. 그 점을 잘 보여주는 것이 중종 32년(1537) 4월 민제인이 제주목사로 좌천당할 때의 다음 사론이다.

> 민제인은 深毅하고 遠計하였다. 이조정랑이 되었을 때에 허항이 좌랑으로 있으며, 자못 專壇하고자 하는 것을 제인이 많이 막았다. 이러한 이유로 원한이 생겼는데 김안로가 還朝하려 하니 김안로의 당이 모두 허항을 천하여 이조좌랑으로부터 정언으로 삼았다. (중략) 제인이 마침내 항의 공격을 받았고 이에 항의 무리가 공모하여 제인을 제주목사로 보내었다.[25]

이 내용은 전후관계가 다소 혼란되어 있는데 실록의 인사 자료를 토대로 바로 잡으면 다음과 같다. 김안로는 이미 중종 26년 7월에 한성판윤으로 임명되었다.[26] 그러나 이것은 이조의 정사에 의한 것이 아니고 왕명에 의한 것이었다.[27] 그러므로 김안로는 더욱 중요한 자리를 얻기 위해서 당시

22) 『명세총고』 전랑.
23) 『중종실록』 권71, 중종 26년 7월 무진.
24) 『중종실록』 권71, 중종 26년 7월 계유.
25) 『중종실록』 권84, 중종 32년 4월 기유.
26) 『중종실록』 권71, 중종 26년 7월 기유조 政目.

이조좌랑인 허항을 움직였으나 민제인이 허항의 천단을 막아 성공치 못했
다. 이에 대간에서 '狹私用權'하다고 탄핵하여 민제인을 이조낭관에서 쫓아
내었다. 이에 허항은 김안로를 예조판서에 주의할 수 있었고, 중종 26년 8
월에 김안로가 예판으로 임명되자[28] 허항은 9월에 정언으로 옮겨갔다.[29]

이러한 흐름에서 볼 때에 낭관과 김안로의 대립이 분명하게 드러난다.
주목되는 것은 낭관도 권신의 침해를 받아 분열되었다는 점이다. 물론 앞
에서 검토한 것처럼 김안로의 아들인 김기 등은 낭관이 되지 못하였으나,
김안로의 무리인 허항은 이조낭관에 진입하고 있었다. 이러한 상황은 권
신의 압력 하에서 낭관권이 매우 위축되었음을 짐작할 수 있다.

그러나 김안로 무리들은 삼사를 장악하고 낭관을 집요하게 공격하였음
에도 불구하고 결국 퇴진을 당하였다. 그 퇴진의 배경을 중종 32년(1537)
8월 다음의 사론이 잘 보여준다.

> 처음에 김안로당은 언론의 자리에 分據하여 그 기세를 강하게 하였
> 으나 모두 驟陞하여 고관으로 오르니, 당하관에 있는 자가 희소하게
> 되어 주의에 (자파의 인물로) 망을 갖출 수가 없었다. 그러한 까닭에
> 時人들은 腰下蹇濕에 비하면서 필히 패할 것을 알았다.[30]

위의 기록은 몇가지 점에서 주목되는데 첫째 김안로의 무리들은 '언론
의 자리에 분거'로 표현되었듯이 삼사를 장악하고 있었다. 삼사를 통해서
낭관들을 견제하면서 김안로 무리는 그 위세를 유지할 수 있었다. 둘째 그
러나 김안로 일파는 빨리 당상관으로 지출하면서 삼사를 장악할 중하위

---

27) 상동조 김안로가 한성판윤이 되는 정목에서 다음과 같이 세주로 김안로의 임명이
   왕명에 의한 것임을 밝히고 있다.
   安老旣爲敍用, 單望注擬事, 伝敎.
28) 『중종실록』 권71, 중종 26년 8월 무진조 政目.
29) 『중종실록』 권71, 중종 26년 9월 신미조 政目.
30) 『중종실록』 권85, 중종 32년 8월 기유.

관원이 부족하였다. 따라서 김안로 무리들은 삼사의 장악에 실패하자, 결국 낭관권을 견제할 수 없게 되면서 퇴진할 수밖에 없었다. 권신 김안로는 결국 낭관들과의 싸움에 실패하여 실권하게 되었다.

2) 권신 윤원형

명종대에는 윤원형이 권신으로 등장했다. 윤원형의 등장으로 명종 초부터 윤원형과 낭관들의 대립관계가 형성되었다. 대립관계가 형성되면서 윤원형 역시 언관을 장악하고 그를 통해서 낭관을 공격하였다. 이미 을사사화에 이조정랑 이중열[31] 좌랑 노수신 등이[32] 연루되어 낭관과 권신 간의 알력을 보여주었으나, 갈등을 구체적으로 보여준 것은 명종 원년(1546) 8월 낭관 임형수를 삭탈관작한 것이었다. 그 때의 상황을 사신은[33] 다음과 같이 설명하였다.

> 임형수가 이조정랑으로 구수담의 집에 가니 진복창이 먼저 와있었다. 수담이 형수에게 말하기를 복창이 대간이 될 수 없을까하니, 형수가 오래 직시하고 말하기를 이 자는 성균관의 사예면 가하다 하고 나갔다. 복창이 대노하였고 수담도 부끄러워하였다. 이로서 크게 원한이 생기어 이에 이르렀다.[34]

이 자료에 의하면 임형수가 이조선생인 구수담의[35] 청을 거절한 것이

---

31) 『명종실록』 권2, 명종 즉위년 9월 병자.
32) 『명종실록』 권2, 명종 즉위년 9월 임신.
33) 『명종실록』의 史論을 서술한 자를 구체적으로 밝힐 수는 없지만 실록이 선조 초년에 서술된 것인 만큼 사림들의 입장이 잘 반영되었다고 생각된다. 윤원형과 직적 대결하던 고경허, 김규, 이양과 대립하였던 박대립 등이 기사관으로 참가한 것은 그것을 잘 반영하고 있다.
34) 『명종실록』 권4, 명종 원년 8월 기축.

원인이 되어서 진복창과 혐의가 생기게 되었고, 이러한 혐의가 원인이 되어서 임형수가 윤원형 일파에게 탄핵을 당하게 되었다.

윤원형이 언관을 장악하고, 이를 통해서 낭관을 공격한 것은 다음의 명종 4년(1549) 2월 양사에서 이조 낭관 유감과 병조 낭관 이원록을 탄핵한 기록을 통해서 살필 수 있다.

> 국가가『武定宝鑑』을 선집하여 逆党의 정상을 중외에 널리 알리려 하니, 이조낭관 등이 印見하고자 하였으나 정랑 유감은 홀로 응하지 않았고, 어찌 볼 책이 없어 이 책을 출간하겠는가라고 하였습니다. 이는『무정보감』을 볼만하지 못하다고 다른 의견을 내어 인심을 요동시킨 것이니, 遠竄을 청합니다. 병조정랑 이원록은 逆類加罪의 때에 자못 불평한 기색을 하였고, 그 숙부 이기를 지목하여 마땅히 赤族의 화가 있으리라고 하였으니, 그 심술이 음험합니다. 竄黜하시기 바랍니다.[36]

여기의『무정보감』은『乙巳定難記』라고도 하는 것으로 乙巳士禍를 전후한 판결문, 상서 등을 모아 을사사화를 定難으로 선전하기 위해서 윤원형 등이 만든 것이었다.[37] 또 여기의 '역류가죄의 때'는 역시 을사사화를 의미하는 것이므로 유감과 이원록은 모두 을사사화의 정당성에 이의를 제기한 것이었다. 따라서 윤원형 등에게 반발한 것이었다. 그러므로 윤원형 일파는 대간을 동원하여 낭관을 탄핵하였다.

탄핵의 좀 더 구체적인 이유는 다음의 탄핵문 뒤에 보이는 細註에 잘 밝혀져 있다.

> 원형이 이판으로 그의 친구에게 이르기를 "柳郎과 李郎은 주의 때마다 閣筆退坐하고 張目不答하며, 출입을 祗迎할 때에도 눈을 똑바로

---

35)『명세총고』전랑.
36)『명종실록』권9, 명종 4년 2월 계묘.
37)『연려실기술』권10, 명종고사본말.

뜨고 노려보니 필시 내가 외척으로 이판을 맡았다고 이리도 심한 것이
다."하니 한지원이 그 말을 듣고 宝鑑이 즉시 印見되지 않음을 윤원형,
이춘년에게 말하였다.38)

이 기록에 의하면 유감과 이원록이 피해를 입은 집적적인 이유는 이들
이 윤원형의 인사에 이의를 제기하고 그를 견제하려고 한 것이었다.

윤원형 무리는 대간을 통한 낭관의 탄핵에서 한걸음 더 나아가 낭관직
에 자기 당파를 침투시키려고 노력하였다. 이는 명종 8년(1553) 9월 양사
의 다음과 같은 허엽 탄핵의 세주에 잘 보인다.

　　　이감은 허엽이 이조좌랑으로 있으면서 자신을 천거해주지 않은 것
　　을 원한으로 삼다가, 마침 허엽의 宗家가 失火되어 改營을 할 때에 의
　　심스러운 곳이 있자, 허엽을 탄핵한 것이다.39)

허엽이 윤원형파인 이감을 천거해주지 않은 시기는 분명치 않으나 허엽
이 좌랑이 되었던 명종 4년에서40) 정랑이 되는 명종 6년41) 사이의 일로
추정된다. 여기서 윤원형일파는 이감을 낭관으로 삼고자 하였지만, 허엽이
반대하자 허엽을 탄핵하였다. 이러한 윤원형일파의 시도는 있었으나, 낭관
직에 침투는 물론 쉽지 않았다. 이감이 저지된 것은 이를 잘 보여준다.

그러나 윤원형일파의 낭관직 침투를 저지하는 것은 어려운 일이었다.
이감 역시 명종 7년에 이르면 이조정랑 심전의 천거에 의해서 이조낭관이
되었다.42) 또한 이감의 후임인 이수철의 경우에도 윤원형일파인 진복창에
게 아부한 것으로 기록되고 있어,43) 윤원형일파의 침투는 계속되었다.

---

38) 『명종실록』 권9, 명종 4년 2월 정묘.
39) 『명종실록』 권15, 명종 8년 9월 신유.
40) 『명종실록』 권9, 명종 4년 4월 임인조 政目.
41) 『명종실록』 권12, 명종 6년 11월 신해조 政目.
42) 『명종실록』 권13, 명종 7년 8월 병진.

이상의 상황을 종합해 볼 때 심전에서 이감, 이수철 등으로 연결되는 윤원형계열과 이원록에서 유감, 허엽 등으로 이어지는 반윤원형계열의 대립을 상정해 볼 수 있다. 이는 김안로 당시에는 조짐만 보이던 낭관내의 침투가 구체화되어 나타나고 있었음을 보여준다. 이는 수렴청정 하에서 윤원형 권력의 정도를 잘 보여준다. 이러한 영향으로 낭관들이 분열되고 낭관권이 약화되었음을 짐작케 한다.

이러한 낭관 내의 분열로 인한 충돌이 명종 12년(1557)에는 정치표면에 부각되었다. 김홍도, 김규, 김계휘, 이구수, 윤주, 고경허, 윤의중 등의 낭관권의 핵심 낭관들과 윤원형일파인 김여부, 최우, 이명, 김진 등의 대립이었다. 이들은 모두 전임 낭관이거나 현임 낭관들이었다.44)

이 대결은 양사에서 김규를 탄핵하면서 시작되었는데, 그 탄핵의 이유는 김규가 선임이조판서인 이준경, 조사수, 윤원형 등과 의망을 놓고 대립한 것이 너무 심했다는 것이었다.45) 이러한 갈등이 노출되면서 김규는 물론 김홍도 등 반윤원형파 낭관들이 연루되었다.46)

이와 같은 갈등의 내막을 명종 12년(1557) 5월 사신은 다음과 같이 기록하고 있다.

　　김여부는 김홍도와 원한이 있어 서로 비난하였고, 홍도의 친구인 김규,
　　이수철,47) 김계휘 등이 서로 연결되어서 드디어 각립하는 상황을 이루었

---

43) 『명종실록』권15, 명종 8년 10월 무자조에 이수철이 이조정랑이 되는 政目에서
　　細註로 "出身第數日, 卽謁于陳復昌, 人多鄙之."라고 기록하고 있어 이수철이
　　윤원형계열임을 보여준다.
44) 최우는『명종실록』권24, 명종 13년 정월 정묘조에 의하면 이명을 이조낭관에 천
　　거한 것으로 되어 있어 이조낭관을 지냈고, 이명 역시 양 세력 충돌 후 吏郞에
　　임명되었다.
45) 『명종실록』권22, 명종 12년 5월 임신.
46) 상동조.
47) 이수철은 그 입장이 다소 모호하다. 명조 8년 까지도 그는 윤원형의 무리로 파악
　　되었으나, 여기에서는 그 반대에 속하는 것으로 파악되고 있다. 그 사이에 입장이

다. 김홍도 등은 일찍이 윤원형을 공격하고자 하여서 疏草를 썼다.[48]

이 기록에 양 파의 대립 양상이 잘 드러난다. 김여부와 김홍도의 대립은 김여부가 이조낭관직에 있으면서[49] 김홍도를 천거하지 않은 데서 일어났다.[50] 그러나 김홍도도 김규에 의해서 이조낭관이 되면서,[51] 양 파의 대립이 첨예화되었다.[52] 명종이 그 8년 수렴청정을 혁파한 이후 윤원형을 견제하려고 하였고, 명종의 지원 하에 낭관 내에서도 반윤원형파가 강화될 수 있었다.[53] 이러한 상황에서 김홍도 등은 윤원형을 탄핵하려는 계획하였으나, 이러한 동향이 사전에 누설되어서 역공격을 당한 것이었다.

윤원형일파는 김홍도 등을 격퇴시키고, 이명을 이조낭관으로 침투시켰다.[54] 또한 의정부 낭관도 장악하려고 하여 최우를 검상에 임명하려고 노

전환되었음을 추측케 한다.

48) 『명종실록』 권22, 명종 12년 5월 을해.

49) 『명종실록』 권13, 명종 7년 6월 기미조 政目에 의하면 김여부는 김안로의 아들로 윤원형에게 붙은 것을 史臣은 비난하고 있다.

50) 『명종실록』 권22, 명종 12년 2월 병신.
初金弘度擢魁科, 有才名, 天曹郞官有欲薦之者, 汝孚以無家行, 沮之.

51) 『명종실록』 권13, 명종 7년 10월 신해조 政目.

52) 『명종실록』 권14, 명종 8년 윤3월 갑인조 政目. 김소가 김홍도를 천거해주었는데 이 양자의 관계는 이전에서부터 긴밀하였다. 김홍도가 명조 8년 정언에 임명되는 政目의 세주에도 "交結金叫等, 互相推薦進退人物."(『명종실록』 권14, 명종 8년 3월 계미)라고 기록되어, 김홍도의 정언 임명도 당시 이조낭관인 김규의 도움에 의한 것임을 알 수 있다.

53) 『명종실록』 권22, 명종 12년 5월 임신조와 갑술조에 의해서 당시의 이조낭관은 고경허, 이구수, 김계휘 등이었음을 확인할 수 있다. 이조낭관의 정원이 6명이었으므로 (물론 이 인원이 다 차는 것은 아니었지만) 당시의 政目에 보이는 데로 재구성을 해보면 윤의중(『명종실록』 권19, 명종 10년 11월 기미조 政目), 김귀영(『명종실록』 권19, 명종 10년 윤11월 계미조 政目), 김진(『명종실록』 권19, 명종 10년 12월 정유조 政目) 등을 찾을 수 있다. 이상 6명을 당시의 이조낭관으로 상정하고 볼 때에 윤원형파는 김진 한 사람 뿐이었다.

54) 『명종실록』 권24, 명종 13년 1월 임자.
銘附於金汝孚, 駁擊金弘度等, 引以爲功, 図授銓選之郞, 未免以削資降除爲

력하였다.55) 그러나 이러한 움직임이 공론을 가탁한 '朋比'로 드러나 양사의 탄핵을 받으면서, 이를 주도하던 최우, 김여부, 김진 등이 파직을 당하게 되었다.56) 이후 윤원형의 세력은 점차 약화되었고 결국 실각되었다.

이상의 검토를 볼 때, 사림은 낭관들을 중심으로 반윤원형 세력을 형성하고 윤원형을 견제하였으며, 나아가 윤원형을 퇴각시켰다.

3) 권신 이량

윤원형이 퇴진한 후에 새로운 권신으로 이량이 등장하였다. 그 역시 명종의 외척으로 명종의 지지를 힘입어서 권신으로 등장하였다. 이량의 부각은 명종의 윤원형 견제를 목적으로 하는 것이었으므로,57) 이량과 윤원형의 충돌이 불가피하였다. 명종 16년에 이르면 양자의 충돌이 표면화되어서 이량의 승리로 돌아갔고,58) 이량이 부각되면서 낭관들의 견제 대상도

不便, 遞之, 其与其遞, 皆出於私, 無異一家事.

55) 『명종실록』 권24, 명종 13년 정월 정묘.
　　檢詳之薦, 必擇人望所重, 不可自求, 而堣乃心窃慕之, 奔走求薦, 及其不得, 詆毁.

56) 『명종실록』 권24, 명종 13년 1월 정묘; 2월 무진.

57) 『명종실록』 권25, 명종 14년 6월 임술조 政目의 세주.
　　李樑王妃之舅也, 性愚險浮, 不容於公論, 而上厭苦尹元衡, 欲用樑以分其權.

58) 이 양 자간의 충돌은 명종 16년 憲府에서 李戩, 李瓘 등을 "李戩李瓘等, 初附於勳戚大臣之門[윤원형], 或深自結納, 或事之如奴, 及其利盡背歸他相之家[이량], (중략) 如此之人不可不懲(『명종실록』 권27, 명종 16년 10 신사)라고 탄핵하여 본격화된다.
　　이와 같은 헌부의 탄핵은 이량의 세력이 커지면서 윤원형을 따르던 무리들이 이량에게 넘어가자, 약세를 면키 위해서 윤원형이 대사헌 김홍윤을 시켜서 탄핵케 한 것이었다. 그러나 이 탄핵은 실패하고 오히려 김홍윤이 간원의 탄핵을 받아 파직되고 말았다(『명종실록』 권27, 명종 16년 5월 병진). 따라서 이는 윤원형의 공세가 실패하였을 뿐 아니라 약세를 가속되는 계기가 되었다. 史臣은 당시의 상황을 "自數年以來, 而國權勢盡歸於李樑, 而元衡之勢反居下焉(『명종실록』

윤원형에서 이량으로 바뀌었다.

이량은 명종의 지원으로 진출한 만큼 이량이 부각되면서, 낭관과 명종의 갈등이 먼저 노출되었다.[59] 이는 『燃藜室記述』의 다음과 같은 기사에 잘 나타나고 있다.

이량이 그 세를 입어 天曹에 들어가고자 하였으나, 천조낭관 홍천민이 이량을 돕고자 하는 당상관의 의견을 따르지 않고 다른 사람을 천거하니, 명종은 천조에서 천거한 이들을 문득 내쳤다. 명종의 의중에는 이량이 있었기 때문이었다. (중략) 명종은 다시 이량을 의정부 낭관으로 삼고자 하였지만 사인 박대립이 저지하여서 이도 불가능하였다. 이에 명종은 이량을 응교에 超拜하였다가 곧 승지로 발탁하였다.[60]

명종은 윤원형을 견제하기 위해서 이량을 끌어서 사용하고자 하였다. 그러므로 이조낭관과 의정부 낭관으로 삼으려 노력하였다. 그러나 낭관들은 명종의 의도를 알고 있었으므로 이를 견제하였다.

위의 내용을 바탕으로 당시의 구체적인 실상을 실록의 기사를 통해서 정리해 보면 다음과 같다. 홍천민은 명종 13년 9월에 이조낭관이 되었고[61] 박대립이 검상이 된 것은 13년 11월이었다.[62] 이량은 13년 7월에는

권27, 명종 16년 5월 병진)이라고 설명하였다.

59) 명종은 어린 나이로 즉위(12세)하여서 권신 윤원형은 명종의 주도권을 위한 것이라기보다는 文定王后의 수렴청정으로 인한 외척의 대두였다. 그러므로 명종은 자신의 주도권을 위해 명종 후반부터 노력하였고, 그러한 목적에서 이량을 등용하여 윤원형을 견제하였다. 이량은 중종 14년경부터 지위를 강화하여 중종 16년경에 이르면 윤원형을 능가한 것으로 나타나는데, 이러한 이량의 지위상승은 명종의 주도권과 직결되는 한에서 가능한 것이었다. 이는 명종 18년 이량이 독자적인 권한을 강화하자, 명종이 이량을 지원하지 않으면서 이량은 실각하였다. 이점이 같은 권신이면서 이량과 윤원형이 다른 점이었다.

60) 『연려실기술』 권11, 명종고사본말.

61) 『명종실록』 권24, 명종 13년 2월 을사.

62) 『명종실록』 권24, 명종 13년 11월 정묘.

홍문관 수찬이었으나[63] 14년 3월에는 응교,[64] 6월에는 동부승지가[65] 되었다. 이상의 상황을 종합하면 위의 일은 명종 13년에서 14년 사이에 일어난 것으로 추측된다.

그러므로 이량의 등장과정에서 실제적으로는 낭관과 이량의 충돌이 아니라 자신의 지위를 강화하려는 명종과의 낭관들 간에 대립이 나타나고 있었다. 이러한 대립은 명종 14년(1559) 12월 다음의 김덕곤의 사례를 통해서 거듭 확인된다.

　　이조낭관의 망을 보니, 혹 불합한 인물이 있다. 내가 경석에 출입하는 자를 어찌 모르겠는가. 누차 천거하여 미편한 지경에 이르렀으니, 이것은 전조 당상의 잘못이 아니라 천거자의 실수이다.[66]

이는 명종이 지적한 내용으로 당시 이조 낭관에 박근원, 김덕곤, 이식 등이 천거되었는데, 이중 김덕곤이 여러 차례 천거되자 명종이 이에 대해서 비판하였다. 명종은 김덕곤이 이조 낭관이 되는 것을 견제하였다.

명종이 김덕곤을 낙점하지 않은 것은 몇 가지 이유가 있었다. 이를 사신은 다음과 같이 기록하고 있다.

　　김덕곤이 성품이 강직하고 휘지 않아 일찍이 정언으로 필선 김백균을 논박하였는데 백균은 이량의 당이었다. 김덕곤은 이량에게 거슬리게 되어 평안도 評事에 특명되었다. 그는 평안도 평사로 있으면서 赴京하는 일행을 검사하여 금물을 빼앗고 가져가는 인원을 구속하였는데, 마침 그 물건은 왕대비가 개인적으로 부송한 물건이었다. 명종이 김덕곤을 더욱 싫어하여 이러한 교를 내린 것이다.[67]

---

63)『명종실록』권24, 명종 13년 7월 계해.
64)『명종실록』권25, 명종 14년 3월 경진.
65)『명종실록』권25, 명종 14년 6월 계해.
66)『명종실록』권25, 명종 14년 12월 병오.

명종이 김덕곤을 비판한 것은 이량의 무리와 대립되고 있었기 때문이었다. 또한 그가 왕대비의 사송물을 금한 것으로 개인적인 불편함도 있었다. 그러므로 낭관들이 김덕곤을 계속 이조낭관에 천망하자 위와 같이 비판하였다. 홍미로운 것은 이러한 명종의 비판에도 불구하고 이조 낭관들은 김덕곤을 다시 이조낭관에 주의하였다는 점이다.68) 이와 같은 동향은 낭관들이 명종과 갈등을 일으키면서도 명종과 권신 이량을 집요하게 견제하였음을 잘 보여준다.

이러한 낭관과 명종의 대립 현상은 이량의 지위가 김안로나 윤원형과는 다소 다른 것을 보여준다. 이량의 경우 권신으로서 낭관들과 대립하는 것이 아니라, 오히려 명종이 주도권을 잡기 위해서 이량을 지원해가는 양상이기 때문이다. 따라서 이량은 권신으로서 가지는 주도권이 다소 부족한 느낌이 든다.69)

그러나 이량과 낭관의 대립 국면은 유지되고 있었고 명종 18년(1563)에는 크게 표면화된다. 이를 사헌부에서 '結爲朋比', '高談之害人國家' 등의 죄목으로 박소립, 기대승 등을 탄핵하면서 시작되었다.70) 이는 낭관들과 이량의 일파가 충돌한 사건이었다.

이 충돌의 발단은 박소립 등 낭관들이 이량의 아들 이정빈을 이조낭관 천거하기를 거절한데 있었다.71) 이량은 이정빈을 이조 낭관을 만들기 위하여 이조선생인 박근원, 기대항, 정응두 등을 동원하고, 이조낭관 중에서

---

67) 상동조.
68) 『명종실록』 권27, 명종 16년 4월 갑인.
69) 이 시기의 권신들은 세도정치기의 권신들과는 차이가 있었다. 그것은 세도정치기에 권신은 낭관과 언관의 비판이 극히 미약했으며, 비변사의 기능 확대로 비변사를 통한 독자적 세력을 형성할 수 있었던 반면, 이 시기의 권신들은 낭관과 언관의 견제 속에서 왕의 지지에 크게 의존하였다.
70) 『명종실록』 권29, 명종 18년 8월 계해.
71) 상동조의 세주.
初李樑欲, 以其子延賓, 薦爲吏曹郎僚, 朴素立尹斗壽時在吏曹, 初不肯從, 以此嫌憤.

박소립과 의견을 달리하는 윤인함의 도움을 받아 이정빈을 낭관에 임명하였다.72) 이량은 이에 그치지 않고 이정빈을 통해서 이언이, 유영길, 이성헌 등을 낭관에 천거하여 낭관권을 장악하려 하였다73)

이 변화는 이량이 이판이 되고, 이정빈이 상피제로 정언으로 나가면서 본격화되었다.74) 이량은 인사기록을 누락시킨 것을 문제삼아 이조좌랑 윤두수를 탄핵하였고,75) 이어서 이조정랑 박소립도 탄핵하여 이조에서 내어 보냈다.76) 또한 며칠 뒤에 대사헌 이감 등을 동원하여77) 이조의 선생이 되는 기대승, 윤두수, 이문형, 허엽, 윤근수 등을 '結爲朋比'라는 죄목으로 삭탈관작하거나 파직케 하였다.78)

이량은 이에서 멈추지 않고 이조선생인 강사상, 박응남, 홍인경, 이후백

---

72) 『명종실록』권29, 명종 18년 7월 무자.
73) 상동조. 以其子廷賓, 魁廷試, 未數月爲兵曹佐郎, 未幾爲吏曹佐郎, 及其遞也. 强薦柳永吉爲代, 正郎尹仁涵主其事, 仁涵妻兄丁胤, 媚於樑, 敎仁函主之, 永吉年少輕躁, 密附廷賓, 正郎朴素立佐郎尹斗壽等, 不肯從, 樑党怒甚, 其意盖欲先薦永吉爲主, 吹人其類, 李成憲李彦怡等, 送爲之也.
74) 『명종실록』권29, 명종 18년 7월 임진조 政目.
75) 『명종실록』권29, 명종 18년 8월 경신.
76) 『명종실록』권29, 명종 18년 8월 신유.
    이미 정랑과 좌랑의 담당 임무가 정해져 있었고, 宰批의 入啓문제는 좌랑의 담당 이었으므로 정랑이 문책을 당할 필요가 없었다. 그러나 일련의 탄핵은 이량 등이 낭관권을 공격하기 위한 것이었음으로 이러한 원칙이 무시되었다. 당시 이 문제는 사간원의 탄핵으로 시작하였으나 史論은 다음과 같이 이 탄핵이 이량의 획책이었음을 보여준다. 李樑之党相与陰, 朴素立尹斗壽之事, 始萌于此, 此所謂托於正, 以其不正者也.
77) 李勘은 개인적으로도 기대승이 예문관에 있으면서 자기 아들 이성헌을 檢閱에 자천해 주지 않은 원한을 가지고 있었다(『명종실록』권29, 명종 18년 9월 기축).
78) 『명종실록』권29, 명종 18년 8월 계해.
    私相標題, 結爲朋比, 臧否人物, 論議時政, 使新進之士, 靡然從之, 莫知其是非馴致 於士習日誤, 國事日非甚矣, 高談之害人國家也, 已然成敗之跡, 明若觀火, (중략) 前正郎朴素立, 司正奇大升, 俱以浮妄之資, 專以高談爲事, 爲新進領袖, 前佐郎尹斗壽 先事附會, 互相追隨, 國史是非, 人物長短, 盡入評品之中.

등을 외임으로 좌천시킬 계획을 세웠다.[79] 이러한 이량의 획책은 낭관권을 그 근저에서부터 파기하려는 움직임이었다. 그러나 이러한 계획은 낭관들의 반발을 야기했다. 낭관들은 이조선생이며 이량의 생질로 명종과 인척관계에 있는 沈義謙의 도움을 받아 저항하였다.[80] 이에 이량은 탄핵 실각되었고, 파직을 당했던 박소립 등은 복직되었다.

이러한 변화는 앞에서 언급한 것처럼 명종과 이량의 관계와 연결되는 것으로 보인다. 명종은 자신의 입장을 강화하기 위해서 이량을 등장시킨 것이었으나, 낭관권을 근저에서부터 흔들어 이량이 권력을 독점하는 것을 원치 않았다.[81] 또한 낭관들도 윤원형과 대립할 때보다는 더욱 강한 결속력으로 반발하였다.

이상으로 중종 말 명종대의 권신의 등장으로 야기된 변화를 낭관들이 어떻게 대응하는지를 살펴보았다. 낭관들은 지속적으로 反權臣的인 태도를 유지하면서, 권신을 견제하려고 노력하였다. 그러므로 선조 16년(1583) 양사는 "전조의 자천은 윤원형, 이량도 감히 혁파하지 못했다."[82]라고 언급하고 있는데, 이는 권신도 자천제를 결집의 핵으로 하는 낭관권을 장악하지 못하였음을 보여준다.

---

79) 『명종실록』 권29, 명종 18년 8월 을축.
  又欲以姜士尙爲黃海監司, 朴応男爲咸陽郡守, 洪仁慶爲三陟府使, 李後白爲果川縣監, 兇謀秘計, 幾至不測, 而尙賴公論之激發, 遂致自速其禍.
80) 『명종실록』 권29, 명종 18년 8월 을축조의 세주.
  沈義謙大爲求解, 因內達于中殿, 又令奇大恒上箚論之, 上意函回, 朝野莫不快之, 士林之得免大禍.
81) 『명종실록』 권29, 명종 18년 9월 기축.
82) 『선조실록』 권17, 선조 16년 7월 신축.

2. 선조초반 언관권과 낭관권의 성장

李樑의 퇴진으로 언관과 낭관은 서서히 그 위치를 찾기 시작하여 선조대에 들어서는 위축되었던 낭관권이 재정립되었고, 삼사 언관권도 그 기능을 수행하였다. 나아가 낭관과 언관의 정치력이 성장하면서 정치구조상 한 자리를 차지하기 위해서 노력하였다. 이러한 변화 가운데, 언관과 낭관들은 대신들과 상호 견제 대립하는 갈등도 다수 노출되었다. 이미 이시기부터 이와 같은 갈등을 '붕당'이라고 지칭하는 자료도 보이지만, 정치구조적인 면에서 볼 때 적어도 선조 8년(1575)까지는 단순히 대신과 낭관들 간에 갈등을 일으키면서 새로운 운영방식을 모색하는 시기였다.

선조 2년부터 대신들과 낭관들의 갈등이 노정된다. 기대승 등 신진들과 이준경, 김개 등 선배 대신들 간의 알력이었다. 이 대립은 선조 2년 6월 경연 중 대사헌 김개가 올린 다음의 계에서 구체화되었다.

　기묘년에도 사람이 역시 많았는데 어찌 모두 다 선인이었겠으며, 선인 가운데서도 그릇 생각하여 실수한 자가 어찌 없었겠습니까. (중략) 대간이 대신의 실책을 논하는 것은 옳으나, 가정에서 私議를 하게 되면 인심의 동요가 없지 않을 것이니 이는 해서는 아니 될 일입니다.[83]

김개는 대간의 언론을 비판하면서 '私議'를 문제삼았다. 여기의 私議는 관원들의 공론형성을 지적하는 것으로, 이것은 구체적으로 기대승, 이후백 등 낭관들이 영상 이준경을 비난한 것에 대한 공격이었다.[84]

이러한 김개의 공격에 기대승은 "東漢 말기의 公論은 草野에 있었으나

---

83) 『선조실록』 권3, 선조 2년 6월 신사.
　　己卯年趙光祖則, 雖純善之人, 而但年少輩多有誤事, 光祖反爲憂慮, (중략) 臺諫論大臣之失則可也, 如私議於家則, 人心不無憂亂, 此不可爲之事也.
84) 『선조수정실록』 권3, 선조 2년 6월.

이것을 진멸하자 동한이 망했고, 唐末의 朱全忠이 淸流를 馬驛에서 죽이
고 黃河에 빠뜨리자 당이 망했습니다."고 전제하면서 "사람들에게 私言을
말하지 못하게 하는 것은 聖明의 下에서는 부당한 일입니다."[85]라고 오히
려 김개를 비판하였다. 또한 김개가 기묘사림을 거론한 것을 비판하면서
기묘사림에 대한 평가는 이미 정해진 것인데, 그러한 발언을 한 김개는 소
인이며 그 죄는 '姦邪之惡'에 속한다고 극렬하게 비판하였다. 이러한 갈등
의 결과 김개가 이탁, 박순, 기대승, 윤두수, 윤근수, 정철 등을 무고했다는
것으로 판명되어 삭탈관작되었다.[86]

물론 김개와 기대승의 충돌은 개인적인 것이 아니었다. 선조 2년(1569) 6
월 다음의 사론은[87] 그 충돌의 구체적인 사유를 보여준다.

> 이탁이 이판이 되어 公道를 넓히는데 힘써, 初入仕者를 上舍生과
> 달리 門蔭試才하여 補官하면 현자가 어찌 나오겠는가라고 생각하여,
> 낭료들에게 아는 명사를 선발하게 하고, 낭료의 薦擧를 받으면 試才를
> 하지 않고 擬望하였으니 이에 士路가 맑아졌다. 그러나 구규를 가볍게
> 훼손한다고 비난하는 이들이 있어 이탁과 구봉령을 비방하였으나 굽히
> 지 않았다. 홍담이 판서가 되자, 李鐸이 한 바를 모두 뒤집으니 낭관과
> 서로 어그러졌다. 담이 士類를 꺼려하여 생각대로 행하고, 종형인 우
> 상 홍섬, 판서 송순과 합의하여 송순을 대사헌으로 삼아 사류를 공격
> 하려 했다. 그러나 송순이 다른 일로 바뀌자 김개를 서용하였다. 김개
> 마저 죄를 얻자 홍담은 불안하여 병을 청하여 사직하였고, 홍섬도 병
> 을 청하여 사직하였으나 왕이 허락지 않았다.[88]

---

85) 『선조실록』 권3, 선조 2년 6월 신사.
86) 『선조수정실록』 권3, 선조 2년 6월.
87) 『선조실록』은 동인의 입장이 『선조수정실록』에는 서인의 입장이 반영되었다는
    것은 이미 주지의 사실이다. 그러나 필자가 주로 인용한 임진란 이전의 기록을
    보면 상호의 입장의 차이를 극명하게 보여주는 부분은 거의 없고 오히려 상호보
    완적인 면이 강한 것으로 생각된다. 이는 아직 東西의 대립이 격렬하지 않았고,
    임란으로 인해 남은 기록이 극히 부족한데서 기인한 것으로 생각된다.

이 내용에 의하면 당시 갈등의 배경을 알 수 있다. 이에 의하면 李鐸이 이판이 되어[89] 낭관 구봉령의 의견을 받아들여 郎薦制를 실시하였다. 그러나 이를 반대하는 대신 홍섬, 송순, 김개 등이 이탁을 내치고 홍담을 이판으로 삼아 기대승 등을 공격하였다. 그러므로 이 대립은 이준경을 중심으로 하는 홍섬, 홍담, 송순, 김개 등 대신들과 기대승을 중심하는 낭관들과의 대립이었다.

이 대립의 구체적 사유가 된 郎薦制는 낭관이 천거한 인물의 試才를 면해주는 제도였다. 당시까지 낭관은 청요직 인사만을 주도하였고, 武職이나 門蔭職에 대해서는 堂上이 주도하였다. 그러므로 무직이나 문음직의 인사는 대신들의 청탁에 의해서 임명되었다.[90] 특히 중종 말, 명종대에 권신들의 등장하면서 청탁인사가 만연하였다.

낭관들은 청탁에 의한 인사를 제한하고자 낭천제를 제안하였다. 그러므로 낭천제는 대신들의 권한을 실질적으로 제약하는 조처였다. 따라서 홍담이 이판이 되면서 이러한 의미를 가지는 郎薦制를 폐지하였고,[91] 낭관과 대신간의 대립이 표면화되었던 것이다. 그러나 대세는 낭관권의 성장과정에 있었고, 대신들은 郎薦制를 막지 못하였다.[92]

---

88) 상동조.
89) 이탁은 선조 원년과 선조 4년 두 번 이판이 된다. 위의 내용은 선조 원년의 일로 생각된다(『선조실록』권2, 선조 원년 5월 갑진 政目;『선조수정실록』권5, 선조 3년 12월 政目).
   이탁은 낭천제의 실시 뿐 아니라 낭관의 인사 요구에도 잘 따라 준 것으로 나타난다. 李鐸奮然欲矯績弊, 銓選一主公論, 裁抑僥倖, 不悅者衆, 鄭澈爲郎官, 亦主公道, 激楊甄別太峻, 鐸皆勉從之.(『선조수정실록』권2, 선조 원년 3월).
90) 최이돈「16세기 郎官權의 형성과정」『한국사론』14, 1986.
91) 이이의 経筵日記에 의하면 홍담이 폐지하려는 것을 낭관 정철이 막아서 못하게 하자, 담이 더욱 士類를 꺼려했다고 되어있다.
92) 선조 4년 진사 洪可臣이 郎薦制에 의해서 참봉이 된 사례를 보거나(『선조수정실록』권5, 선조 4년 1월), 선조 8년에도 낭천제를 폐지하라는 선조의 명이 있었으나 史論에 '復施行'이라고 기록하고 있음을 볼 때 계속 시행되었음을 알 수 있다(『선조수정실록』권9, 선조 8년 7월).

이 양자의 대립을 朋党으로 파악하는 견해도 보인다. 선조 2년 6월 사신은 다음과 같이 그러한 견해를 피력하고 있다.

이때에 왕이 新政으로 정사에 힘을 다하였는데, 新進之士는 모두 李滉을 종주로 삼고 그 門에서 講學하며, 스스로 일대를 이루어 挽回世道와 激濁揚淸을 숭상하여 논의하니, 時人이 小己卯라고 지목하였다. 윤원형, 이량의 당류는 모두 폐하여져서 不調하여 원한이 골수에 사무쳤다. (중략) 구신의 名望者는 世変에 지조를 잃지 않았다고 스스로 생각하나, 浮沈取容하고 부귀 안일함이 오래어서, 新進之人들은 前輩가 流俗에 빠졌다고 경시하였다. 이에 旧臣들도 신진에게 불평이 가득하여 역시 일대를 이루었다. (중략) 이에 양자의 形色과 界限이 자못 구별되어서 여염에서는 이들을 老少党이라고 지목하였다.93)

신진사림과 선배사림 사이의 갈등을 설명하고 있다. 여기에서 신진사림은 '小己卯'라고 지칭했듯이, 이들은 기묘사림이 형성하였던 낭관권을 회복하고 그것을 토대로 개혁을 이루고자 하였다. 선배사림은 부귀안일하여 개혁에 소극적이어서, 여러 면에서 이들과 충돌을 일으켰다. 이러한 대립의 양상을 老少党이라고 부르기도 하였다. 이와 같이 낭관과 대신간의 대립은 새로운 정치운영방식을 모색하는 과정에서 나타난 갈등으로 정치운영방식으로 정립된 것이 아니어서 붕당으로 부르기에는 아직 미흡하였다.
이와 같은 낭관과 대신이 대립하는 모습은 선조 4년(1571) 7월에도 보인다. 백인걸이 사직하자 그 사직을 설명하는 사론에서 다음과 같이 당시의 갈등을 설명하고 있다.

백인걸이 이준경의 사람됨에 감복하여, 매양 사류가 대신을 따르지 않는 것을 한하여 그것을 말로 나타내었다. 기대승, 심의겸 등을 마땅치 않게 여겨 그들의 잘못을 항시 드러내었다. (중략) 또 후학을 멸시

---

93) 『선조수정실록』 권3, 선조 2년 6월.

하여 그 過激함을 혐오하는 점은 이준경과 뜻이 맞았다.[94]

이 기록에 의하면 백인걸이 이준경을 지지하여 이준경을 따르지 않는 기대승 등을 비판하였다. 이러한 입장은 백인걸, 노수신, 김란상, 민기문 등 乙巳士禍에 피해를 입었다가 다시 등장한 인물들의 입장이었다. 이들은 을사의 유신으로 자존하여 후배를 가볍게 보았고 또한 그들의 '과격'한 것을 싫어하여 이준경을 지지하였다.[95] 여기의 과격은 이준경 卒記에 보이는 '新進論議果銳'의[96] 果銳와 같은 의미로, 新進들이 己卯士林을 이상으로 삼아 개혁을 추구하였고, 이것을 대신들은 과격한 것으로 평가하면서 이 양자의 대립이 격렬하였다.

낭관들과 대신들의 대립은 이준경의 '破朋党' 상소로 극에 달했다. 이준경은 선조 5년 그가 죽기 바로 전에 4조의 상소를 올리는데 그 마지막 조목이 '破朋党之私'였다.[97] 상소를 올린 이준경의 의도를 선조 5년 7월의 사론은 다음과 같이 설명하고 있다.

　　당시에 老少党이라는 말이 계속되자, 이준경은 그것을 걱정하고 기대승 등을 싫어하여 선배에게 붙지 않은 자들을 이 상소로써 억누르고자 하였다. 그의 뜻은 旧臣을 부식하는 데에 있었다.[98]

이준경은 삼사와 낭관을 통해 결속된 신진사림을 공격하고자 하였다.

---

94)『선조수정실록』권5, 선조 4년 7월.
95) 상동조.
　　是時, 白仁傑盧守愼金鸞祥閔起文, 以乙巳遺直, 望實俱隆, 鼎列淸要, 以地位自尊, 亦蔑視後輩, 嫌其過激, 与李浚慶意合.
96)『선조수정실록』권6, 선조 5년 7월.
　　但以本朝士禍數起, 見新進論議果銳, 每欲裁抑調停, 又不欲更張生事, 故士林多短之.
97)『선조실록』권6, 선조 5년 7월 경인.
98)『선조수정실록』권6, 선조 5년 7월.

그러므로 이준경의 상소에 대해 삼사는 물론 낭관을 지지하는 예문관, 독서당에서까지 상소를 올려 공격하였다.[99)

그 한 예로 응교 이이는 다음과 같이 공격하였다.

> 붕당의 설이 언제는 없었겠습니까? 오직 군자와 소인을 살피는 것이 있을 뿐입니다. 진실로 군자는 千百이 무리가 되어도 많으면 많을수록 좋습니다. (중략) 이준경이 지적한 붕당이라는 자는 모두 일시의 淸望이며 공론을 주장하는 자들입니다. (중략) 강직하여 굴복하지 않는 절의지사를 어찌 구신이 감당할 수 있겠습니까. 공론이 불허하는 것은 이러한 까닭입니다.[100)

이이는 이준경이 비판하는 이들은 淸望이 있고, 공론을 주장하는 자라고 주장하면서, 기묘사화 이후 구신들은 이미 권신의 집권기에 의절을 굽힌 자라고 비난하였다. 이러한 이이의 견해는 기대승을 중심으로 하는 낭관들의 일반적인 생각이었다. 그러므로 구신들은 그들의 발언을 '過激'하고 '果銳'한 것으로 볼 수밖에 없었다.

결국 선조 초기의 老少党으로 지칭된 낭관과 대신의 대립은 낭관의 승리로 끝났다. 이것은 낭관의 구성원인 기대승 등이 계속 자리를 지키면서 오히려 승진해 갔으나, 이준경 등 대신들은 사임하면서 세가 약해졌기 때문이었다.

물론 노소당이라는 외견상 붕당의 양상을 보였지만 그 실상을 보면, 선배사림이 아직 조직적으로 결속되어 있지 못하여, 후배사림과 공론을 중심으로 상호작용을 할 수 있는 상황이 아니었다. 그러므로 붕당으로의 발전은 조금 더 시간이 필요하였다.

---

99) 상동조.
100) 상동조.

3. 선조중반 朋党政治의 전개

1) 붕당론과 동서분당

명종 말 선조초기에 걸쳐서 언관권과 낭관권이 성장되면서 정치의 운영
형태에 변화가 초래되었다. 낭관권은 自薦制라는 강력한 결집을 기반으로
하는 것이어서 낭관의 선후배는 두터운 유대를 통하여 재상권과 대립할
수 있었다. 낭관들은 자연스럽게 승진을 하는 경우 재상권에 진입할 수 있
었으나, 자연스러운 진입은 사화와 권신의 출현으로 제지되고 있었다.

그러나 낭관 정치력이 성장하고 시간이 지남에 따라서, 낭관의 선배집
단은 낭관과는 상호견제관계에 있는 대신의 집단으로 들어갈 수밖에 없었
다. 사림이 낭관권은 물론 재상권까지 장악하는 사림정치가 실현된 것이
었다. 그러나 사림이 재상권과 낭관권을 장악하였다고 하더라도 권력구조
의 분리로 인해 상호 견제하는 모습은 불가피하였다. 이는 사림 내에서 재
상권과 낭관권의 갈등으로 표출되었다.

그러나 이는 같은 사림 내의 분화이었으므로, 훈구나 권신과 대립하였
을 때와는 양상이 달랐다. 서로의 집단을 인정하고 있었다. 물론 이러한
상호 인정하는 입장의 정리는 붕당에 대한 인식의 진전도 필요하였다. 붕
당에 대한 긍정적인 인식은 연산군대까지 만해도 형성되지 못하였다.[101]
그러므로 무오사화는 붕당이 죄목으로 등장했다.[102] 중종대에는 붕당에
대한 인식이 깊어지고, 朋과 党을 나누어 군자와 소인을 구별하려는 노력
도 있었으나,[103] 이는 논리적인 차원에서 그쳤다. 여전히 붕당을 죄악시하

---

101) 『연산군일기』 1권, 연산군 1년 12월 계축.
　　夫朋党非盛世所有, (중략) 此皆衰世之事.
102) 『연산군일기』 권30, 연산군 4년 7월 경신.
　　李宗準, 崔溥, 李冨, 康伯珠, (중략) 朋党決杖八十遠方付處 (중략) 臺諫等,
　　亦以朋党論之.

는 경향이 있었고,104) 이러한 인식하에서 결국 기묘사화가 야기되었다.105)
그러나 선조대에 이르면 사림이 정국을 장악하면서 왕과 관원들은 붕당을
긍정적으로 또한 발전적이면서 불가피한 것으로 인식하게 되었다. 왕까지
도 붕당에 포함하는 주자의 붕당론이106) 일반적으로 이해되었다.107)

　주자 붕당론을 구체적으로 언급한 기록은 선조 5년 이이의 다음의 상소
에서 보인다.

　　자고로 붕당을 논하는 것은 구양수의 논변만한 것이 없고, 주자의 「答

---

103) 구양수 붕당론에서는 "君者有朋而無党, 小人有党而無朋."이라는 인식하에서
　　붕당이라는 용어 대신 朋, 党으로 용어를 구별해서 사용하였다.
　　이 시기의 자료를 보면 구양수의 붕당론이 이해되고 있음을 알 수 있다("所言朋
　　党者, 小人陷害君者一網打盡之術也, 歐陽脩朋党論盡之矣."『중종실록』권
　　36, 중종 14년 5월 을해).

104) 당시 己卯名人들은 구양수의 붕당관에 입각해서 붕당을 긍정적으로 파악하고
　　있었으나, 붕당이라는 이름으로 피해를 입을 것을 상당히 걱정하고 있었다. 특
　　히 왕이 붕당을 싫어한다는 점에 관심을 집중하고 있었다. 이러한 상황은 군자
　　의 붕이라면 좋다는 붕당에 대한 적극적인 인식도 있었으나, 조정의 전반적인
　　분위기는 붕당을 부정적으로 보고 있었다는 것을 보여준다. 아래의 기록은 그것
　　을 잘 보여준다.
　　有此朋党之說, 則君子自不得立于朝矣(『중종실록』권36, 중종 14년 5월 을해).
　　士有志氣相合而相從者, 世以朋党論之, 使人君聞之厭苦, 欲以陷害(『중종실
　　록』권31, 중종 12년 윤12월 임오).

105) 기묘사화 당시의 자료에 의하면 朋과 党을 구별해서 사용하려는 흔적도 보이고,
　　己卯名人들을 처벌하는 죄목으로 붕당이라는 명목은 사용하고 있지 않았다. 그
　　러나 아래의 기록을 볼 때 그들의 실질적인 죄목은 붕당이었다.
　　今此聖朝, 文臣作朋類, 以其好惡進退人物(『중종실록』권37, 중종 14년 11월
　　무신).
　　下伝旨于義禁府曰, 光祖金淨金湜金絿等, 相朋比附己者進之, 異己者斥之,
　　聲勢相倚盤據權要引誘後進(『중종실록』권37, 중종14년 을사).

106) 『주자대전』권28, 与留丞相書.

107) 붕당관의 변화에 대해서는 이태진교수가 이미 性理學에서는 漢唐儒學에서 용납
　　하지 않던 人臣의 붕당을 인정하는 변화가 보인다고 지적하고 있다(이태진 「16세
　　기 사림의 역사적 성격」『대동문화연구』13, 1979).

『留正之書』보다 절실한 것이 없습니다. 전하께서 시험 삼아 구해보면 군
자 소인의 정상을 밝히 알 수 있을 것입니다.108)

이 기록에 의하면 이이는 구양수의 붕당론과 함께 주자의 붕당론을 언
급하고 있어 주자의 붕당론에 대한 이해가 있었음을 보여준다. 이러한 붕
당론에 대한 이해의 진전은 사화를 거치면서 붕당에 대한 새로운 해석의
필요가 요청되었고, 주자의 「答留正之書」가 실린 『朱子大全』이 중종말기
에 들어와 명종대에 본격적으로 이해되면서,109) 새로운 해석을 제공한 것
으로 보인다. 이이는 이러한 이해 위에서 이준경이 붕당으로 지목하여 공
격하자, 위와 같이 적극적으로 붕당을 인정하는 주장을 펼칠 수 있었다.

이러한 인식에서 이이는 "朋党說이 언제는 없었겠는가? 오직 군자와 소
인을 살피는 것이 있을 뿐입니다."라고110) 주장할 수 있었다. 이러한 붕당
에 대한 인식의 심화는 이이 개인적인 것만은 아니었고 사류들의 일반적
인식이었다.

붕당에 대한 인식의 진전은 신료들은 물론 왕에게도 형성되어 있었다.
선조 역시 이것을 이해하고 있었는데, 그것은 선조 16년 9월 이조좌랑 김
홍민이 이이를 비난하는 상소를 올릴 때, 이 상소에 대해서 선조의 다음과
같은 답에 잘 나타나고 있다.

李珥党이라고까지 부르나 그것이 어찌 나의 뜻을 동하게 하겠는가.
모름지기 군자라면 그 당이 있는 것이 문제가 될 수 없다. 걱정할 것은
그 당이 적을까 하는 것이다. 나도 朱熹의 설을 법으로 삼아 珥渾의
당에 들어가기를 원한다. 자금이후 너희들은 나를 珥渾의 당으로 생각
하여도 가하다.111)

---

108) 『선조수정실록』 권6, 선조 5년 7월.
109) 김항수 「16세기 사림의 성리학 이해」 『한국사론』 7, 1981, 160쪽.
110) 상동조.
111) 『선조실록』 권17, 선조 16년 9월 신사.

　선조는 김홍민이 이이를 서인으로 몰아 붕당으로 지목하여 비난하자,
주자 붕당론에 나오는 '君'을 이끌어 '党'으로 삼기를 주저하지 말라는 주
자의 글을 주지시키면서 자신이 이이의 붕당에 들겠다는 태도를 피력하고
있다. 이것은 선조도 붕당을 긍정적으로 인식하고 있음을 보여준다. 이러
한 변화는 상당히 중요한 것이었다. 이러한 변화 까닭에 붕당을 죄악시하
지 않았고, 기본적으로 서로의 집단적 구성을 인정할 수 있는 바탕이 형성
되어, 상호대결이 사화와 같은 극단적인 상태로 흐르지 않을 수 있었다.
　이러한 준비를 바탕으로 선조 8년(1575) 이후 붕당은 서서히 그 모습을
나타냈다. 그것은 선조 8년 이전의 낭관으로 이준경 등 대신들과 대립하던
집단이 서서히 대신의 집단으로 이전해가고 있었고, 새로운 낭관집단이
김효원을 중심으로 조성되고 있었기 때문이다. 이 양자가 서서히 갈등을
표출하기 시작하였는데 그 기폭제가 된 것은 김효원과 심의겸의 개인적인
대립이었다.
　이 대립의 발단은 김효원이 총망있는 재사였으나 심의겸이 김효원의 침
구가 윤원형 집에 있었다는 이유로 그의 청요직 서용을 막은데 있었다. 그
러나 윤원형에게 아부한 것이 아니었음이 밝혀져서 수년 뒤에 김효원은
전랑에 오르게 되었다. 이후 김효원이 심의겸을 기질이 조잡하고 마음이
어리석어서 이조에 쓰는 것이 불가하다고[112] 비방하였고, 또한 심의겸의
아우 심충겸을 전랑에 천거해주지 않아 관계는 악화되었다. 이러한 당시
의 상황을 史臣은 이로 말미암아 사림의 전후배가 서로 불화하게 되어
"分党의 조짐이 있었다."라고[113] 서술하였다.
　그러나 심의겸과 김효원의 이러한 대립은 사소한 것이었고 개인적인 인
사마찰에 불과하였다. 이러한 인사마찰은 앞의 서술에서도 누차 나타났던
것으로 특별한 것은 아니었다. 그러나 이러한 개인적인 긴장관계를 통해

---

112) 『선조수정실록』 권9, 선조 8년 7월.
113) 상동조.
　　由是士林前後輩, 不相協有分党之漸矣.

서 구조적인 대립의 일단이 서서히 드러나고 있었다. 물론 아직 붕당이라
할 수는 없고 앞에서 사관이 지적한데로 '분당의 조짐'이었다.[114)

당시는 아직 낭관 선배집단이 재상권을 장악한 것은 아니었고 재상권에
진입해가는 상황이었으므로, 이 양자는 수시로 협조관계를 취할 수밖에
없었다. 다음의 선조 8년 7월의 사론은 그것을 잘 보여준다.

> 鄭宗榮이 士類를 싫어하여 청간을 따라 專擅하였는데 낭료 李潑은
> 그 아들 諷으로 인해서 후진과 친하였다. 정종영이 따르지 않자 당시
> 의 대사헌인 金繼輝가 (정종영을) 탄핵했다.[115)

이는 이판 정종영이 사헌부의 탄핵으로 물러나는 내막을 적은 기록으
로, 이에 의하면 이판인 정종영이 낭관인 이발과 인사문제로 대립되었고,
이에 김계휘가 정종영을 탄핵하여 이 문제를 해결하였다. 이러한 사례는
나중에는 김효원과 심의겸의 당으로 나뉠 이발과 김계휘가 상호 협조하여
상황에 대처한 것을 잘 보여준다.

그러나 한편에서는 이 양 세력의 알력관계도 서서히 구체화되고 있었
다. 선조 8년 8월 김계휘가 평안도 관찰사로 좌천되는데, 그 배경을 사관
은 다음과 같이 설명하고 있다.

> 허엽의 아들 허봉이 이조좌랑이나 경박하고 식려가 없었다. 허봉은
> 김계휘가 자기 아버지의 잘못을 드러내는 것에 노해서, 참판 박근원과
> 함께 하여 김계휘를 외직으로 좌천시키니 物論이 비난했다.[116)

여기서 허봉이 김계휘를 공격한 것은 김계휘가 자기 아버지인 허엽을

---

114) 상동.
115) 『선조수정실록』 권9, 선조 8년 6월.
116) 『선조수정실록』 권9, 선조 8년 8월.

私情만 생각하고 제 소견만 편벽되이 주장한다고[117] 비판한 것 때문이었
다. 이 사례는 개인적인 감정이 개입되어 제한적인 것이기는 하지만, 김효
원당인 허봉이 심의겸당인 김계휘를 공격한 것으로 생각할 수 있겠다. 그
러나 아직 김효원당의 형편은 미약하였고, 간원이 "이조에서 私를 따라 실
정하였으니 참판이하 관원을 갈아주십시오."라고 탄핵하여,[118] 박근원, 허
봉 등이 처벌을 받았다. 이는 양 파의 대립이 개인적 감정과 연결되면서
서서히 구체화되는 것을 보여준다. 또한 김효원당의 패배로 끝난 것은 당
시까지의 양 파의 세력 정도를 짐작케 해준다.

이렇게 양 파의 충돌이 구체화되자 이 문제가 조정에서 거론되게 되었
고 이이의 중재에 따라 김효원, 심의겸 등을 외직으로 내보내었다. 그러나
이들의 충돌은 개인적인 것이 아니라 재상권과 낭관권의 구조적인 대립이
었으므로, 개인차원에서 문제를 풀 수 있는 것은 아니었다.[119] 외직의 임
명에 대해서 김효원당에서는 자기들에게 불리하게 조처했다고 생각했고,
심의겸당에서는 이 기회를 이용해서 김효원당을 완전히 제거하려고 획책
하여서 상태는 오히려 악화되어 갔다.[120]

아직 중재적인 입장을 견지 하였던 이이는 이성중이 지평이 되는 것을
문제 삼는 서인을 막으면서,[121] 동인의 이발을 이랑으로 삼아 김효원당을
안심시키면서 상태를 호전시키려고 애썼다.[122] 그러나 서인의 공세로 이

---

117) 『율곡집』경연일기.
118) 『선조수정실록』권9, 선조 8년 8월.
119) 이러한 대립을 이이는 낭관권을 매개로 한 대립으로 파악하고 있었다는 인상을
주었다. 그러나 구조적인 면까지는 파악하지 못하여 이러한 미봉적인 태도를 취
한 것으로 보인다. 후기에 가면 이이는 상황을 정확하게 파악하고 낭관권을 근
본적으로 저지하려는 데까지 나아간다.
120) 이이는 오히려 양쪽 모두의 비난의 대상이 되었다.
於時前輩, 尤珥之不攻孝元, 後輩尤珥之輕出孝元, 朝論益乖矣(『선조수정실
록』권10, 선조 9년 2월).
121) 상동조.
122) 상동조.

발이 곧 물러났고, 윤두수의 조카인 윤현이 이조낭관으로 임명되어[123] 상황은 악화되었다. 이러한 공세는 김효원과 심의겸의 대립이 구체화되면서 재상권을 토대로 하는 심의겸일파가 낭관권을 완전히 장악하려는 움직임이었다.

그러나 상대적인 열세에 있기는 했지만 김효원당의 토대가 낭관권에 있는 만큼 쉽게 장악될 성질의 것은 아니었다. 윤현이 낭관에 임명되었으나 여타의 낭관들이 반발하여서 낭관 내의 갈등이 심화되었다. 이는 선조 11년(1578) 10월 다음의 사론에 잘 나타났다.

> 당시 윤현과 김성일이 銓郞으로 있으면서 의견이 모순되어 서로 사이가 벌어졌다.[124]

이것은 윤두수 등이 파직될 때의 기록으로 윤현과 김성일의 알력을 보여주고 있다. 단순한 개인적 알력으로 표현되었으나, 전랑 내부에서 김효원당과 심의겸당의 갈등을 잘 보여주고 있다. 즉 윤현이 낭관의 장악이라는 목적을 가지고 낭관에 임명되었지만 낭관들의 저항이 적지 않았던 것이다. 또한 낭관들은 대간을 동원하여 윤현에 대한 압력도 넣다. 선조 9년 헌납 유성룡은 윤현의 편파적인 인사를 문제 삼아 탄핵을 하였다.[125]

그러한 상황에서 윤현은 자신을 지지할 인물들을 낭관과 삼사에 임명하려고 힘썼다. 조원,[126] 이순인,[127] 홍가신 등이 그들이었다. 윤현은 이들을

孝元既出, 而朝論便激, 仍及其党与, 珥力止之, 且引李潑爲銓郞, 以安孝元之党.
123) 상동조.
未幾潑嫌避遞, 而尹斗壽姪睍爲銓郞, 頗專人物通塞.
124) 『선조수정실록』 권12, 선조 11년 10월.
125) 『선조수정실록』 권10, 선조 9년 3월.
당시의 낭관은 尹睍과 趙瑗이었다.
126) 『선조실록』 권10, 선조 9년 1월 정미조 政目의 사론에는 조원이 이랑에 임명된 배경을 다음과 같이 설명하고 있다.

서용하여서 자신의 세력을 확장시키려 하였지만 그것도 쉽지는 않았다. 선조 9년 11월 이순인이 낭관에 임명되는 사론을 보면 그것을 알 수 있다.

　　이순인이 일찍이 김효원을 貪權한 선비라고 비난한 까닭에 윤현이 끌어서 銓郎으로 삼았다. 그러나 전랑이 되어서는 공론이 윤현과 함께 하지 않음을 알고 오히려 김효원에게 붙었다.128)

위의 자료에 의하면 윤현이 자기세력을 강화하기 위해 끌어 쓴 이순인도 돌아서고 있어, 윤현의 움직임은 쉽지 않았으리라는 추측을 가능하다. 당시 낭관내의 전반적인 분위기는 윤현의 움직임을 제약했으므로 윤현의 지지자마저도 돌아설 수밖에 없는 상황이었다.

삼사 내에서도 상황은 같았는데 홍가신이 그러한 예였다. 선조 11년에 지평 홍가신이 윤현의 당인 이조좌랑인 조원을 탄핵하는데, 그때의 사론은 "홍가신이 어려서부터 원과는 친우였지만 공론을 도왔다."129)라고 기록하고 있어, 그의 처음 입장은 심의겸당에 우호적이었으나 결국 입장을 바꾸었음을 보여준다.

이러한 상황에서 윤현의 지위는 점차 위축되어 갔고 결국 "전배중 연소사류는 불과 자제 수삼 인이다."라는130) 기록으로 당시의 상황은 귀결되

　　欲以趙瑗爲銓郎, 瑗有文名而無器識, 士望不歸而, 只以瑗曾爲正言, 論遞兩司以殺孝元之勢, 故睍特引之, 珥又止之曰, 伯玉(瑗字也), 非可用之才也, 今不論人品而只用嫉仁伯(孝元字也)者, 君輩必敗矣, 睍不從意, 用瑗爲銓郎.

127)『선조수정실록』권10, 선조 9년 11월조 政目에 吏郎이 된다.

128) 상동조.

129)『선조수정실록』권12, 선조 11년 5월.
　　時持平洪可臣, 以薦爲臺諫, 劾吏曹佐郎趙瑗, 徇私之失, 可臣少与瑗親友, 而論駁自憎公論, 李珥則称其有風力, 澈則不能平, 盖疑可臣与西人不協, 不計故舊, 而先攻瑗也.

130)『선조수정실록』권12, 선조 11년 10월.
　　時士類中分, 前輩爲之西, 後輩爲之東, 後輩皆堂下名士, 布列館閣聲勢甚盛, (중략) 前輩中年少後進, 不過其子弟數三人而已.

었다. 대신들은 자제를 동원해서 낭관직을 장악해보려고 했지만 이순인이나 홍가신의 동향이 보여주듯이 쉽지 않았다.

이러한 탄핵과 압력에도 윤현 등은 지위를 얼마간은 유지하였으나[131] 탄핵이 계속되면서, 낭관과 삼사 내 윤현의 당은 차차 약화되었고 11년 윤현도 탄핵을 받아 갈리게 되었다.[132] 이로 인해 낭관내의 갈등은 김효원당의 승리로 끝났는데, 이는 선조 11년경에 이르면 이제 김효원당이 완전히 낭관권을 장악하였음을 보여준다. 김효원당은 이러한 성숙한 기반을 토대로 이이, 이산보 등 중립적 위치를 고수하던 이들을[133] 서인으로 몰아붙이면서 동서의 분당은 확립되었다.

2) 붕당정치의 형성

낭관권을 기반으로 하는 김효원일파와 재상권을 기반으로 하는 이이일파가 나뉘었다. 그러나 서인의 성격은 이전 윤원형 등 권신이나 선조 초기의 이준경 등과는 상당히 다른 성격을 가진 것이었다. 이이일파에 대한 당시의 평가도 그러하였다. 그러한 평가가 선조 12년 백인걸의 다음의 상소에 잘 지적되어 있다.

> 소위 舊臣은 즉위초의 신진들입니다. 나이가 비록 많으나 新政에 선용되어 激揚建立을 힘썼습니다. 윤원형과 이량 때의 浮沈庸碌한 구신과는 다릅니다.[134]

---

131) 趙瑗이 갈린 이후 尹晛은 후임을 자천하지 못하고, 이조낭관이 1,2인에 불과한 상태를 유지하면서 명맥을 이었다(『선조수정실록』 권12, 선조 11년 6월).

132) 상동조.

133) 이산보가 중립적 위치를 가졌던 것은 다음의 기사로 알 수 있다.
以李山甫爲吏曹正郎時, 東西党已成, 爲銓郎者各執好惡, 山甫重厚有力量, 獨持和平之論(『선조수정실록』 권10, 선조 9년 12월). 이산보는 후기에 서인으로 간주되었다.

이는 당시 이이 등 서인의 성격을 잘 지적하고 있다. 이들은 낭관권과 언관권을 중심으로 결속하였고, 권신들을 물리친 긍정적인 역할을 하였다. 대신이 되면서도 사림의 기본적인 입장을 유지하고 있었고, 특히 상호 견고한 유대를 유지하고 있었다. 그러므로 이들은 그 이전의 훈구들이나 권신들과 달랐다. 따라서 이들이 어떠한 방법으로 그 기능성을 살리면서 도태를 면할 것인가는 중요한 문제였다. 이들은 후배들에게 밀려서 도태되기에는 성취한 명성과 결집력이 강하였다. 그러므로 새로운 정치 상황에서 그 길을 모색하는 것이 이이를 중심으로 하는 서인의 과제였다.

이후 서인들의 모색은 결국 붕당정치로 귀결되었지만 그것은 선조 15년 이후의 일이었다. 동서의 분당이 확정되고 이이까지 서인으로 몰리면서, 서인의 기본 입장은 두가지였다. 그 하나는 동인을 공격하여 격퇴시키는 강경한 방법이었고, 그 다른 하나는 동인과 협상하는 온건한 방법이었다. 이전까지 중재자의 입장을 견지하면서 중재를 모색해 오던 이이가 동인에 의해서 서인으로 몰리자, 이이는 서인을 주도하면서 동인을 공격하는 강경한 방법을 취하였다. 구체적으로 낭관권의 결집 기반인 자천제와 낭관권의 이념적 토대인 공론을 공격하였다.

서인은 먼저 동인 결속의 토대인 낭관권과 낭관권의 핵심요소인 자천제를 문제로 제기하였다. 낭관권에 대한 부정적인 견해는 선조 15년(1582) 1월 이이의 다음 계에 잘 나타난다.

조종조에는 銓衡의 장을 중시하고 필히 極選하여 (중략) 淸論을 주장하였고, 郎官은 단지 미치지 못하는 바를 보좌하였을 뿐이었습니다. 오늘날은 館閣의 淸選이 모두 낭료에게 위임되니, (장관은) 단지 微末의 직을 注擬하는데에 그친 것이 오래되었습니다. (중략) 고로 淸議가 낭료에게 있고 장관에게 있지 않아, 이로부터 관과 신발이 전도되어 기강을 이루지 못하였습니다.[135]

---

134)『선조수정실록』권13, 선조 12년 5월.

이이는 낭관권 형성이후 이조판서와 낭관의 지위 변화를 간결하게 설명하고 있다. 그는 이러한 변화를 관과 신발이 전도된 것으로 설명하였다. 그러므로 이러한 변화를 야기한 낭관권을 이이는 부정적으로 파악하고 개선해야 할 것으로 생각하고 있었다. 이에 대해서 선조도 찬동을 표했다.

이러한 노력으로 일단 선조 16년에 낭관권의 핵심요소인 自薦制가 혁파되었다. 혁파는 선조가 명한 것이었지만, 이는 다음 사론에서 지적되는 것처럼 이이가 주도한 것이었다.

> 동서의 분당이후 각자의 好惡로 출입하여 吏郎이 되는 자도 일대의 公望에 의한 극선이 아니어서 士路가 맑지 못했다. 선조가 이 폐습을 싫어하여 누차 억제하였는데, 이이가 일찍이 시사를 논하는 중에 館閣의 청선은 모두 낭관의 손으로 돌아갔다는 말이 있자, 이이가 銓郎의 薦擧를 폐하려고 한다는 物議가 일어났다. 이로서 이이가 시인의 꺼림을 받는 것이 심해졌는데, 이에 이르러 선조가 하교하여 특명으로 혁파하니 대개 三司 新進의 의론을 싫어하여 그러한 것이다.[136]

이것에 의하면 선조는 이이의 주장을 수용하여 자천제를 혁파하였다. 선조는 동인이 삼사를 통해서 자신을 견제하는 것을 싫어하였는데, 이이가 자천제를 폐지를 거론하자 이를 수용하여 자천제를 혁파하였다.

물론 자천제를 혁파하려는 의도는 이이 개인적인 것이 아니었다. 선조 16년(1583) 7월 다음의 자료는 그것을 잘 보여준다.

> 銓曹의 薦擧는 尹元衡, 李樑도 감히 혁파하지 못한 것인데 党与를 복직시키려고 (박순이) 旧規를 혁파하였습니다.[137]

---

135) 『선조수정실록』 권16, 선조 15년 1월.
136) 『선조수정실록』 권17, 선조 16년 6월.
137) 『선조실록』 권17, 선조 16년 7월 신축.

이 자료는 양사에서 영의정 박순을 공격하는 내용이다. 이것에 의하면 박순이 자천제를 혁파한 것으로 나타난다. 이러한 주장은 앞에서 본 이이가 자천제 혁파를 주장한 것과 모순되어 보이는데, 이는 자천제의 혁파가 동인에 대한 서인의 공세였으므로 이러한 해석도 가능한 것이었다.

동인은 자천제를 다시 회복시키려고 노력했다. 그들은 자천제의 기능성을 강조하였다. 천거제를 혁파하는 명이 내린 직후 도승지 박근원은 다음과 같은 자천제의 회복을 주장하였다.

> 전조낭관의 천망은 법전에 실린 것은 아니지만 예로부터 규례가 되어 행해져 폐하지 않고 오늘에 이르렀습니다. 이는 사람마다 冒據하지 못하고 일시의 淸流를 뽑아 무리에게 속한 바 되게 하려한 것이었습니다. 新進淸流는 같이 진출한 동료들이 아니면 알 수 없으니, 자천하도록 한 것은 그 뜻하는 바가 우연이 아닙니다. 지금 만약 천망하는 규례를 폐하고 당상이 주도하게 하면, 인물이 어떠한지를 몰라 혼란하여 잡용되는 화가 있을 것이며, 淸論이 없어질 것입니다. 하물며 銓長이 모두 나이가 많은 선진들로서 신진을 뽑아 館閣에 두면, 資가 미치지 못하는 낭관들을 견제하지 못하니 인사가 합당하게 되지 못할 것이며, 權奸이 當國하면 나라를 그르칠 것입니다.138)

박근원은 자천하게 된 것은 신진이 신진의 인물됨을 알므로 바로 인선하기 위한 것이었음을 강조하고, 만약 자천제를 폐지하고 대신들이 인선을 하면 바른 인선이 되지 못할 뿐 아니라, 권력이 집중되어 나라를 그르칠 수 있음을 경고하고 있다.

또한 그는 "淸議가 郞官에게서 많이 나왔다."라고 낭관들이 淸議 즉 공론을 수용하여 권신들과 싸웠던 역사적 의의를 강조하였다. 이러한 주장에는 당시의 대간들도 같이 하였다. 양사에서는 계를 올려 "銓曹의 自薦은

---

138)『선조수정실록』권17, 선조 16년 6월.

尹元衡 李樑도 감히 혁파하지 못하였습니다."라고[139] 주장하면서 자천제의 복설을 주장하였다. 그러나 선조는 완강하였다.

그러므로 선조가 이이의 주장을 받아 자천제를 혁파하였음을 주목하면서, 동인인 대사성 김우옹은 선조 16년 7월 다음과 같이 주장하였다.

> 오늘날 이이를 공격하는 일이 어찌 銓郞이 자기무리를 끌어 관직에 포열하여 생긴 것이겠습니까? 士論이 격발하여 이에 이른 것에 불과합니다. 그 실을 찾지 않고 그 흠을 전랑에게 돌리는 것은 불가합니다.[140]

김우옹은 자천제와 이이 탄핵이 무관함을 강조하면서 자천제를 복원시키려 하였다. 이러한 변명은 당시 자천제 혁파에 대한 선조의 직접적인 의도가 어디 있었는지를 잘 보여준다.

이러한 낭관들의 노력은 형식상은 아무런 성과도 얻어내지 못하고 말았다. 그러나 자천제는 조용히 복원되고 말았다. 선조 16년(1583) 7월 사론에서 사신은 다음과 같이 自薦制 혁파이후의 상황을 설명하고 있다.

> 그 후에 薦法이 혁파되었다고 하나, 낭관이 의논하여 擬望하는 순서를 정하여 그 순서를 어기지 못함이 金石之典과 같이 굳어졌다. 비록 조정에 대변이 있어 吏郞이 전부 죄를 입어 퇴직되어도 후임의 銓長은 스스로 한 두 낭관을 임명하는 데에 그쳤다. 銓長에 의해서 천거된 낭관도 감히 그 자리에 오래있지 못하고 단지 1,2인을 自代하고는 자리를 옮겼다.[141]

이 자료에 의하면 혁파되었음에도 불구하고 자천제는 계속되었음을 알수 있다. 사실 자천제는 규정된 법에 의해서 실시된 것이 아니었고 관행적

---

139) 『선조실록』 권17, 선조 16년 7월 신축.
140) 『선조실록』 권17, 선조 16년 7월 무술.
141) 『선조수정실록』 권17, 선조 16년 6월.

으로 형성되어, 권신들의 압력 속에서도 유지되어온 것이었다. 그러므로 단순히 왕이 혁파를 명한다고 혁파가 가능한 것은 아니었다. 그러므로 자천제는 다시 복원되고 말았다.

서인은 자천제의 혁파를 추진하면서 동시에 공론에 대한 공격도 시도하였다. 당시 공론의 의미는 衆論, 淸議 등과 같은 뜻으로 옳은 의견, 다수의 의견 등으로 이해되었다.142) 또한 공론형성층이 사림임을 강조하여 士論으로도 칭하였다.

공론은 낭관이 대신과 대립관계에서 내세울 수 있는 논리적 근거였다. 그러므로 낭관권의 핵심인 자천제에 대한 공격과 함께 공론을 문제로 제기하는 것은 오히려 당연하였다. 좁게 해석한다면, 자천제를 문제삼은 것은 낭관권에 대한 공격이었다면, 공론을 문제로 삼은 것은 삼사 언관권에 대한 공격이었다.

이이는 선조 12년(1579)부터 공론이 문제가 있다고 주장하였다. 그는 당시의 공론은 나라사람이 "모두 동의하는 바가 아닙니다."고 주장하였다.143) 그러나 이 시기에는 아직 동인과 서인을 중재하려는 입장을 고수하던 시기여서 공론에 대해서 가혹하게 비판하고 있지는 않았다. 다만, 동인이 서인을 공격하는 것이 너무 심하다는 것을 지적하면서, 동서를 타파하고 사류를 保合하고자 하였다.144)

그러나 이이가 서인으로 몰린 선조 15년 이후부터는 공론에 대한 비판은 신랄하였다. 그는 공론의 편파성을 '浮議'라고 극단적으로 비난하였다.

---

142) 남지대 『조선 성종대의 대간언론』, 『한국사론』 10, 1985.
143) 『선조수정실록』 권13, 선조 12년 5월.
　　人心之所同然者, 謂之公論, 公論之所在謂之國是, 國是者一國之人, 不謀而同是者也, (중략) 今之所謂國是則異於此, 只是主論者自以爲是, 而聞之者或從或違.
144) 『선조실록』 권13, 선조 12년 5월 병자.

소위 浮議는 그 나온 곳을 모르며, 처음에는 미미하나 점점 성해져서 마지막에는 廟堂을 흔들고 台閣을 움직이게 됩니다. 온 조정을 움직여 대항할 수 없으니 부의의 권력은 태산보다 중합니다. (중략) 오호라 일찍이 '政在台閣'이면 憂亂이라 하였는데, '政在浮議'면 어떻게 되겠습니까?145)

이이가 이미 동서의 중재를 포기하면서 공론이 동인을 위한 편파적인 의견이 되고 있는 상황을 신랄하게 비판하고 있다.

동인은 삼사를 중심으로 공론을 비판하는 이이를 탄핵하였다. 그 한 예로 성종 16년 4월 홍문관에서는 箚를 올려 다음과 같이 이이를 비난하였다.

공론에는 万乘의 존귀에 있어도 굴복하여 따라야할 것인데, 오히려 대신의 지위에 있는 자가 公論을 멸시하기를 기탄없이 함이 가합니까? 그 폐가 그치지 않을 것입니다. (중략) 오늘날 이야기하는 자는 혹 李珥를 王安石에 비기니 李珥의 文章節行이 어찌 王安石에 비기겠습니까? 그러나 왕안석이 교만하여 명을 멸시함과 言者를 배척함은 이이도 가지고 있습니다.146)

대간을 이이를 극단적으로 비판하고 있다. 이이를 왕안석보다 못한 사람으로 치부하였다. 주자학에 대한 이해가 심화되면서 부국강병적 요소를 가진 왕안석은 사림 비판의 대상이었다. 이러한 왕안석을 그것도 왕안석의 단점만을 이이에게 비긴 것은 이이를 극단적으로 비판한 것이었다.

이와 같은 공론에 대한 비판은 서인의 공통된 의견이었다. 그러므로 서인인 성혼도 이를 비판하고 있다.147) 공론에 대한 비판은 서인의 당론이었

---

145) 『선조수정실록』 권16, 선조 15년 9월.
　　今則不然, 廷議多岐, 朝更夕變, 是非之權, 莫適主張, 上下大小不相管攝, 朝紳千百其心, 所謂浮議者, 不知其所自來.
146) 상동조.
147) 『선조수정실록』 권17, 선조 16년 7월.

다. 그러나 이러한 공론의 편파성에 대한 공격은 自薦制가 다시 복원되는 상황에서 큰 의미를 가질 수 없었다. 특히 성종대부터 사림이 정치에 진출하면서 추진하였던 公論政治를 향한 역사적 흐름을 막을 수 있는 것도 아니었다. 서인이 동인이 주장하는 공론의 문제점을 지적한 것은 자신들의 운신의 폭을 확보하기 위한 노력이었다. 공론의 문제점을 지적한 것은 서인을 공론정치와 연결시키기 위해서 필수적인 과제의 수행이었다.

이상에서 살펴본 이이에 의해서 주도된 동인에 대한 서인의 공격은 선조 17년 이이가 죽음으로 새로운 단계로 넘어갔다. 그것은 서인들이 낭관권의 핵심 요소인 自薦制를 혁파할 수도 없었으며, 공론의 편파성을 지적하였을 뿐 공론을 표방하는 삼사의 언사도 견제할 수도 없는 상황에서, 이이의 죽음으로 서인의 세력이 위축되면서 새로운 방향을 모색하여야 하였기 때문이었다. 이것은 낭관권은 물론 공론까지도 인정하면서, 오히려 서인도 공론을 형성하는 사림이라는 입장을 강조하는 것이었다. 즉 서인과 동인이 기본적으로 사림으로 동질 집단임을 강조하는 것으로 방향을 모색하는 것이었다.

이들은 먼저 서인의 약점이 되고 있는 외척인 심의겸과의 연결을 잘랐다. 선조 18년(1585) 9월 이귀의 다음 상소는 그것을 잘 보여준다.

登科한 후 정묘년에 銓郞으로 선발되었는데 심의겸은 불만을 표했지만 김계휘의 주장에 의해서 천거되었습니다.[148]

서인은 동인 공격의 초점이 되는 심의겸을 서인에서 제거하기 위해서, 이이와 심의겸이 좋은 관계가 아니었음을 주장하고 있다.

서인이 심의겸과의 관계 단절을 모색한 것은 이미 선조 14년부터 시도되었다. 동서 중재를 위한 대안으로 이이에 의해서 제시된 바 있었으나,

---

今之言者, 自以爲公論, 而其言之不公不平如此, 將何以服人心乎.
148) 『선조수정실록』 권19, 선조 18년 9월.

당시 동인이 정철까지 심의겸의 일파로 몰아붙이면서 중재가 결렬된 바 있었다.[149) 그러므로 위의 작업은 이러한 선례를 따라서 이이 사후 서인들에 의해서 취해진 조처였다.

이와 동시에 이이를 재평가하는 일이 행해졌다. 이는 다음의 선조 19년 10월 조헌의 상소 중에 잘 나타났다.

> 이이는 平心을 지니고 있어 善한 자는 자신의 잘못을 지적해도 淸要의 자리에 두었습니다. 그렇지 않았다면 유성룡, 김응남, 이발 등이 어떻게 淸望에 들 수 있었겠습니까?[150)

이이가 공평한 마음으로 인사를 하여 동인의 핵심인물들이 청망에 들 수 있었다는 지적이다. 이와 같이 이이에 대해서 보다 긍정적으로 평가하는 것은 이이와 연결선 위에 서있는 서인의 입장을 좀 더 긍정적으로 설정하고자 하는 노력이었다.

이런 준비적인 움직임을 토대로 선조 20년에 서인들은 자신들을 새롭게 정의하였다. 이는 다음의 선조 20년(1587) 3월 이귀 등이 올린 상소에 잘 나타났다.

> 서인은 士類이며 동인 역시 士類입니다. (중략) 東西의 설이 있은 이래로 서인이라고 지목한 설은 네 번 변하는데, 그 초에는 심의겸 까닭에 구신들을 서인이라고 불렀으니 三尹이 그들입니다. 그 다음은 서인을 구하려는 무리들을 서인이라고 지목했으니, 정철과 같은 이들이 그들입니다. 그 다음은 東도 西도 아니고 중립에 선 자들을 서인이라고 불렀습니다. 이이와 같은 유가 그들입니다. 오늘에 이르러서는 사림으로 李, 渾을 알고, 존경하는 자를 서인이라고 합니다. 오늘날 조야의

---

149) 『선조수정실록』권15, 선조 14년 7월.
　　珥謂仁弘曰, 鄭澈非議謙党, 年前士論過激, 故有不平之言, 此非党義謙也.
150) 『선조수정실록』권20, 선조 19년 10월.

公論之人이 그들입니다.151)

이귀 등은 서인도 '士類'라고 먼저 결론을 내리고, 서인이라고 지목되는 부류를 시간에 따라서 단계를 나누어 분류하면서, 마지막으로 현재의 자신들은 李珥와 成渾을 존경하는 사류로서 '公論之人'이라고 주장하고 있다.

이러한 이귀의 서인에 대한 해석은 새롭고 참신한 것이었다. 사실 이 시기에 이르면 서인은 李珥와 成渾의 제자들이 주축을 이루면서 동인의 편향성을 의식하는 사류가 다수 서인에 합세하였다. 그러한 단적인 증거로 들 수 있는 것이 선조 16년 지방유생들이나152) 성균관유생들이153) 동인을 비판하는 상소를 한 것이었다.

이렇게 인원구성이 변화되면서 새로운 활로를 모색하던 서인이 스스로를 '사류'라고 강조하고, 따라서 '公論之人'으로 자처하면서 공론과 연결을 모색한 것은 주목할 만한 변화였다. 즉 기본적으로 재상권을 토대로 하였던 서인이 낭관권과 언관권의 토대로 인식되어 있는 공론과 연결을 지으면서 자신들이 공론을 형성하는 사류라고 주장하게 되었기 때문이다. 이것은 이미 공론정치가 전개되는 상황에서 서인이 취할 수 있는 유일한 활로였다. 서인이 공론정치 속에서 자신의 위상을 정리하면서 공론을 바탕으로 하는 붕당정치가 정립될 수 있는 토대가 형성될 수 있었다.

이러한 서인의 모색은 동인들에 의해서도 상당히 긍정적으로 평가되었다. 선조 21년(1588) 8월의 사론은 이러한 조정의 분위기를 다음과 같이 보여준다.

---

151) 『선조수정실록』 권21, 선조 20년 3월.
152) 유생 서태수 등은 "대신이 자리만 지키고 정권이 낭료에게 있은 지 오래되었다. 한번 奸人이 전랑이 되면 자기의 당을 널리 심어 화가 참혹하였다. 대저 權奸은 관작의 고하에 있지 않다. (중략) 三司와 承政院은 奸人의 淵藪가 되었고, 삼사 정원의 本은 銓官에 있다."라고 낭관을 權奸으로, 삼사와 승정원을 奸人으로 강하게 비판하고 있다(『선조수정실록』 권17, 선조 16년 8월).
153) 『선조실록』 권17, 선조 16년 8월 을미.

당시 조정에 이미 남북의 설이 있었는데 서인을 배척하자는 이들을
北이라 하였고 피차를 참용하자는 이들을 南이라 하였다.[154]

남북의 분열에 대해서는 구조적인 관점에서 논해야 할 것이지만, 위의
내용에 의하면 서인의 노력은 동인들에게도 상당히 설득력이 있어 동인의
일부 사류가 서인의 모색에 긍정적인 입장을 표하고 있었다.

서인이 이러한 공론과의 연결을 가지면서 동인과 서인은 붕당정치를 정
치운영방식으로 정립해갔다. 그 과정에서 서인도 언관직과 낭관직의 진출
에 노력하였고 일정한 성과도 있었다. 그 구체적인 성과는 선조 21년 사신
의 다음과 같은 언급으로 확인할 수 있다.

당시의 名士는 모두 時論의 緩猛으로 品第를 정하여서 異論者는 죄
를 얻었고 自守者는 이름이 없었다. 그러나 李恒福, 李德馨 등은 文華
의 인재로 宣朝의 관심을 받았으니 사람들이 감히 논하지 못했다. 吳
億齡, 柳根 등도 모두 文名으로 顯要에 올랐으며, 洪麟祥 역시 經學으
로 알려졌다. 이들 수인은 이름이 있었으나 구차히 党比하여 干進하지
않으니 공론이 칭찬하였다.[155]

이는 이덕형, 이항복, 오억령, 유근, 홍인상 등 낭관권의 핵심인물들에
대한[156] 인물평이었다. 이들의 공통점은 붕당에 치우치지 않았다는 것이
었다. 즉 이들이 이랑으로 있으면서 인사가 편향되지 않았던 것이다. 여기
서 주목되는 것은 이들의 당파가 불분명하거나 남인으로 간주되었는데 후
기에 서인으로 간주되는 이항복도 끼어있다는 점이다. 이러한 현상은 서
인의 구성원이 변화하고 이들이 공론과의 연결을 모색하면서, 이들의 동

---

154) 『선조수정실록』 권22, 선조 21년 8월.
155) 『선조수정실록』 권23, 선조 21년 12월.
156) 이덕형과 이항복은 上同條에서 吏郞임이 밝혀지고 있으며, 유근은 『선조수정
    실록』 권23, 선조 21년 11월조에 吏郞임이 밝혀지고 있다.

향을 긍정적으로 보는 남인들에 의해서 서인도 수용되고 있었음을 보여준다. 이후 동인과 서인은 공론을 그 존립 근거로 삼으면서 언관권과 낭관권을 인정하고 이를 장악하는데 힘썼는데, 이는 결과적으로 붕당정치로 귀결되었다.[157]

이상의 검토를 통해서 사림에 의해서 언관권과 낭관권이 정립되고, 이러한 권력구조의 변화가 결국 공론정치를 매개로 해서 붕당정치로 귀결되는 과정을 살펴보았다. 그러므로 붕당정치는 변화한 정치권력구조가 갖는 내재적인 성격에 입각한 정치운영방식이었으며, 사림이 추구해온 공론정치 실현을 위한 새로운 정치운영방안이었다(「16세기 공론정치의 형성과정」, 『국사관논총』 34, 1992).

---

157) 이후 변화도 정치구조의 면에서는 기본적으로 낭관권의 구조적 분열에 기초한 것이었다(최이돈 『조선 중기 사림정치구조 연구』 일조각 1994).

제7장 결론

1. 권력구조의 변화

1) 언관권의 강화

 이상으로 사림이 정치에 등장하여 붕당정치를 통해서 사림정치를 실현하는 과정을 검토하였다. 사림은 정치적 과제를 하나하나 해결하면서 자신들의 정치적 지위를 높여갔다. 사림이 만들어간 정치변화를 1)권력구조의 변화 2)정치참여층의 확대 3)정치운영방식의 변화 4)정치변화와 사림 등으로 나누어 정리하면서 결론을 맺고자 한다.

 먼저 권력구조의 변화를 살펴보자. 사림은 정치진출과 정치적 지위 강화를 위해서 먼저 권력구조의 변화를 추진하였다. 사림이 기득권세력인 훈구와 대립하면서 개혁을 추진하기 위해서는 자신들의 활동을 위한 권력구조의 확보가 필요하였다. 지위를 보장하고 나아가 개혁적 활동을 할 수 있는 권한을 부여하는 권력구조가 마련되어야 하였다. 이러한 활동을 위한 제도적 장치가 마련되지 않으면 사림이 훈구의 견제 속에서 지속적으로 개혁을 추진하기 어려웠다. 사림은 성종대 언관권을 강화하고 중종대 낭관권을 형성하면서 사림의 진출과 활동에 용이한 권력구조를 만들어갔다.

 조선 초기 정치권력은 왕과 대신을 중심으로 운영되었다. 이원적인 권력구조는 조선의 건국이 신진사대부와 신흥무장의 세력이 결합하면서 취해진 구조였다. 이원적인 구조는 본질적으로 갈등이 심한 구조였으므로 상호 갈등을 노출할 수밖에 없었다. 왕과 대신은 서로 주도권을 잡기 위해서 노력하였다.

태조 이성계는 왕이 되었다는 것만으로 만족하였지만, 이미 왕의 지위를 확보한 왕실의 입장은 달랐다. 그러므로 대신 중심의 정치운영을 추구하는 사대부들의 입장에 반대하여 이방원이 쿠데타를 일으킨 것은 오히려 자연스러웠다. 태종은 왕 중심의 정국운영을 제도화하기 위해서 육조직계제를 시행하였으나, 이원적 권력구조를 바꾸지는 못하였다. 육조직계제를 시행하여 대신들을 의정부와 육조로 나누어 서로 견제하도록 하였으나, 의정부와 육조의 대신은 지배신분으로 그 이해관계가 크게 다르지 않았으므로 기본적으로 나누어지기 어려웠다. 그러므로 왕의 능력이 부족할 때에 쉽게 대신 주도의 정국운영이 전개되었고, 이를 깨뜨리기 위한 왕실 쿠데타가 반복되었다.

사림은 중앙정치에 진출하면서 자신들의 지위를 보호받으면서 개혁을 추진하기 위해서 이원적 권력구조를 바꾸어 사림이 영향력을 행사할 수 있는 제삼의 권력을 창출하여야 하였다. 이러한 사림의 의도는 이원권력구조를 삼원권력구조로 바꾸는 것이어서 객관적으로 볼 때에 거의 실현 불가능한 것이었다. 그러나 주도권을 모색하던 성종은 그 해결의 실마리를 제공하였다. 성종은 대신인 훈구의 주도를 벗어나기 위해서, 훈구를 견제하기 위한 제삼의 권력을 만들어 권력구조를 바꾸는 것이 필요함을 깊이 인식하고 있었다. 이미 시험을 통해서 기득권세력인 대신들을 둘로 나누는 것은 바른 방향이 아님을 분명히 알았고, 그 개혁의 방향이 기득권층을 나누는 것이 아닌 하위의 지위에 있는 관원들을 새로운 세력을 키우는 것임도 인지하였다. 그런 의미에서 사림과 성종의 모색은 일맥상통한 것이 될 수 있었다.

사림이 성종의 지원을 받으면서 제삼의 권력기구를 만들기 위하여 모색할 때에 주목되는 것은 사헌부와 사간원이었다. 사간원은 간쟁으로 왕을 견제하고, 사헌부는 탄핵으로 관원을 관리하고 있었고 임무의 성격상 두

기관은 양사로 같이 활동하고 있었다. 그러므로 형식상 양사는 왕과 대신을 견제할 수 있는 제삼의 권력기관이 되기에 적절하였다.

조선 초기부터 양사는 언론활동을 통해서 부여된 임무에 상응한 역할을 수행하고 있었으나, 실제적으로 왕의 문제를 지적하여 고치고, 대신의 권력남용을 견제하는 언론활동을 수행하지 못하였다. 양사 관원의 지위를 보장할 수 있는 인사보호 장치가 없었기 때문이었다. 즉 왕이나 대신은 양사의 강한 언론에 대하여 인사이동이나 파직 등으로 대응하였으므로, 양사는 그 기능을 강하게 수행할 수 없었다. 따라서 조선 초기부터 대간의 활동은 적지 않았으나 그 실질적 기능은 많은 제한을 받았다. 당시 대간의 활동은 주도권을 장악한 왕이나 대신 등에 의해서 이용되는 경향이 컸다.

이러한 상황이었으므로, 사림은 중앙정치에 등장하면서 왕과 대신들을 견제하기 위한 권력구조를 만들기 위해서 양사를 주목하였다. 대간의 임무가 왕과 대신을 견제하는 것이었으므로, 사림은 대간이 이러한 기능을 잘 할 수 있도록 보완한다면, 사림의 활동을 지원하는 기구로 만들 수 있다고 보았다.

그러므로 사림은 성종의 지원을 받아 언론기구를 중심으로 활동하면서,[1] 대간에게 부여된 임무에 수행하기 위해서 양사의 제도적인 정비를 위해서 노력하였다. 먼저 대간들은 언론 행사의 방법을 개선하여 '箚子'를 사용하는 방법을 통해서 의사표출을 쉽게 만들었다. 또한 '圓議制'를 시행하여 대간의 언론이 기본적으로 개별적인 의사가 아니라 부서의 합의된 의사임을 강조하면서 대간 개인에 대한 왕이나 대신의 견제를 완화시켰다. 또한 정보제공자를 보호하는 '不問言根'의 관행을 확보하여, 정보제공자가 노출되어 불이익을 당하지 않도록 하여 언론을 활성화하려고 노력하였다. 이와 같은 노력을 통해서 양사 대간의 언론은 이전보다 활성화될 수 있었다.

사림이 양사의 제도적인 정비를 추진하였으나, 가장 핵심이 되는 인사

---

1) 이하 서술 최이돈 「성종대 홍문관의 言官化 과정」『진단학보』 61, 1986 참조.

권의 문제는 양사제도 내에서 해결하기 어려웠다. 물론 대간의 인사를 보호하는 장치를 만들지 못하면 그 기능은 제한될 수밖에 없었다. 그러므로 사림과 성종은 이러한 변화의 실마리를 양사 밖에서 마련할 수밖에 없었다. 그것이 홍문관이었다.

성종은 친정을 시작하면서 홍문관을 개편하고, 홍문관원을 측근세력으로 양성하였다. 홍문관의 임무는 경연을 통해 왕을 교육하는 것이었으나, 양사의 언론기능이 활성화되면서 홍문관에 언론기능도 부여하였다. 홍문관은 君德을 輔養하는 기능을 하였으므로, 그 기능의 연장선상에서 군덕에 어긋난 정사에 대하여 홍문관의 의견 개진을 인정한 것이었다. 성종이 "홍문관은 고문의 직에 있으니 내가 생각하지 못한 일을 말하는 것이 가하다."고 하여 이들의 언사를 격려한 것은 그러한 동향의 일환이었다.

그러나 홍문관의 이와 같은 언론활동은 언론기관으로서가 아니라 경연의 연장선상에서 인정한 것이었고, 그 내용도 양사의 언론을 지원하는데 그치는 것이 보통이었다. 사림과 성종이 홍문관을 통하여 얻고자 하는 것은 그러한 정도가 아니었다. 양사 언론체제의 한계를 홍문관을 이용해서 극복하고자 하는 것이었다.

그러므로 홍문관의 새로운 기능을 위해서 추진된 것이 '弘文錄'을 만든 것이었다. 홍문록은 우수한 홍문관원을 확보하기 위한 제도였다. 이는 재능이 있는 인사를 확보하기 위한 제도로, 과거에 합격한 인물들 중에서 재능이 있는 인사를 미리 선발해 홍문록에 올려놓고, 이들 중에서 홍문관원을 임명하도록 하는 특별 인사 제도였다.

이 방법이 주목되는 것은 홍문록의 선발을 홍문관원들이 주도하였다는 점이다. 홍문관원 특히 참상, 참하관들이 인사를 주도하였다. 이러한 변화는 인사에서 능력보다 인품을 강조하면서 가능하였다. 즉 선발후보자들의 인품은 선후배 관계에 있는 젊은 관원들이 잘 안다는 논리에서 시행되었다. 젊은 관원들이 홍문록의 선발을 결정하는 것은 결국 홍문관원의 인사를 홍문관에서 결정하는 '자천제적' 인사가 시행된 것이었다.

홍문록은 인품을 감안하여 경연에 적절한 인원을 확보하기 위한 제도였으나, 홍문관이 본격 언론활동을 시작하면서 그 의미가 달라졌다. 홍문관의 인사는 홍문관원이 선발한 홍문록에 의해서 시행되었으므로 왕이나 대신들은 인사를 통해서 홍문관원들을 제한하기 어려웠다. 홍문록은 홍문관원을 보호하는 제도로 작용하였다. 물론 홍문관원이 강력하게 언론을 행할 때에, 왕이나 대신은 인사 조치를 통해서 홍문관의 언론을 견제하려고 하였으나, 후임 홍문관원도 이미 홍문관원이 추천한 홍문록 내의 인물들에 의해서 선발되었으므로, 후임들도 선배들과 같은 입장에서 언론을 지속하였다. 그러므로 인사 조치를 통한 홍문관의 견제는 효과가 없었다.

기존 양사언론의 한계는 인사 조치에 의한 견제를 막을 방법이 없었음을 고려한다면, 홍문관은 홍문록을 통한 인사방식을 확보하면서 보다 강력한 언사를 할 수 있는 제도적 장치를 마련한 것이었다. 이러한 준비위에서 홍문관은 활발하게 언론활동을 할 수 있었고, 왕권이나 재상권 밖의 언론권을 형성할 수 있는 근거를 마련할 수 있었다.

홍문관은 본격적으로 언론을 할 수 있는 기반을 마련하면서 확실하게 양사의 언론을 지원할 수 있었다. 홍문관이 양사의 언론을 지원하면서 양사의 언론에 힘을 더하여 주었다. 물론 홍문관은 대간이 제기하지 못한 사안을 제기하기도 하였고, 나아가 양사에서 적극적으로 언론활동을 하지 않는 경우 그 태만을 지적하기도 하였다. 특히 양사가 언론을 태만히 하는 경우 견제를 지속하면서 홍문관은 '臺諫彈劾權'도 확보하였다. 즉 홍문관이 대간의 언사에 부족한 점을 문제삼는 경우 이를 왕과 관원들이 수용하면서 대간을 교체하였고, 이러한 관행이 형성되면서 홍문관은 대간탄핵권을 확보할 수 있었다.

홍문관이 대간탄핵권을 확보하면서 홍문관을 중심으로 하는 언론체제는 강화되었는데, 그 위에 성종 22년부터는 홍문관원이 대간직으로 진출하게 되었다. 홍문관원은 다른 부서로 나아가지 않고, 홍문관직만을 전담하는 것이 그간의 관행이었으나, 대간의 언론이 활성화되면서 홍문관원의 대간직 진출도 인정되었다. 그 결과 홍문관과 양사 사이에 유기적인 결속이 형성되었고, 따라서 홍문관을 중심으로 한 언론 삼사체제를 형성하였다. 이로써 기존의 양사중심의 언론의 한계를 극복하고 보다 적극적인 언론활동이 가능하여졌다.

이후 사림은 삼사언론을 통해서 왕과 대신을 견제하면서 사림의 입지를 확대할 수 있었다. 삼사언론은 강력했는데, 이러한 변화에 대하여 연산군은 그 7년 "예전에는 언론을 하는 자가 이렇게 지루하지 않았다. 대간이 비록 물러나고자 하지만 홍문관의 제약을 받아서 자유롭게 할 수 없다."라고 지적하였고, 나아가 "근래의 대신의 행위는 대간이 논박하고 대간의 행위는 홍문관이 논박한다."라고 변화한 논의구조를 비판하였다. 이는 홍문관을 중심으로 하는 언론체계가 형성되어 그 기능이 강력했음을 보여주고 있다.

이러한 변화 위에서 사림은 삼사의 대간직에 진출하면서 적극 언론활동을 하였고, 삼사의 언론은 양과 질이 획기적으로 변화하였다. 사림은 언론활동을 기반으로 중앙과 지방의 제도 개혁을 강력하게 추진할 수 있었다. 따라서 무오사림이 추진한 개혁은 언관권을 바탕으로 한 것이었다.

2) 낭관권의 형성

사림은 성종대에 강화된 언관권을 바탕으로 사림의 중앙 진출을 확대하고, 향촌에서 유향소복립 등을 제기하면서 주도권을 강화하였다.[2] 그러나 사림의 권한강화를 꺼리는 연산군과 훈구대신들의 저항으로 무오사화를 당하게 되었다. 사림은 사화이후에도 홍문관을 중심으로 하는 삼사언론의

---

2) 이하 서술 최이돈 「16세기 郞官權의 형성과정」『한국사론』14, 1986 참조

체계를 유지하려고 노력하였고, 중종반정이후에는 이러한 체제를 복원하여 활발한 언론활동을 전개하여 나갔다. 그러나 무오사화를 당한이후 사림은 삼사언론을 통한 견제 작용의 한계를 인식하게 되었다. 언론활동은 정책이 결정되는 과정에서 영향력을 미치기 보다는 이미 결정된 이후에 견제하는 작용을 하였다. 그러므로 이를 보충할 수 있는 새로운 방법을 모색하였고, 이는 낭관권 형성으로 구현되었다.

조선 초기부터 낭관들은 각 부서의 정책을 입안하는 역할을 하였다. 그러나 책임자가 아니라 실무자였으므로, 정책의 결정권은 대신들에 있었다. 사림은 정책의 결정과정에 영향력을 행사하기 위해서 낭관의 지위를 높이는 것을 추진하였다. 즉 낭관이 해당부서의 업무에 당상관과 같이 논의해서 결정할 수 있는 지위를 확보하고자 하였다.

사림의 노력으로 낭관의 정치력이 강화되었고, 중종 중반에 이르면 그 결과 '郎官權'이 형성되었다. 낭관권은 낭관의 품계를 가진 모든 관원에 해당되지 않았다. 정치적 비중이 큰 부서인 의정부와 육조를 중심으로 형성되었다. 이는 '宰相權'이라 지칭할 때 2품 이상의 모든 대신이 대상이 아니고 주로 의정부와 육조의 대신에 국한된 것과 대응되는 현상이었다. 특히 인사를 다루는 銓曹의 郎官의 경우는 그 정치적 비중이 매우 커서 銓曹郎官權 혹은 銓郎權이라는 별도의 호칭도 있었다.

낭관권 형성은 '自薦制'의 시행에 근거하였다. 자천제는 후임 낭관을 현임 낭관이 천거할 수 있는 관행이었다. 이와 같은 독특한 관행은 인사 이념의 변화와 같이 추진되었다. 즉 인사에서 능력보다 덕을 중시하고, 덕은 같이 지낸 동년배들에 의해서 잘 알 수 있는 것으로 이해하면서, 인선 방법이 동료들의 천거인 자천제로 귀결되었다.

낭관의 자천제는 성종대에 이조, 병조, 예조 등의 낭관에서 확인된다. 그러나 성종대에는 훈구대신세력이 강하여 자천제가 낭관들의 정치력을 강화하는데 이용되지 못하였다. 그러나 성종 후반 언관권이 강화되어 대신을 견제하면서 낭관지위에 변화가 나타나기 시작하였다. 특히 성종 말기에 홍문관원이 이병조 낭관으로 진출하면서 언관과 긴밀한 관계를 형성하였고, 언관의 지원을 받으면서 낭관들은 조금씩 그 지위를 높여갔다.

그러한 변화 위에서 중종대에 이르면 사림이 낭관의 지위를 강화하여 실무과정에서 사림의 입장을 반영하기 위한 노력이 추진되면서 낭관의 지위는 상승하였다. 구체적으로 중종 3년에 이르면 낭관에게도 '奔競禁止' 조치가 취해지는데, 이는 대신에게만 취해졌던 조치가 낭관의 지위가 상승하면서 낭관들에게도 취해지는 것으로, 이즈음의 낭관의 지위를 짐작케 한다. 또한 중종 12년경에는 이조에서 인사를 두고 낭관이 대신들과 대립하는 사례들이 나타났는데, 이는 이미 낭관들이 대신과 실무를 놓고 대립할 수 있을 정도로 낭관권이 형성되었음을 보여준다. 이러한 현상은 먼저 이조에서 확인되었으나 시간이 가면서 육조의 낭관들과 의정부의 낭관들에게서도 확인되었다.

낭관들은 낭관권이 형성되면서 언관들과 밀접한 관계를 가졌다. 언관과 낭관은 기본적으로 같은 직급이었으므로 상호 이동이 가능하였고, 특히 이조의 낭관은 언관의 인사를 주도하면서 언관을 보호하였고, 언관들은 낭관들이 정책의 결정을 놓고 대신과 대립할 때에 언론을 통해서 지원해주었다.

결국 낭관권의 형성은 기존의 권력구조를 크게 변화시키는 것이었고, 사림은 이를 통해서 적극적으로 활동영역을 확대하였으며, 세력을 확대할 수 있었다. 특히 중종대 기묘사림은 무오사림이 언관권에 의존하여 개혁을 추진하였던 것과 달리, 언관권과 낭관권을 같이 이용하면서 개혁을 추진할 수 있었다. 그러므로 그 성과는 무오사림에 비하여 클 수밖에 없었다.

2. 정치참여층의 확대

1) 천거제의 활성화

사림은 권력구조를 변화시키면서 이를 통해서 사림의 정치참여 확대를 추진하였다.[3] 이미 언관직과 낭관직을 사림이 장악하였으나 이에서 그치지 않고 보다 많은 구성원을 끌어들여 정치참여층을 확대하려 하였다. 그러한 방안으로 주목되는 것이 천거제의 시행과 공론정치의 확립이었다. 천거제의 시행은 사림이 직접적으로 정치에 참여하도록 하는 조치였고, 공론정치의 형성은 정치참여층을 확대하여 사림의 간접적인 정치참여를 보장하는 조치였다. 사림은 먼저 천거제의 시행을 추진하였다.

사림은 사림에 의한 향촌자치를 이상시하였는데, 그 모형이 되었던『周禮』의 자치제는 향촌교화와 더불어 인재천거를 같이 중시하였다. 즉 지방자치조직을 구성하여 향촌의 교화를 시행하고, 나아가 지방의 인재를 중앙에 천거하여 국가의 교화에 기여하는 것이었다. 물론 천거된 인재를 통해서 지방자치를 지원받을 수 있었다.

조선 초기부터 관원들은 천거를 통해 인재를 수용하겠다고 표명하였으나 천거는 표방에 그쳤다. 천거제의 이념은 관료들을 대상으로 하는 保擧制로 운용될 수밖에 없었다. 물론 이 보거제마저도 대신들이 주로 이용하면서 인재를 발굴하는 긍정적인 기능을 하지 못하였다.

그러므로 성종대에 사림이 정치에 진출하여, 언관권을 장악하고 사림의 이해관계를 실현하는 정책을 추진하기 시작하면서 천거제의 시행도 추진하였다. 사림은 천거제를 '遺逸薦擧'와 '學生薦擧'로 추진하였다. 성균관이 성종 말부터 지방유생들에 의해서 장악되고 있었으므로, 유일천거와 학생천거는 모두 사림을 그 대상으로 하는 것이었다.

---

3) 이하 서술 최이돈「16세기 사림파의 천거제 강화운동」『한국학보』54, 1989 참조.

사림은 천거제를 시행하여 사림의 정치진출을 확대하기 위해서 노력하였으나 이는 쉽지 않았다. 대신들은 사림세력의 확대를 원치 않았고, 특히 천거된 사림이 서용되는 관직이 문음으로 임명되는 관직이었기 때문에 이해관계가 상치되었다. 그러나 사림은 천거제의 정당성을 피력하면서 언관권과 낭관권을 동원하여 문음출신의 진출을 견제하면서 천거인의 서용을 추진하였다.

사림이 천거인의 서용을 위해서 노력하였으나, 피천인은 과거를 합격한 것이 아니어서 淸要職에 진출이 제한되었다. 사림은 천거인을 청요직에 임명하기 위해서는 천거제를 과거화하여서 피천인이 과거에 합격한 이와 같은 자격을 가질 수 있도록 하는 조치가 필요함을 인식하였다. 그러므로 사림은 천거제의 科目化를 추진하였다.

사림은 이를 위해서 먼저 孝廉科를 추진하였다. "孝하는 데서 군주에 대한 忠이 나온다."고 주장하면서 효로 천거된 인원을 대상으로 하는 과거제를 시행하고자 하였다. 그러나 대신들은 "祖宗의 일이 아니다."라고 강력하게 반대하여 효렴과의 설치는 쉽지 않았다. 이에 사림들은 조종의 법을 준수해야 한다는 대신들의 반대를 피하기 위해서 '別試'의 양식을 빌어서 薦擧別試를 추진하였다. 이에 대해서도 대신들은 반대하였지만, 사림은 낭관권과 언관권을 바탕으로 적극 추진하면서 결국 천거별시는 시행되었다. 이 천거별시가 '賢良科'였다. 그러므로 사림은 현량과의 시행으로 세력을 확대하면서 개혁을 강화하였다.

그러나 개혁의 추진은 기묘사화로 인해서 중단되었다. 천거제는 폐지되었고 현량과의 합격자들도 관직이 삭탈되었다. 사화이후 사림은 낭관권과 언관권의 유지하면서 천거제의 복치도 추진하였다. 그러나 중종 말기와 명종대 권신의 집권으로 천거제는 치폐를 거듭하였다. 결국 선조대에 이르러 사림이 집권하면서 천거제는 복치되어 사림의 정치충원방식으로 정립되었다.

2) 공론정치의 형성

사림은 정치참여층의 확대를 공론정치의 형성을 통해서 추진하였다.[4] 사림은 天心을 반영하는 정치가 바른 정치라고 생각하였다. 천심은 人心에 반영되었으므로, 인심을 모운 공론에 의한 정치가 하늘의 뜻을 이루는 바른 정치라고 생각하였다. 인심은 모든 백성의 마음이었으므로, 공론정치를 추진한다는 것은 모든 백성을 공론형성층으로 인정하는 것이었다. 그러므로 모든 백성은 공론의 형성을 통해서 정책을 결정하는 지위 즉 참정권을 가져야 한다고 생각하였다.

조선 초기에 실제적인 공론은 왕, 대신, 언관 등에 있었다. 왕은 공론을 수용하고 공론에 따라 정책을 결정해야 하였다. 공론의 수용여부는 왕이 하늘을 대신한다는 명분이었으므로 통치의 정통성과 연결되는 것이었다. 대신들은 국사를 논의하면서 공의를 수렴하여 왕에게 제시해야 했다. 공론형성층이 분명하지 않았던 당시에 대신들의 공통된 의견이 공론이었다.

이와 다른 성격의 공론을 대간에게서 찾을 수 있다. 대간은 왕의 '耳目'으로 인식되고 있었고, 耳目의 역할은 공론을 거두어서 왕에게 올리는 것이었다. 그러므로 대간의 의견도 공론이었다. 그러나 대간은 권력구조의 면에서 볼 때 지위가 취약하여 공론을 수렴하는 기능을 다하기 어려웠다.

이러한 상황에서 조선 초기 공론은 왕과 대신의 합의에 불과하였다. 이는 공론형성의 바탕이 되는 공론형성층이 형성되지 않은데 기인하였다. 그러나 사림의 등장으로 언관권이 강화되고 낭관권이 형성되어 왕과 대신을 견제하면서, 왕과 대신 외의 공론형성층이 만들어지면서 이들의 의견이 정치에 반영되기 시작하였다. 공론형성의 움직임은 관원들과 재야사림에서 진행되었다.

먼저 대신 외의 관원들의 의견이 공론으로 인정되기 시작하였다. 대신을

---

4) 이하 서술 최이돈 「16세기 공론정치의 형성과정」 『국사관논총』 34, 1992 참조.

제외한 당하관은 행정실무를 담당할 뿐 정책의 결정에 영향력을 행사하지 못하였다. 그러나 사림의 등장이후 권력구조가 변화하면서 당하관들도 서서히 정책에 자신들의 의사를 표현하는 공론형성층으로 자리잡아갔다.

당하관의 동향은 참상관과 참하관으로 나누어 정리할 수 있다. 참상관의 경우 그 동향은 의정부와 육조의 낭관을 중심으로 나타났다. 이들은 낭관권을 형성하면서 서로 결속하였고, 정치 사안에 대하여 자신들의 의견을 상소를 통해서 제시하면서 공론형성층으로 자리를 잡았다.

참하관의 경우에도 이러한 변화가 타나났다. 참하관은 예문관, 승문원, 성균관, 교서관 등 四館이 핵심 부서였는데, 이들은 같이 활동하면서 공론을 형성하기 시작하였다. 특히 예문관은 사관을 대표하는 지위에 있어 공론형성을 주도하였다.

이와 같이 당하관들이 공론형성층이 되면서, 그 이면에서 재야사림도 공론형성층으로 등장하였다. 먼저 성균관을 중심으로 결집된 중앙의 유생들이 공론형성층이 되었다. 성균관 유생들은 이전부터 제한적이나마 국가정책에 의견을 개진하였다. 그러나 성종말기부터 성균관의 구성원이 지방의 사림으로 채워지면서 보다 적극적으로 의견을 제시하였다. 특히 유생들은 훈구를 견제하는 삼사언론의 동향에도 동참하면서, 성균관의 정치적 위상을 새롭게 정비하여 공론형성층으로 자리를 잡았다.

지방 사림의 경우에도 같은 변화가 나타났다. 성종 초엽부터 사림은 중앙에 진출하면서, 지방에서 자치적 운영도 추진하여 지방 공론인 '鄕論'이 구체화되었다. 사림은 자치적 운영의 방법으로 留鄕所의 복립, 향음례 향사례의 시행, 司馬所의 설치, 향약의 시행 등을 제기하였다. 사림이 이를 통해서 이룩하려 했던 것은 鄕論에 의한 향촌의 통치였다. 이러한 사림의 노력으로 중종대에 이르면 鄕論에 의한 향촌의 관리가 일반화되었다.

이러한 상황에서 향론구성원도 확대되었다. 성종대에는 향론의 중심 기구는 유향소였고 주된 구성원은 품관이었으나, 중종대에는 유향소와 더불

어 향교가 향론을 결집하는 중심기구가 되면서 향교의 생도도 향론의 구
성원으로 등장하였다. 당시 생도의 상당수가 양인으로 구성되어 있다는
점을 생각한다면 이는 단순히 구성원의 확대에 그치는 것은 아니었고 질
적인 면에서도 의미있는 변화였다.

　이러한 중앙과 지방에서의 재야사림이 공론형성층이 되는 변화는 별개
가 아니었고, 이들의 의사는 합하여져 士論으로 개진될 수 있었다. 정부에
서는 기본적으로 유생의 의견을 公論으로 인정하고 이를 정책에 반영하려
고 노력하였다.

　공론형성층이 형성되면서 이에 따라서 공론을 수용할 수 있는 기능을
가진 기구도 정비되었다. 양사는 본래부터 공론수용의 기능을 부여받고
있었다. 그러나 조선 초기에는 이들의 지위가 취약하여 공론수용기구로서
의 기능을 제대로 하지 못했다. 성종대에 들어서 양사가 언론기능을 확대
하면서 공론수용기능을 수행하기 시작하였다. 성종대 추진된 '箚子의 사
용', '圓議制의 강화', '不問言根 관행의 확보' 등을 통해서 양사의 공론 수
용기능은 활성화되었다.

　성종 중엽부터는 홍문관이 언론기능을 하게 되면서 새로운 변화를 야기
하였다. 성종 21년부터는 홍문관이 언관기관으로 인정되고, 대간의 언사를
규제하는 '臺諫彈劾權'까지 확보하게 되면서, 홍문관을 중심으로 하는 삼사
언론 체계가 형성되었다. 또한 성종 22년부터는 홍문관원이 대간직으로 진
출하게 되면서 삼사는 더욱 긴밀한 관계를 이루게 되었다. 이러한 변화를
통해서 기존의 양사중심 언론의 한계를 극복하면서 언론기능이 강화되었
고, 이에 따라서 삼사는 공론을 수용하는 기능을 강화할 수 있게 되었다.

　중종대에는 낭관권이 형성되면서 낭관들도 공론을 수용하였다. 낭관들
은 낭관권을 형성하면서 각 부서 일의 결정에 영향력을 행사하게 되었고,
각부서의 정책을 결정할 때 공론을 수용하여 공론에 입각하여 처리하려고
노력하였다.

낭관들이 정책의 입안과정에서 공론을 수용하게 된 것은 삼사가 이미 결정된 정책에 대해서 비판을 가하였던 것과 달리, 실무의 결정과정에서 공론을 반영하는 것으로, 한 단계 진전된 모습을 보여주었다.

이러한 변화를 기반으로 중종 중반에 이르면 공론정치가 활성화되었다. 그러나 기득권세력에 의한 반동으로 사림은 기묘사화를 당하였고, 이후 권신이 출현하면서 공론정치는 쉽게 정착되지 못했다. 그러나 사림은 지속적으로 공론정치의 실현을 위해서 노력하였고, 선조대에 이르러 사림이 정치를 주도하면서 공론정치도 정착되었다.

3. 정치운영방식의 변화

1) 사화의 발생과 권신

사림에 의해서 추구된 일련의 정치변화는 기득권자인 훈구공신들에게 상당한 위기감을 주었다. 이에 훈구는 여러가지 방법으로 사림을 견제하여 개혁을 저지하였다. 그 결과 정국이 파행적으로 운영되면서 사화가 발생하였고 권신이 출현하였다.

사화는 폭력으로 사림이 개혁을 막으려는 노력이었다. 연산군대의 무오사화는 홍문관의 언관화에 기초한 언관권의 강화를 기반으로 하는 사림의 개혁을 견제하기 위한 조치였다. 성종은 유교의 이념에 충실한 왕이었고, 훈구의 견제라는 당면한 목적으로 사림을 지원하여 언관권의 강화를 인정하고 협조하였다. 그러나 연산군은 성종과 달리, 사림의 견제로 훈구가 약해지면서 훈구의 견제에 대한 필요성을 느끼지 못하였다. 오히려 유교적인 이념에 충실하지 않는 자신을 견제하는 사림을 귀찮은 것으로 인식하면서 오히려 사림과 대립하였다.

이러한 상황에서 사림은 연산군과 훈구를 견제하는 이중적인 부담을 지게 되었고, 결국 왕과 대신의 결속에 의한 공격인 무오사화를 당하게 되었다. 사화의 직접적인 단서는 김일손이 제공하였고 김종직의 문인인 영남 사림이 주로 피해를 입었다. 정치구조의 면에서 보면 주로 언관권의 핵심 인물들이 피해를 입었다.

그러므로 사화이후 훈구대신들은 언관권의 강화를 비판하였고, 홍문관이 중심이 된 삼사언론활동을 비난하였다. 따라서 사림세력이 약화되면서 삼사를 중심으로 한 언론의 역할도 제한되었다. 그러나 무오사화 이후에도 언론의 긍정적 기능을 누구도 부정할 수는 없었으므로, 삼사의 최소한의 기능은 유지되었다.

무오사화이후 왕과 대신들 간에 주도권을 잡기 위한 긴장관계가 형성되었고, 갈등의 결과 갑자사화가 일어났다. 연산군은 사화로 권력을 독점하였으나 그 과정에서 권력 운영의 기반인 정당성을 상실하면서 그 결과 중종반정으로 폐위되고 말았다.

반정이후 사림은 삼사 기능을 회복하면서 언관권을 복원하였다. 또한 사림은 무오사화로 드러난 언관권의 한계를 인식하고, 이를 극복하기 위해서 노력하였다. 이는 낭관권의 형성으로 추진되었다. 낭관권이 형성되면서 사림은 개혁을 강력하게 추진할 수 있었다. 중종은 초기에는 훈구를 견제하기 위하여 사림의 개혁을 지원하였다. 그러나 중종은 개혁정치가 강화되면서 오히려 사림에게 주도권을 상실할 수 있다는 위기의식을 느끼면서 공신들과 결탁하여 기묘사화를 일으켰다.

기묘사화이후 공신세력은 주도권을 장악하면서 사림이 추진한 개혁을 폐지하고, 나아가 사림의 권력기반이었던 낭관권의 혁파에 노력하였다. 공신들은 낭관권의 핵심요소인 자천제를 폐지하고 낭관들의 결속을 방해하려고 노력하였다.

그러나 이러한 노력은 일시적인 효과가 있었을 뿐이었다. 공신들이 정치경제적 비리를 계속하면서 향촌의 재생산기반까지 흔들면서 향촌의 문제점을 심각하게 인식한 재지의 사림은 꾸준히 중앙정치에 진출하면서 그 세력을 지속적으로 결집하고 있었다.

이러한 상황에서 왕과 공신세력은 사림을 지속적으로 견제하기 위해서, 지속적인 결속이 필요하였다. 그러므로 이들은 무오사화 직후에 보여주었던 주도권 장악을 위한 극단적 대결을 피하고 결속을 유지하려고 노력하였다. 그러한 결과로 대신이면서 왕과 친족관계에 있는 외척이 왕과 대신의 결속을 위한 매개자로 등장하였다. 외척은 왕의 신임과 대신의 지지를 받으면서 영향력을 강화하여 권신으로 등장하여 강력한 주도권을 행사하였다.

중종말기의 김안로, 명종전반의 윤원형, 명종후반의 이양 등은 모두 그러한 상황에서 출현한 권신들이었다. 권신들은 왕의 후광을 입고 대신들의 이해관계를 대변하면서 정국을 주도하는 지위를 누렸다.

권신들은 사림을 억압하면서 왕과 대신의 이해관계를 관철하려고 노력하였다. 사림은 낭관권과 언관권을 통해서 권신을 견제하려고 노력하였고, 권신은 자파의 인물을 낭관직과 언관직에 임명하여 낭관과 언관을 분열시키려고 노력하였다.

권신들은 대신의 관여가 일부 허용되었던 홍문록 선발에 관여하여 홍문관에 먼저 자신의 인물들을 침투시키고, 홍문관이 갖는 대간탄핵권을 이용하여 언관을 통제하여 언관권을 장악하려 하였다. 특히 권신들은 장악한 언관권을 통해서 낭관을 탄핵하고, 낭관직에까지 자파의 인물을 임명하여 낭관권까지 장악하려 하였다. 중종 말 김안로, 명종대에는 윤원형, 명종 후반 이량 등은 권신으로 등장하여 지속적으로 언관권과 낭관권을 장악한 사림을 공격하고, 언관직과 낭관직에 자파의 세력을 임명하려고 노력하였다.

그러나 명종 말 이양의 퇴진이후 권신은 사라진다. 이후 권신이 다시 등장하지 못한 배경은 여러가지 각도에서 설명할 수 있다. 먼저 대신들은 권신들이 자신들의 이해관계를 대변할 것을 요망하였으나, 권신은 왕실의 이해관계를 일차적으로 대변하였으므로, 권신을 두는 것에 회의를 느꼈다. 왕 역시 자신의 주도권 강화를 위해 외척을 등용하였으나, 외척이 자신의 의도와는 달리 제어하기 힘든 권력자로 부상하는 것을 꺼려하였다.

그러나 가장 중요한 이유는 사림이 언관권과 낭관권을 바탕으로 권신에게 저항하면서 권신의 문제점을 드러내었기 때문이었다. 특히 권신의 권력형 부정이 향촌에 부담을 주고 백성들까지 저항하는 사태가 전개되면서 권신이 더 이상 유지될 수 없었다. 권신이 사라지면서 왜곡되었던 권력구조가 개선되었고 파행적인 정치운영도 바르게 정비되었다.

2) 분당과 붕당정치

여러 차례의 사화를 당하고 권신들의 압력을 받았으나 이를 물리친 명종 말에 이르면, 사림은 정치구조를 다시 재정비하여 언관권과 낭관권을 기반으로 정치주도권을 강화해 갔다. 이러한 권력구조의 변화로 인하여 새로운 정치운영방식을 필요하였고, 그것은 붕당정치의 형성으로 귀결되었다.[5]

붕당정치로의 정비를 위해서는 붕당에 대한 인식의 변화도 필요하였다. 붕당에 대한 바른 인식은 연산군대까지 만해도 형성되지 못하여 관원들 간의 정치결사를 죄악시하였다. 무오사림의 죄목도 붕당을 만들었다는 것이었다. 그러나 중종대를 거쳐 선조대에 이르면 붕당에 대한 긍정적인 인식이 왕과 관원에게 분명하게 형성되었다. 붕당에 대한 긍정적인 인식이 심화된 데에는 붕당을 당연시할 뿐 아니라, 왕까지도 붕당에 끌어넣어야 한다고 주장하는 주자의 붕당에 대한 인식이 영향을 미쳤다. 이러한 붕당

---

5) 이하 서술 최이돈 「16세기 郎官權의 成長과 朋党政治」『규장각』 12, 1989.

에 대한 인식의 변화로 정치결사인 붕당을 죄악시하지 않았고, 서로의 정치집단을 인정하게 되었다. 이러한 붕당에 대한 새로운 인식 위에서 서서히 붕당이 나타나기 시작했다.

이러한 모색은 이미 권신 이량이 퇴진하면서 나타나기 시작하였고, 이미 선조 2년부터 붕당이라는 지칭도 나타났다. 이는 이황을 종주로 하는 기대승 등 신진들과 이준경 등을 중심으로 하는 선배들 간의 대립이었다. 그러나 이 대립은 아직 붕당의 체계를 이룬 것은 아니었고, 낭관권과 언관권이 제자리를 잡아가면서 대신들과 갈등을 일으킨 것에 불과하였다. 이 대립은 기대승 등 낭관직을 장악한 신진들이 계속 자리를 지키고 오히려 승진해 가는 반면, 이준경 등 선진들이 퇴임하여 기대승 등 낭관의 승리로 끝났다. 이준경 등 선배집단의 결속력이 견고하지 않았던 결과였다.

그러나 선조 8년에 이르면 이전과는 다른 모습이 전개되었다. 이준경 등 대신들과 대립하던 낭관집단이 별다른 제한을 받지 않고 서서히 대신으로 승진해가고 있었고, 새로운 낭관집단이 김효원을 중심으로 조성되고 있었다.

낭관의 선배집단은 낭관과는 상호견제관계에 있는 대신의 집단에 속하게 되었고, 대신이 된 선배집단과 현임 낭관집단 간에는 서로 지위를 달리하면서, 정책 주도권을 둘러싸고 갈등이 불가피하였다. 물론 선배집단과 후배집단 간에는 이전의 훈구와 대립할 때와 달린 같은 사림으로서 동질성을 기반으로 하였으므로 극단적인 대립은 없었다.

이 양자가 서서히 갈등을 표출하기 시작하였는데 그 기폭제가 된 것은 김효원과 심의겸의 개인적인 대립이었다. 심의겸과 김효원의 인사를 둘러싼 대립은 사소한 것이었고 개인적인 것이었다. 그러나 개인적인 갈등이 구조적인 갈등을 표출시키는 발단이 되어서 집단적인 대립의 양상으로 전개되었다.

양 집단의 구조적인 대립이 구체화되자, 조정에서 이 문제를 거론하게 되었고, 이이의 중재에 따라 김효원, 심의겸은 외직으로 내보내어 사태를 무마하고자 하였다. 그러나 문제의 본질은 김효원과 심의겸 개인의 대립이 아니었으므로, 김효원과 심의겸을 외직으로 보낸다고 해결될 수 있는 문제가 아니었다. 심의겸당인 서인은 이 기회를 이용해서 낭관권을 장악하려고 노력하면서 상태는 오히려 악화되어 갔다. 김효원당인 동인 역시 상대적으로 열세에 있기는 했지만 낭관권과 언관권을 기반으로 하는 만큼 쉽게 장악될 수 없었다. 결국 김효원당이 낭관권을 바탕으로 이이, 이산보 등 중립적 위치를 고수하던 이들까지 서인으로 몰아내면서 동과 서로 분당되었다.

낭관권의 장악에 실패한 서인은 낭관권을 근본적으로 붕궤시키려 하였다. 특히 중재를 모색해 왔던 이이가 서인을 주도하면서 동인을 적극 공격하였다.

공격의 초점은 낭관권의 기반이 된 자천제와 언관권의 이념적 토대인 공론이었다. 서인의 노력으로 선조 16년에는 자천제를 혁파하였으나 자천제는 곧 복원되고 말았다. 자천제는 규정된 법에 의해서 실시된 것이 아니었고 관행적으로 형성되어, 사화의 피해와 권신들의 압력 속에서도 유지되어온 것이었으므로, 왕명에 의해서 혁파될 수 없었다.

서인은 언론의 이념인 공론에 대해서도 비판하였다. 서인은 공론을 '浮議'라고까지 비난하면서 당시 삼사 언론의 편파성을 맹공격하였다. 공론의 편파성에 대한 비판은 강력하였으나, 혁파된 자천제가 다시 복립되는 상황에서 큰 의미를 가질 수 없었다. 특히 그간 사림이 추진해온 공론정치로 향한 대세를 막을 수 있는 것도 아니었다. 그러므로 서인이 삼사 언론의 편파적인 면을 부각시키면서 공론의 한계를 비판한 것은 서인의 운신 폭을 확보하기 위한 노력이었다.

서인의 동인에 대한 공격은 선조 17년 이이가 죽음으로 다음 단계로 전환되었다. 서인은 노력하였으나 낭관권의 핵심 요소인 자천제를 혁파할

수도 없었고, 삼사의 언사도 견제할 수도 없었으므로, 이 상황에서 이이의
죽음으로 서인 세력이 위축되면서 새 방향을 모색할 수밖에 없었다.

　서인의 새로운 방향은 낭관권과 공론을 인정하면서, 서인도 동인과 같
이 사림이라는 점을 부각시키는 것이었다. 서인은 자신들이 사림이며 '公
論之人'이라고 주장하였다. 서인이 스스로 公論之人으로 자처하면서 공론
과 연결을 모색한 것은 주목할 만한 변화였다. 이는 이이 사후 세가 약해
진 서인이 취할 수 있는 유일한 활로였다.

　결국 서인의 변화로 동인과 서인이 모두 공론을 정책의 근거로 하는 공
론정치를 추구하면서 서로 경쟁하는 붕당정치체제가 전개될 수 있었다.
이는 사림이 추구해왔던 공론정치의 이상이 새로운 정치의 운영방식인 붕
당정치를 통해서 전개되었음을 보여준다.

4. 정치변화와 사림

　이상으로 사림의 등장으로 인한 정치구조의 변화과정을 검토하였다. 새
로운 정치세력으로 등장한 사림은 먼저 자신들의 영향력을 행사할 수 있
는 권력구조를 만들기 위해서 노력하였다. 弘文錄을 만들고 이를 바탕으
로 홍문관의 언관화를 추진하여 삼사언론체제를 구축하였다. 또한 自薦制
를 바탕으로 낭관의 정치력을 강화하여 낭관권을 형성하였다. 즉 사림은
언관권과 낭관권을 기반으로 하여 정치적 영향력을 행사할 수 있는 권력
구조를 만들었다.

　사림은 권력구조를 개편하면서, 한편에서는 사림의 정치참여를 확대하
기 위해서 노력하였다. 먼저 사림은 천거제를 통해서 사림의 정치참여를
활성화하였고, 나아가 현량과를 실시하여 사림세력을 확대하기 위해서 노
력하였다. 사림은 여기서 그치지 않고 공론정치를 형성하여 재야 사림이

정치에 영향력을 끼칠 수 있는 정치체제를 만들고자 하였다. 즉 사림을 정치참여층으로 등장시켜 정치 모집단을 확대하려고 하였다.

권력구조의 변화와 정치참여층의 확대는 당연히 새로운 정국운영 방식을 요청하였다. 이러한 변화는 연속되는 사화와 권신의 등장이라는 파행적인 정국 속에서 지연되었다. 그러나 사림의 노력으로 선조대에 이르면 사림이 정치적 주도권을 잡으면서, 공론에 근거하여 정국을 운영하는 붕당정치라는 새로운 정치운영 방식을 정립시킬 수 있었다.

그러므로 사림이 등장으로 인한 정치체계의 변화는 인사방식의 변화 - 권력구조의 변화 - 정치충원방식의 변화 - 정치참여층의 확대 - 정치운영 방식의 변화 등으로 진행되었음을 알 수 있다. 이러한 변화는 정치구조의 분화, 하위구조의 자율성 제고, 정치참여층의 확대, 권력구조의 분화에 따른 권력의 남용에 대한 견제, 정치문화의 세속화 등으로 정리할 수 있다. 이는 정치의 개혁으로 정치의 질적 발전을 잘 보여주었다.

여기서 조금 더 부연하고 싶은 것은 이러한 변화를 이끌어낸 사림의 성격이다. 이러한 정치의 변화는 사림이 기득권세력이 아니라, 기득권세력에 도전하는 새로운 정치세력이었다는 점을 보여주기 때문이다. 기득권의 세력 내의 정치변화는 정권의 교체를 통한 주도권의 장악에 한정되었다. 도전세력 역시 이미 지배신분 내에 편입되어 있었으므로, 정치체제를 바꾸는 개혁을 추구하지 않는 것이 보통이었다. 정치구조의 변화는 불확실성을 높이는 것으로, 주도권을 확보하더라도 주도권의 유지하는 데에 큰 부담이 될 수 있기 때문이었다.

그러나 사림은 처음부터 끝까지 정치체제를 바꾸는 데에 집중하였다. 사림은 소수의 사림파가 권력을 잡는 것을 목표로 하지 않았고, 재야 사림을 포함한 다수의 의사가 정치에 반영되는 체제를 구축하고자 노력하였다. 사림의 요청이 공론정치의 실현으로 집약된 것은 그러한 사림 개혁의 목표를 선명하게 보여준다.

사림의 정치적 목표는 정치참여층을 확대하는 것이었으므로, 결과적으로 기득권 신분이 누리던 특권을 제한하는 것이었다. 그러므로 기득권층인 훈구공신들의 저항은 치열하였고, 사림이 원하는 목표를 달성하기 어려웠다. 약 1세기에 걸친 네 차례의 사화는 새로운 세력이 기득권의 장벽에 진입하는 것이 쉽지 않았음을 보여준다.

이와 같은 정치적 변화의 전개상황은 사림의 신분에 대한 재검토가 필요함을 보여준다. 기존의 신분사 연구에서는 사림과 훈구가 같은 신분을 가진 것으로 이해하였다. 이는 통설이나 양천제론에서 공히 같은 입장이었다. 이성무는 훈구와 사림을 모두 지배신분으로 이해하였고,6) 한영우는 훈구와 사림을 모두 양인으로 이해하였다.7) 두 학설이 신분에 대하여 상이한 주장을 하였지만, 모두 훈구와 사림을 같은 신분으로 본 것은 흥미롭다. 그러나 훈구와 사림을 동일한 신분으로 규정할 때에, 사림이 정치의 틀을 바꾸려고 노력한 것을 설명하기 힘들다. 물론 이렇게 투쟁이 길고 치열하게 전개된 것도 설명하기 힘들다.

최근 저자는 신분제에 대한 새로운 해석을 시도하였다.8) 지배신분을 특권과 관련지어서 그 집단적 경계를 보다 명료하게 정리해보고자 하였다. 즉 특권을 가진 집단이 지배집단이며, 지배신분이라고 주장하였다. 법적 특권을 가지지 못한 집단을 지배신분으로 이해하거나, 법적 특권을 가진 집단을 그렇지 못한 집단과 동일한 지위에 있는 것으로 주장하는 것은 신분제를 체계적으로 설명하는데 도움이 되지 않는다고 생각하였다. 이러한 가정 위에 선다면 신분적, 경제적, 정치적 특권을 누리고 세전하는 대신이 특권신분이었고, 그 지위를 지속적으로 누리는 훈구가 지배신분이었다.

물론 그러한 지위를 누리지 못하는 사림은 지배신분이 아니었다. 사림은 중하급관원에서 재야의 지식인까지 포괄하는 집단의 범위가 넓어서 일

---

6) 이성무 『조선 초기 양반연구』 일조각 1980.
7) 한영우 『조선시대 신분사연구』 집문당 1997.
8) 최이돈 『조선전기 특권신분』 경인문화사 2017.

률적으로 그 지위를 논하기 어렵다. 그러나 분명한 것은 이들은 모두 혈통적 특권을 가지고 있지 못하였다. 사림 중에서 상대적으로 상위계층인 중하급관원도 혈통적 특권이 없었다. 중하급관원은 현직에 있을 때에도 혈통적 특권을 부여받지 못하였고, 현직을 벗어나 품관이 되면 직책에 따른 우대마저 없어져 법적 지위는 협의양인과 다를 것이 없었다.

물론 이러한 동향의 주역으로 등장한 사림은 협의양인의 상위계층이었다. 협의양인은 고려 말 생산력의 증가를 힘입어 국가에 군역과 조세를 담지할 수 있는 지위로 성장하면서, 국가도 이들에게 상응한 지위를 부여할 수밖에 없었다.[9]

조선 초기 협의양인의 일차적인 과제는 자위권의 확보였다. 이들은 향촌에서 수령이나 전주의 불법에 대하여 저항할 수 있는 자위권의 확보를 위해서 노력하였다. 노력의 결과 협의양인은 세종대에 이르면 수령고소권과 전주고소권의 확보하였다.[10] 협의양인은 자위권을 확보한 후에 다음 단계로 참정권에 관심을 가질 수밖에 없었다. 성종대부터 본격화된 사림의 정치진출은 그러한 동향을 잘 보여주었다.

새로운 신분제의 가설을 수용한다면, 훈구는 지배신분이었고, 사림은 피지배신분이었다. 이러한 신분적 차이를 고려한다면, 사림의 정치적 움직임을 보다 쉽게 이해할 수 있다. 사림이 훈구와 치열한 대립을 통해서 얻고자 하였던 것은 하위 신분이었던 사림의 참정권이었다. 그러므로 사림은 몇몇 인원이 권력에 편입되는 것을 목표로 하지 않고, 사림 전체의 의사가 수용될 수 있는 열린 정치체제의 구축을 목표로 하였다. 공론정치를 붕당정치로 실현한 것은 이러한 목표를 달성한 것이었다.

그러므로 선조대에 사림정치를 실현하여 사림이 정치참여층으로 등장하게 된 것은 매우 중요한 정치발전이었다. 이는 이미 조선의 정치가 중세

---

9) 최이돈『조선 초기 과전법』경인문화사 2017.
10) 최이돈『조선 전기 공공통치』경인문화사 2017.

의 단계를 벗어난 것이었음을 보여준다. 그러나 온전한 공론정치 즉 여론 정치의 실현은 근대의 소산이었음을 고려할 때에, 새로운 정치의 단계를 온전히 실현하기에는 아직 많은 시간이 필요하였다. 조선 전기에는 여전 히 중세적 정치 요소들이 공존하고 있었기 때문이다.

　이는 유럽사에서 시민이 의회에 진입하게 된 이후에도, 진정한 의회정 치의 실현까지 수백 년의 시간이 필요하였던 상황과 유사하다. 여론정치 와 의회정치는 접근방식이 달랐을 뿐, 정치참여층을 확대한다는 관점에서 그 본질은 동일한 것이었다. 그러므로 사림정치의 실현으로 조선의 정치 는 중세를 벗어나 근대로 향하는 과정, 즉 근세정치에 진입하게 되었다고 보아도 좋을 것이다.

제2부

사림정치 개혁론

제8장 사림의 守令制 개혁론

머리말

성종대부터 사림이 중앙정치에 진출하면서 중앙과 지방의 정치에 큰 변화가 일어나기 시작하였다. 먼저 중앙정치에서는 언론기능이 활성화되고, 낭관들의 역할도 확대되면서 사림의 의사를 정치결정에 반영할 수 있는 정치구조가 형성되었다. 이러한 변화 속에서 사림은 공론의 형성층이 되어서 공론을 통하여 자신의 입장을 피력할 수 있는 공론정치도 활성화되었다. 지방정치의 변화를 보면, 사림들은 유향소의 설치나 향약의 시행 등을 통해서 향촌의 권력구조를 변화시키려고 노력하였고, 이에 향론에 입각한 정치가 활성화되는 상황이 전개되었다.

이와 같은 연구성과는 사림을 이해하는 데에 매우 소중한 것으로 이해되나 아직 많은 연구의 공백이 존재하고 있는 것도 사실이다. 특히 지방정치의 관점에서 본다면, 아직 지방정치의 핵심이 되는 수령에 대하여 사림이 어떠한 인식과 대책을 가지고 있었는지는 규명되지 않고 있어 시급한 과제로 인식된다.[1]

당시의 지방사회의 문제를 검토할 때 수령은 매우 핵심적인 위치에 있었다. 수령은 중앙의 정책을 지방에 집행하는 중앙의 집행인으로서 또한 지

---

1) 기존의 수령에 대한 상당한 성과를 보여주고 있으나, 주로 15세기 수령제를 논하는 경우가 대부분이고, 수령제를 사림과 연결시켜서 파악하는 연구는 많지 않다.
이수건『한국중세사회사연구』일조각 1984.
이존희『조선시대지방행정제도연구』일지사 1990.

방의 문제를 조절하고 중앙의 지원을 요청하는 지방의 대변인으로서 존재
하였다. 그러므로 지방의 문제를 개혁하고자 할 때, 수령에 대한 이해와 개
혁이 선행되지 않을 수 없는 상황이었다. 지방에 문제에 심각히 고민하던
사림은 이러한 중요한 지위에 있는 수령에 대한 대안을 모색하고 있었다.

사림은 수령의 문제를 구조적인 문제와 인적인 문제로 나누어 이해했
다. 즉 구조적인 문제는 수령에게 과도하게 집중된 권력구조를 문제시하
였고, 이를 적절히 견제할 수 있는 장치의 모색이 필요한 것으로 이해했
다. 또한 사림은 수령의 문제를 인적인 차원에서도 모색하여, 보다 적절한
인물을 수령에 임명하기 위하여 여러 방안을 구상하였다.

본장에서는 사림이 수령의 문제에 어떻게 대처하고 있었는가를 검토하
였다. 수령에 대한 대안은 성종대 사림의 단계에서도 모색되었으나 보다
적극적인 대안이 중종대 사림에 의하여 구체화되었다. 그러므로 기묘사림
이 구상한 수령개혁론을 중심으로 이를 검토하고자 한다.

1. 守令 規制의 강화

1) 殿最制度의 강화

사림은 수령을 규제할 수 있는 방안을 모색하였다. 사림은 우선 기존의
제도를 충분히 활용하면서 방안을 제시하고 있었다. 즉 수령에 대한 감사
의 전최를 강화하고, 어사파견의 활성화하고, 또한 외사관의 설치하여 수
령을 견제하고자 하였다.

사림이 먼저 주목한 것은 감사가 시행하는 전최제도의 개선이었다. 감
사는 수령의 성적을 6개월마다 평가 보고하였다. 이를 바탕으로 수령을 승
진시키거나 처벌하여 수령의 무능력이나 비행을 제어하여, 민에게 돌아갈

비리와 폐단을 규제하였다. 『경국대전』에는 감사가 수령을 상, 중, 하로 나누어서 평가하도록 하고 있다. 평가에 따라서 포상과 처벌이 시행되었는데, 수령이 10번의 평가 중 모두 '상'으로 평가되면 승진하였고, 한번 '중'으로 평가되면 平遷하였으며, 두 번 '중'으로 평가되면 無祿官으로 좌천시켰고, 세 번 '중'으로 평가되거나, 한 번 '하'로 평가되면 파출시켰다.[2] 그러므로 상당히 엄한 처벌을 규정하고 있었다.

그러나 이러한 규정에도 불구하고 현실에서 감사의 전최기능은 형식적인 것에 불과하였다. 성종대의 예를 들면 군현이 약 70개에 이르는 경상도에서 감사가 수령을 평가하면서, 대부분이 '상'으로 평가하였고, '중'으로 평가된 것은 5,6인에 불과하였다.[3] 수령의 문제점을 잘 아는 사람의 입장에서 볼 때, 이러한 상황은 개혁해야 할 중요한 과제 중 하나였다.

이러한 상황에서 사림이 가장 긴급하게 생각한 것은 전최제도에 대한 보완이었다. 이에 사림은 몇가지 전최제도의 개선안을 제시하였는데, 이는 포폄기준의 강화, 신속한 포폄, 처벌의 강화 등을 포함하였고, 포폄을 주관하는 감사에 대한 규제도 제시하였다.

먼저 제시된 것은 포폄의 기준을 강화해보려는 노력이었다. 성종대 포폄 기준을 강화하기 위해서 추진된 대표적인 방법은 포폄의 평가 비율을 강화하는 것이었다. 성종 12년에 추진된 방법으로 수령의 포폄을 『경국대전』에 준해서 행하는 것을 원칙으로 하되, 居上者는 5인을 넘지 못하도록 규정하고, 열 번의 평가 내에 한번이라도 居上者가 되지 못하면 파출하는 것을 규정에 포함하였다. 이러한 제안은 감사의 전최가 대부분 상의 성적을 주는 형식적인 전최를 규제하려는 의도에서 추진되어진 것이었다.

성종도 이러한 규제에 대하여 적극적으로 찬성하여 절목을 만드는 데까지 진행하였다. 그러나 절목을 만들어 구체화시키는 과정에서 이러한 규

---

2) 『경국대전』이전 포폄.
3) 『성종실록』권104, 성종 10년 5월 계미.

정이 너무 과한 것이라는 현실론이 지적되었다. 성종 12년 승지 김승경은 이조에서 논의한 포폄절목을 올리면서 경상도의 예를 들어 다음과 같이 문제점을 지적하였다.

> 70여군에 이르는 경상도에서 居上者 3-4명을 제외하면 나머지는 居中에 속하게 되는데, 거중에 속하면 무록관이 되고 무록관이 되면 수령에 임명할 수 없으니, 이때에 누구를 수령으로 임명할 것입니까?[4]

이러한 지적에 성종 역시 그 한계를 인정할 수밖에 없었다. 그러므로 성종은 의정부에 전지를 내려 '私請을 쫓지 말고 공도를 쫓아서 출척을 엄명히 할 것을 명하고 말았다. 이 문제의 제기로 전최제도의 강화 이면에서는 수령이 될 수 있는 인원의 확보라는 문제가 구조적인 문제로 전제되어야 함이 제시되었다. 그러므로 중종대에 이르러 천거제가 실시되면서 수령의 자리를 맡을 인원이 충분히 확보되자 사림은 강력한 포폄제를 추진할 수 있었다.

사림은 전최의 개선책의 하나로 전최가 신속하게 시행되어야 한다고 주장하였다. 이는 두가지 면에서 지적되었는데, 하나는 전최의 결과가 신속하게 집행되어야 한다는 입장과, 다른 하나는 전최가 1년에 두 차례라는 주기에 메이지 많고 수시로 취해져야 한다는 입장이었다.

먼저 지적된 것은 전최의 결과가 신속하게 집행되어야 한다는 주장이었다. 그 가장 대표적인 문제는 두 번 '중'을 받은 守令에 대한 문제였다. 원래 수령 평가는 "下인 자와 三中인 자는 모두 파직하고, 二中인 자는 別坐를 제수하고, 一中인 자는 平遷한다."[5]고 규정되어 있었다. 이중 문제되는 것은 두 번 '중'으로 평가된 이들이라도 임기를 다 채우고 바꾸는 규정이었다. 두 번 '중'으로 평가된 수령은 임기가 끝나면 무록관으로 떨어질 줄

---

4) 『성종실록』 권135, 성종 12년 11월 임오.
5) 『성종실록』 권38, 성종 5년 1월 무신.

알고 있었으므로, 남은 임기 중에 민의 수탈에 몰두하였기 때문에 부작용
이 컸다. 그러므로 미리 바꾸자는 안이 제기되어 시행되었다.6)

전최를 신속하게 시행하는 다른 한 방안은 전최를 수시로 행하자는 것
이었다. 전최가 1년에 두 차례 시행되었으나, 문제가 노출된 수령은 전최
의 시기를 기다리지 말고 즉시 처리하도록 하는 안이 제시되었다. 이 방안
은 중종 10년 경연 중 정언 신광한이 다음과 같이 제시하였다.

　　　근실하지 못한 수령이 있으면 각별히 啓聞하여 아뢰게 하면 수령이
　　　필히 두려워하여 삼가는 바가 있을 것입니다.7)

문제가 되는 수령은 바로 처리하자는 안이었다. 이러한 제안은 바로 수
용되었다. 그러므로 중종은 관찰사를 파견하는 자리에서 "마땅히 출척을
엄하고 밝게 하여 그 중에 심한 자는 전최를 기다리지 말고 계문하라."고
명하였다.8) 나아가 중종 11년 5월에는 각도감사에게 전최와 관계없이 "수
령 중 貪汚殘酷한 자와 淸謹奉公하는 자를 모두 馳啓하라."고9) 명하였다.
이러한 조치는 정기적으로 시행하는 전최와 별도로 수시 평가를 시행하여
실제적으로 전최를 강화하는 효과를 기대한 것이었다.

그러나 이러한 조치들은 감사들의 태만으로 잘 시행되기 어려웠다.10)
그러나 사림은 이 문제를 꾸준한 제기하였다. 중종 11년 12월 대간을 통해
서 "감사에게 전최 외에 '貪汚虐民'하거나 政迹이 '特異'한 자를 아뢰라고
명하였으나, 경상, 충청, 경기 감사들은 문제되는 수령을 한 명도 보고하지
않았습니다."고 지적하고, 감사들을 추고할 것을 청하였다.11) 이러한 사정

---

6) 『성종실록』 권152, 성종 14년 3월 갑진.
7) 『중종실록』 권22, 중종 10년 5월 병술.
8) 『중종실록』 권20, 중종 11년 3월 경인.
9) 『중종실록』 권25, 중종 11년 5월 무자.
10) 『중종실록』 권26, 중종 11년 10월 병인.
11) 『중종실록』 권27, 중종 11년 12월 신미.

은 사림이 꾸준히 전최제도의 강화를 위해서 노력하고 있었음을 보여준다.

사림은 이와 더불어 전최의 처벌도 강화하려고 노력하였다. 수령이 잘
못하여 파직을 당하면 2년간을 서용하지 않는 것이 『경국대전』의 규정이
었으나, 이 규정이 잘 지켜지지 않고 있었다.[12] 사림은 이 규정을 엄하게
지킬 것을 요청하였다.

이러한 사림의 요청에 따라서 중종은 그 11년에 다음과 같이 이를 분명
하게 명령하였다.

> 문신으로 파직된 사람을 학관이나 별좌나 외방교수를 제수함은 仕
> 路를 얻게 하려는 것인데, 비록 祿官은 아니지만 이 역시 사로이니 급
> 급하게 서용할 것이 없다.[13]

문신으로서 파직된 자를 학관, 별좌, 외교수 등 무록관에 보직되고 있는
것을 거론하면서 급하게 서용하는 것을 경계하고 있다.

사림은 이에서 더 나아가 비리를 저지른 수령을 2년간만 규제하는 것으
로 충분하지는 않다고 생각하였다. 그러므로 『경국대전』의 원칙을 더 강
화하는 주장도 제시되었다. 즉 파직된 관원을 영구히 서용하지 말자는 안
이었다. 중종 13년 천거인으로 왕 앞에 불려 나와서 여러가지 지방의 문제
를 논의하게 된 金大有는 수령으로 민의 休戚에 관심을 가진 이는 거의
없다고 지적하면서 다음과 같은 방안을 제시하였다.

> 능히 자상하고 간절하게 구휼하는 자는 한 사람도 없습니다. 수령으
> 로서 하등에 평가된 자와 파직된 자를 종신토록 서용하지 않으면 그
> 방자한 행위를 혹 막을 수도 있을 것입니다.[14]

---

12) 『경국대전』 이전 고과조.
13) 『중종실록』 권27, 중종 11년 12월 경신.
14) 『중종실록』 권33, 중종 13년 5월 무진.

김대유의 제안은 매우 극단적인 것이었다. 그러므로 이 방안에 대하여 같은 자리에 참석하였던 사림 안당도 "이렇게 하면 사람이 스스로 새로워지는 길을 막아 버리는 것이니 어찌 옳은 일이겠는가?"라고 우려를 표명하였다. 따라서 이 방안이 수용되지는 않았지만, 재야의 사림들은 수령 부정의 문제를 해결하기 위해서 보다 극단적인 방법도 구상하고 있었음을 알 수 있다.

사림은 이상과 같이 여러가지 방법으로 감사가 행하는 전최의 제도를 보완하는 방식을 제안하였다. 그러나 사림은 전최제도를 잘 시행하기 위해서는 보다 근본적으로 전최를 잘 시행할 수 있는 감사를 뽑아야 한다고 생각하였다. 전최가 형식적이 되는 가장 중요한 이유는 수령의 부정을 방치하는 감사에게 그 이유가 있다고 보았다. 그 대표적인 예로 수령이 뇌물을 감사나 고위직에 있는 관료에서 써서 좋은 성적을 얻는 것이었다.

성종 23년의 사간원의 상소에서는 이 문제를 다음과 같이 지적하였다.

> 權勢에 뇌물을 보내고 下考를 면합니다. 감사된 자도 비록 그의 탐학하여 무치함을 보아도 권세의 청탁을 두려워하여 下考에 두지 못합니다. 그러므로 下考者는 모두 孤寒하거나 無勢한 자들입니다. 그러므로 수탈이 날로 성하고 민이 生을 누리지 못합니다.[15]

이 자료는 감사가 뇌물을 받거나, 수령들이 권세와 연결되어 감사에게 압력을 넣어 감사들이 바르게 전최를 하고 있지 않음을 지적하고 있다. 성종대의 '권세'는 훈구대신들이었는데, 이들의 지원 하에 수령의 부정이 방치되고, 향촌의 안정이 흔들리고 있었다.

이러한 형편은 중종대에도 거의 동일하였다. 종종 9년 헌부에서 상소하면서 "감사 역시 위세를 두려워하여 출척에 공정할 수 없습니다."라고[16]

---

15) 『성종실록』 권271, 성종 23년 11월 신사.
16) 『중종실록』 권20, 중종 9년 9월 을유.

지적하고 있다. 이와 같은 사정은 이 시기 '위세'가 반정공신으로 바뀌었을 뿐 성종대와 달라지지 않고 있음을 잘 지적하고 있다.

이러한 상황이 계속되자, 사림은 이에 대한 대응이 필요한 것으로 이해하였다. 청탁을 하는 대신이나 이를 따르는 감사에 대한 조치가 필요함을 인식하였다. 이에 중종 9년 사헌부에서 다음과 같은 제안을 하였다.

> 감사의 선발을 신중히 하고, 考績하는 법을 엄히 하여 廉簡한 자를 높이고 貪殘한 자를 좌천시켜서 民生을 도와 邦本을 견고히 하소서.17)

'貪殘'한 수령을 전최를 엄하게 하여 처벌할 것을 제안하고 있으나, 이를 위해서 '감사의 선발을 신중히 해야 한다는 감사의 신중한 선발론을 제시하고 있다. 이러한 입장에서 사림은 대간의 탄핵을 통해서 감사의 인사를 규제하려고 노력하였다. 사림은 특히 감사가 전최를 잘 하기 위해서는 대신들의 청탁에 좌우되지 않아야 한다고 생각하였으므로, 특히 剛明한 것을 감사의 중요한 덕목으로 이해하였다.

중종 역시 이점을 충분히 이해하고 있었다. 그러므로 그는 중종 10년 경연에서 "감사가 강명한즉 필히 견제를 받지 않을 것이나, 강명하지 못한 즉 권세 자제의 포폄은 더욱 어려울 것이다."라고18) 지적하고 있다. 그러므로 중종의 공감을 받으면서 사림은 언론의 탄핵을 통해서 감사의 인사에 적극 관여하였다.

또한 전최의 평가가 엄밀하기 위한 방법으로 감사의 전최에 대하여 근거를 요청하기도 하였다. 감사가 전최에 공도를 따르지 않고, 뇌물이나 여러가지 방법에 의해서 공정성을 잃은 상황에서, 전최를 강화하면 오히려 청렴한 수령이 평가에 손해를 입을 수도 있었다. 그러므로 이러한 문제를 염려하면서 감사의 평가를 공정하게 시행하기 위해서 감사 전최의 근거를

---

17) 상동조.
18) 『중종실록』 권22, 중종 10년 5월 병술.

제시하도록 하는 방법도 제시하였다.[19]

  이상과 같이 사림은 수령의 부정을 막기 위해서 감사의 전최를 활용하는 방안을 제시하였다. 그 방안은 다양하였으나 사림은 대신인 감사를 통한 규제는 한계가 있는 것으로 이해하였다. 주로 중하급관원이었던 사림의 입장에서 자신들이 직접 감사에 나아가지 못하는 현실을 분명하게 인식하고 있었다. 그러므로 사림은 감사를 통한 수령의 규제보다는 자신들이 직접 규제에 참여할 수 있는 길을 더욱 선호할 수밖에 없었다. 이는 어사를 통한 수령의 규제였다. 이를 다음 절에서 살펴보자.

2) 御史의 파견

  사림은 수령에 대한 통제 방침으로 어사제의 적극적인 활용에도 관심을 가졌다. 사림은 자신들이 적극적으로 어사로서 활동하면서 제도적인 결함도 보완해갔다. 조선 초기 어사제를 먼저 간단히 살피면, 조선 초기부터 정부에서는 수령의 문제를 감사의 통제에만 맡기지 않고, 중앙의 관원을 파견하여 통제하는 이중 통제 방식을 추진하였다. 관원을 어사로 파견하여 지방의 수령의 비리를 파악하고 처벌하여서 비리를 금하고자 하였다. 당하관이었던 사림은 자신들이 직접 이 문제에 개입할 수 있다는 점에서 어사를 통한 수령의 규제를 선호하였다.

  조선 초기에 중앙에서 사헌부 외의 관원을 지방에 파견한 예는 경차관, 問民疾苦使 등이 있었다. 경차관의 경우 국방, 외교, 재정, 산업, 진휼, 구황, 옥사, 추쇄 등 특수한 분야에 종사하였을 뿐 수령을 규제하거나 '問弊'를 주된 직무로 하지 않았다. 문민질고사의 경우는 파견의 목적이 수령의 규제에 있어 어사 기능을 하였지만 태종 이후에는 거의 파견하지 않았다.

  사헌부 관원을 지방에 파견한 것은 行臺, 分臺 등이 있었다. 行臺는 태

---

19) 상동조.

조 이래 지속적으로 파견되었지만, 行臺가 問民疾苦에 종사한 사례는 거의 없었고, 대부분 사법적인 일에 국한하였다. 이들의 지위가 감찰에 불과한 것도 한계였다.

지방관에 대한 규찰이 본격화된 것은 세조대의 分臺의 파견에서 찾을 수 있다. 세조가 즉위하면서 중국의 巡按御史의 예를 따라서 헌부의 관원으로 '久巡諸郡'하면서 외관을 규찰하는 分臺를 파견하였다. 分臺制는 사헌부관원이 운영의 주축을 이루었지만 일반관원 중에서도 사헌부의 직책을 겸대하여 兼司憲掌令, 兼司憲執義 등의 직함으로 파견되었다. 이 조처는 파견의 초점이 外官의 규제에 있어서, '久巡諸郡'하는 규제 방법이나 집의, 장령 등 감찰보다 높은 지위의 관원을 파견한 것은 이전의 어떠한 규제 방법보다 강력한 것이었다. 이러한 강력한 지방관의 규제는 중앙집권의 강화를 목적으로 하는 세조의 의지를 잘 보여주는 조치였다.[20] 이러한 分臺의 방법은 성종 초기에도 계속되었으나 성종 3년 이후 뜸하여졌다.

어사의 파견은 성종 중반부터 사림들이 홍문관을 통해서 정치에 진입하면서 활성화되었다. 이는 성종의 입장이 반영된 것이었다. 성종은 홍문관을 의식적으로 강화하면서 자신의 친위관료로 기르고 있었다. 성종 12년부터는 이들을 통한 지방의 통제라는 입장을 서서히 드러내고 있었다. 성종 12년부터 홍문관원들은 구황이나 추쇄 등의 경차관으로 지방에 파견되었고, 성종 13년에부터는 어사로 파견하기 시작한다. 즉 성종 13년 성건, 정성근 등을 파견하면서 수령의 불법과 민간질고를 살피게 하는 것이 그 첫 사례였다. 그 이후 홍문관원을 어사로 파견하는 일이 빈번해졌다. 물론 홍문관원의 수적인 제약이 있었기 때문에 어사 모두를 홍문관원으로 파견할 수는 없었지만 "어사는 經握 侍從들에서 많이 나왔다."[21]는 지적은 홍문관원이 주류였음을 보여준다.

---

20) 전봉덕 『한국법제사연구』 서울대학교출판부 1978.
21) 『성종실록』 권227, 성종 20년 4월 임진.

이러한 홍문관원의 어사파견은 성종이 주도한 것이었지만 당시 홍문관원들도 여기에 적극 호응하는 입장을 보여주고 있다. 기본적으로 사림이었던 홍문관원들은 자신들의 기반인 향촌의 통치 질서에 대한 남다른 관심이 있었다. 그러므로 이들이 어사로 나아가면서 본격적으로 지방 정책을 거론하기 시작하였다. 그것은 향사, 향음례의 시행과 유향소복립운동 등으로 전개되었다.[22]

사림은 어사제를 적극 활용하고 이를 통해서 자신들이 어사로 나아가면서 어사제도 자체에 대한 개선도 모색하였다. 이는 크게 두가지의 방향에서 취해졌다. 그 하나는 어사의 기능강화의 방향이었고, 다른 하나는 상설 어사제의 추진이었다.

어사의 기능강화를 위한 조치로 먼저 추첨에 의한 은밀히 어사를 파견하는 조치가 행해졌다. 당시 어사파견의 가장 큰 한계는 어사의 파견이 임시적이었고, 파견되는 지역이 미리 누설되는 것이었다. 이를 보완하는 방안이 모색되었는데, 이는 어사를 파견할 곳을 추첨에 의해 비밀히 결정하는 것이었다. 이 방법은 통에 군현의 이름을 기록한 첨을 넣고 임의로 뽑혀 나오는 지방에 은밀하게 어사를 파견하는 방식이었다. 이 방법은 성종 9년에 사림계 인물인 이심원에 의해서 제의된 방식으로,[23] 이러한 방법에 의한 어사파견은 매우 효과가 좋았다.

이러한 방법과 더불어 논의된 방법은 어사가 수령의 부정에 대한 정보를 민으로부터 직접 얻을 수 있게 하는 조치였다. 어사에게는 기본적으로 서류를 통해서 불법을 적발하였으나, 서류만을 통해서 적발할 수 있는 불법은 제한되었다. 그러므로 불법을 적발하기 위해서 경내의 백성들의 고소를 허용하는 방법이 요청되었다.[24]

---

22) 이태진 「사림과의 유향소복립운동」, 『진단학보』 34,35, 1972.
　　최이돈 「성종대 홍문관의 言官化 과정」, 『진단학보』 61, 1986.
23) 『성종실록』 권91, 성종 9년 4월 기해.
24) 『성종실록』 권160, 성종 14년 11월 기해.

세종대에 부민고소금지법이 시행되었으나 제도의 문제점이 제기되면서, 백성이 어사에게 고소하는 것을 허용하였다. 민이 수령에게 받은 불이익을 일부나마 직접 고소할 수 있는 체제가 형성되었다.[25] 물론 수령의 불법을 모두 고발하는 것은 아니었고, 단지 자기원억에 한하여 고소를 허용하는 것에 불과하였다.

이러한 바탕에서 성종대에 이르면 사림은 한 단계 진전된, 백성이 어사에게 가기원억만이 아니라 여타의 불법도 고소할 수 있도록 허용하는 조치를 추진하였다. 성종 20년 경연중 지방의 문제를 논하는 자리에서, 성종은 "吏民이 部民告訴禁止에 구속되어 비록 수령이 탐오한 짓을 조정이 들을 수 없다."고 부민고소금지의 한계를 지적하면서 성세명 등을 어사로 보내어 '문민질고'할 것을 명하였다. 이에 성세명 등은 성종에게 부민고소금지법의 한계를 지적하면서, 자신들이 '문민질고'하는 가운데 "비록 자기의 원억이 아니어도 고소하는 자가 있으며 마땅히 청리해야 하는가?"라고 문제를 제기하였다. 이에 대하여 성종은 다음과 같이 답하고 있다.

> 문민질고는 제왕이 백성을 인애하는 뜻이 있다. 관리를 뽑아 일을 맡기는 것은 민간의 질고를 알고 또한 권선징악을 겸하고자 하는 뜻이 있다. 너희들은 이미 명을 받았으니, 민간의 弊瘼을 물어 마땅히 고소하는 바를 청리하여 버림이 없도록 하여야 하니, 어찌 부민고소의 법에 구속되어 그 도리를 다함이 없어서야 되겠는가?[26]

성종은 民間의 폐막을 聽理하는데 부민고소금지법에 구애받지 말도록 명하고 있다. 이는 민이 어사에게 고소하는 범주를 자기원억의 문제에 한정되었던 것에서 크게 확대하는 조치였다.

어사들에게 부민의 고소를 허용한 것은 중종대에 들어서도 유지되었다.

---

25) 최이돈 「조선 초기 수령 고소 관행의 형성과정」『한국사연구』82, 1993.
26) 『성종실록』 권234, 성종 20년 11월 정축.

중종대에도 어사를 보내면서 "出入鄕村 問民弊瘼"을 요청한 것은 그러한 맥락을 잇는 것이었다.[27] 이러한 상황이 전개되면서 수령은 민이 어사에게 적극적으로 고소하는 것을 막는 경우도 나타났다. 이는 중종 11년 평안도 문폐어사 홍언필이 "민이 어사에게 정소한 것을 수령이 원한을 삼아 군사를 동원하여 잡아가두고 있습니다."[28]라고 지적하는데서 잘 알 수 있다.

이러한 경향은 평안도뿐 아니라 전국적인 경향이었다. 이는 중종이 홍언필의 말을 들으면서 중종이 다음과 같이 언급한 것에서 짐작할 수 있다.

> 각도의 문폐어사의 말이 같은데, 문폐를 할 때 민들이 도피하여 말하는 자가 없는데, 이는 수령이 고소한 자를 中傷하는 까닭에 모두 두려워하여 감히 말하지 못하는 것이다.[29]

이 내용에 의하면 백성들의 고소를 수령이 적극적으로 막고 있었다. 특히 이미 백성의 고소로 수령의 잘못이 드러나도, 사실을 추문하는 과정에서 후임수령이 민에게 말하지 못하도록 위협하는 경우도 있었다.[30] 이러한 상황은 어사에게 수령의 고소가 허용되면서 나타나는 부작용이었다. 부작용에도 불구하고, 어사를 통한 部民告訴의 허용은 매우 중요한 조치였다. 이는 수령들이 어사를 두려워하여 불법을 하지 못한다는 지적이 빈번하게 나타나는 것을 통해서 확인할 수 있다.

사림은 어사제를 개혁하는 방안으로 어사의 상설화도 추진하였다. 위에서 본 것처럼 사림이 직접 어사로 나서고, 여러 가지 제도적 개선방안에 의해서 어사제는 상당한 효과를 올릴 수 있었다. 그러나 어사파견의 가장 큰 한계는 어사의 파견이 임시적이라는 점이었다. 어사의 파견이 일시적

---

27)『중종실록』권2, 중종 2년 정월 기묘.
28)『중종실록』권26, 중종 11년 9월 임진.
29)『중종실록』권26, 중종 11년 9월 임진.
30)『중종실록』권24, 중종 11년 4월 갑자.

이고 제한된 시간에 불법을 살피는 것이었으므로 노련하게 방비를 하는 수령의 경우 불법을 적발하기 쉽지 않았다.31)

결국 어사의 파견이 임시적이라는 점이 가장 중요한 문제였는데, 이를 극복하기 위해서 성종 19년에는 사헌부에서 중국의 巡按御史의 예를 따라서 비리를 규찰케 하는 방안을 제시하였다. 성종 20년에도 장령 정미수가 이 방법을 주장하면서 "우선 한 도에만 보내어 州郡을 巡行하면서 비리를 살피게 하는 것이 어떻겠습니까?"32)라고 건의하였다. 이 방법은 가깝게는 세조대에 分臺에 의해서 시행되었던 방식이었다. 이러한 의견은 대신들의 논의에 붙여졌으나 부결되었다. 사림은 이후에도 순안어서제의 문제를 꾸준히 제기하였으나 이루어 지지 않았다.33)

연산군대에도 순안어사의 설치는 제의되었으나 시행되지 못하였고34) 중종대에 들어서 새롭게 논의가 제기되었다. 중종 5년의 종부시첨정 이수는 일 년 임기의 순안어사 설치를 건의하였다.35) 중종 10년에도 이 문제는 다시 거론되어 대신들의 수의를 거쳤으나 역시 어사를 두는 것은 감사를 신뢰하지 않는 것이고, 또한 支供의 폐도 있다는 지적으로 실시되지 않는다.36)

결국 어사제도는 효과가 있었으나, 그 임시적인 성격이 근본적인 한계였다. 사림은 이를 상설화해보려고 노력하였으나, 결국 성공하지 못하였다. 그러나 사림은 이러한 한계를 극복해 볼 수 있는 방법을 모색하였고, 이를 '外史官'의 설치로 추진하였다. 이 변화를 다음절에서 살펴보자.

---

31) 『연산군일기』 권20, 연산군 2년 12월 갑신; 『연산군일기』 권25, 연산군 3년 7월 을사.
32) 『성종실록』 권227, 성종 20년 4월 임진.
33) 『성종실록』 권234, 성종 20년 11월 정축.
34) 『연산군일기』 권10, 연산군 원년 11월 정유; 『연산군일기』 권20, 연산군 2년 12월 갑신; 『연산군일기』 권25, 연산군 3년 7월 을사.
35) 『중종실록』 권12, 중종 5년 8월 갑오.
36) 『중종실록』 권22, 중종 10년 6월 경진.

3) 外史官의 설치

어사의 파견은 수령의 비리를 규제하는데 매우 중요한 제도였으나, 기본적인 한계는 임시적인 파견이라는 점이었다. 이를 보완하기 위해서 어사의 상설화를 추진하였으나 쉽게 되지 않았다. 그러한 상황에서 상설적으로 수령을 견제할 수 있는 방안으로 주목되는 것이 외사관의 설치였다. 외사관제는 지방의 역사를 서술하기 위하여 사관을 지방에 파견하는 제도였다. 외사관은 지방의 사실을 기록함에 있어서 지방의 풍속을 기록함은 물론 수령의 행적까지 기록하고 있어, 간접적으로는 수령의 부정을 견제하는 효과를 낼 수 있었다.

외사관의 설치는 조선 초기부터 종종 제기되었다. 그러나 지방사에 대한 관점에서 외사관의 설치가 본격적으로 거론되는 것은 사림이 중앙정치에 등장하는 성종대에 들어서였다.

성종 8년 윤대 중에서 다음과 같이 제안된 것이 그 대표적인 경우이다.

> 외방의 民俗과 歌謠, 수령의 政績은 견문할 수 없어 기록할 수 없습니다. (중략) 고려의 司錄의 예를 따라서 교수 중에서 선발하여 사록을 겸임케 하여 '民風'을 살피게 하소서.37)

이는 고려시대에 동경과 서경에 설치되었다는 사록제도를 거론하면서 외사관의 설치를 제의하고 있다. 외사관 설치의 목적으로 '민속' '가요'와 '수령의 정적'의 서술을 제시하고 있다. 이와 같은 외사관의 설치목적은 지방의 사정을 역사의 한 부분으로 기록하자는 관점에서 출발한 것을 알 수 있다.

---

37) 『성종실록』 권82, 성종 8년 7월 무자. 당시 이러한 제의를 한 자는 구체적으로 드러나지 않는다. 형조좌랑 권구 등 4인이 윤대에 들어간 것만 확인이 된다.

'수령의 정적'을 기록하자는 면도 있으나, 위 제의의 결론이 '민풍'을 살
피게 하자고 한 점에서 볼 때, 아직 수령을 견제하기 위한 정치적 방안으
로 보기에는 미흡하다. 특히 기왕에 설치된 교수에게 외사관을 겸직하게
하자는 설치방안도 이를 통해서 수령을 견제하겠다는 의지는 거의 없는
것으로 이해된다. 그러므로 여기서 언급한 '수령의 정적'은 지방 역사의 일
환으로서 수령의 동향에 대한 기록으로 이해할 수 있다. 그러므로 이 제의
는 지방도 역사의 대상으로 포괄해야 한다는 '지방사'에 대한 인식의 확대
를 반영하는 것이었다.

성종은 이러한 제의에 대하여 예조에 살피게 하였다. 예조에서는 『고려
사』 백관지를 살피니 사록이라는 직제는 확인되나 구체적인 직무는 알 수
없다고 말하면서, 외사를 설치하면 폐단이 있을지 모른다고 외사관의 설
치를 반대하였다.38)

외사관 설치 제의는 계속된다. 성종 14년 경연중 경연관 송질이 중국은
향곡의 일이 상세하게 서술되어 있음을 지적하면서, "우리나라는 안으로
는 상세히 서술한다고 할 수 있으나 밖으로는 기록할 일도 쓰는 사람이
없으니 흠이 될까 두렵습니다."라고 외사관을 설치할 것을 건의하였다.39)
이 제의에서도 외사관의 설치 목적은 지방사의 서술에 그 초점이 있었다.

성종 16년에는 사관 한구가 외사관의 설치를 주장하였는데, 이 역시 '지
방의 감계'가 될 만한 것을 기록하기 위한 목적에서 外史의 설치를 요청한
것이었다.40) 이러한 빈번한 제의로 향촌의 성장과 함께 향촌사도 역사서
술의 대상으로 인정되어야 한다는 필요성이 강조되었다.

그러나 사림진출이 확대되면서 성종 후반부터는 외사관의 설치에 대한
다른 관점이 제시되었다. 즉 외사관의 설치와 당면한 지방문제의 해결을
연결시키려는 움직임이었다. 사림은 성종중반부터 지방문제의 해결이라는

---

38) 『성종실록』 권82, 성종 8년 7월 무자.
39) 『성종실록』 권152, 성종 14년 3월 임인.
40) 『성종실록』 권178, 성종 16년 윤4월 신묘.

관점에서 유향소의 복립을 추진하여 향촌 자치력의 강화를 모색하고 있었고, 한편에서는 어사 파견의 필요성을 제기하고 있었다.

사림은 유향소복립이 그 기대에 미치지 못하자 어사의 상설화를 추진하였다. 그러나 어사의 상설화가 여의치 않았다. 이에 이와 비슷한 효과가 기대되는 외사관을 통한 수령의 견제에 주목하였다. 이러한 관점을 처음 제시한 이는 김일손이었다. 그는 성종 22년 경연 중 이 문제를 다음과 같이 제의하였다.

> 국가에는 안으로 예문관과 겸춘추가 있어 시사의 기록을 담당하여 조정의 정치를 기록치 않음이 없습니다. 그러나 야사가 없어서 外吏의 불법이 비록 강참이 아뢴 바와 같은 것이 있다 하더라도 나쁜 이름이 후세에 전해지지 않게 되며, 뛰어난 자나 조행이 특이한 자가 있어도 역시 연멸되고 전함이 없으니 이는 오늘날의 부족한 바입니다. 청컨대 師儒錄나 弘文錄의 예로 감당할 자를 春秋錄에 선정하여 비록 외방에 거하더라도 들은 바 중에 정치와 풍화에 관계되는 기록하게 하여 서술함을 넓히소서.[41]

김일손은 헌납 강참이 수령의 부정을 지적하는 언급을 거론하면서 그에 대한 방안으로 외사관의 설치를 주장하고 있다. 이 제안은 기존의 외사관을 설치하자는 제안과 비슷하지만 분명한 차이를 가지고 있다. 먼저 그 설치 목적의 초점이 달라지고 있었다. '외리의 불법'을 외사관 설치의 가장 선행하는 목적으로 분명하게 명시하고 있었다.

따라서 외사관의 설치방법도 이전과는 달리 제시되고 있다. 지방의 수령을 견제한다는 목적이 앞설 때, 이미 제시된 바 있는 교수가 겸직하는 외사관의 설치는 제고되어야 할 것이었다. 보다 신중하고 적절한 인선이 필요하였다. 그러므로 김일손은 홍문록에 비견되는 '춘추록'을 만들어 외

---

41) 『성종실록』 권251, 성종 22년 3월 정유.

사관의 인선에 신중을 기하자는 방안을 제기하였다. 특히 당시 홍문록이 자천제적인 성격을 가지고 사림의 정치 진출과 활동에 결정적인 기여를 하고 있었다는 점을 염두에 둔다면, 춘추록 역시 자천에 의한 인선의 정선을 기하는 방법으로 추진하고자 하였음을 짐작할 수 있다. 이는 사림이 이 문제에 매우 신중히 접근하고 있음을 알 수 있다. 그러나 이 제안은 수용되지 못하였다.

연산군 원년에도 김일손은 거듭해서 이 문제를 제기하였다. 이때는 설치방안이 바뀌어 각도의 도사와 수령 중에서 문학이 있는 자를 외사관을 선발하고 그 직이 바뀌더라도 외사관의 임무를 계속할 수 있게 하자고 제의하였다.

이 제안은 수령에게 수령의 통제를 맡기는 것으로 다소 이상하게 볼 수도 있다. 그러나 사림이 외사관의 추진의 이면에서 문신출신 수령의 확대를 통한 비문신 출신 수령의 통제를 모색하고 있었고, 사림의 수령 진출이 확대되고 있었으므로 이러한 방안이 제안되었다. 이를 제의한 김일손 역시 도사로 지방에 나아가 있는 현실과 연결되었다.[42]

외사관의 제의는 같은 해 11월에는 경연 중 이관에 의해서 거듭되었다. 이관은 도사와 문신수령 및 교수에게 겸춘추를 임명하여서 야사를 서술하게 하자고 김일손과 같은 제안을 하였다.[43] 이러한 제의 역시 수용되지 않았다.

이후에도 외사관의 문제는 정희량에 의해서 언급되는 등[44] 사림은 계속적인 관심을 가지고 있었으나, 개혁에 관심이 적었던 연산군대에 수용되기는 용이하지 않았다. 오히려 사림은 무오사화를 당하여 세력이 위축되었다. 특히 주목되는 것은 무오사화가 외사관의 설치를 적극 제기하였던 김일손, 정희량 등이 쓴 史草의 문제를 빌미로 야기되었던 것은 흥미롭다.

---

42) 『연산군일기』 권5, 연산군 원년 5월 경술.
43) 『연산군일기』 권10, 연산군 원년 11월 계사.
44) 『연산군일기』 권25, 연산군 3년 7월 무진.

이 문제를 중종대에 들어서 다시 사림이 제기하였다. 중종 4년 다시 제
안되어 대신들의 논의에 붙여졌으나 공신들인 대신들의 반대로 성취되지
못하였다.45) 그러나 공신세력이 다소 약해진 중종 9년 사림 최숙생은 이
문제를 다시 제기하였다.

군현이 많음으로 수령의 현우, 감사의 시비, 사명의 왕래 등의 정치
득실과 향촌궁벽의 가감가법한 일이 적지 않을 것인데, 그간에 사필이
없어 민멸하여 전하지 않으니 애석함이 심합니다. 오늘날 시종과 대신
으로 외관에 출입하는 자가 많으며 문학에 능한 자 역시 적지 않으니,
택인하여 사직을 주면 약자가 듣고 징계함을 알고 선한 자는 더욱 힘
쓰니 당세에 보함이 있을 것이며 장래에 공이 어찌 적겠습니까?46)

여기서 외사관의 설치의 이유로 '정치득실'과 향촌의 '가감가법'한 일의
서술이라는 두가지를 제기하고 있는데, 이는 기존의 주장과 다름이 없는
것이었다. 다만 '정치득실'을 '수령의 현우', '감사의 시비', '사명의 왕래' 등
으로 세분하여 구체화하고 있다는 점이 특징이었다. 이는 사림이 외사관
의 설치의 목적을 좀 더 구체적으로 거론하고 있음을 보여준다. 외사관의
설치를 제안한 것은 어사의 파견을 보완하는 것이었으므로 이 양자는 긴
밀한 관련성을 가지고 있었다.
그러므로 사림이 양자를 묶어서 추진하고 있었다. 중종 10년 대간들은
다음과 같이 어사제의 파견과 외사관 설치를 같이 묶어서 제안하였다.

수령으로 殘酷하고 貪克한 자가 많습니다. (중략) 바라기는 전하가
公明하고 諳練한 자를 택하여 어사를 겸직하게 하고 諸道로 보내어,
다니면서 疾苦를 묻고 수령을 규찰하게 하소서. 또한 도사와 수령 중
에서 약간의 사람을 택하여 史職을 부여하여, 일을 直書하게 하여 美

45)『중종실록』권9, 중종 4년 8월 기축.
46)『중종실록』권21, 중종 9년 10월 갑인.

郡의 실상을 백세후에까지도 감추지 못하게 하면 이 역시 권징의 大端
이 될 것입니다.[47]

이러한 제안은 외사관의 설치가 수령의 부정을 규제하는 방법으로 제기
되었고, 어사파견을 보완하는 방법이었다는 것을 분명하게 보여준다. 이러
한 사림의 제안에 대하여 왕은 공감하였고, 이를 대신들에게 논의하도록
명하였다. 대신들은 논의 중에 이는 "조종조에 없는 법입니다."라고 전제
하였으나, "道내에서 史筆을 잡아 시비를 기록하는 자가 있으면 악을 행하
는 자가 公論을 두려워하여 행하지 않는 바가 있을 것입니다."[48]라고 외사
관 설치의 기본 취지에 동의하였다.

이러한 대신들의 동의에 따라서 왕은 실시를 결정하고 바로 관찰사들에
게 외사관제도를 설치하는 취지를 통지하였다.[49] 외사관은 '외관겸춘추'로
호칭하고 문신 수령 중에서 선발하였다.[50] 사림은 외사관의 설치에 남다
른 의미를 부여하고 있었기 때문에 그 선발에 매우 신중한 태도를 취하였
다.[51] 외사관의 설치로 수령의 부정에 대한 견제효과가 적지 않았을 것으
로 짐작된다.

외사관의 설치의 다른 목적은 지방의 사실에 대한 기록이었다. 이 제도의
설치로 지방사에 대한 관심이 고조되었고,[52] 野史에 대한 관심도 확대되었
다.[53] 중종 14년에 심의가 야사가 지어 올리고 있고,[54] 성현의 『용제총화』

---

47) 『중종실록』 권22, 중종 10년 6월 무인.
48) 『중종실록』 권22, 중종 10년 6월 경진.
49) 『중종실록』 권22, 중종 10년 6월 신사.
50) 상동조.
51) 『중종실록』 권22, 중종 10년 8월 정미.
52) 사찬 지방지의 활발한 편찬도 이와 깊은 연관을 맺는 것으로 이해된다. 특히 이
    시기 지방지에는 野史부분이 추가되었다. 한 예로 『晉陽誌』의 叢談부분이 보이
    는 것도 이러한 변화와 밀접한 관련을 갖는다.
53) 이태진 「조선시대 야사 발달의 추이와 성격」 『우인 김용덕 박사 정년 기념사학논
    총』 1988.

가 이 무렵 간행된 것은 이러한 전반적인 분위기에서 가능한 것이었다.55)

2. 守令 人選의 개선

1) 吏任守令의 규제 강화

사림은 수령의 부정을 감사, 어사, 외사관 등을 동원해서 견제하였지만, 더욱 중요한 것은 수령의 인사를 잘 하는 것으로 이해하였다. 그러므로 사림은 적절한 인물을 수령으로 임명하려고 노력하였다. 그러한 과정에 가장 먼저 문제로 부각된 것이 비문신출신의 수령이었다. 비문신출신은 과거를 통과하지 않는 녹사출신의 수령이나 문음출신의 수령을 지칭하였다.

비문신 출신 수령의 문제는 이미 성종대부터 문제가 되어왔으나 현실적으로 그 자리를 대신할 문신 관원이 적었으므로 시행하기 어려웠다. 중종대에 들어서 천거인을 수령으로 파견하는 대안이 구체화 되면서 이에 대한 규제도 적극적으로 추진될 수 있었다.

사림은 먼저 비문신 출신들이 지방관으로 나아가는 것을 보류하고 먼저 그들의 능력을 중앙에서 시험한 후에 지방에 보내자는 의견을 제시하였다. 중종 9년에 사간원에서 다음과 같이 이 문제를 제기하였다.

> 수령은 親民의 관리로 그 관계되는 바가 매우 중요합니다. 그러나 지역은 많고 인재는 적어 精選하기 어려우니, 잡류출신에 이르기까지 관계가 육품에 이른 자는 賢否를 논하지 않고 모두 외직에 제수하니 민폐를 끼칩니다. (중략) 비록 모든 錄事 雜類에게 외직을 주는 것을

최이돈 「해동야언에 보이는 허봉의 당대사 인식」『한국문화』 15, 1994.
54) 『중종실록』 권36, 중종 14년 8월 병자.
55) 황필의 발문에 의하면 중종 20년에 경주에서 간행한 것으로 되어있다.

파할 수는 없지만 잠시 경직에서 시험하여 그 能否를 고찰하여서 재능
이 있으면 외직을 주고 재능이 없으면 폐하도록 하여, 국가에 유익이
되게 하고 민에 폐단이 없도록 하소서.56)

이 제안은 녹사 잡류가 육품에 이르면 자동으로 수령으로 나가는 상황
을 규제하고, 이를 중앙에서 시험하여 그 능력이 인정되는 자만을 수령으
로 사용하자는 제안이었다. 비문신 출신 수령을 규제하고자 하는 동향이
었다.

또한 사림은 비문신으로 수령에 진출하는 이들을 미리 취재과정에서 규
제하고자 하였다. 중종 11년 김안국은 경연 중에 문음이나 이임취재가 엄
하지 못하여 평소에 학문이 없는 이들이 쉽게 취재에 합격하고, 이들이 관
직에 임명되어서는 일에 어두울 뿐 아니라 직무를 태만하게 한다고 지적
하면서 다음과 같이 취재의 개선안을 제시하였다.

문음이임취재를 매년 정월에 치되 다른 곳에 장소를 마련하여 시험
을 보고, 諸科의 예에 따라서 대간이 本曹에 參試하여 같이 出榜하고
給牌하게 하소서. (중략) 그리하여 乳臭로 不學하여 庸愚하고 무식한
무리들이 조정의 관직을 못하게 하소서.57)

이 제안의 초점은 취재를 강화하기 위해서 대간이 시험에 참여하여 감
독하도록 하는 규정을 만들고자 하는 것이었다. 당시 비문신 출신들의 수
령 진출에 취재를 시행하고 있었음을 고려할 때, 이는 비문신 출신 수령
인선을 엄격히 하는 조치였다.

이러한 제안은 대신들의 수의에 붙여졌다. 대신들도 녹사나 훈도의 취
재는 대간이 참여할 필요가 없으나 수령의 취재는 중요한 일이니 대간이

---

56) 『중종실록』 권21, 중종 9년 10월 갑인.
57) 『중종실록』 권25, 중종 11년 5월 경자.

참여하도록 하는 것이 가하다고 이를 수용하였다.[58] 수령취재의 중요성을
감안한 조치였다. 이후 수령 취재에 대간의 참여는 지속되었다.[59]

이러한 사림이 비문신수령을 견제하면서 이들의 수령 진출은 제한되었
다. 중종 13년의 이조판서 남곤은 다음과 같이 당시의 상황을 말하고 있다.

> 오늘날 得人은 옛날에 미치지 못함이 없으나 항시 사람이 부족함을
> 염려하니, 그 폐단의 근원을 살펴보면 수령의 선택이 오늘날보다 심한
> 때가 없었기 때문입니다. 전에는 錄事, 雜類로 수령을 삼고 이들이 파
> 직되면 다른 사람으로 대신하였습니다. 옛날의 수령이 되었던 이들을
> 오늘날 처치할 곳이 없습니다. 殘邑은 필히 顯達한 자로 보내고, 大邑
> 은 필히 諳鍊한 자를 보냅니다. 혹은 人器에 상당하지 않다고 하여 다
> 시 主簿나 引儀로 강등되는 이들이 파다하고, 만약 年月의 久近으로
> 계산하면 마땅히 승진할 자가 승진하지 못하고 있습니다.[60]

이러한 기록은 비문신 출신의 수령이 수령으로 나아갈 수 있는 길이 줄
어들고 있음을 보여준다. 남곤은 좀 더 구체적으로 "箇滿으로 置簿되어 있
어 승진할 자가 100여 인입니다. 이들은 조석으로 遷轉되기만을 바라고
있습니다."[61]라고, 비문신 출신의 진출이 막히면서 수령으로 나아가지 못
하고 적체되어 있는 인원이 100명을 넘고 있음을 지적하고 있다. 이러한
상황은 사림의 견제로 비문신 수령의 진출이 제한되고 있었음을 보여준다.

---

58) 『중종실록』 권25, 중종 11년 5월 신축.
59) 『중종실록』 권25, 중종 11년 5월 계묘.
　　『중종실록』 권27, 중종 12년 정월 무자, 경인.
60) 『중종실록』 권31, 중종 13년 정월 정사.
61) 『중종실록』 권32, 중종 13년 3월 을축.

2) 文臣守令의 확대

사림은 비문신 출신들의 수령 진출을 규제하면서 그 자리를 문신 수령으로 채우려고 노력하였다. 당시 문신 출신들은 수령이 되는 것을 회피하였다. 수령은 주요보직이 될 수 없었고 수령의 임기도 길어서 지방에 가있는 것은 주요보직을 맡을 수 있는 기회를 상실하는 것으로 보았다. 중앙에서 주요보직을 맡을 경우 손쉽게 승진할 수 있는 다양한 기회들이 주어졌다. 그러므로 당시 문신 출신 관원들은 외직에 나가는 것을 좌천되는 것으로 생각하였고, 수치스럽게 생각하는 것이 일반적이었다.[62]

그러므로 정부에서는 조선 초기부터 관원들에게 외직에 나가는 것을 강제하였다. 먼저 수령으로 임명되어도 이를 회피하고 수령직에 나아가지 않으면, 수령직에 있어야 하는 기간동안 관직에 임명하지 않도록 규정하였다.[63] 또한 4품 이상으로 승진하려면 외직으로 나간 경력을 필수적으로 요구하였다.[64]

그러나 이러한 규정에도 불구하고 문신들은 여러가지 방법으로 외직에 나가는 것을 피하였다. 특히 공식적으로도 特旨로 보직에 임명되거나, 文翰, 武芸 등에 특이한 재능이 있는 자는 중앙에서 요긴하다고 인정하여 이러한 제한을 받지 않았다.[65] 그러므로 학문적 인정을 받은 홍문관원이나, 寫字나 吏文에 재능이 있는 승문원관원은 지방의 관원으로 나갈 필요가 없었다. 성종 17년의 예를 들면 승문원 한 부서에서 이러한 조건으로 인정받아 외직에 나아가지 않는 인원이 60여명에 이르고 있었다.[66] 이러한 까닭

---

62) 『성종실록』 권138, 성종 13년 2월 정미.
63) 『세종실록』 권54, 세종 13년 10월 무신.
64) 『세종실록』 권89, 세종 22년 5월 무오. 5품의 관원이 수령을 지내지 않고 4품에 오를 수 없었고, 다시 4품과 종3품의 관원이 수령을 지내지 않고 정삼품 通訓大夫가 될 수 없도록 규정하였다.
65) 상동조.
66) 『성종실록』 권188, 성종 17년 2월 무인.

에 문신 출신이 외직으로 나가는 것은 실제로 제한되어 있었다. 그러므로
문신출신은 '家貧親老'한 경우에만 외직으로 나간다는 생각이 일반적이었
다. 그러한 상황이었으므로 외직으로 나간 문신들은 좌천당한 것으로 생각
하기도 하였다.[67]

문신출신이 지방에 나아가기를 꺼리자, 외직은 주로 비문신 출신들의
자리였다. 그러므로 수령직을 마치면 중앙의 관직으로 임명하는 것이 원
칙이었으나, 비문신 출신 수령은 다시 수령으로 임명되는 경우가 적지 않
았다.[68]

그러나 수령의 부정이 문제가 되자, 정부에서는 앞에서 살핀 바와 같이
비문신출신 관원을 수령으로 임명하는 것을 제한하고, 문신을 지방관원으
로 임명하려 노력하였다. 문신출신을 지방으로 보내는 것이 필요하다는
점에 대해서는 훈구대신들도 공감하고 있었다. 대표적인 훈구대신인 윤필
상이 성종 20년 그 필요성을 다음과 같이 지적하고 있다.

지금 국가가 간혹 홍문관원, 육조낭관을 수령에 보임합니다. 이들은
왕의 뜻을 잘 알고 있을 뿐 아니라, 명망을 아끼는 고로 불의를 행하지
않고 민을 어루만지는데 힘을 씁니다. 만약 諸道에 이들을 6,7명씩만
보내면 貪汚한 자가 自戢할 것이니 聲績이 있을 것입니다.[69]

윤필상은 문신수령을 왜 파견해야 하는 지를 언급하고 있다. 그 이유로
"명망을 아끼는 고로 불의를 하지 않고, 민을 어루만지는데 힘을 쓴다."고
지적하고 있다. 여기서 문신출신 수령이 부정을 하지 않는다는 것은 상대
적인 개념으로 비문신 출신보다는 문신출신의 부정이 적다는 의미로 해석

67) 『성종실록』 권181, 성종 16년 7월 갑인.
68) 『성종실록』 권148, 성종 13년 11월 무신.
　　『성종실록』 권152, 성종 14년 3월 무신.
69) 『성종실록』 권225, 성종 20년 2월 신해.

해야 할 것이다.

'명망을 아끼는 고로'라는 지적은 유의미한 것으로 생각된다. 당시 대부분의 비문신 출신 수령들은 고위직에 오를 전망이 거의 없었고 수령으로 지방을 전전하는 것이 일반적이었다. 특히 녹사에서 수령에 임명되는 경우에는 임기도 마치지 못하여 파직되는 경우도 빈번하였다. 그러한 까닭에 수령으로 있는 기간을 치부할 수 있는 기간으로 생각하고 부정을 일삼는 경우가 빈번하였다.

이에 비하여 문신출신들은 특별한 문제만 없다면 상당히 고위관직까지 오를 수 있도록 보장을 받고 있었으므로, 수령으로 재직하면서 과도한 부정으로 문제를 만들 필요가 없었다. 특히 성종 중기이후 사림의 진출이 확대되면서 삼사언관이나 낭관의 인선에서 인품의 청렴도가 더욱 중요한 지표가 되었으므로[70] 문신출신 수령들은 자신을 절제하는 것이 더욱 일반화되어졌다. 그러므로 위에서 윤필상이 문신출신들이 수령으로 나아가서 "불의를 하지 않고, 민을 어루만지는데 힘을 쓴다."라고 언급한 것은 어느 정도 정확한 지적이었다.

특히 중요한 것은 "만약 諸道에 이들을 6,7명씩만 보내면 貪汚한 자가 自戢할 것이니 聲績이 있을 것입니다."라는 지적이다. 이는 문신출신이 수령으로 나아가면 비문신출신의 수령들의 부정이 줄어들 것이라는 의미였다. 즉 문신출신 수령은 지방에 있으면서 인근 군현의 동향을 손쉽게 파악할 수 있었고, 이들은 다시 중앙관직에 나아오는 경우 대간의 직을 맡는 것이 보통이었으므로, 부정을 한 수령을 직접 탄핵을 할 수도 있었다. 그러므로 문신출신이 수령으로 나가는 것은 비문신 출신들을 견제할 수 있는 방안으로 이해되었다. 특히 어사의 상설화를 추진하던 사림의 입장에서는 문신수령의 배치로 어사 상설에 준하는 효과를 볼 수 있다고 생각하였으므로 이 방법에 주목하였다.

---

70) 최이돈 『조선중기 사림정치구조연구』 일조각 1994.

그러나 윤필상이 '만약 諸道에 이들을 6,7명씩만 보내면'이라고 지적하였듯이 당시 각도 당 6,7명의 문신수령도 배치되지 못하고 있었다. 즉 문신출신의 수령이 거의 파견되고 있지 않았다.

이와 같은 의도를 가지고 문신출신 수령파견을 추진할 때에 쟁점이 될 수 있는 관원은 청요직에 있는 관원이었다. 청요직에 있는 관원을 보내는 경우 사림이 의도하는 효과를 낼 수 있었다. 그러한 맥락에서 성종은 그 17년 홍문관원을 수령으로 보내라고 다음과 같이 명하고 있다.

> 홍문관원 역시 마땅히 수령에 임명하여 治民함을 알게 하라. 내가 친히 揀選하여 임명할 것이니, 銓曹 역시 注擬하는 것이 가하다.[71]

여기서 성종은 홍문관원을 수령으로 파견할 것을 명하면서 자신이 친히 선택하는 방법 즉 '特旨'에 의한 방법과 이조에서 '注擬'하는 방법을 동시에 제시하였다. 여기서 이조의 주의까지 거론한 것은 홍문관원의 파견을 상례화할 것을 염두에 둔 명령이었다. 이전에도 홍문관원을 수령으로 보내려는 움직임도 있었으나[72] 지방 행정을 위한 목적으로는 이 제의가 처음이었다. 수령의 부정이 심각한 문제가 되면서 지방 문제를 해결하기 위해서 홍문관원을 지방에 파견하였다.

이러한 성종의 명에 대하여 승지 성건은 홍문관은 인재를 기르는 곳이라고 반대하면서, 왕의 특지에 의한 파견은 인정하여도 전조에서 주의하는 것은 안 된다고 지적하였다. 이에 성종도 홍문관원을 수령에 임명하는 것을 상례로 할 수는 없지만, "홍문관원으로 다스리는 일에 능한 이를 臨民하는 직에 시험해보고자 한다."라고 지방문제의 해결을 위한 '시험'이라는 것을 강조하면서 홍문관원의 파견을 거듭 명하였다.[73]

---

71) 『성종실록』 권190, 성종 17년 4월 기축.
72) 『성종실록』 권163, 성종 15년 2월 계해, 갑자.
73) 상동조.

홍문관원은 그 인원수가 제한되어 있어 수령임명을 일반화하기에는 제한이 있었다. 그러나 이러한 성종의 명으로 홍문관원도 수령으로 나갈 수 있음을 천명한 것이었다. 이러한 동향으로 육조낭관 등 청요직 관원들을 수령에 임명하는 것을 확대하는 분위기를 만들었다.[74]

이러한 일이 선례가 되면서 홍문관원의 외직 서용은 계속 추진되었다. 물론 홍문관이 인재를 양육하는 곳이라는 이유로 수령으로 나아가는 것에 대하여 반발도 하였으나 특지에 의한 임명은 문제가 되지 않았다.[75] 이러한 홍문관원의 수령서용 움직임은 연산군대에도 동일하게 나타난다. 연산군은 그 3년에는 홍문관원을 특명에 관계없이 수령에 제수하도록 명하였다.[76] 연산군은 그 5년에는 홍문관원의 임명을 외직자 중에서 서용하도록 명하고 있는데, 이는 이미 상당수의 문신이 수령에 나아가 있었음을 보여준다.[77]

이러한 경향은 중종대에도 동일하였다. 중종 4년에는 삼공이 홍문관원의 외직 제수를 문제로 삼으면서, 성종대에는 홍문관원의 수령임명은 있었지만 그것은 老親에 의한 呈辭者나 왕의 特命에 의한 것이었는데, 이제는 銓曹에서 注擬하고 있다고 지적하고 있다.[78] 이것은 홍문관의 수령임명이 특지에 국한되지 않고 이조의 인사에 의해서 일상적으로 이루어지고 있었음을 보여준다.

홍문관원의 수령임명과 함께 조정에서 논란이 되었던 것은 대간의 수령임명이었다. 대간의 외직임명은 홍문관원이 외직에 임명되는 상황에서 문제가 될 것은 없었다. 그러나 대간의 임무의 특성상 언론에 대한 보복적인 인사가 될 수 있음을 감안하여 문제가 되었다. 성종 21년 이에 대한 논의

---

74) 『성종실록』 권199, 성종 18년 정월 계묘.
75) 『성종실록』 권261, 성종 23년 정월 정축.
　　『성종실록』 권270, 성종 23년 10월 무오.
76) 『연산군일기』 권21, 연산군 3년 정월 을사.
77) 『연산군일기』 권33, 연산군 5년 5월 경진.
78) 『중종실록』 권8, 중종 4년 6월 정해.

를 통해서 홍문관원과 같이 특명에 의한 경우에 한하여 외직에 임명하는 것으로 정리되었다.[79] 이후 대간의 경우도 홍문관의 경우에서 같이 수령 임명이 일반화되어가는 추세를 보여주었다.

이상에서 살펴본 것과 같이 문신수령의 핵심이 되는 홍문관원과 대간이 수령으로 임명되고 있었다. 이러한 분위기 속에서 문신 수령의 임명이 점차 보편화되었다. 문신출신으로 지방에 수령으로 파견된 인원을 구체적으로 알 수는 없다. 단편적인 자료를 통해서 추측해볼 수 있다. 중종 11년에 대신 김응기는 당시 인사의 어려움을 실토하면서 언급한 다음과 같은 기록은 어느 정도의 문신이 지방수령으로 나가있는가 짐작케 한다.

> 대간, 시종, 수령 등이 擬望 시에 혹은 三望을 갖추지 못합니다. 비록 직급에 맞는 자로 의망해야 한다고는 하나, 문신이 부족한 것이 아니라 많은 수가 외직에 나가 있습니다. 경상도와 전라도의 수령이 거의 50여인에 이르고 있으니 문신의 부족은 여기에 원인이 있습니다.[80]

김응기는 인사의 어려움을 표현하면서, 어려운 이유로 문신으로 수령으로 나간 이들이 많음을 지적하고 있다. 전라도와 경상도에 나가 있는 문신의 수가 50여명에 이르고 있다고 밝히고 있다. 『경국대전』에 나타난 전라도와 경상도의 수령의 수는 대간, 시종 등의 인선에서 인원의 부족으로 문제가 되는 4품에서 6품 수령만을 살펴보면, 전라도의 경우 55인이고, 경상도의 경우 61인이었다. 그러므로 당시 전라도와 경상도의 문신이 50여 명이라는 지적은 수령직의 약 절반 정도가 문신으로 채워지고 있었다. 이러한 상황은 성종 20년에 윤필상이 문신수령을 각 도에 6,7인만 보내도 탐오한 자가 없어지리라고 말했던 지적과[81] 비교한다면, 문신을 수령으로 임

---

79) 『성종실록』 권242, 성종 21년 7월 신유.
80) 『중종실록』 권26, 중종 11년 10월 무진.
81) 『성종실록』 권225, 성종 20년 2월 신해.

명하려는 계획이 잘 추진되었음을 알 수 있다.

오히려 문신을 수령에 임명하면서 중앙 인사에 어려움이 지적되었고, 관원이 4품으로 승진할 때에 필요한 수령의 복무 규정을 폐지하자는 의견까지 제안되고 있었다.[82] 중종 5년에는 중앙에 인재가 부족하다고 주장하면서 '養親'을 이유로 외직에 보임되는 것까지 제한하는 상황이 전개되었다.[83]

중앙은 중앙대로 인재를 필요로 하였으므로[84] 인재의 부족으로 지방의 수령 중에서 임기도 차기 전에 대간직 등 중앙직으로 교체하는 사례도 나타났다.[85] 특히 대간은 사직이나 교체가 빈번한 것이어서 그러한 경향이 더욱 심하게 나타났다.[86]

문신 수령 파견이 늘어나면서 중앙에 임명할 관원이 부족하였으나, 왕과 관원들은 문신을 지방에 파견해야 한다는 것에 동의하고 있었다. 중종이 그 9년 이조에 명한 다음의 언급은 그러한 상황을 잘 보여주고 있다.

> 허다한 군현의 수령을 택하여 제수하는 것은 불가능하지만, 대간, 시종직에 출입하는 자를 제수하면 비단 그 읍뿐만 아니라 인근의 수령 역시 두려워하여 비리를 금한다.[87]

중종은 청요직을 지낸 문신의 수령 임명이 가지는 파급효과에 대하여 언급하고 있다. 이미 상당수의 문신이 수령으로 나가고 있어, 중앙에 인재가 부족한 상황도 제기되고 있었지만, 지방의 문제를 해결한다는 관점에서 본다면, 여전히 문신 수령의 파견으로 수령의 질을 높인다는 것은 절실한 문제로 남아있었다. 그러므로 이러한 문신을 지방수령으로 제수하는

---

82) 『중종실록』 권9, 중종 4년 8월 기축.
83) 『중종실록』 권12, 중종 5년 9월 정축.
84) 『중종실록』 권21, 중종 9년 11월 계유.
85) 『중종실록』 권22, 중종 10년 7월 임오.
86) 『중종실록』 권23, 중종 10년 12월 계해.
87) 『중종실록』 권20, 중종 9년 2월 을미.

것은 계속 요청되고 있었다.[88]

문신출신의 수령 임명이 늘면서 문신의 부족을 채우는 방안이 논의될 수밖에 없었다. 문신이 서용되어야 할 자리를 채울 관원이 없어서 비워두는 사례도 생겼다. 그러한 상황에서 四館의 權知들의 別薦도 시행되었다. 과거에 급제한 관원은 승문원, 교서관, 성균관, 예문관 등 사관의 권지로 수년을 지낸 후, 참상관으로 올라가면서 다른 부서나 수령직에 임명되는 것이 보통이었다. 인원이 적체되는 경우에는 10년 가까이 권지에 머무는 경우도 있었다. 그러나 문신을 부족한 상황이 전개되면서 규정되어 있는 사관의 去官 인원을 확대하기 위해서 別薦을 시행하였다.[89] 사관의 별천은 문신의 부족이 본격적으로 문제되기 시작하는 중종 8년부터 시행되었다.[90]

이러한 조치는 문신출신의 부족을 매울 수 있는 좋은 방안이었다. 그러나 사관의 권지의 별천은 무제한으로 시행할 수 없었다. 기본적으로 과거급제자 수에 제한될 수밖에 없었다. 그러므로 중종 9년 별천을 하려고 하자, 사간원에서는 "비록 전적의 자리가 다수 비어있지만 별천을 하면 전년의 급제자까지도 거관이 되어 조진의 폐가 있을 것입니다."라고 염려하면서 별천을 취소할 것을 청하였다.[91] 이러한 요청은 사관의 별천이 지속적인 대책이 될 수 없음을 잘 보여준다.

이러한 상황이었으므로 다른 방법이 필요하였다. 이는 문과 급제자 수를 늘리는 방안으로 연결되었다. 즉 별시를 확대하는 방안이었다. 중종대의 과거급제자 수는 이전시기보다 많아지고 있는데 특히 문신이 부족하여 별천을 시작한 중종 8년 이후 사림이 사화를 당하는 중종 16년까지의 시기에 더욱 집중되고 있다. 즉 사림이 개혁을 추진하던 시기에 집중되는 것

---

88) 상동조.
89) 『경국대전』 이전에 의하면 승문원, 예문관, 교서관 각 2인과 성균관 3인, 합 9인을 1년마다 거관시켰다.
90) 『중종실록』 권18, 중종 9년 10월 계묘.
91) 상동조.

이다. 이 시기에는 거의 매년 과거가 있었고, 특히 중종 8년, 중종 9년, 중종 11년에는 식년시와 별시나 증광시가 동시에 시행되었다.

특히 현량과가 시행된 중종 14년에는 현량과와 더불어 식년시와 별시가 동시에 시행되어져 1년에 3차례나 과거를 시행하였다. 그러므로 이 시기에는 평균 1년에 28명에 이르는 과거급제자를 배출하고 있어, 거의 매년 식년시에 준하는 과거급제자가 배출되었다. 이러한 조치는 사림이 추구하였던 문신출신 수령의 확대를 가능케 한 중요한 배경이 될 수 있었다.

그러나 이러한 방법에는 한계가 있었다. 과거를 빈번히 치루는 것은 큰 부담일 수밖에 없었다. 즉 과거라는 기본틀을 인정하는 한 인재의 충당은 제한될 수밖에 없었다. 그러므로 인재의 확보를 위해서는 과거제의 틀을 넘어서는 새로운 관점에서 모색이 필요하였다. 이에 천거제를 활성화하는 방법이 요청되었다. 천거제를 통한 인재의 확보과정에 대해서는 다음 절에서 고찰하고자 한다.

3) 薦擧人의 수령 임명 추진

사림은 천거인의 서용을 성종대부터 제기하였고, 중종대 들어서 천거인의 서용을 본격화하였다. 그러므로 수령을 적절한 인물로 서용하는 문제가 제기되면서 천거인을 수령으로 사용하자는 논의는 자연스럽게 제기되었다.

그러나 천거인의 서용은 참하직으로 시작하였다. 천거인을 참상직 수령에 임명하기 위해서는 이들에게 참상직을 주는 문제를 해결해야 하였다. 그러한 논의를 연 것 중종 6년 경연 중 사림 공서린의 다음과 같은 제안이었다.

　　　예조와 성균관이 민세정, 박찬 등 몇 사람을 議薦하여 민세정은 참

봉을 삼고 박찬은 별좌를 삼았는데, 별좌와 참봉은 어두운 밤에 權門
에 애걸하는 자까지도 천하게 여기는 것이니, 천거한 본의에 어긋남이
있지 않겠습니까. 신의 생각으로는 곧 6품직을 제수하시어 현감에 보
직하신다면, 비록 작은 직이기는 하나 평소에 품었던 뜻은 펴볼 수가
있을 것입니다.[92]

　공서린은 민세정, 박찬을 각각 참봉과 별좌에 임명하는 것을 천거의 본의
가 아님을 지적하고 현감에 제수할 것을 건의하였다. 이러한 제의는 대신들
의 논의를 거쳐서 일단 임기가 차면 현감으로 옮겨주기로 결정하였다.[93]
　이러한 사례는 천거인들이 참상직을 얻어 수령에 서서히 나아가고 있음
을 보여준다. 이러한 과도기적인 상황을 거치면서 문신의 부족 상황이 심
해지자, 중종 9년에는 천거인을 수령으로 사용하려는 안이 정식으로 제의
되었다. 경연 중 김구는 다음과 같이 이를 제안하였다.

　　상께서 말한 것과 같이 소위 수령은 마땅히 염간한 이를 택해야 합
니다. 그러나 필히 위에서 상께서 행해야 아래에 있는 사람들이 보고
감동한 연후 廉吏가 많아질 수 있습니다. 유일효렴의 인사를 널리 구
하여 수령을 삼은즉 비록 盡善하지는 않지만 일반 사람들보다는 나을
것입니다.[94]

　김구는 천거인을 수령으로 삼으며 '염리'로서 향촌을 잘 다스릴 것으로
제안하고 있다. 이러한 제의는 사림이 천거인을 통해서 수령의 문제를 해
결하고자 하였음을 잘 보여준다.
　중종 11년에도 김구는 과거출신자가 적음을 지적하면서 효렴과의 필요
성을 강조하였다. 그는 "과거 식년의 정액이 많은 것처럼 보이지만 수령,

---

92) 『중종실록』 권14, 중종 6년 6월 임인.
93) 『중종실록』 권40, 중종 15년 8월 무인.
94) 『중종실록』 권20, 중종 9년 2월 무신.

교수가 되어 요절처에 사용할 인원이 적습니다."[95]라고 지적하였다. 지속적으로 천거인을 수령으로 사용하고자 사림은 노력하였다.

중종 12년에도 경연 중에서 사림 유용근은 당시 지방의 문제를 거론하면서, 지방으로부터 천거된 이들에게 循資法에 따라서 참봉을 제수함은 불가하다고 지적하고, 수령직을 줌이 가하다고 주장하였다. 중종도 이에 동의하면서 다음과 같이 명하였다.

> 추천 받은 사람에 대해 반드시 자격만을 따라 처음에 참봉이란 말관을 제수하는 것은 온당하지 못하기 때문에 혹 6품직을 제수하기도 한다. 전조도 6품의 수령에 서용하여 그 실적을 보는 것이 옳다.[96]

중종은 천거인을 육품의 수령에 제수하여 그의 행적을 살피도록 명하고 있다. 이와 같은 사림의 노력으로 천거인의 수령제수는 활성화되었다. 그러므로 중종 13년에 중종은 "遺逸을 搜訪하고 성균관에 經明行修한 자를 천거하도록 명하여 資級에 구애를 받지 말고 서용하라."고 거듭 명하였다.[97]

이러한 노력의 결과 천거별시가 실시되기 전인 성종 13년 6월에 이르면 "지금 6품에 오르는 자가 심히 많고 7품이 되는 자도 있다."라고 표현될 정도로 천거인으로 육품직의 제수는 많았고 수령으로 진출하는 이도 적지 않았다.[98] 사림의 노력으로 천거인들이 다수 수령으로 임명되었는데, 이는 지방에서 천거한 덕망지사를 수령에 임명하여 향촌을 살피게 하는 것으로, 사림정치의 이상을 실현한 것으로 이해할 수 있다.

천거인의 수령직 임명은 사림이 감사로 나아가면서 더욱 활성화되었다. 사림 출신의 감사는 전최를 엄하게 시행하여 적절하지 못한 이들을 탈락

---

95) 『중종실록』 권24, 중종 11월 4일 기사.
96) 『중종실록』 권31, 중종 12년 윤12월 을해.
97) 『중종실록』 권31, 중종 13년 정월 갑인.
98) 『중종실록』 권33, 중종 13년 6월 신미.

시키고, 그 후임으로 천거인을 서용하고자 노력하였다. 중종 12년 김안국
이 경상도 감사로 나가있으면서 올린 전최를 보면 '中'의 성적이 14인, '下'
의 성적이 4인에 이르고 있었다. 이것은 이전의 감사의 전최가 형식적인
것이었던 것에 비하면 획기적인 것이었다.99)

그리고 이 자리를 천거인으로 채우고자 하였다. 경연 중 사림 기준은 수
령에서 탈락된 자리에 같은 인물을 사용한다면 헛된 것이라고 지적하고
천거인물 중에서 연령이 높은 이들을 수령으로 서용하자고 제안하였다.
이는 적절하지 못한 수령을 포폄으로 몰아내고 천거인을 수령으로 임명하
려는 사림의 일관된 전략을 잘 보여주고 있다.100)

이러한 상황에서 현량과의 실시가 결정되자, 사림 일부에서는 이러한
인재 부족의 상황을 감안하여 7,80인을 현량과로 뽑을 것을 주장하였
다.101) 그러나 이러한 의도는 실현 불가능한 것이었다. 중종 13년 사림 안
당이 "근래 수차의 천용으로 閭巷의 수재는 거의 다 서용하였고, 나머지는
향당에서도 중히 여기지 않는 자입니다."라고 지적하는 상황이 전개되고
있었다. 그러므로 현량과에는 28명만 선발되었고 현량과에 선발된 인원들
을 중앙의 관원부족으로 인해 주로 중앙에 배치되었다. 그러므로 수령에
배치할 적절한 인원은 여전히 부족하였다. 그러므로 사림은 군현의 병합
으로 이 문제를 해결하고자 하였다. 군현의 병합 문제는 다음절에서 살펴
보자.

---

99) 『중종실록』 권29, 중종 12년 9월 갑술.
100) 『중종실록』 권35, 중종 13년 3월 을축.
101) 『중종실록』 권35, 중종 13년 12월 임오.

3. 地方組織의 개편

1) 合縣의 추진

사림은 수령에 대한 견제 방안의 모색과 수령의 인선에 대한 개선에 노력을 기울이면서 상당한 성과를 거두었다. 그러나 많은 군현의 수에 비하여 문신출신이나 천거인의 수는 제한되었다. 그러므로 이들만을 수령으로 임명할 수 없었고, 비문신 출신 수령을 안 쓸 수 없었다. 그러므로 이를 보완할 수 있는 방안을 계속 모색하였다. 그 방안은 먼저 合縣으로 제시되었다. 사림은 군현의 수가 많으므로 수령을 엄선하기 어려우니, 적은 군현들을 합하여 군현의 수를 줄이고자 하였다.

이는 중종 12년 경연 중 장령 소세양에 의해서 제시되었다. 그는 다음과 같이 合縣의 필요성을 주장하였다.

> 州府郡縣이 과다하여 수령이 많아 신중히 선택할 수 없으니, 대부분 貪殘하고 嗜利하는 자들입니다. (중략) 우리나라의 땅은 좁은데, 大官인 곳은 민이 出貢과 作役에 일 년에 한번하거나 혹은 1년에 한 번도 돌아오지 않는데, 小官인즉 비록 적은 일과 貢에도 四面의 민들이 같이 합력해야 하니 민이 매우 困弊합니다. 주부군현의 수를 감하여 그 적은 것을 합한 즉, 수령의 수가 적어져 신중히 선택할 수 있습니다.[102]

여기서 소세양은 두가지의 관점에서 합현의 필요성을 논하고 있다. 먼저 군현이 과다하여 수령을 엄선하여 파견하는 것이 어렵다는 정치적 관점에서였다. 다른 한 관점은 소규모의 군현이 군현의 노동력과 생산량이 부족하여 군현에 부담되는 공물이나 역을 감당하기에 어렵다는 경제적 관점이었다. 경제적인 면에서도 합현은 매우 필요한 것이었으나, 소세양의

---

102) 『중종실록』 권29, 중종 12년 8월 기유.

문제의식은 수령을 신중히 택할 수 있다는 점에 초점이 있었다.

물론 이러한 주장은 소세양 개인의 것이 아닌 사림의 합의된 주장이었다. 그러므로 자리에 같이 하였던 사림 김정도 "實惠가 민에게 미치고 善治가 세상에 나타나는 것은 군현을 합하지 않고는 얻을 수 없습니다."라고 합현을 주장을 하였다. 이러한 합현의 주장은 이미 사림이 문신이나 천거인을 수령으로 파견하면서 이들의 수가 구조적으로 제한되어 있음을 인식하고 이에 대한 대안으로 모색한 것이었다.

이 제의에 대하여 중종은 "군현을 합하면 수령을 선발하기가 쉬워져 백성이 소생함을 얻을 것이다."라고 기본적으로 동의하였다. 그러나 "가볍게 법을 바꿀 것은 아니다."라고 유보적인 태도를 취하였다.103)

사림은 이후에도 계속 합현의 필요성을 강조하였다. 중종 13년 사림 최숙생은 합현의 필요성을 강조하면서 그 목적을 앞에서 소세양이 언급한 군현의 부담을 줄이고 수령의 인선을 잘하기 위해서라고 강조하면서, 추가로 다음과 같은 목적을 제시하고 있다.

> 합병하지 않으면 殘邑은 더욱 彫耗해질 것입니다. 이는 다름이 아니라 잔읍의 수령은 대부분 殘劣한 자가 임명되므로, 매번 전최에 居下의 평점을 받아 그 읍에 오래 거하지 못합니다. 요행이 氣力이 있는 자가 잔읍에 임명되면 모든 수단을 써서 피하려하니, 잔읍은 더욱 彫弊해져 민생의 蘇復을 기할 수 없습니다.104)

이 내용은 당시 잔읍 수령의 실상을 잘 보여주고 있다. 사림이 문신출신 수령의 임명을 추진하였으나, 이들은 주로 큰 군현에 배치되었고, 적은 군현에는 이에서 소외되어 비문신 출신 수령들이 배치되었다. 이들은 자질도 부족하여서 강화되는 감사의 전최에 좋은 평점을 얻지 못하였다. 그러

---

103) 상동조.
104) 『중종실록』 권31, 중종 13년 정월 갑인.

므로 수령의 전출이 빈번하였고, 이로 인해 적은 군현은 더욱 어려워지고 있었다. 이는 그간 사림이 문신수령의 임명으로 큰 군현은 혜택을 보고 있었으나, 작은 군현들은 그 혜택에서 소외되고 있었음을 보여준다. 사림은 합현을 추진하여 군현의 수를 줄이면서 작은 군현의 문제를 해결하고자 하였다.

물론 이러한 주장의 이면에서는 여전히 천거인을 수령으로 임명하려는 노력도 같이 진행되고 있었다. 그러므로 최숙생은 위 내용을 언급하면서 "수령을 모두 신중하게 택하지 못하는 것은 국가의 인재가 한정되어 있기 때문입니다. 그러나 遺逸之士를 搜訪하고 성균관에 明経行修한 자를 천거하도록 하여 資級을 계산하지 않고 사용하면 어찌 백성을 침어할 마음이 있겠습니까?"[105]라고 천거인의 수령 임명도 같이 거론하였다.

사림은 합현의 필요성을 거듭 강조하였다. 중종 13년 4월 경연 중에 김정은 "대소군현을 합병하지 않고, 감사를 久任하지 않으며 致治가 불가하다고 생각합니다."라고 계속 합현의 필요성을 강조하였다.[106]

사림이 합현을 계속 주장하자, 왕은 이 문제를 대신들에게 논의하게 하였다.[107] 정광필 등 대신들은 "군현을 합병하는 것은 가볍게 논의할 일은 아니지만, 殘弊함이 매우 심하여 自存할 수 없는 곳은 대책이 없을 수 없습니다."라고 일단 합현을 기본적으로 동의하였다. 그리고 구체적으로 문제가 되는 곳을 몇 군데 거론하였다. 즉 경기도의 積城과 麻田을 합치고, 충청도의 海美를 적당한 곳을 찾아서 합병하고, 평안도 寧遠을 폐지하고 驛을 두는 방안 등을 제시하였다. 또한 황해도 文化, 鳳山, 載寧 등은 전염병 발생이 많다는 이유로 移邑할 것을 건의하였다.[108] 또한 이상에서 거

---

105) 상동.
106) 『중종실록』권32, 중종 13년 4월 을유.
107) 『중종실록』권32, 중종 13년 3월 을축. 이미 이때부터 왕은 대신의 의견을 물으려고 하고 있으나, 사림은 보다 신중히 할 것을 요청하고 있다. 구체적인 논의는 중종 13년 5월에 진행되었다(『중종실록』권33, 중종 13년 5월 병인).

론한 몇 개 군현의 합병과 이읍의 문제를 각도의 감사에게 물어서 다시
논의할 것을 제안하였다.

이와 같은 대신들의 반응은 다른 안건의 처리에 비추어 볼 때에 매우
신속하고 구체적인 것이었다. 대신들의 입장에서 볼 때에 군현의 병합은
문음인 출신 수령의 진출을 저해하는 것이었으므로 찬성할 수 없는 사안
이었다. 그러나 대신들은 이전의 여러가지 사안에서 경험한 것처럼 명분
이 없이 사안을 끌고만 있어서는 결국 문제만 커진다고 인식한 것으로 보
인다. 그러므로 당시까지 구체적으로 문제가 거론되고 있었던 최소한의
군현만을 대상으로 삼음으로써 이 문제를 신속하게 정리하고자 하였다.

이러한 대신들의 계산은 주효하였다. 사림은 합현의 당위성을 주장하였
으나, 합현할 대상 군현에 대해서는 아직 구체적인 구상을 가지고 있지 못
하였고, 또한 역사적인 깊은 뿌리를 가지는 군현의 경계를 짧은 시간 안에
졸속하게 결정하는 것도 매우 조심스러운 일이었다. 그러므로 대신들이
거론한 몇몇 군현을 정비하는 선에서 이 문제를 마무리 지었다.[109]

이후 사림은 군현의 합현이 필요하지만, 실제적인 합현의 추진은 쉽지
않은 과제임을 인식하면서, 군현 하나하나를 대상으로 삼기보다는 감사제
도를 강화하여 감사를 통한 수령의 통제라는 방법에 집중하였다. 이는 이
미 이전부터 전최제도의 강화라는 관점에서 사림이 추진한 방법이었으나,
중종 중반에는 이전과 달리 사림이 관찰사로 진출할 수 있는 상황이 전개
되면서 이는 새로운 대안으로 다시 부각되었다.

108) 『중종실록』권33, 중종 13년 5월 병인.
109) 『중종실록』권35, 중종 14년 3월 정사. 감사들의 보고를 바탕으로 三公은 다시
이 문제를 의논하였는데, 마전과 적성의 병합문제는 적성의 일부를 마전에 나누
어주는 선에서 정리하였고, 문화, 봉산, 재령의 移邑은 풍년을 기다려 시행하기
로 결정하였다.

2) 감사의 久任制와 分道

사림은 수령의 문제를 해결하기 위해서 감사의 구임제를 추진하였다. 감사의 구임제는 감사의 임기를 1년에서 2년으로 늘이자는 것이었다. 이는 단순히 임기의 연장에 그치는 것이 아니라, 감사의 임기 연장을 통해서 감사가 충실히 일할 수 있는 여건을 만들어 주자는 것으로 결국 감사제의 강화방안이었다.

사림의 감사구임제는 수령의 통제를 감사를 중심으로 해결하겠다는 입장이 강하게 드러난 것이었다. 이는 사림이 수령의 인선을 문신 혹은 천거인으로 개선하면서 상당한 효과를 보았지만, 전국의 많은 군현에 모두 문신출신이나 천거인을 보낼 수 없다는 현실을 인식한 결과였다. 사림은 합현도 추진하였으나 합현을 무리하게 시도할 수 없었으므로 합현의 수는 제한되었다. 그러므로 사림은 수령을 감독할 수 있는 감사에게 더 잘 일할 수 있는 여건을 마련해준다는 의미에서 임기를 2년으로 하는 久任制를 제의한 것이었다.

사림이 감사제의 강화를 강조한 것은 당시 민의 동향과도 밀접한 것이었다. 중종 13년 경연 중 이인은 다음과 같이 당시 관찰사의 선임의 중요성을 강조하였다.

> 원통하고 억울한 백성은 한없이 많은 데 비해 백성을 사랑하는 수령은 몇 사람이나 되겠습니까? 간혹 수령의 해독이 있으면 어리석은 백성은 억울함을 풀고자 감사에게 呈訴하나, 수령 등은 한통속이 되어 이들을 수령을 고소하는 사람이라 하면서 소문나지 않게 하고 반드시 묵살시킵니다. 감사가 差使員을 정하여 조사하도록 하면 차사원은 끝내 숨기니 어찌 이처럼 원통하고 가련한 일이 있겠습니까? 감사가 강직하고 밝으면 이러한 폐단을 구제할 수 있을 것입니다.[110]

---

110) 『중종실록』 권32, 중종 13년 4월 갑신.

백성들은 고소할 일이 있으며, 수령에게 일차적으로 고소를 하였고, 수령 재판의 결과에 불복하는 경우 관찰사에게 상고할 수 있었다. 그러나 백성들이 수령에게 불법을 당하는 경우에는 일차적으로 관찰사에게 수령을 고소할 수 있었다. 그러므로 수령의 불법을 막기 위해서는 수령고소를 바르게 처리해줄 '강직'한 감사의 임명이 절실하였다.

그러므로 사림은 감사를 바르게 임명하는 것이 중요하다고 생각하였다. 중종 14년 경연 중 사림 기준도 감사의 역할이 중요하다는 것을 다음과 같이 언급하였다.

> 감사가 출입할 적이면 백성이 시끄럽게 呈訴하게 되는데, 어찌 일일이 직접 결단할 수 있겠습니까? 만일 적임자를 만난다면 자연히 효과가 있을 것이니 큰일을 하려면서 작은 폐단을 헤아려서는 안 됩니다.111)

이는 지방에서 백성들이 감사에게 '시끄럽게 정소'하여 수령을 적극 고소를 하고 있음을 잘 보여준다. 같은 경연 자리에서 특진관 윤세호도 유사한 상황을 "비록 적은 일이라도 모두 관찰사에게 呈訴합니다. 관찰사가 금한 즉 백성이 혹은 밤을 틈타서 높은 곳에 올라 욕하는 자가 있으니, 감사의 소임이 진실로 어렵습니다."112)라고 언급하였다.

이러한 상황이었으므로 사림은 관찰사의 인선에 관심을 기울였고, 일단 적절한 사람을 관찰사로 파견하면 임기를 충분히 부여하여 일할 수 있는 여건을 만들고자 하였다.

물론 이러한 감사구임제는 감사의 인선이 잘못되는 경우에는 오히려 더욱 큰 문제가 될 수 있는 소지가 있었다. 감사구임제는 감사의 바른 선임을 전제하는 위에서 가능한 것이었다. 이 점에 대해서 사림은 나름대로 자신감을 가지고 있었다. 이시기에 이르면 사림이 서서히 당상관으로 진출

---

111)『중종실록』권36, 중종 14년 5월 계묘.
112) 상동조.

하여 감사로 나갈 수 있도록 상황이 바뀌고 있었다.

감사구임제에 대한 논의는 중종 11년부터 제기되었다. 이 시기에는 문신출신을 수령으로 임명하는 방안이 일정한 성과를 거두어 문신출신 수령이 늘어가면서, 조정에서는 인재부족이라는 새로운 문제점이 노출되기 시작하였다. 그러므로 문신출신의 지방배치는 한계가 있음이 드러났다. 그러므로 새로운 방안이 모색될 수밖에 없었고, 그 방안으로 한편에서 천거인의 수령제수가 추진되었고 또한 감사구임제가 제시되었다. 사림이 감사구임안의 제기에 대하여 대신들은 감사의 임기를 2년으로 하면 양계지방의 예를 따라 가족과 동행하여야 할 것이니 비용의 부담이 클 것이라는 반대하였다.[113]

종종 12년 2월 김안국이 경상도감사로 나아가면서[114] 사림은 감사구임론을 보다 적극적으로 추진하였다. 특히 중종 12년 말 김안국이 경상감사의 1년 임기를 마치려는 상황이 되자 김안국의 유임을 거론하면서 감사구임론을 더욱 구체적으로 추진하였다. 중종 12년 사림 정언 김광복은 다음과 같이 이 문제를 제기하였다.

> 수령은 백성을 가까이에서 다스리는 관원이고 감사는 수령을 진퇴시키는 자인데, 수령을 죄다 가려 쓸 수 없더라도 감사를 정하게 가려 써야 하니, 감사는 재능이 있고 책임을 다하는 자에게 위임하여 책임을 지워 성취하게 해야 합니다.[115]

김광복은 감사의 인선을 바르게 하고 재능이 있는 자에게는 '책임'을 지워야 한다고, 감사구임제를 제안하였다. 이에 대하여 중종은 "내가 듣건대, 경상도 감사 김안국이 직임에 성실을 다하는 자라 한다. 각별히 현능한 사

---

113)『중종실록』권27, 중종 11년 12월 경술.
114)『중종실록』권27, 중종 12년 2월 기유.
115)『중종실록』권30, 중종 12년 11월 신사.

람이 있으면, 내 생각에도 대신과 의논하여 구임하도록 꾀하고 싶다."라고
화답하면서 구임론에 찬성하였다. 이에 대하여 대신들은 반대하였으나, 중
종은 "감당할만한 자를 가려서 구임시키려는 것이다."라고 '선택적 구임론'
을 주장하였다.

이러한 제안에 따라서 대신들도 이 문제를 논의하였다. 대신들은 "직사
에 선하고 능한 관찰사를 가려서 구임시키는 것은 아름다운 일입니다."라
고 동의하면서도 상례로 삼을 수 없다고 주장하였다. 특히 구임제를 막기
위해서 경상도는 넓어서 감사가 구임하기 어렵고, 구임하기 위해서는 경
상도를 분도하는 것이 불가피하다고 주장하였다.[116]

사림은 이후에도 감사구임론을 기회가 있을 때마다 강조하였다. 중종
13년에도 이세응이 충청관찰사, 박세희가 도사로 나아가자 이를 빌미로
감사구임론을 주장하였다.[117] 경연 중 유인숙은 이들이 시종 출신임을 강
조하면서 이들이 지방에 나아가면 좋은 통치가 기대되나 1년의 임기로는
풍속을 바꿀 수 없음을 강조하였다. 같이 경연에 참여한 김정도 구임을 하
지 않고 1년의 임기로 감사를 바꾸면 전임과 현임감사가 모두 賢才여도
각기 하는 바가 달라 민이 혜택을 입기 어렵다고 강조하였다.[118] 계속해서
김정은 감사의 구임과 合縣이 致治를 위한 필수적인 조건이라고 강하게
주장하였다.

이러한 사림의 논의가 지속되자 중종은 이 문제를 다시 의논하도록 명

---

116) 『중종실록』권30, 중종 12년 11월 정유.
117) 박세희는 사림파였으나, 이세응은 정국공신 4등에 봉해진 공신이었다. 그러므로
　　이세응의 감사부임을 거론하면서 사림이 감사구임론을 제기한 것은 쉽게 납득
　　이 안가는 부분이다. 그러나 이세응은 언관으로 활동하면서 사림과 견해를 같이
　　하여 사림과 원만한 관계를 가진 인물이었다. 사림이 그를 높이 평가한 것은 이
　　러한 연유에 기인한 것이었다.
　　이병휴도 이세응이 사림파와 좋은 관계였음을 지적하고 있다(『조선전기 기호사
　　림파연구』일조각 1984, 69쪽).
118) 『중종실록』권32, 중종 13년 4월 갑신.

하였다. 이 자리에는 대신뿐 아니라 사림도 함께 참여하여 다양한 의견을 수렴하도록 하였다. 대신들만 논의를 하면 일방적인 결론에 도달하리라고 중종은 생각한 것으로 짐작된다. 이 자리에서 정광필 등 대신들은 이전에 거론했던 주장을 거듭하면서 특히 구임하는 경우 잘못된 사람을 임명하면 그 피해가 더욱 클 수밖에 없다는 점을 강조하였다.

감사구임론은 중종 14년에 들어서 다시 거론되었다. 지방 기근이 문제가 되면서 대책의 일환으로 감사구임론이 다시 부상되었다. 경연 중 사림 구수복이 "감사가 1년의 임기로는 文簿만을 관리하니 어느 겨를에 敎本하리오."라고 구임의 필요성을 강조하였다. 이러한 사림의 주장에 대하여 중종은 "조종의 법을 고치는 것은 어렵지만, 구임하도록 한 연후에야 究化가 가능할 것이다."라고 구임론에 공감하였다.119)

그러므로 다음날 경연 중에 이 문제는 다시 재론되었는데, 경연관이 "각 도에 해마다 凶荒하니 민이 어렵고 또한 죄인이 심히 많은데 형을 받는 자가 너무 많아 寃抑이 있습니다."라고 지방의 문제를 제시하자, 중종은 이는 오로지 사람에게 달린 문제인데, "감사를 택하여 구임하도록 하면 가하다."고 그 전날 논의되었던 감사구임론을 그 대책으로 언급하였다. 이러한 중종의 적극적인 언급은 사림에게 매우 고무적인 현상이었다. 그러므로 이 자리에서 많은 논의가 있었다.

이 자리에 참여하였던 대신 신용개는 감사가 구임을 하면 가족을 데려가야 하고 감영에 아전을 설치해야 하는 일 등으로 비용이 많이 든다는 주장을 거듭하였다. 또한 부연하여 "감사가 한 곳에 있게 되면 민들이 멀어서 訟事하기에 어려우니 이 역시 폐단입니다."라고 새로운 이유도 제시하였다. 이미 사림이 감사구임론을 펼치면서 민과의 보다 긴밀한 관계의 유지를 주요한 근거로 제시하고 있었던 만큼 이는 중요한 문제의 제기였다. 그러나 이 문제에 대한 방안으로 중종이 "큰 도는 좌우로 分道하는 것

---

119) 『중종실록』 권35, 중종 14년 2월 정축.

이 가하다."고 대신들이 제시한 '分道'의 방안까지 수용하는 적극성을 보이면서 논의는 새로운 단계에 접어들게 되었다.[120]

분도가 거론되면서 이에 대한 입장의 정리가 필요하였으므로 논의는 잠시 소강상태에 접어들었다. 그러나 중종 14년 4월 김안국이 전라도 감사로 나가면서 논의는 다시 계속되었다. 경연 중 조광조는 어제 김안국이 전라도 감사로 임명된 것을 거론하면서, 김안국도 구임하지 않으면 별효과가 없을 것이라고 구임의 필요성을 강조하였다. 또한 경연에 참여한 윤은보가[121] 구임제와 더불어 경상도를 좌우로 분도하는 것은 어떠하냐고 제안하였다.[122]

이렇게 감사의 구임과 분도의 문제가 동시에 제기되자 이에 대하여 조정에서의 논의가 불가피하였다. 신용개는 이에 대하여 기본적으로 반대하였으나, 고형산, 남곤 등 대신들은 구임은 불가하여도 분도는 가하다는 의견을 제시하였다. 이에 비하여 사림 이자는 구임의 필요성만을 강조하였다.[123] 이러한 논의를 들은 중종은 결단을 내리지 못하고 다만 승정원에 이전에 구임제를 실시하였던 자료를 조사하도록 하고 그 결정을 보류하였다.

중종은 승정원으로부터 감사구임제는 세종대에 시행하였으나 노산군대에 혁파되었음을 보고 받으면서[124] 다시 한 번 이 문제를 논하도록 명한

---

120) 『중종실록』 권35, 중종 14년 2월 무인.
121) 윤은보는 당시 이조참판으로 경연에 참여하였다(『중종실록』 권35, 중종 14년 정월 계사). 윤은보의 '분도제의'는 어떠한 입장에서 나온 것인지 분명하지 않다. 윤은보의 행적을 볼 때 사림은 아니었으나, 그의 동생 윤은필과 같이 사림의 이념에 함께한 인물로 이해된다.
    그러므로 윤은보의 분도제의는 사림의 주장인 경상도만 제한하는 분도이어서, 사림과의 교감에서 나온 것으로 생각된다.
122) 『중종실록』 권35, 중종 14년 4월 임진.
123) 『중종실록』 권36, 중종 14년 5월 계사.
124) 『중종실록』 권36, 중종 14년 5월 무술. 승정원에서는 위와 같은 내용과 더불어 "治效를 보고자 한다면 일시의 적은 폐단을 계산하여 하지 않는 것이 가하겠는가. 兼牧制를 복설하는 것이 가하다."라고 구임제의 시행을 요청하는 발언을 하

다. 여기서 정광필, 신용개 등은 구임을 반대하였으나 분도에 대하여 찬성하였다. 안당, 이장곤, 이유청 등은 구임과 분도 모두를 찬성하였다. 이러한 논의에 따라서 조정에서는 일단 구임을 보류하고, 전라도와 경상도의 분도를 결정하였다.125)

따라서 사림이 추진하였던 구임제는 표류되고 오히려 사림이 크게 의미를 부여하지 않았던 분도제가 추진되는 초점을 잃은 국면이 전개되었다. 사림은 경상도의 분도는 찬성하였으나, 전라도까지 분도를 할 필요가 있는가라고 제한적 분도론을 제기하면서 논의는 혼란해졌다.

즉 경상도는 땅이 크고 사람이 많으나 전라도는 50여 읍에 불과하여 충청도와 다르지 않은데 분도를 하면 감사나 도사의 행차로 역로의 폐단이 많을 것이니 다시 논의해야 한다고 주장하였다.126) 사림은 전라도 분도는 불필요하다는127) 주장을 계속하면서128) 핵심문제인 구임제로 다시 논의를 모아갔다.

그러나 대신들과 사림의 의견이 팽팽히 맞서고 있는 상황이었으므로 별다른 진전이 있을 수 없었다. 중종은 구임론에 대하여 긍정하는 입장을 견지하고 있었으므로129) 사림은 결국 왕의 결단을 강조하는 방향으로 나아갔다. 경연 중 사림 박세희는 세종대의 구임제를 시행하였던 과정을 거론하면서, 세종대에도 구임제에 대하여 신하들은 동의하지 않았으나, 세종의 '獨斷'에 의해 결정되었음을 강조하면서 중종의 결단을 촉구하였다.130)

였다.
125) 『중종실록』 권36, 중종 14년 5월 을해.
126) 『중종실록』 권36, 중종 14년 5월 경자.
127) 상동. 사림이 전라도 분도의 불필요성을 주장하자, 대신들은 분도를 하면 민들이 감영에 왕래하기에 편하지 않겠는가라고 분도의 타당성을 주장하였다. 이에 사림은 감사가 가까이 있으면 오히려 사소한 일까지 감사에게 직접 고소하는 소란이 있을 것이라고 응대하고 있다. 이와 같은 사림의 대응은 분도를 구임제를 교란시키는 방안으로 생각하는 입장에서 취한 반응이었다.
128) 『중종실록』 권36, 중종 14년 5월 갑진.
129) 『중종실록』 권36, 중종 14년 5월 기유.

이러한 상황이었으나 중종은 쉽게 결단하지 못하였다. 그러므로 이 문제를 다시 대신들의 논의에 붙이지 않을 수 없었다. 이 논의에서 신용개 등 대신들은 감사의 구임은 불가함을 분명히 하면서, 이전부터 거론해온 감사가 구임하여 감영을 두는 경우의 비용 문제를 재론하였다. 또한 이에 추가하여 "관찰사가 周巡하는 일에 성실하지 않고 本營에 많이 머물러 있으면 民瘼을 알 수 없다."라고 관찰사가 구임하는 경우의 예상되는 문제점까지 추가로 제시하였다. 또한 분도의 문제를 거론하면서 분도를 하는 것은 반대하지만 경상도의 분도는 무방하고, 전라도는 경상도에 비하여 협소하므로 분도하지 않는 것이 좋다고 사림의 의견과 같은 안을 제시하였다. 사림인 안당과 이자는 이전과 같이 구임을 주장하였고 경상도만을 분도하는 방안을 제시하였다. 그러므로 경상도만을 분도하는 방안은 합의되었으나 구임제에 대해서는 여전히 의견을 모으지 못하였다.

이후 경연에서 분도의 문제는 계속 논의되었으나, 중종은 "구임을 시행하면 분도를 하지 않는 것도 가하다."131)라고 논의의 본질은 구임론에 있음을 분명히 인식하고 있다. 또한 논의가 지속되자, 중종은 역시 "관찰사의 구임은 마땅이 時宜를 보아서 단행하겠다. 조급하게 행하는 것은 불필요하다."라고 결정을 미루었다.132)

그러나 중종은 그 14년 6월에는 경상도분도를 먼저 시행하였고,133) 14년 8월에는 감사구임제도 시행하였다. 구임제를 결정하면서 대신의 의견을 물어134) 관찰사가 부윤을 겸하게 하고, 해당지역에 행정관으로 庶尹을 두는 방안도 결정하였다.135) 또한 분도는 경상도에 한하여 시행하였다.

---

130)『중종실록』권36, 중종 14년 5월 경술.
131)『중종실록』권36, 중종 14년 5월 임자.
132)『중종실록』권36, 중종 14년 5월 계축.
133)『중종실록』권36, 중종 14년 6월 신미. 경상좌도 관찰사로 이항이 경상우도 관찰사로 문근이 임명되었다.
134)『중종실록』권36, 중종 14년 8월 신미.
135)『중종실록』권36, 중종 14년 8월 신미조의 기록에 의하면 대신들이 이 문제를

그러한 결의에 따라서 중종 14년 11월에 신임관찰사에 대한 인사가 단행되었다. 충청도 신공제, 경상좌도 이항, 경상우도 문근, 전라도 김안국, 황해도 김정국, 강원도 김굉 등을 선임하였다. 새로 선임된 감사들은 사림이거나 사림에 협조하는 관원이 대부분이었다. 문근, 김안국, 김정국 등이 사림이었고, 김굉, 신공제 등은 대간이나 홍문관원으로 재직 중에 사림의 정책에 공동보조를 맞춘 이들이었다.136)

그러므로 이러한 결과는 사림의 입장 볼 때에 중요한 성과였다. 그간 추진해온 수령제 개혁의 틀이 감사구임제의 시행으로 마무리 되었다. 그러나 이러한 개혁은 일정한 성과를 보기 전에 기묘사림이 사화를 당하면서 중지되었다.137) 사화직후 바로 감사구임제와 경상도의 분도제는 혁파되고 말았다.138)

맺음말

이상의 논의를 정리하면서 결론을 내리고자 한다. 사림은 중앙정치에 진출하면서 지방문제의 해결을 위해서 노력하였다. 특히 지방정치의 가장 중요한 핵이 되는 수령에 대한 대책을 모색하고 있었다. 그 결과 여러가지 방안이 제시되었고 추진되었다.

1. 사림은 먼저 수령의 부정에 대한 규제책의 마련에 노력하였다. 이는 감사를 통한 전최의 강화, 어사의 파견 강화, 외사관의 설치 등의 방안을 통해서 추진되었다.

논의한 것을 알 수 있다.

136) 『중종실록』 권37, 중종 14년 11월 을미.
137) 감사의 인사를 시행하고 불과 10일 만에 기묘사화가 일어났다(『중종실록』 권37, 중종 14년 11월 을사).
138) 『중종실록』 권37, 중종 14년 11월 병진, 경신.

사림은 감사가 시행하는 전최제도를 개선하고자 노력하였다. 감사는 수령의 잘잘못을 평가하는 전최를 수행하고 있었다. 사림은 전최를 통해서 수령의 무능력이나 비행을 제어하여, 민에게 돌아갈 비리와 폐단을 규제할 수 있다고 보았다.

사림은 시행되고 있는 전최제도를 보완하여 수령의 부정을 규제하고자 하였다. 이에 사림은 몇가지 전최제도의 개선안을 제시하였다. 포폄기준의 강화, 신속한 포폄, 처벌의 강화 등으로 제안되었다. 최종적으로는 포폄을 주관하는 감사의 인사에 대해서도 관심을 기울였다.

먼저 제시된 것은 포폄의 기준을 강화해보려는 노력이었다. 사림은 포폄 기준을 강화하기 위해서 포폄의 상, 중, 하의 평가 비율을 정해보고자 하였다. 기존의 포폄이 대부분의 수령에게 '상'의 성적을 주는 것이어서 포폄의 기능을 바르게 행하지 못하고 있었기 때문이었다.

또한 사림은 전최를 신속하게 그리고 수시로 시행해야 한다고 주장하였다. 전최는 결과에 따라서 수령의 처벌을 신속히 하고, 전최를 1년에 두 차례라는 주기에 메이지 많고 수시로 해야 한다고 주장하였다.

사림은 이와 더불어 전최의 처벌도 강화하려고 노력하였다. 당시 파직 당한 수령을 『경국대전』의 규정에 의하면 2년간 관직에 임명하지 않도록 규정하고 있었으나 이 규정을 잘 지켜지지 않았다. 사림은 이 규정의 준수는 물론 파직 당한 수령은 영구히 서용하지 않아야 한다고 주장하였다.

사림은 이상과 같이 여러가지 방법으로 감사가 행하는 전최의 제도를 보완하는 방식을 제안하였으나, 사림은 전최를 잘 시행하기 위해서는 감사를 잘 뽑아야 한다고 생각하였다. 전최가 형식적이 되는 가장 중요한 이유는 감사가 수령의 부정을 방치하고 있기 때문이라고 생각하였다. 그러므로 사림은 적절한 감사를 임명하고, 강화된 포폄규정에 의해서 포폄을 시행하면 수령의 부정은 줄어들 것으로 생각하였다.

2. 사림은 수령에 대한 통제 방침으로 어사제를 적극적인 활용하였다.

사림은 먼저 어사제도의 보완에 노력하였다. 이는 어사를 통한 백성의 고소를 허용하여 고소를 활성화하고, 어사를 상설 배치하여 수령의 부정을 막아보고자 하였다. 또한 사림은 자신들이 적극적으로 어사로서 활동하면서 수령의 문제를 해결하고자 하였다. 성종대에는 사림이 아직 당하관의 지위에 있었으므로, 감사의 포폄보다 자신들이 개입할 수 있는 어사를 통한 수령의 규제를 선호하였다.

사림은 어사로서 성종 중반부터 활동하였다. 성종은 홍문관원을 적극적으로 어사로서 활용하면서 지방의 문제를 해결해보고자 하였고, 사림 역시 향촌의 질서를 바로잡기 위한 유향소복립 등에 관심을 기울이면서 어사로 지방에 내려하는 것에 적극적으로 동참하였다. 성종대 어사는 '侍從'에서 많이 나왔다는 지적은 홍문관원이 어사로서 크게 활동했음을 보여준다.

사림은 어사제를 적극 활용하고 이를 통해서 자신들이 어사로 나아가면서 어사제도 자체에 대한 개선도 모색하였다. 이는 크게 몇가지의 방향에서 모색되었다. 그 하나는 추첨에 의한 어사의 파견의 시행을 추진하였고, 다른 하나는 어사의 기능강화를 위해서 백성이 어사에게 수령을 고소할 수 있도록 허용하는 것이었다. 또한 상설어사제도 추진하였다.

어사제를 보완하기 위해서 먼저 취한 조치는 추첨에 의한 어사의 파견이었다. 어사파견의 문제점에 하나는 파견되는 지역이 미리 누설되는 것이었다. 파견지역이 누설되면서 수령이 이에 대비하였으므로, 이를 보완하는 방안으로 추첨에 의한 은밀한 파견이 추진되었다.

어사가 수령의 불법을 적발하기 위해서는 백성으로부터 고소를 받는 것이 필요하였다. 그러나 백성들은 부민고소금지법의 제한으로 인해서 어사에게 고소하는 것이 제한되었다. 사림은 어사제의 활성화를 위해서 백성들이 수령의 부정을 고소할 수 있도록 하는 방안을 추진하였다. 이러한 조치로 백성들은 가기원억만이 아니라 여타의 불법도 어사에게 고소할 수 있게 되었다.

　사림은 어사제를 개혁하는 방안으로 어사의 상설화도 추진하였다. 어사
파견의 가장 큰 한계는 임시적이라는 점이었다. 어사는 제한된 시간 안에
수령의 불법을 찾아내는 것은 쉽지 않았다. 사림은 중국의 巡按御史의 예
를 들어 어사 상설화를 추진하였으나 결국 성공하지 못하였다.

　3. 어사의 파견의 기본적인 한계는 임시적인 파견이라는 점이었다. 이를
보완하기 위해서 어사의 상설화를 추진하였으나 성공하지 못하였다. 그러
한 상황에서 상설적으로 수령을 견제할 수 있는 방안으로 주목되는 것이
外史官의 설치였다.

　외사관제는 지방의 역사를 서술하기 위하여 사관을 지방에 파견하는 제
도였다. 그러나 외사관은 지방의 역사를 기록함에 있어서 지방의 풍속과
사정은 물론 수령의 행적까지 기록할 수 있어, 수령의 부정을 견제하는 효
과를 낼 수 있었다.

　외사관의 설치는 사림이 중앙정치에 진출하면서 성종초기부터 제안되
었다. 향촌도 역사서술의 대상으로 인정되어야 한다고 생각하였기 때문이
었다. 그러나 성종 후반부터는 외사관의 설치와 당면한 지방문제의 해결
을 연결시키려 하였다. 한편에서는 어사 파견의 활성화와 상설화의 필요
성을 제기하고 있었는데, 어사의 상설화가 여의치 않자, 이와 비슷한 효과
가 기대되는 외사관을 통한 수령의 견제하고자 하였다.

　중종대에도 사림은 외사관의 설치를 제안하였다. 외사관이 어사의 파견
을 보완하는 것이었으므로 이 양자를 묶어서 추진하였다. 이러한 사림의
제안에 대하여 왕과 대신들이 외사관 설치의 기본 취지에 동의하였다. 이
러한 왕과 대신들의 동의에 따라서 외사관은 '외관겸춘추'로 호칭하고 문
신 수령 중에서 선발되었다. 외사관의 설치로 수령의 부정에 대한 견제효
과가 적지 않았을 것으로 짐작된다.

　4. 사림은 수령의 부정을 감사, 어사, 외사관 등을 동원해서 견제하였지
만, 더욱 중요한 것은 수령의 인사를 잘 하는 것으로 이해하였다. 그러므

로 사림은 적절한 인물을 수령으로 임명하려고 노력하였다. 그러한 과정에 가장 먼저 문제로 부각된 것이 비문신출신의 수령에 대한 규제였다. 비문신출신은 과거를 통과하지 않는 녹사출신이나 문음출신을 지칭하였다.

사림은 비문신 출신들이 수령으로 임명되면서 수령의 부정이 많아진다고 보았다. 대부분의 비문신 출신 수령들은 고위직에 오를 전망이 거의 없었다. 특히 녹사에서 수령에 임명되는 경우는 임기도 마치지 못하여 파직되는 경우도 빈번하였다. 그러한 까닭에 수령으로 있는 기간을 치부할 수 있는 기간으로 생각하고 부정을 일삼는 경우가 빈번하였다. 그러므로 이들을 규제하고자 하였다.

사림은 이들을 수령으로 보내기 전에 중앙부서에서 시험해보고 선별해서 수령으로 내어보내고자 하였다. 또한 사림은 수령의 取才에 대간이 참여하여 수령의 취재를 강화하고자 하였다. 대신들도 수령의 취재에 대간이 참여하도록 하는 것이 가하다고 인정하면서 수령의 취재는 강화되었다. 이와 같은 사림의 견제로 비문신의 수령 진출은 제한되었고, 따라서 수령의 부정이 이전보다 나아지는 분위기가 형성되고 있었다.

5. 사림은 비문신출신들의 수령 진출을 규제하면서 그 자리를 문신 수령으로 채우려고 노력하였다. 당시 문신 출신들은 수령이 되는 것을 회피하였다. 관원들은 중앙에서 주요보직을 맡는 경우 손쉽게 승진할 수 있는 다양한 기회들이 주어졌다. 그러므로 당시 문신 출신 관원들은 외직에 나가는 것을 좌천되는 것으로 생각하였다.

그러나 수령의 부정이 문제가 되자, 사림은 앞에서 살핀 바와 같이 비문신출신 관원의 수령 임명을 제한하고 문신을 지방관원으로 임명하려 노력하였다.

문신출신을 지방으로 보내는 경우 이들이 명망을 아끼는 고로 불의를 하지 않고, 민을 어루만지는데 힘을 쓴다고 보았다. '명망'을 강조한 것은 문신 출신이 특별한 문제만 없다면 상당히 고위관직까지 오를 수 있도록 보장을 받고 있었으므로, 수령으로 재직하면서 과도한 부정으로 문제를 만들 필요가 없었다.

특히 중요한 것은 문신수령의 경우 임기를 마치면 언론삼사에 임명되는 경우가 많았고, 수령으로 지내면서 수집한 부정한 수령에 대한 정보를 바탕으로 부정한 수령을 탄핵할 수 있었으므로, 관원들은 문신 수령의 임명으로 인근지역 비문신수령이 근신하는 효과까지 있다고 생각하였다.

이와 같은 의도를 가지고 문신출신 수령파견을 추진할 때에 청요직에 있는 관원을 수령으로 파견하는 경우, 사림이 의도하는 효과는 극대화될 수 있다고 보았다. 그러므로 사림은 성종 중반부터 홍문관원을 비롯한 양사와 육조의 낭관 등 청요직 관원들을 수령직에 임명하고자 노력하였다.

사림은 지속적으로 노력하면서 문신 수령의 임명이 점차 보편화되었다. 중종 중반에 이르면 경상 전라도 수령의 거의 절반이 문신으로 임명되면서 중앙관청에 임명할 문신이 부족한 현상이 나타났다.

문신이 부족하게 되자 문신을 보충하기 위해서, 四館의 權知들을 別薦하는 방안도 시도되었다. 그러나 사관의 권지의 별천이 기본적으로 과거 급제자 수에 제한될 수밖에 없었다. 그러므로 문과 급제자 수를 늘리는 방안도 모색되었다. 중종대 중반 별시가 급격하게 늘고 있는데 이는 이러한 상황에서 시행된 것이었다. 그러나 과거를 빈번히 치루는 것은 큰 부담일 수밖에 없었다. 따라서 인재의 확보를 위해서는 과거제 외에 새로운 관점에서 모색이 필요하였다.

6. 사림은 천거인의 서용을 성종대부터 제기하였다. 중종대 들어서 문신 수령의 임명이 활성화되어 문신이 부족하게 되자, 사림은 천거제를 활성화하고 천거인을 수령으로 사용하자고 주장하였다.

천거인을 수령으로 임명하기 위해서 가장 중요한 문제는 천거인에게 주는 관직이 참하직이었으므로 참상직인 수령직과 거리가 있다는 점이었다. 그러므로 사림은 천거인의 수령임명을 위해서 천거인에게 참상직을 주는 문제를 중종 중반부터 제기하였다.

사림은 "천거된 이들에게 循資法에 따라서 참봉을 제수함은 불가하다고 지적하고 수령직을 줌이 가하다."고 주장하였다. 중종도 "6품의 수령에 서용하여 그 실적을 보는 것이 옳다."라고 동의하면서 천거인에게 참상직을 주어 수령에 임명하였다. 중종은 그 13년에도 "經明行修한 자를 천거하도록 명하여 資級에 구애를 받지 말고 서용하라."고 거듭 명하면서 천거인의 수령임명은 활발해졌다.

사림의 노력으로 천거인들이 다수 수령으로 임명되었는데, 이는 지방에서 천거한 덕망지사를 수령에 임명하여 향촌을 살피게 하는 것으로, 사림정치의 이상을 실현한 것으로 이해할 수 있겠다.

천거인의 수령직 임명은 사림이 감사로 나아가면서 더욱 활성화되었다. 사림 출신의 감사는 전최를 엄하게 하여 적절하지 못한 수령들은 탈락시키고, 그 후임으로 천거인을 서용하고자 노력하였다.

그러나 천거인을 선발하여 수령을 맡기는 것도 제한이 있었다. 사림 안당이 "근래 수차의 천용으로 閭港의 수재는 거의 다 서용하였고, 나머지는 향당에서도 중히 여기지 않는 자입니다."라는 지적한 것처럼 천거인으로 선발할 수 있는 인원도 제한되고 있었기 때문이었다. 그러므로 사림이 천거인을 수령으로 보내는 정책은 지속적으로 시행되기 어려웠다.

7. 사림은 수령의 문제를 해결하기 위해서 문신출신이나 천거인 수령을 배치하면서 상당한 성과를 거두었다. 그러나 많은 군현의 수에 비하여 문신출신이나 천거인의 수는 제한되었다. 그러므로 이들만을 수령으로 임명할 수 없었고, 비문신 출신 수령의 임명이 불가피하였다.

그러므로 사림은 이를 보완할 수 있는 방안을 계속 모색하였다. 사림은 그 방안으로 먼저 合縣으로 제시하였다. 사림은 군현의 수가 많으므로 수령을 엄선하기 어려우니, 규모가 작은 군현들을 합하여 군현의 수를 줄이고자 하였다.

사림이 합현을 제안하자 대신들의 반응은 다른 안건의 처리에 비추어 볼 때에 매우 신속하고 구체적으로 대응하였다. 대신들의 입장에서 볼 때에 군현의 병합은 문음인 출신의 수령의 진출을 저해하는 것이었으므로 찬성할 수 없는 사안이었다. 그러나 대신들은 명분이 없이 반대만 하는 것은 결과적으로 적절하지 못하다고 인식하고, 당시까지 문제로 거론되고 있었던 군현을 거론하면서 최소한 합현으로 이를 정리하고자 하였다.

사림은 합현의 당위성을 주장하였으나, 합현을 시행할 대상 군현에 대해서 구체적인 구상을 가지고 있지 못하였으므로 본격적으로 합현을 추진하지 못하고, 대신들이 거론한 몇몇 군현을 정비하는 선에서 마무리 지었다. 제한된 합현이었지만 사림은 취약한 군현들을 통합하면서 향촌의 안정적 운영에 일정한 성과를 거둘 수 있었다.

8. 사림은 수령의 문제를 해결하기 위해서 합현까지 추진하였지만, 현실적으로 합현을 적극적으로 하는 것은 부담이 컸다. 그러므로 다시 수령을 관리하는 감사제를 검토하여 감사의 구임제를 추진하였다. 감사의 구임제는 감사의 임기를 1년에서 2년으로 늘이자는 것이었다. 이는 감사의 임기 연장을 통해서 감사가 충실히 일할 수 있는 여건을 만들어 주자는 것으로 결국 감사제의 강화방안이었다.

감사구임제의 시도는 그간 사림이 수령의 부정에 대한 다양한 모색을 종합하는 것이었다. 즉 사림은 수령 인사를 문신 혹은 천거인으로 개혁하고, 합현을 추진하는 등 다양한 방식을 통해서 수령의 부정을 제어하고자 노력하였으나 이것만으로는 충분하지 않았다. 지방의 관리를 총괄하는 책임은 일차적으로 감사에게 맡겨져 있었기 때문이다. 그러므로 사림은 감사제의 강화에 관심을 기울였다.

사림은 이미 성종대에 감사의 전최를 강화하여 수령을 관리하고자 노력하였다. 그러나 당시에는 사림의 관품이 낮아서 감사에 임명되지 않는 상황이었으므로, 사림은 감사의 전최를 강화하는 것을 크게 기대하지 않았

다. 오히려 수령직에 적정한 인물을 임명하는 것에 주력하였다. 그러나 중
종 중반에 이르면 사림으로서 감사직에 진출하는 경우가 나타나기 시작하
였다. 그러므로 가장 가까이 수령을 감독할 수 있는 감사제를 강화하여 수
령을 관리할 수 있는 환경을 형성하고자 하였고, 이는 우선 감사의 임기를
2년으로 하는 久任制로 제안되었다.

사림이 감사제의 강화를 강조한 것은 당시 민의 동향과도 밀접한 것이었
다. 백성들은 수령에게 불법을 당하는 경우에 일차적으로 관찰사에게 고소
할 수 있었다. 중종대에 이르면 이미 자기원억에 대한 수령의 고소가 허용
되어 있었고, 나아가 백성들이 향론을 형성하면서 집단적으로 수령을 고소
하는 일이 더욱 빈번하였다. 그러므로 사림의 입장에서 적절한 감사를 임
명하고 업무를 잘 처리하도록 임기를 보장하는 일은 중요한 과제였다.

감사구임제에 대한 제안은 중종 12년 김안국이 경상도감사로 나아가면
서 구체화되었다. 사림은 김안국의 유임을 거론하면서 구임제를 제안하였
고 중종 역시 이에 긍정적이었다. 대신들은 감사구임론에 대하여 부정적
이었으나, 중종은 "감당할만한 자를 가려서 구임시키려는 것이다."라고 '선
택적 구임론'을 주장하였다.

그러나 대신들은 반대하였고 특히 김안국이 경상도 감사임을 주목하면
서, 경상도는 넓고 일이 많아서 감사가 구임하기 어렵고, 구임을 시행하기
위해서는 경상도를 分道하는 것이 불가피한 전제임을 강조하면서 반대하
였다.

그러나 사림이 감사구임론을 계속 주장하였고, 대신들은 이에 반대하면
서 팽팽하게 대립하는 형국이 지속되었다. 이러한 교착 상황에서 중종은
이 문제를 타개하기 위해서 "큰 도는 좌우로 分道하는 것이 가하다."고 대
신들이 감사구임론을 막기 위해서 제기한 '分道'의 방안까지 수용하는 적
극성을 보이면서 논의는 새로운 단계에 접어들게 되었다. 이와 같은 중종
의 적극적인 지원이 힘입어 결국 경상도 분도를 먼저 시행하였고, 바로 이

어서 감사구임제도 시행하였다.

감사구임제가 시행되면서 신임감사에 사림 출신이 대거 임명되었다. 이는 그간 추진해온 수령제개혁의 틀이 감사구임제의 시행과 사림출신 감사를 파견함으로 마무리되었음을 보여준다.

9. 이상에서 볼 때에 사림은 수령은 향촌의 통치자로서 향촌의 안정에 미치는 영향력이 컸기 때문에, 꾸준히 수령제도를 관리하여 수령이 향촌사회에 미칠 수 있는 부정적인 요소를 개선하기 위해서 노력하였다.

조선 초기부터 왕과 관원들은 수령의 사적지배를 배제하고 법에 의해서 백성들을 다스리는 공공통치를 이상시하였지만, 수령의 사적 부정은 쉽게 정리되지 못하고, 향촌사회의 부담으로 남아있었다. 그러므로 수령의 부정에 대한 관리는 이미 조선 초기부터 왕과 관원들의 관심사였고, 백성들에게 자기원억에 대한 수령고소까지 허용하였다.

이러한 동향은 사림이 중앙정치에 등장하면서 더욱 가속되었다. 사림은 위에서 살핀 바와 같이 수령에 대한 규제와 관리에 집중하였고, 그 이면에서 공론정치를 활성화하면서 백성들이 향론을 형성하여 수령을 집단적으로 고소할 수 있는 자위력도 강화시켰다.

사림이 이룩한 성과들은 네 차례의 사화를 통해서 단절되기도 하였다. 그러나 사림은 지속적인 저항을 통해서 이미 성취하였던 성과를 복원, 강화시켜 가고 있었다. 이러한 사림의 지속적인 노력 속에서 선조대에는 사림정치를 형성하였는데, 사림정치 하에서 수령의 부정적인 모습은 이전보다 제한될 수밖에 없었다(「16세기 전반 향촌사회와 지방정치」『진단학보』 82, 1996).

제9장 사림의 勳舊政治 비판과 새 정치 모색

머리말

필자는 사림정치구조를 해명해 오면서 훈구정치를 어떻게 볼 것인가를 단편적으로 언급하였으나, 체계적으로 입장을 정리한 바는 없다. 이에 대한 정리는 15세기 정치구조에 대한 충분한 이해를 필요로 하는 쉽지 않은 문제이다.

조선전기의 정치사 연구는 15세기의 연구와 16세기의 연구가 독립적으로 진행되면서, 15세기 정치사와 16세기 정치사가 대립적으로 이해되는 경향이 강하게 나타나고 있다. 즉 15시기의 정치가 『경국대전』을 만들어 가는 과정인 반면 16세기의 정치는 『정국대전』을 해체해가는 과정으로 인식되고 있거나, 훈구와 사림의 대립이 상대적으로 강조되어 인식되고 있다. 이러한 대립적인 이해는 시대에 대한 평가의 문제와 긴밀한 상관성을 가지게 된다. 따라서 15세기를 긍정적으로 인식하면 그에 대립되는 16세기는 부정적으로 인식되거나 16세기를 긍정적으로 인식하면 15세기를 부정적으로 인식하게 되는 문제가 제기된다.

그러나 이러한 인식과 평가는 정당한 것이라고 보기 어렵다. 무엇보다도 16세기에도 경국대전체제는 여전히 유지되고 있었다. 즉 사림의 개혁도 경국대전체제를 부정하는 데까지는 나아가지 않았고, 이를 오히려 보완해 가고 있었다. 그러므로 사림과 훈구의 관계에 대한 인식도 단기적인 국면에서는 대립적인 것으로 볼 수도 있으나, 장기적인 국면에서 보면 이들은 경국대전체제라는 일정한 틀을 공유하면서 연속되고 있었다.

　그러므로 보다 균형있게 조선전기 정치사를 이해할 필요성이 제기된다. 즉 15세기와 16세기를 한 시야에 넣고 이해하는 것이 필요하다. 물론 이것은 현실적으로 쉬운 일은 아니나 이러한 노력이 경주되어 다양한 인식의 틀들이 제시될 때 보다 나은 이해에 도달할 수 있을 것으로 생각된다.

　그러므로 필자는 이 문제를 시대의 과제와 그 해결 모색이라는 가설에서 설명해보고자 한다. 즉 15세기는 고려말의 혼란을 해결하는 역사적인 과제가 제기되었고, 이를 해결하기 위해서 보다 집중된 정치구조의 출현이 필요하였고, 반면 16세기는 집중된 정치구조가 가지는 한계가 노출되면서 이를 극복하기 위해서 적절히 분산된 정치구조의 출현이 필요하였다. 15세기 정치의 과제는 정치력을 확대하여 정치의 능력을 제고하는 것이었고, 16세기의 정치의 과제는 정치권력의 분화를 통해서 정치의 질을 높이는 것이었다고 생각한다.

　본고는 이러한 가설에 서서 조선 초기 정치구조를 논해본 것이다. 물론 전부 논할 수는 없으므로 우선 15세기에서 16세기로 넘어가는 시점인 성종대의 사림이 이전의 정치를 어떻게 파악하고 있는 지를 중심으로 검토하였다. 당시의 정치체제를 훈구정치체제로 상정하고, 사림이 파악하는 현실인식에서 출발하여서 훈구정치체제를 어떻게 파악하고 있었는지 정치세력과 정치구조의 관점에서 살펴보았다.

　이를 통해서 조선전기의 정치를 보다 체계적으로 이해할 수 있기를 기대하고, 나아가 조선전기의 국가적 성격이 좀 더 선명해하게 이해될 수 있기를 기대한다.

1. 勳舊勢力의 비판

1) 훈구의 비리

사림은 중앙정치에 진출하여 백성의 어려움과 몰락을 제시하면서 정치체제를 비판하였다. 사림의 정치체제에 대한 비판은 크게 두 부분으로 나뉜다. 권력을 남용하고 있는 정치주도세력에 대한 비판과 정치주도세력의 권력 남용을 구조적으로 보장하는 권력구조에 대한 비판이었다. 먼저 정치세력인 훈구에 대한 비판을 살펴보자.[1]

훈구의 폐단을 본격적으로 문제삼기 시작한 이는 이심원이었다. 그는 성종 9년 상소를 통해서 이 문제를 본격적으로 거론하였다. 그는 당시 사회문제의 근원을 향촌문제로부터 파악하였고, 향촌의 문제를 총체적으로 다음과 같이 표현하였다.

> 良民과 公賤이 감당하지 못하고 도망쳐서 私賤으로 고용되니 世伝의 田宅이 있어도 보전하지 못하고 權門에 귀속되고 있습니다.[2]

양민이 자신의 지위를 유지하지 못하고 권문에 투탁하는 상황을 지적하고 있다. 그는 이러한 투탁의 결과 100에서 "80,90이 사천이고 양민은 10,20에 불과합니다."라고[3] 私賤이 확대되는 상황을 말하고 있다. 이러한 지적은 과장된 것으로 이해되나, 자기의 토지를 갖지 못한 층은 물론 토지를 보유하고 있는 자작농까지도 권문에 투탁하고 있는 실상을 반영하는 것으로 당시 향촌의 위기상황을 잘 대변하고 있다.

민이 권문에 투탁하는 원인을 이심원은 권문의 침탈에 의한 것으로 파

---

1) 사림은 당시의 정치주도세력을 '勳舊'나 '權門'으로 지적하였다.
2) 『성종실록』 권91, 성종 9년 4월 을해.
3) 상동조.

악하고 있었다. 그 구체적인 원인으로 먼저 권문의 私債를 지적하고 있다. 그는 "권문의 僕隷가 私債를 時를 따라서 나누고 거두는데, 取息에 無度하고 주인의 위세를 빌어 침학합니다."4)라고 권문에서 사채를 통해서 가난한 양민들을 고리대로 수탈하고 있음을 지적하고 있다. 이러한 상황은 세조말 성종초반에 극성을 이루었다. 이는 성종 5년에 "지금 고관으로서 후한 祿을 받는 자들이 모두 장리를 놓아 더욱 부유해져, 그들의 농장이 산야에 두루 널리고 쌓아둔 곡식이 주현의 창고에 버금갈 지경입니다."5)라는 지적에서 잘 알 수 있다. 양민들은 이러한 수탈에 의해서 전토를 잃고 권문에 투탁하거나 유리할 수밖에 없었다.

다음으로 지적하는 원인은 권문의 사천들이 권력을 힘입어 역에서 벗어나는 현상이었다. 즉 권신의 청탁을 받은 수령이 권문의 사천들을 역에서 면제해 주었고, 그 부담은 양민과 공천의 부담으로 돌아갔으므로, 양민과 공천이 이를 견디지 못하고 권문에 투속하고 있었다. 당시 수령의 인사는 대신들의 천거에 의존하였고, 인사고과도 대신이 담당하였으므로 수령은 자기를 지원해 주는 대신에게 뇌물을 보내는 것은 물론 자기관할구역에 있는 대신의 노비들에게 혜택을 주는 것도 당연하였다.6) 수령은 단순히 권문의 노비들의 역을 면해주는 것뿐 아니라 권문의 도망한 노비를 잡아주는 등7) 훈구의 노비를 관리해주었다. 심지어 훈구의 私債의 관리에까지 지원하는 것이 일반적인 현상이었다.

이러한 민의 권문 투탁은 伴人이나 丘史의 형태를 통해서 더욱 확대되

---

4) 상동조.
5) 『성종실록』 권44, 성종 5년 윤6월 갑진.
6) 『성종실록』 권91, 성종 9년 4월 기해.
　　"수령의 부임에 공경대부가 알든 모르든 술과 고기를 가지고 나와서 전송하면서 자신의 노비를 完護해주기를 청하는데 있다. 上下에 습속을 이루어 이를 稱念이라고 한다. 수령이 된 자도 모두 그 문하에서 나와 감히 어기지 못한다. (중략) 그러므로 무릇 공역은 모두 공천과 양민이 당하고 사천에는 미치지 않는다."
7) 『성종실록』 권74, 성종 7년 12월 을유.

었다. 국가는 양민을 반인으로, 공천을 구사로 대신들에게 부여하였고, 이들은 사환의 역할을 하였는데, 훈구들이 이를 빌미로 과다하게 반인과 구사를 점유하였다. 반인의 경우 "사방의 거민 중 衣食이 있는 자는 대신의 반인"[8]이라는 지적이 나올 정도로 과다한 점유가 많았고, 구사의 과다한 점유도 조정에서 계속 문제로 제기되는 상황이었다. 대신들은 이들을 통해서 농장의 관리는 물론 방납이나 개간사업도 추진하였다.[9]

권문의 횡포를 견디지 못하여 여러 가지 형태로 권문에 투탁한 이들은 권문에 투탁한 이후에는 오히려 권문을 의지하여 비행을 저질러 모순을 격화시켰다. 성종 9년 대신 한명회의 위세를 이용하여 丘史가 官屬을 동원하여 사족을 감금하고 민의 물건을 강탈한 것은 그 대표적인 사례였다.[10]

그러므로 양민의 권문 투탁은 적지 않았고, 수십 수백 구를 헤아릴 정도였다. 송익손의 전라도 고부농장에 소속된 노복이 500여 호에 이른 것이나,[11] 홍윤성이 그의 고향 홍산에 농장을 설치하자 군민이 태반이나 거기에 부속한 것은 대표적인 사례였다.[12] 물론 '투탁'이라는 명목과는 달리 권력에 의해서 강제로 노비화된 경우도 적지 않았다. 성종 6년 공신 송익손이 '壓良爲賤' '容隱私役'[13]의 죄로 고소를 당하여 告身을 박탈당하였는데, 이는 송익손이 많은 양민을 강제로 천인으로 삼았고, 자기의 소유가 아닌 공사노비를 다수 사역하였기 때문이었다. 이러한 결과 훈구들은 많은 부를 축적하였다. 세조 10년 당시의 대표적인 부자로 윤사로, 윤사균,

---

8) 『성종실록』 권44, 성종 5년 6월 갑진.
   『성종실록』 권55, 성종 6년 5월 경신조에도 宰相功臣이 家富丁壯者를 반인으로 冒占하고 있음을 지적하고 있다.
9) 이경식 「16세기 지주층의 동향」『역사교육』 19, 1978.
   이태진 앞의 책.
10) 『성종실록』 권74, 성종 7년 12월 갑신, 을유.
11) 『성종실록』 권40 성종 5년 3월 을사.
12) 『세조실록』 권45, 세조 14년 2월 계축.
13) 『성종실록』 권51, 성종 6년 정월 신유, 갑자.

정인지, 박종우 등 4명을 거론하였는데 이들은 모두 훈구공신이었다.[14]

이러한 향촌의 상황은 심각한 문제로 제기될 수밖에 없었다. 특히 향촌의 주도층인 사림의 입장에서 볼 때에 이는 향촌의 안정을 위해서 뿐 아니라, 자신의 노비들도 권문에 투탁하여 실제적인 피해를 입고 있었으므로 심각한 문제였다. 그러므로 사림은 중앙정치에 진출하면서 훈구의 비리를 맹공격하였다. 그러나 훈구의 비리는 단순히 개별적인 도덕성의 문제가 아니었고 정치주도세력의 성격에 관한 문제였다.

2) 훈구의 형성과 그 성격

훈구는 공신과 대신을 칭하였으나, 공신의 대부분이 대신의 지위에 올랐으므로 주로 공신책봉으로 형성된 집단이었다. 성종 초에 사림의 비판을 받는 훈구들은 대부분은 세조의 즉위와 이후 정치 변동 과정에서 형성된 공신 집단이었다. 이미 조선 건국기에도 開國, 定社, 佐命 등의 공신이 책봉되었으나 개국이라는 사회의 격변기에 공신의 책봉은 당연한 것이었고, 새로운 정치참여세력의 교체를 의미하는 점에서 바람직한 현상이었다.

특히 개국공신의 경우는 개혁의식이 분명하였고, 이러한 의식은 그들의 출신성분이나 경제적인 조건과 깊이 관련되어 있었다. 개혁을 주도한 주동세력의 경우 모계나 부계가 불분명하거나 서출인 경우도 상당수였다.[15] 이들의 경제적인 기반은 중소지주층으로 인식되고 있는데, 이보다 열악한 처지의 경우도 상당수였다.[16] 이러한 기존의 지배층과 기반이 다른 인물

---

14) 『세조실록』 권33, 세조 10년 7월 기미.
15) 한영우 『조선전기 사회사상연구』 지식산업사 1983. 공신세력에는 주동세력과 영입된 세력으로 나누어 볼 수 있는데, 영입된 인물들에는 세족 가문의 인물들도 있었으나 이들이 개혁을 주도하지는 않았다.
16) 위의 책. 대표적인 정도전의 경우에도 유랑하면서 살았던 처지를 생각한다면, 중소지주적인 기반마저 가지지 못했던 것으로 이해된다.

들이 권력을 장악하고 국가를 운영할 때에 나타날 수 있는 정책의 변화는 클 수밖에 없었다.

그러나 세종대의 안정기를 거친 후 형성된 세조와 성종 초의 공신은 그 성격이 달랐다. 이들은 세조의 쿠데타에 기여한 역할에서 창출된 공신들로, 세조의 집권 자체가 역사적 정당성이 적었으므로 이들 역시 개혁적인 성향은 적었다. 이들의 출신성분이나 경제적 지위도 건국공신들과는 많이 달랐다. 세조의 쿠데타를 주도한 세력을 책봉한 靖難功臣을 분석하면, 좋은 가문의 출신이 많다는 점을 주목할 수 있다. 세조가 즉위한 뒤에 책봉된 佐翼功臣 역시 거의 같은 성향을 보이고 있다. 별다른 공이 없이 핵심 인물의 친인척이라는 이유로 공신에 책정된 경우도 다수 볼 수 있었다.[17]

이러한 기반을 가진 이들이었으므로 세조 집권초기의 정책에서 개혁적인 면모를 찾기 힘들었다. 세조대 대표적인 개혁으로 거론되는 保法(세조 10년)이나 職田法(세조 12년)이 세조 말기에 시행된 것은 매우 시사하는 바가 크다. 이러한 개혁은 공신세력의 이해관계에 반하는 정책으로 공신들의 지지를 얻기 힘든 사안이었으므로 세조의 주도로 추진되었다.

먼저 세조 10년 보법의 시행을 보면, 전혀 조정의 논의도 없이 갑자기 軍籍使가 지방에 파송되면서 가져가는 軍籍事目을 통해서 보법이 시행됨을 알 수 있다.[18] 또한 직전제의 시행을 보아도 앞뒤 논의도 없이『세조실록』에 '革科田 置職田'이라고만 기록하고 있다.[19]

매우 중요한 정책이 조정에서 논의되지 않았을 리가 없고, 이 두 가지는 모두 훈구들에게 불리한 조치였으므로 상당한 반대 논의가 있었을 것으로 생각되는데,『세조실록』에 전말을 기록하지 않은 것은 세조 사후 실록의 편찬을 맡은 훈구대신들에 의해서 전후의 내용이 삭제된 것으로 짐작된다. 단지 보법의 시행을 알리는 군적사목의 서두에 세조가 시행의 이유를 간

---

17) 정두희『조선 초기 지배세력연구』일조각 1983.
18)『세조실록』권34, 세조 10년 10월 을미.
19)『세조실록』권39, 세조 12년 8월 갑자.

단히 '강약을 고르게' 하기 위해서 보법을 실시한다고 명시하고 있어,20) 보법의 논란에서 세조가 취했던 입장의 일단을 보여주는데, 세조는 백성의 입장에서 실시의 명분을 제시한 것으로 짐작된다. 그러므로 이 제도들은 실시 직후부터 양성지 등 훈구에 의한 반대에 부딪혔고,21) 결국 세조 사후 훈구가 집권하는 성종 초에 번복되고 말았다.

이러한 사례는 훈구들이 대토지 소유자였고, 권력을 보유한 계층으로 개혁을 제시하고 추진할 수 있는 층이 아니었음을 보여준다. 그러므로 직전제나 보법의 시행을 명분으로 하여 세조 13년에 이시애란이 일어나자, 세조는 신숙주, 한명회 등 핵심 훈구의 연루설을 어느 정도 인정하여, 宗室의 인물들을 중용하여 난을 진압하였다. 난의 진압 후에도 한명회 등이 핵심권력에서 소외된 것은 그러한 맥락에서 이해되어야 할 것이었다.

세조는 집권과정에서 오는 무리와 집권이후 정치 주도권을 강화해 가는 과정에서 세종대를 통해서 다듬어진 관원체제의 관행을 무시하여 관원들의 반발을 적지 않게 받았다. 이계전 등의 육조직계제 실시에 대한 저항, 세조 2년의 사육신의 저항, 세조 3년의 이포흠의 저항 등이 있었고, 그 과정에서 많은 유신들이 지방으로 낙향하였다. 그러므로 세조는 더욱 공신에게 의존할 수밖에 없었으므로, 공신들에게 사회 경제적인 특권을 부여할 뿐 아니라 이들의 비리까지도 비호할 수밖에 없었다.

---

20) 『세조실록』 권34, 세조 10년 10월 을미조에 세조는 "나는 潛邸에서부터 군사들의 어려움을 걱정하였는데, 지금까지 여러 해를 생각하였으나, 강약을 고르게 하고 才芸를 정밀하게 시험하는 것보다 더 좋은 방법이 없다고 생각했다."라고 보법을 시행하는 이유를 서술하고 있다.

21) 『세조실록』 권37, 세조 11년 11월 기미. 양성지는 軍國便宜 10條를 올리면서 보법을 반대하고 있다. 양성지는 세조의 신임을 두텁게 받았고, 공신들에 의해서도 지지를 받아 당시 정책이 상당수 그에 의해서 제기되었으므로 세조대 정책을 이해하는데 매우 중요한 인물이다. 그러나 그는 세조대의 가장 핵심개혁이라고 생각되는 보법은 물론 직전제도 반대하고 있어, 세조의 개혁이 공신들과 전혀 다른 입장에서 시행된 것임을 알 수 있다. 한영우 「양성지의 사회 정치사상」 『조선전기 사회사상』 지식산업사 1983 참조.

그 결과 세조 후반에 이르면 공신의 비리는 앞에서 살핀 것처럼 심각한
것이었다. 이에 따른 향촌의 저항도 활발하였다. 향촌에서 훈구의 부정은
수령의 비호 하에 이루어지는 것이었으므로, 세조 후반에 이르면 백성이
무력으로 수령에게 저항하는 양상도 빈번해졌다. 집권과정의 부담으로 그
입지가 좁았던 세조는 이러한 백성의 저항에 민감하지 않을 수 없었다. 그
러나 이에 대한 근본적인 해결은 결국 공신들에 대한 규제로 연결되는 것
이어서 간단한 문제는 아니었다.

그러나 저항이 심화되면서 세조는 공신들의 한계를 깊이 인식할 수밖에
없었고, 보법과 직전법의 시행을 강행하여 백성의 부담을 고르게 하였고,
나아가 백성에게 수령의 부정행위를 왕에게 직접 고소할 수 있도록 하는
'守令直告制'까지 허용하였다.22) 이러한 동향은 세조가 민의 저항을 수습
하지 못하면 정권의 유지까지 어렵다는 위기의식의 소산으로 이해된다.

그러나 세조 13년 이시애란이 일어나자 세조는 공신의 한계를 인식하면
서도 그 수습과정에서 또 한 차례 공신을 책봉하지 않을 수 없었다. 물론
이들은 세조 초기에 책봉된 이들과는 다소 다른 부류였으나, 이 역시 세조
가 공신 의존 상황을 극복하지 못하였음을 보여준다. 이는 세조와 비슷한
집권과정을 가진 태종이 왕위를 넘기는 과정에서 세종의 부담이 될 부분
들을 정리하여 주었던 것과는 크게 대비된다. 세조 사후 예종을 거쳐 성종
이 등장하는데, 성종은 세조가 남긴 부담을 그대로 담당하지 않을 수 없었
다. 성종 초기 정치의 문제는 여기에서 연유하였다.

예종 즉위년 한명회 등 공신 핵심세력은 南怡의 獄事를 빌미삼아 다시
정치주도권을 장악하고 정치 일선에 복귀하였다. 이때에 翊戴功臣의 책봉
이 이루어졌는데, 이 사건은 전말이 석연치 않았고, 공신을 책봉할 만한
중요한 사안으로 보기 어려웠으나 강력한 훈구의 영향력 하에 공신의 책
봉이 이루어졌다.

---

22) 최이돈 「조선초기 수령고소관행의 형성과정」『한국사연구』82, 1993.

또한 성종이 어린 나이에 즉위하자 공신세력이 정치주도권을 장악하면서 중요 관직을 차지하였고, 특히 원상제를 통해서 권력을 독점적으로 운영하였다. 이들은 또한 佐理功臣의 책봉을 주도하여 자신들의 입지를 더욱 강화하였다. 佐理功臣 역시 타당성이 없이 책봉되어져, 그 구성원의 정당성을 확보하기 어려웠고, 40%에 가까운 인원이 부자나 형제관계로 공신에 책봉되었다. 특히 공신 책봉 후 1000명이 넘는 원종공신까지 책봉되는 등 과다한 공신의 책정이 이루어졌다.[23] 이미 세조대의 공신들이 과다하게 배출된 상황에서 다시금 명분도 없는 공신들이 대거 배출되면서, 이들이 지위를 이용하여 치부에 몰두한 것은 오히려 당연하였다.

명분도 없는 과다한 공신의 배출이 반복되면서 이러한 현상이 일시적인 것이 아니라 구조적인 현상으로 인식된다. 그러므로 보다 본질적으로 이 문제에 접근하기 위해서 이러한 현상을 조선 초기의 권력구조와 연결시켜서 살피는 것이 필요하다. 다음절에서는 조선 초기의 권력구조를 살피면서 그러한 원인을 구조적으로 검토해 보고자 한다.

2. 勳舊權力構造의 비판

위에서 살핀 대로 성종초의 정치문제는 공신세력으로 말미암은 것이었다. 공신의 대량창출은 권력구조와 연결되었다. 결론적으로 말한다면 과도하게 집중된 권력구조로 인해서 왕과 대신이 주도권을 다투면서 공신이 과도하게 창출되는 상황이 전개되었다.

집중된 권력구조는 조선건국기의 권력구조의 정비에서 그 연원을 찾을 수 있다. 조선이 건국되면서 추구된 권력구조는 중앙집권적 권력구조였다. 이는 고려말의 폐단을 개혁할 목적에서 정비된 권력구조였다. 고려말의

---

23) 정두희 앞의 책.

폐단은 중앙의 통제력이 약한데서 기인한 것으로 이해되었다. 그러므로 개혁파는 조선을 열면서 중앙통제력을 강화하여 私權를 규제하고 齊一的 지배를 지향하였고, 그에 합당한 정치체제로 집권적인 체제를 추구하였다.

고려말의 국가권력은 도평의사사에 의해서 장악되었다. 도평의사사는 고위관리들이 합좌하여 정무를 의결하는 기구였다. 그러므로 그 구성원은 수십 명에 이르러 효율적인 운영이 불가능하였다. 그 결과 국가의 제반 문제에 즉각적으로 대처하기 어려웠고, 국가의 통치력은 약화될 수밖에 없었다. 또한 구성원이 방만해지면서 정당한 자격을 가지지 못한 인원의 참여도 많아져, 이들의 권력형 비리도 빈번하게 나타났다. 이는 당시 모순의 가장 중요한 원인이 되었다.

그러므로 이러한 도평의사사체제의 한계를 깊이 인식한 조선 건국의 주체들은 도평의사사체제를 대체할 새로운 정치체제가 필요하였다. 이는 의정부를 정점으로 하는 정치체계의 정비로 추진되었다. 태조 2년 의흥삼군부를 만들어 도평의사사에서 군정에 해당하는 부분을 분리시켰고, 정종 2년에는 중추부를 제외시키면서 이름도 의정부로 개칭하였다. 태종 원년에는 의정부에서 삼사를 사평부로 독립시키고, 문하부의 낭사를 사간원으로 독립시키면서 의정부체제가 정비되었다.[24] 이렇게 형성된 의정부체제는 관료제적인 성향을 높여서 일사불란하고 합리적인 운영을 가능케 하였다. 이러한 의정부를 정점으로 하는 행정체제는 권력을 소수의 손에 집중시키는 체제였다.

의정부체제는 사대부 중심의 구조로 행정의 책임을 의정부의 대신이 지도록 하였다.[25] 따라서 왕의 위상은 취약할 수밖에 없었다. 사대부들은 왕도 법전에 입각해서 공공통치하여 백성을 기르고 보호해야 한다는 대원칙을 강조하였다. 왕이 이러한 원칙을 지키지 않을 때는 왕까지도 바꾸는

---

24) 한영우『조선전기 사회경제연구』을유문화사 1983.
25) 한영우『정도전사상의 연구』서울대학교출판부 1983.

'역성혁명'도 인정하고 있었다.

그러므로 정도전은 위와 같은 대신이 중심이 되는 권력구조를 실현하기 위해서, 우선 의흥삼군부를 만들고 왕실과 공신들에게 나누어져 있는 병권을 집중하여, 의정부를 중심으로 권력을 집중하기 위한 정지작업을 시작하였다. 이러한 의정부체제에 대한 왕실의 저항은 오히려 당연하였다. 이러한 과정에서 대신중심 권력구조를 경계하고 있던 이방원이 군사를 일으켜 정도전과 세자 방석 등을 죽이고 집권하였다.

이방원은 왕위에 오른 뒤에 정도전이 구상하였던 의정부체제를 만드는 것을 추진하였으나, 의정부의 운영방식은 왕권을 강화할 수 있는 방식으로 바꾸었다. 태종은 그 5년 육조를 기능을 강화하여 의정부를 견제하게 하였다. 즉 육조 장관의 직급을 2품으로 올리고, 의정부의 서무를 나누어 육조에 이관시켰으며, 전례가 있는 서무는 육조에서 처리하게 하였다. 또한 육조가 하위 관서를 속아문으로 거느리게 하였다. 이는 의정부의 독주를 견제하기 위한 준비 작업이었다.

그 후 육조의 업무를 왕에게 直啓하여 처리하는 육조직계제를 시행하였다. 이로써 의정부는 事大文書와 重罪人의 再審을 관장하는 것 외에 다른 소임이 없어 기능이 축소되었다. 이러한 변화는 권력의 정점에 왕이 위치하는 체계를 만든 것이었다. 이는 역시 과도하게 집중된 권력구조를 지향한 것이었다.

물론 의정부의 기능이 축소되었지만 폐지되지 않았고 유지된 것은 나름대로 의정부와 육조의 권력을 나누어 보려는 의미도 있었던 것으로 생각된다. 즉 의정부는 육조를 통솔하는 입장은 가지지 못하였으나, 육조에서 다루는 문제에 대하여 의견을 제시할 수 있었고, 또한 왕명에 의해서 육조에서 제안한 사안을 의논할 수도 있었다. 또한 의정들은 육조의 판사를 겸직하면서 직접적으로 육조를 관리하기도 하였다. 이러한 의정부의 유지는 우선적으로는 사대부의 이해관계를 상징하는 부서를 폐지할 수 없는 현실에 대한 인정에 기인하였으나, 한편으로는 의정부가 없는 경우 육조가 오히려 비대화될 것을 막고, 권한을 의정부와 육조로 나누어서 상호견제하게 함으로써 왕이 정치 주도권을 잡으려는 의도에서 시행된 것으로 이해된다.

그러나 이러한 태종의 의도는 실패하였다. 이는 태종이 정변을 통해서 집권하면서 공신을 다수 창출하였기 때문이었다. 태종은 무리한 집권과정에서 많은 공신을 창출할 수밖에 없었고, 집권기간 동안 이들에 전적으로 의존할 수밖에 없었다. 그러므로 공신들을 의정부는 물론 육조의 장관으로 임명할 수밖에 없었다. 따라서 의정부와 육조는 공신들에 의해서 장악되었다. 이들은 기본적으로 이해관계가 서로 같았으므로 서로 견제하는 관계가 아니었다. 따라서 태종이 나누어 견제하도록 하고자 한 의도는 관철되지 못하였다. 의정이 판서를 겸하여 육조를 실제적으로 장악하는 형태가 태종의 치세에 빈번히 나타났던 것은 이를 잘 보여준다.[26] 그러므로 태종이 의정부를 장악한 개국공신들을 제거하고 주도권을 장악하였지만, 결과적으로는 자신의 쿠데타에 참여한 공신에게 모든 실권을 부여하여 새로운 부담이 형성되는 악순환을 반복하였다. 이는 과도하게 집중된 권력구조의 결과였다.

그러므로 이러한 상황을 깊이 인식한 태종은 왕위 계승을 앞두고 공신과 척족을 제거하였고, 세종에게 왕위를 물려준 후에도 세종 4년까지 軍權을 장악하고 국사에 관여하면서 세종을 공신들로부터 보호하는 바람막이 역할을 하였다. 이러한 바탕에서 출발한 세종은 즉위 2년부터 과도하게 집중된 권력구조를 개선하기 위해서 집현전을 통해 친위관료를 길러 주도권을 관리하였고,[27] 권력의 독점으로 인한 기본적인 긴장관계를 깊이 인식하고 있었으므로, 세종 18년 이후에는 제한적이나마 의정부 서사제를 실

---

26) 한충희 「조선 초기 육조연구」, 고려대학교 박사학위논문 1992.
27) 최승희 「집현전연구」, 『역사학보』 32·33, 1987.

시하면서[28) 권력의 균형을 모색하였다.

그러나 이러한 균형의 국면은 구조적으로 보장된 것이 아니었으므로, 문종 단종대에 거쳐서 쉽게 무산되어 버렸고 대신들이 의정부를 통해 전권을 행사하게 되자, 세조의 등장은 오히려 자연스러운 것이었다.

세조는 다시 육조직계제를 시행하면서 정치주도권을 장악하여, 마치 태종대의 재판인 듯한 모습을 보여주었다. 그러나 상황은 태종대와는 많은 면에서 달랐다. 그는 태종과는 달리 이미 왕이 된 단종을 별다른 명분 없이 제거하고 왕위에 올라서 재위기간을 통해서 계속 정통성의 문제에 시달렸다. 또한 세종대를 통해서 유교정치체제에 대한 연구를 충실하게 진행하면서 관원들은 왕과 관원의 역할에 대하여 충분히 이해하고 있었고, 특히 의정부서사제를 시행해 본 경험을 가고 있었으므로 관원들이 세조의 등장과 육조직계제의 시행에 조직적으로 반발하였다.

그 결과 세조는 보다 많은 공신을 창출하였고, 나아가 공신에 대한 의존도는 더욱 클 수밖에 없었는데, 이는 세조의 치세에 큰 부담으로 작용하였다. 그는 치세동안 공신들의 이해관계를 우선적으로 반영할 수밖에 없었고, 심지어 공신들의 개인적인 비리도 용인할 수밖에 없었다. 특히 공신에 대한 깊은 의존성 때문에 태종과는 달리 왕위계승을 위해서 일정한 정지작업도 하지 못하였고, 결과적으로 어린 나이의 성종에게 부담을 그대로 계승하고 말았다. 그러므로 성종 초반 공신세력은 의정부체제를 장악하였고, 나아가 院相制를 운영하면서 정치권력을 독점하였다.[29) 이들은 권력구조를 독점하여 견제 받지 않는 상태에서 권력을 남용하여 많은 문제를 유발하였다.

성종 초기의 훈구세력의 형성은 결국 과도하게 집중된 권력구조에 기인하였다. 과도한 권력은 왕이나 공신 어느 쪽에 장악해도 문제의 소지가 컸

---

28) 인사와 군사의 문제와 형조의 일부는 직계를 계속하고, 나머지의 정무는 의정부의 서사를 시행하였다.

29) 김갑주 「원상제의 성립과 기능」『동국사학』12, 1973.

다. 소수의 대신들이 권력을 장악하는 경우는 '훈구'의 존재 형태에서 보듯이 견제를 받지 않은 대신들의 권력형 비리는 일반적인 현상이었다. 물론 왕이 주도권을 장악하는 경우에도 그 권력을 장악하는 과정에서부터 문제가 생겼다. 쿠데타로 정통성을 가지지 못하고 권력을 장악한 왕은 권력을 장악하는 과정에서 자신을 지원해준 이들을 공신으로 책봉할 수밖에 없었고, 이들의 지지에 자신의 권력기반을 둘 수밖에 없었으므로, 이들은 정국의 운영이 큰 부담이 될 수밖에 없었다.

이러한 악순환의 상황은 왕조가 안정되어 집권자들이 보수화되면서 더욱 심해져 갔다. 이미 성종 초에 이르면 그 모습은 한계에 이르렀고 새로운 정치체계를 요구하였다. 이는 과도하게 집중된 권력을 적절히 나누어 균형을 취하는 방향일 수밖에 없었다.

이미 조선 초기부터 나타난 육조직계제도 기본 발상은 권력을 나누어보자는 것이었다. 그러나 이러한 방법은 실패로 돌아가면서, 사회경제적인 처지가 비슷한 대신들을 나누는 방법은 불가능하다는 교훈을 남겼다. 오히려 세종이 집현전을 설치하여 친위세력을 기르면서, 이를 통해서 주도권을 강화해보려는 시도는 구체적인 결과까지는 보여주지 못했지만, 부분적이나마 가능성을 보여주었다.

결국 성종 초기에 제기되는 기존 권력구조에 대한 비판과 개혁의 모색은 권력의 집중으로 왕과 대신간의 과도한 긴장을 초래하는 권력구조의 형태를 바꾸어줌으로써, 갈등을 최소화하고 권력의 남용에 따른 피해를 백성에게 주지 않는 정치형태를 찾는데 있었다. 이러한 적극적인 모색이 성종대에 사림이 중앙정치에 등장하면서 구체화되었다.

3. 새로운 政治体制의 추진

이상에서 살핀 것과 같이 성종 초기의 정치문제는 정치세력과 권력구조에서 기인하였다. 과도하게 집중된 권력구조로 인해 공신이 과다하게 창출되고, 공신이 집중된 권력을 장악하여 권력을 남용하는 것이 근본문제였다. 그러므로 당시에 제기되는 정치과제는 훈구의 비리를 막고, 나아가 훈구를 견제할 수 있는 새로운 정치세력을 형성하는 것이었다. 또한 과도하게 집중된 권력구조를 바꾸어 적절히 균형 잡힌 권력구조를 만들어 공신의 발생을 근원적으로 막는 일이었다. 따라서 15세기의 정치과제가 권력을 집중하여 정치력을 확대하여서 신속하게 누적된 문제를 해결하는 양적인 과제였다면, 성종대에 이르면 권력을 분화시키고 정치의 참여층을 넓히는 질적인 과제였다.

이러한 변동은 사림이 중앙정치에 등장하면서 구체화되었다. 사림은 훈구 주도의 정치체제에서 오는 권력의 오용과 이로 인한 향촌의 불안정을 극복하고자 하였다. 따라서 사림은 훈구를 견제하기 위해서 사림세력을 강화하고 사림이 활동할 수 있는 새로운 정치체제를 마련하기 위해서 노력하였다. 그러나 이러한 과제에 대한 체계적인 인식과 구체적인 대안은 일시에 정리될 수 없는 것이었고, 시행착오를 거치면서 서서히 정비되어 중종대에 이르러서야 체계적으로 정립되었다.

훈구들이 권력을 통해서 부를 축적하고, 양인을 사천으로 삼는 등의 행위가 빈번해지면서, 이는 이미 세조대부터 조정에서 문제가 되었다. 그러나 그 처리는 대부분 공신으로서의 공로를 인정하는 바탕에서 미온적으로 되어졌다. 본격적인 문제의 제기는 사림이 등장하면서 가능하였다. 성종 중반 이후 홍문관이 언론기관이 되어 언론삼사체계가 갖추면서 사림은 매년 수백 건의 탄핵을 중심으로 하는 언론활동을 하였는데[30] 이는 사림이

---

30) 남지대 「조선 성종대의 대간언론」, 『한국사론』 12, 1985.

본격적으로 훈구의 비리를 문제삼고 있었음을 보여준다.

이러한 훈구의 비리를 지적하면서 사림은 훈구라는 정치세력 자체에 대한 본질적 한계를 인식하게 되었고, 점차 훈구집단에 대한 공격도 감행하게 되었다. 본격적으로 이 문제를 지적한 이는 성종 9년 이심원이었다. 그는 훈구의 비리로 백성들이 고통을 당하고 있다고 전제하면서 "지금 執政한 자들이 모두 賢者인가 아니면 賢者와 不肖者가 섞여 있는가?"[31]라고 이 문제를 제기 하고, 다음과 같이 훈신의 선별 서용을 요구하였다.

> 이미 조종에서 사용하였다고, 賢愚를 묻지 않고 사용하는 것은 祖宗의 뜻이 아닙니다. (중략) 비록 祖宗의 勳臣이어도 중국의 伊呂, 子房과 같은 무리가 아니면 權勢를 가탁하여 恩惠를 傷하게 해서는 안 됩니다.[32]

이러한 지적은 훈구가 집권하고 있는 상황에서 매우 충격적인 발언이었는데, 성종도 이 문제를 중시하여 며칠 뒤에 이심원을 별도로 불러 "세조의 훈신을 서용하지 말라는 것을 내가 이해하기 어려운데, 너는 어떤 뜻으로 한 말이냐?"고 물었다. 이심원은 이에 다음과 같이 보다 구체적으로 자신의 발언의 의미를 설명하였다.

> 무릇 創業之主는 성공에 뜻을 두고 비록 一才一芸가 있는 자도 모두 수용하나, 守成의 君은 이와 달라 才德을 겸비한 연후에 사용합니다. 세조대에는 일재일예가 있는 자라도 長短를 헤아려 임용한 인연으로 得功하여 勳臣이 되었습니다. 지금 전하께서 훈신이라고 모두 사용하나, 사용된 자가 모두 현명한 것은 아닙니다. 만약 현명하지 못한 자가 범죄한즉 죄를 주면 傷恩하게 되고, 죄를 주지 않으면 法廢하게 됩니다. (중략) 훈신을 서용하지 않으면 공신을 보전하게 되고 은혜를 상

---

31) 『성종실록』 권91, 성종 9년 4월 을해.
32) 이심원은 세조도 예종에게 '変通'할 것을 명했다고 주장하고 있어 흥미롭다.

하지 않고, 법도 폐하지 않을 것입니다.[33]

여기서 이심원은 자신이 문제를 제기한 배경과, 개선의 방향을 제시하고 있다. 먼저 그는 이 문제를 제기한 배경으로 '傷恩'과 '廢法'의 기로에 서있는 정치적 상황을 제시한다. 즉 당시 공신의 비리가 빈발하면서 그 처리방안을 놓고, 처벌할 수도 없고 처벌하지 않을 수도 없는 상황이 전개되었다. 이심원은 이 문제를 처리하기 위해서는 훈신에게 선별해서 관직을 주어야 한다고 주장하였다.

이와 더불어 이심원은 여기서 이 문제에 대한 개선방안으로 인사방식 자체의 개선을 요구하고 있다. 즉 그는 재능보다 덕에 의한 인사로 그 방식을 바꿀 것을 요구하였다. 그는 이러한 인사방식 전환의 필요성을 세조대까지는 창업기, 성종이후는 수성기로 파악하면서 그 타당성을 제시하고 있다. 즉 객관적인 시간으로 본다면 세조대를 창업기로 파악할 수 없으나, 공신이 대거 창출되고 이에 대한 처리문제가 논의되는 상황은 창업기와 다를 것이 없다고 인식한 것이다. 특히 당시 대신의 비리는 능력보다는 덕이 부족한 까닭에 기인한 것이었으므로, 창업기에 功을 이루기 위해서 才能을 강조하였던 상황과 다르지 않았다. 그러므로 이심원은 이를 해결하기 위해서 덕을 강조하면서 성종대를 수성기로 파악하였다.

이심원은 이러한 인사원칙에 입각해서 새로운 인사방식으로 재야의 인사들을 천거하여 사용하는 천거제를 제기하였다. 성종이 "지금의 대신은 모두 세조대의 훈구인데 이를 버리면 누구를 쓸 것인가?"라고 반문하자, 이심원은 舊臣중에서도 '才德兼全'한 자는 사용하자고 말하면서 "영웅호걸로 엎드려 있는 자가 무진장하니 비록 舊臣이 아니어도 어찌 가용한 인재가 없겠습니까?"라고 구신을 대신할 새로운 정치세력으로 遺逸之士의 천거를 제시하였다. 그는 구체적으로 새로운 인재로 정여창 등을 유일으로

---

33) 『성종실록』 권91, 성종 9년 4월 경자.

천거하였다.

이러한 이심원의 훈구세력에 대한 공격과 새로운 대안의 제시는 당시 상황에서 매우 적절한 것이었다. 이후 사림은 이를 기본 입장으로 하여 정치세력을 교체하는 문제를 추진해갔다. 즉 사림은 덕에 의한 인사를 강조하면서, 그에 입각한 입사방식으로 薦擧制와[34] 自薦制를 추진하였다. 사림은 이를 통해서 새로운 정치세력으로 사림의 진출을 확대 강화하였다. 나아가 사림은 직접 정치에 참여하지 못하는 재야의 사림을 간접적인 정치참여층으로 수용하면서, 소수의 정치집단이 권력을 독점함으로써 야기된 권력의 남용문제를 해결해갔다.

사림은 정치세력의 문제를 지적하면서 그 이면에서 정치구조의 개편도 추진하였다. 이 문제는 권력구조의 개편을 논하는 문제이니만큼 처음부터 그 방향을 공개적으로 제시하기는 힘들었다. 그러나 사림은 이 문제를 의식하고 점진적으로 변화를 도모하였다. 이는 먼저 언론기구의 기능강화를 추진하였다. 사헌부와 사간원은 이미 조선 초기부터 형식상으로는 대신들의 독주를 견제할 수 있는 기관이었으나, 그에 상응하는 권력을 가지지 못하여 제기능을 수행하지 못하였다. 그러나 이미 조선 초기부터 '公論'에 의한 정치를 이상시하였고, 양사가 그 이념을 수행하는 '公論所在'라는 관념은 형성되어 있었으므로, 사림은 양사의 본래 기능을 확보하는 데서 권력구조의 전환을 모색하였다. 그러한 결과 '圓議制'의 관행을 확보하여 대간 언론이 대간 공통의 주장임을 분명히 하고, '不問言根'의 관행도 확보하여 언론의 취재원을 보호하면서 언론의 활성화를 추진하였다.[35]

양사 언론이 강화되었으나 여전히 기본적인 한계는 남아 있었다. 즉 양사의 인사권이 대신에게 있어서 적극적인 노력에도 불구하고 훈구를 견제하기에는 일정한 한계가 있었다. 그러므로 이에 대한 보완이 필요하였는

---

34) 이하 서술 최이돈 『조선중기 사림정치구조연구』 일조각 1994 참고.
35) 남지대 앞의 논문.

데, 홍문관의 인사체계가 대신의 영향력에서 벗어나 있는 점을 주목하였다. 홍문관은 왕의 교육을 전담하였으므로 적절한 인원을 선발하기 위해서 '弘文錄'이라는 특별 인사체계를 가지고 있었다. 즉 홍문관원들이 홍문관원 후보자를 홍문록에 선발하고, 이를 바탕으로 대신들이 인사를 하였으므로, 홍문관원의 인사에 미치는 대신들의 영향은 제한되었다. 이러한 인사체계를 갖는 홍문관이 언론기관이 되어, 양사 언론을 지원하자 언론 삼사은 명실상부한 언론을 하게 되었다.

이러한 상황이 되자 사림은 구체적으로 권력구조의 개편을 논할 수 있게 되었다. 즉 성종중반부터 나타나는 제조제의 폐지 논의가 그것이다. 제조제는 대신이 하위부서 제조가 되어 이를 직접 장악할 수 있도록 한 제도로 대신에게 권력이 집중되도록 하였다. 사림은 먼저 제조제의 부당한 운영을 지적하면서 개선을 요구하였다. 즉 제조가 소관부서의 관리 인사를 독점하여 운영하는 인사비리 문제와 소관부서의 인력을 私用하는 데서 오는 경제비리를 지적하면 문제를 제기하였다. 연산군 원년에 이르면 사림은 보다 적극적인 방법으로 제조제의 폐지론까지 제기하였다. 김일손은 "百司에 提調가 있어 스스로 一法을 세우니 政出多門하고 통일되게 다스려짐이 없습니다."라고 주장하면서 제조제의 혁파를 요구하였다.36) 이는 사림이 공개적으로 권력구조의 문제를 본격적으로 거론하였다는 데서 그 의미를 찾을 수 있다.

사림은 언론기구를 통해서 훈구를 견제하면서 언론에 의한 통제의 한계를 인식하게 되었다. 즉 언론은 이미 결정된 사안에 대한 규제여서 효율적인 통제기능을 하지 못하였다. 그러므로 사안이 결정되는 과정에서 규제할 수 있는 방안이 모색되었다. 연산군 초반에 김일손에 의해서 제시된 '언관확대론'이 그 대표적인 방안이었다. 그는 대간의 한계를 "명령이 이미 내려진 후에 논박을 시작하니 이미 늦은 것입니다."라고 결정과정에서 규

---

36) 『연산군일기』 권5, 연산군 원년 5월 경술.

제를 할 수 있는 체계의 필요성을 제시하면서, 그 대안으로 승정원의 승지에게 司諫을 겸하게 하자고 제의하였다.[37] 승정원은 사안이 처리되는 과정에 참여하니 이들이 대간의 직을 가진다면 사안이 처리되는 과정에서 문제의 소지를 미리 규제할 수 있다는 생각에서 제시된 방안이었다.

이 제안은 수용되지 않았으나, 사림이 정책의 결정과정에서 사림의 의사를 반영할 장치가 필요하다는 것을 구체적으로 지적하였다는 점에서 매우 중요한 제안이었다. 그러나 그 시행 방안은 적절한 것이 못되었다. 이미 승지는 당상관으로 대신에 접근하고 있었다. 그러므로 실제적으로 대신인 훈구를 견제하기 위해서는 당하관인 낭관층에서 견제할 수 있는 장치를 마련하는 것이 타당하였다.

그러한 언론의 한계가 士禍를 당하면서 더욱 구체화되었고, 중종대에 낭관권의 형성으로 실무자인 낭관들이 대신을 규제하는 모습으로 정리되었다.[38] 결국 사림은 많은 시간과 노력을 투자하고 사화의 피해를 입으면서 중종 중반에 이르러서야 성종초반에 제기하였던 훈구정치체제의 문제를 해소할 수 있는 방안을 정비하였다. 즉 정치세력의 새로운 조성을 위해서 덕을 중시하는 인사원칙을 천거제와 자천제를 통해서 추진하였고, 권력구조의 분화를 위해서 언관권의 강화와 낭관권의 형성을 추진하였다. 그러나 이러한 대안의 마련과 대안의 입각한 정치운영의 획득의 사이는 또한 많은 노력과 희생이 필요하였다. 사림은 여러 차례의 사화를 당하고, 선조대에 이르러 결국 사림의 견해를 정치에 반영할 수 있는 공론정치를 붕당정치로 펼칠 수 있게 되었다.

---

37) 상동조.
38) 최이돈 「16세기 낭관권의 형성과정」 『한국사론』 14, 1986.

맺음말

이상의 논의를 살펴볼 때 다음과 같은 몇가지의 결론을 내릴 수 있다.

1. 사림은 당시 사회에서 야기되는 사회경제적 문제의 핵심은 국역을 담지할 양민과 공천이 유실되고 있는데 있다고 생각하였다. 또한 양민과 공천이 유실되는 원인은 당시 정치의 중심세력이었던 훈구가 권력을 남용하여 양민과 공천의 재생산구조를 침식하는데 기인하는 것으로 생각하였다.

2. 그러므로 사림은 이러한 현상을 해소하기 위하여 훈구의 비리를 지적하면서 훈구세력에 대한 비판과 훈구의 정치구조에 대한 비판을 하였다. 사림은 먼저 훈구세력에 대하여 비판하였다.

훈구는 공신이 과다하게 책봉되는 과정에서 형성된 정치세력이었다. 개국과정에서 공신의 책정은 불가피한 조치였고, 개국공신들은 새로운 정치세력으로서 정치개혁을 추진하여 일정한 의미를 가질 수 있었다. 그러나 세조대와 이어서 성종대에 형성되는 공신의 책봉은 그 창출과정에서 정당성을 가지기 어려웠고, 그들의 정치성향 역시 보수적이어서 장악한 권력을 남용하면서 사회에 부담을 주고 있었다.

3. 15세기를 통해서 계속되는 공신의 배출은 구조적인 성격을 가지고 있었다. 고려 말기의 혼란을 경험하면서 이를 처리하기 위한 목적으로 형성된 조선 초기의 정치는 매우 강력한 집중적인 정치형태를 취하였다. 집중적인 정치형태를 취하는 것은 당시의 시대적인 과제에 부응하는 것이었다. 그러나 권력구조가 왕과 대신으로 이원화하면서 주도권 장악을 둘러싼 다툼은 불가피하였다. 태종이나 세조의 등장은 그 극적인 표현이었다.

이원화된 권력구조는 왕이나 대신 어느 편이 주도권을 잡든지 문제는 야기되었다. 대신이 주도권을 잡는 경우 대신들은 견제를 받지 않고 경제적 비리를 일으키면서 향촌에 부담을 주었고, 왕이 주도권을 잡는 경우 집권의 과정에서 다수의 공신을 배출하면서 결과적으로 정국의 운영에 무리

를 주었다. 그러므로 과도하게 집중되고 이원화된 조선초기의 권력구조는
그 개혁의 과제가 정리된 이후에는 부정적으로 기능하고 있었다.

4. 사림은 이러한 상황을 인식하면서 정치세력과 정치구조의 양면에서
개혁을 주진하였다. 먼저 사림은 정치세력의 교체를 위해서 노력하였다.
비리를 저지르는 훈구를 비판하면서 이들만으로 바른 정치를 할 수 없음
을 지적하고, 지방의 사림을 천거제를 통해서 중앙정치에 등장시키려고
노력하였다. 나아가 공론정치를 형성 확대하면서 사림이 직간접적으로 정
치에 참여할 수 있도록 노력하였다. 재야의 사림도 공론형성층으로 편입
시켜 정치적 지위를 높이려 노력하였다.

5. 사림은 이와 더불어 권력구조의 개편에도 노력하였다. 먼저 기왕에
존재하였던 사헌부와 사간원의 기능을 정상화시켜서 이를 통해서 훈구의
권력남용을 적절히 견제하려고 노력하였다. 특히 성종 후반에는 홍문관을
언론기관화하면서 언론삼사체제를 형성하여, 정치구조의 분화시켜 이원정
치구조를 삼원정치구조로 변화시킬 수 있었고, 이를 통해서 권력의 남용
을 규제할 수 있었다. 특히 중종대에는 낭관들의 기능을 강화하여 낭관권
을 형성하면서, 낭관권과 언관권을 기반으로 더욱 원활하게 대신들의 권
력남용을 견제할 수 있었다.

6. 이상에서 볼 때, 조선 초기의 역사적 과제는 중앙정치력을 강화하여
고려말에 야기된 다양한 문제를 신속하게 해결하는 것이었다. 그러나『경
국대전』체제를 정비한 성종대에 이르면 이미 급한 개혁 과제는 소멸되면
서, 오히려 과도한 중앙집권체제는 이를 장악한 훈구세력과 함께 정치운
영에 부담이 되고 있었다.

새로운 정치세력인 사림은 이러한 상황에서 등장하여 훈구세력의 비리
를 비판하면서 분산된 권력구조를 만들어갔다. 언관권과 낭관권을 형성하
고, 나아가 공론정치를 정립하여서 정치참여층을 확대하여 새로운 정치과
제에 대응하였다.

　그러므로 조선 초기에는 정치의 양적 강화가 과제였다면, 조선중기로 접어들면서 정치의 질적 발전이 그 과제였다. 그러므로 조선 전기를 통해서 왕과 관원들은 시대적 과제를 분명하게 인식하고, 그에 대응하는 정치 방향을 추구하면서 정치 발전을 도모해가고 있었다. 이러한 맥락에서 15세기의 정치와 16세기의 정치는 그 각각의 역할을 수행하면서 정치의 발전이라는 맥락에서 그 연속성을 이어 가고 있었다(「성종대 사림의 훈구정치 비판과 새 정치 모색」, 『한국문화』 17, 1996).

참고문헌

저서

강제훈 『조선초기 전세제도 연구』 고려대학교 출판부 2002.
강진철 『한국중세토지소유연구』 일조각 1989.
권영국 등 『역주 고려사 식화지』 한국정신문화연구원 1996.
김 돈 『조선전기 권신권력관계 연구』 서울대출판부 1997.
김두헌 『한국가족제도 연구』 서울대학출판부 1969.
김용섭 『한국중세농업사연구』 지식산업사 2000.
김우기 『조선중기 척신정치연구』 집문당 2001.
김태영 『조선전기토지제도사연구』 지식산업사 1983.
도현철 『고려말 사대부의 정치사상연구』 일조각 1999.
박종진 『고려시기 재정운영과 조세제도』 서울대학교출판부 2000.
박홍갑 『조선시대의 문음제도 연구』 탐구당 1994.
송양섭 『조선후기 둔전연구』 경인문화사 2006.
송준호 『조선사회사연구』 일조각 1990.
역사학회편 『노비 농노 노예』 일조각 1998.
유승원 『조선초기 신분제 연구』 을유문화사 1986.
이경식 『조선전기 토지제도연구』 일조각 1986.
이경식 『조선전기 토지제도연구』2 지식산업사 1998.
이경식 『고려전기의 전시과』 서울대학교 출판문화원 2007.
이기명 『조선시대 관리임용과 상피제』 백산자료원 2007.
이병휴 『조선전기 기호사림파연구』 일조각 1984.
이병휴 『조선전기 사림파의 현실인식과 대응』 일조각 1999.
이성무 『조선초기 양반연구』 일조각 1980.
이성무 『한국과거제도사』 민음사 1997.
이수건 『영남사림파의 형성』 영남대출판부 1979.
이수건 『한국중세사회사연구』 일조각 1984.
이수건 『조선시대 지방행정사』 민음사 1989.
이수건 『영남학파의 형성과 전개』 일조각 1995.
이존희 『조선시대 지방행정제도연구』 일지사 1990.
이태진 『조선유교사회사론』 지식산업사 1990.

이태진『의술과 인구 그리고 농업기술』태학사 2002.
이태진『한국사회사연구』지식산업사 2006.
임용한『조선전기 수령제와 지방통치』혜안 2002.
장병인『조선전기 혼인제와 성차별』일지사 1997.
전봉덕『한국법제사 연구』서울대학교 출판부 1978.
정두희『조선초기 정치지배세력연구』일조각 1983.
정두희『조선시대의 대간연구』일조각 1994.
지승종『조선전기 노비신분연구』일조각 1995.
채웅석『고려사 형법지 역주』신서원 2009.
최승희『조선초기 언관 언론연구』서울대학교한국문화연구소 1976.
최승희『조선초기 정치사연구』지식산업사 2002.
최승희『조선후기 사회신분사연구』지식산업사 2003.
최이돈『조선중기 사림정치구조 연구』일조각 1994.
최재석『한국가족연구』일지사 1982.
한영우『조선전기 사회사상연구』지식산업사 1983.
한영우『조선전기 사회사상연구』지식산업사 1983.
한영우『조선시대 신분사연구』집문당 1997.
한영우『정도전사상의 연구』서울대학교 출판부 1999.
한영우『양성지』지식산업사 2008.
한영우『과거 출세의 사다리』1,2,3 지식산업사 2013.

논문

강만길「조선전기 공장고」『사학연구』12, 1961.
강제훈「답험손실법의 시행과 전품제의 변화」『한국사학보』8, 2000.
강제훈「조선초기 전세제 개혁과 그 성격」『조선시대사연구』19, 2001.
강제훈「세종 12년 정액 공법의 제안과 찬반론」『경기사학』6. 2002.
강제훈「조선초기의 조회의식」『조선시대사학보』28, 2004.
강진철「고려전기의 공전 사전과 그의 차율수조에 대하여」『역사학보』29, 1965.
강진철「고려전기의 지대에 대하여」『한국중세토지소유연구』일조각 1989.
고영진「15 16세기 주자가례의 시행과 그 의의」『한국사론』21, 1989.
권내현「조선초기 노비 상속과 균분의 실상」『한국사학보』22, 2006.

권연웅 「조선 성종대의 경연」『한국문화의 제문제』 1981.
권영국 「고려전기 상서 6부의 판사와 지사제」『역사와 현실』 76, 2010.
구덕회 「선조대 후반 정치체계의 재편과 정국의 동향」『한국사론』 20, 1989.
김갑주 「원상제의 성립과 기능」『동국사학』 12, 1973.
김 돈 「중종대 언관의 성격변화와 사림」『한국사론』 10, 1984.
김 돈 「16세기 전반 정치권력의 변동과 유생층의 공론형성」 서울대학교 박사학위
    논문 1993.
김동수 「고려시대의 상피제」『역사학보』 102, 1984.
김동인 「조선전기 사노비의 예속 형태」『이재룡박사 환력기념논총』 1990.
김성준 「종친부고」『사학연구』 18, 1964.
김영석 「고려시대와 조선초기의 상피친」『서울대학교 법학』 52권 2호, 2011.
김옥근 「조선시대 조운제 연구」『경제학연구』 29, 1981.
김용만 「조선시대 균분상속제에 관한 일 연구」『대구사학』 23, 1983.
김용만 「조선시대 사노비 일 연구」『교남사학』 4, 1989.
김용선 「조선전기의 음서제도」『아시아학보』 6, 1990.
김용섭 「고려전기의 전품제」『한우근박사정년기념 사학논총』 1981.
김용섭 「토지제도의 사적 추이」『한국중세농업사연구』 지식산업사 2000.
김용흠 「조선전기 훈구 사림의 갈등과 그 정치사상적 함의」『동방학지』 124, 2004.
김우기 「조선전기 사림의 전랑직 진출과 그 역할」『대구사학』 29, 1986.
김우기 「전랑과 삼사의 관계에서 본 16세기의 권력구조」『역사교육논집』 13, 1990.
김재명 「고려시대 십일조에 관한 일연구」 한국정신문화연구소 석사학위논문 1984.
김재명 「고려시대 십일조에 관한 일고찰」『청계사학』 2, 1985.
김재명 「조선초기의 사헌부 감찰」『한국사연구』 65, 1989.
김재명 「조세」『한국사』 14, 1993.
김정신 「조선전기 사림의 公認識과 君臣共治論」『학림』 21, 2000.
김준형 「조선시대 향리층 연구의 동향과 문제점」『사회와 역사』 27, 1991.
김창수 「성중애마고」『동국사학』 9,10, 1966.
김창현 「조선초기의 문음제도에 관한 연구」『국사관논총』 56, 1994.
김태영 「과전법상의 답험손실과 수조」『조선전기 토지제도사연구』 지식산업사 1983.
김필동 「신분이론구성을 위한 예비적 고찰」『사회계층』 다산출판사 1991.
김한규 「고려시대의 薦擧制에 대하여」『역사학보』 73, 1977.
김한규 「西漢의 求賢과 文學之士」『역사학보』 75,76, 1977.
김항수 「16세기 사림의 성리학 이해」『한국사론』 7, 1981.
김현영 「조선 후기 남원지방 사족의 향촌지배에 관한 연구」 서울대학교 박사학위

논문 1993.

김형수 「책문을 통해서 본 이제현의 현실인식」『한국중세사연구』 13, 2002.

남지대 「조선초기의 경연제도」『한국사론』 6, 1980.

남지대 「조선 성종대의 대간언론」『한국사론』 12, 1985.

남지대 「조선초기 중앙정치제도연구」 서울대학교 대학원 박사학위논문 1993.

남지대 「조선초기 예우아문의 성립과 정비」『동양학』 24, 1994.

남지대 「조선중기 붕당정치의 성립기반」『조선의 정치와 사회』 2002.

남지대 「태종초 대종과 대간 언론의 갈등」『역사문화연구』 47, 2013.

노명호 「산음장적을 통해 본 17세기 초 촌락의 혈연양상」『한국사론』 5, 1979.

노명호 「고려의 오복친과 친족관계 법제」『한국사연구』 33, 1981.

도현철 「정도전의 정치체계 구상과 재상정치론」『한국사학보』 9, 2000.

민두기 「중국의 전통적 정치상」『진단학보』 29,30, 1966.

박 진 「조선초기 돈녕부의 성립」『한국사학보』 18, 2004.

박국상 「고려시대의 토지분급과 전품」『한국사론』 18, 1988.

박시형 「이조전세제도의 성립과정」『진단학보』 14, 1941.

박재우 「고려 공양왕대 관제개혁과 권력구조」『진단학보』 81, 1996.

박재우 「고려전기 6부 판서의 운영과 권력관계」『사학연구』 87, 2007.

박종진 「고려초 공전 사전의 성격에 대한 재검토」『한국학보』 37, 1984.

박진우 「조선초기 면리제와 촌락지배의 강화」『한국사론』 20, 1988.

박진우 「15세기 향촌통제기구와 농민」『역사와 현실』 5, 1991.

박진훈 「고려말 개혁파사대부의 노비변정책」『학림』 19, 1998.

박천규 「문과초장 講製是非攷」『동양학』 6, 1976.

배재홍 「조선전기 처첩분간과 서얼」『대구사학』 41, 1991.

배재홍 「조선시대 천첩자녀의 종양과 서얼신분 귀속」『조선사연구』 3, 1994.

배재홍 「조선시대 서얼 차대론과 통용론」『경북사학』 21, 1998.

백옥경 「조선전기 역관의 성격에 대한 일고찰」『이대사원』 22,23, 1988.

설석규 「16세기 전반 정국과 유소의 성격」『대구사학』 44, 1992.

설석규 「16-18세기의 유소와 공론정치」 경북대학교 박사학위논문 1994.

성봉현 「조선 태조대의 노비변정책」『충북사학』 11,12합집 2000.

송수환 「조선전기의 왕실 노비」『민족문화』 13, 1990.

송준호 「조선양반고」『한국사학』 4, 1983.

신명호 「조선초기 왕실 편제에 관한 연구」 한국정신문화연구원 박사학위논문 1999.

신채식 「송대 관인의 推薦에 관하여」『소헌 남도영박사 화갑기념 사학논총』 1984.

신해순 「조선초기의 하급서리 이전」『사학연구』 35, 1982.

신해순 「조선전기의 경아전연구」 성균관대 박사학위논문 1986.

안병우 「고려의 둔전에 관한 일고찰」『한국사론』 10, 1984.

오금성 「중국의 과거제와 그 정치사회적 기능」『과거』 일조각 1983.

오수창 「인조대 정치세력의 동향」『한국사론』 13, 1985.

오종록 「조선전기의 경아전과 중앙행정」『고려 조선전기 중인연구』 신서원 2001.

우인수 「조선명종조 위사공신의 성분과 동향」『대구사학』 33, 1987.

유승원 「조선초기의 신량역천 계층」『한국사론』 1, 1973.

유승원 「조선초기의 잡직」『조선초기 신분제연구』 을유문화사 1986.

유승원 「조선초기 경공장의 관직」『조선초기 신분제연구』 을유문화사 1986.

유승원 「양인」『한국사』 25, 1994.

유승원 「조선시대 양반 계급의 탄생에 대한 시론」『역사비평』 79, 2007.

유승원 「조선 태종대 전함관의 군역: 수전패 무수전패의 복역을 중심으로」『역사학보』 210, 2011.

유승원 「한우근의 조선 유교정치론 관료제론」『진단학보』 120, 2014.

윤남한 「하곡조천기 해제」 국역『하곡조천기』 2008.

윤희면 「경주 司馬所에 대한 일 고찰」『역사교육』 37,38, 1985.

이경식 「조선초기 둔전의 설치와 경영」『한국사연구』 21,22, 1978.

이경식 「고려전기의 평전과 산전」『이원순교수 화갑기념사학논총』 1986.

이경식 「조선 건국의 성격문제」『중세 사회의 변화와 조선건국』 혜안 2005.

이경식 「고려시대의 전호농민」『고려시대 토지제도연구』 2012.

이광린 「제조제도 연구」『동방학지』 8, 1976.

이기백 「고려주현군고」『역사학보』 29, 1965.

이기백 「고려 양계의 주현군」『고려병제사연구』 1968.

이남희 「조선시대 잡과입격자의 진로와 그 추이」『조선시대의 사회와 사상』 1998.

이남희 「조선전기 기술관의 신분적 성격에 대하여」『고려 조선전기 중인연구』 신서원 2001.

이민우 「고려말 사전 혁파와 과전법에 대한 재검토」『규장각』 47, 2015.

이범직 「조선전기의 校生身分」『韓國史論』 3, 1976.

이병휴 「조선중종조 정국공식의 성분과 동향」『대구사학』 15,6합집 1978.

이병휴 「현량과 연구」『조선전기 기호사림파연구』 일조각 1984.

이병휴 「영남 기호 사림의 접촉과 사림파의 형성」『조선전기 기호사림파연구』 일조각 1984.

이병휴 「16세기 정국과 영남사림파의 동향」『조선전기 사림파의 현실인식과 대응』 일조각 1999.

이병휴「사재 김정국의 개혁론과 그 성격」『조선전기 사림파의 현실인식과 대응』
　　일조각 1999.
이상백「서얼차대의 연원에 대한 연구」『진단학보』1, 1934.
이상백「서얼금고시말」『동방학지』1, 1954.
이성무「조선초기의 향리」『한국사연구』5, 1970.
이성무「조선초기의 기술관과 그 지위」『유홍렬박사 화갑기념 논총』1971.
이성무「선초의 성균관연구」『역사학보』35,36, 1972.
이성무「십오세기 양반론」『창작과비평』8(2), 1973.
이성무「고려 조선초기의 토지 소유권에 대한 제설의 검토」『성곡논총』9, 1978.
이성무「공전 사전 민전의 개념」『한우근박사 정년기념사학논총』1980.
이성무「조선초기 신분사 연구의 문제점」『역사학보』102, 1984.
이성무「조선초기 노비의 종모법과 종부법」『역사학보』115, 1987.
이성무「조선시대 노비의 신분적 지위」『한국사학』9, 1987.
이성무「조선초기 음서제와 과거제」『한국사학』12, 1991.
이수건「조선조 향리의 일 연구」『문리대학보』3 영남대 1974.
이수건「영남사림파의 학문적 연원」『영남사림파의 형성』영남대학교 출판부 1979.
이수건「영남사림파의 경제적 기반」『영남사림파의 형성』영남대학교 출판부 1979.
이수건「조선전기 사회변동과 상속제도」『역사학보』129, 1991.
이영훈「고문서를 통해본 조선 전기 노비의 경제적 성격」『한국사학』9, 1987.
이영훈「조선전호고」『역사학보』142, 1994.
이영훈「한국사에 있어서 노비제의 추이와 성격」『노비 농노 노예』일조각 1998.
이영훈「고려전호고」『역사학보』161, 1999.
이원택「15-16세기 주례 이해와 국가경영」『한국중세의 정치사상과 주례』혜안 2005.
이장우「세종 27년 7월의 전제개혁 분석」『국사관논총』92, 2000.
이재희「조선명종대 척신정치의 전개와 그 성격」『한국사론』29, 1993.
이존희「조선전기의 외관제」『국사관논총』8, 1989.
이태진「서얼차대고」『역사학보』27, 1965.
이태진「사림파의 유향소복립운동」『진단학보』34,35, 1972.
이태진「15세기 후반기의「거족」과 명족의식」『한국사론』3, 1976.
이태진「중앙 오영제의 성립과정」『한국군제사-조선후기편』1977.
이태진「16세기 사림의 역사적 성격」『대동문화연구』13, 1979.
이태진「조선시대의 정치적 갈등과 그 해결」『조선시대 정치사의 재조명』1985.
이태진「당쟁을 어떻게 볼 것인가」『조선시대 정치사의 재조명』1985.
이태진「李晦齋의 聖學과 仕宦」『한국사상사학』1, 1987.

이태진「조선시대 야사 발달의 추이와 성격」『우인 김용덕박사 정년기념사학논총』
  1988.
이태진「조선왕조의 유교정치와 왕권」『한국사론』 23, 1990.
이홍렬「잡과시취에 대한 일고」『백산학보』 3, 1967.
임영정「선초 보충군 산고」『현대사학의 제문제』 1977.
임영정「조선초기의 관노비」『동국사학』 19,20합집, 1986.
장병인「조선초기의 관찰사」『한국사론』 4, 1978.
장병인「조선초기 연좌율」『한국사론』 17, 1987.
전형택「보충군 입역규례를 통해 본 조선 초기의 신분구조」『역사교육』 30,31, 1982.
전형택「조선초기의 공노비 노동력 동원 체제」『국사관논총』 12, 1990.
정다함「조선초기 습독관 제도의 운영과 그 실태」『진단학보』 96, 2003.
정만조「16세기 사림계 관원의 붕당론」『한국학논총』 12, 1990.
정만조「조선시대의 사림정치」『한국사상의 정치형태』 1993.
정만조「조선중기 유학의 계보와 붕당정치의 전개」『조선시대사학보』 17, 2001.
정재훈「조선전기 유교정치사상 연구」서울대학교 대학원 박사학위논문 2001.
정현재「조선초기의 경차관에 대하여」『경북사학』 1, 1978.
정현재「선초 내수사 노비고」『경북사학』 3, 1981.
정현재「조선초기의 노비 면천」『경북사학』 5, 1982.
정현재「조선초기의 외거노비의 개념 검토」『경상사학』 창간호 1985.
지두환「조선전기 군자소인론의」『태동고전연구』 9, 1993.
지승종「신분개념 정립을 위한 시론」『한국사회사 연구회 논문집』 11, 1988.
지승종「조선전기 신분구조와 신분인식」『한국사연구의 이론과 실제』 1991.
지승종「조선 전기의 서얼신분」『사회와 역사』 27, 1991.
지승종「신분사 연구의 쟁점과 과제」『사회와 역사』 51, 1997.
차장섭「조선전기의 사관」『경북사학』 6, 1983.
천관우「조선토기제도사」하『한국문화사대계』 2, 1965.
최승희「집현전연구」『역사학보』 32,33, 1966,67.
최승희「홍문관의 성립경위」『한국사연구』 5, 1970.
최승희「조선초기 言官에 관한 연구」『한국사론』 1, 1973.
최승희「弘文錄考」『대구사학』 15,16, 1978.
최승희「조선시대 양반의 대가제」진단학보 60, 1985.
최윤오「세종조 공법의 원리와 그 성격」『한국사연구』 106, 1999.
최윤오「조선시기 토지개혁론의 원리와 공법 조법 철법」『대호 이융조교수 정년논
  총』 2007.

최이돈 「16세기 郎官權의 형성과정」『한국사론』 14, 1986.
최이돈 「성종대 홍문관의 言官化 과정」『진단학보』 61, 1986.
최이돈 「16세기 사림파의 천거제 강화운동」『한국학보』 54, 1989.
최이돈 「16세기 郎官權의 성장과 朋黨政治」『규장각』 12, 1989.
최이돈 「16세기 공론정치의 형성과정」『국사관논총』 34, 1992.
최이돈 「조선초기 수령고소 관행의 형성과정」『한국사연구』 82, 1993.
최이돈 「海東野言에 보이는 허봉의 當代史 인식」『한국문화』 15, 1994.
최이돈 「16세기 사림 중심의 지방정치 형성과 민」『역사와 현실』 16, 1995.
최이돈 「16세기 전반 향촌사회와 지방정치」『진단학보』 82, 1996.
최이돈 「성종대 사림의 훈구정치 비판과 새 정치 모색」『한국문화』 17, 1996.
최이돈 「16세기 사림의 신분제 인식」『진단학보』 91, 2001.
최이돈 「조선중기 신용개의 정치활동과 정치인식」『최승희교수 정년기념논총』 2002.
최이돈 「조선전기 현관과 사족」『역사학보』 184, 2004.
최이돈 「조선초기 잡직의 형성과 그 변화」『역사와 현실』 58, 2005.
최이돈 「조선초기 공상의 신분」『한국문화』 38, 2006.
최이돈 「조선초기 공치론의 형성과 변화」『국왕 의례 정치』 이태진교수 정년기념
　　논총 태학사 2009.
최이돈 「조선초기 서얼의 차대와 신분」『역사학보』 204, 2009.
최이돈 「조선초기 협의의 양인의 용례와 신분」『역사와 현실』 71, 2009.
최이돈 「조선초기 향리의 지위와 신분」『진단학보』 110, 2010.
최이돈 「조선초기 보충군의 형성과정과 그 신분」『조선시대사학보』 54, 2010.
최이돈 「조선초기 천인천민론의 전개」『조선시대사학보』 57, 2011.
최이돈 「조선초기 특권 관품의 정비과정」『조선시대사학보』 67, 2013.
최이돈 「조선초기 왕실 친족의 신분적 성격」『진단학보』 117, 2013.
최이돈 「조선초기 법적 친족의 기능과 그 범위」『진단학보』 121, 2014.
최이돈 「조선전기 사림파의 정치사상」『한국유학사상대계』 VI, 한국학진흥원 2014.
최이돈 「조선초기 공공통치론의 전개」『진단학보』 125, 2015.
최이돈 「태종대 과전국가관리체제의 형성」『조선시대사학보』 76, 2016.
최이돈 「조선초기 관원체계와 과전 운영」『역사와 현실』 100, 2016.
최이돈 「세조대 직전제의 시행과 그 의미」『진단학보』 126, 2016.
최이돈 「조선초기 提調制의 시행과정」『규장각』 48, 2016.
최이돈 「조선초기 佃夫制의 형성과정」『진단학보』 127, 2016.
최이돈 「조선초기 損失踏驗制의 규정과 운영」『규장각』 49, 2016.
최이돈 「고려 후기 수조율과 과전법」『역사와 현실』 104, 2017.

최이돈 「세종대 공법 연분 9등제의 시행과정」 『조선초기 과전법』 경인문화사 2017.
최이돈 「조선초기 전부의 법적 지위」 『조선초기 과전법』 경인문화사 2017.
최재석 「조선시대의 상속제에 관한 연구」 『역사학보』 53,54, 1972.
한명기 「광해군대의 대북세력과 정국의 동향」 『한국사론』 20, 1989.
한상준 「조선조의 상피제에 대하여」 『대구사학』 9, 1975.
한영우 「여말선초 한량과 그 지위」 『한국사연구』 4, 1969.
한영우 「태종 세종조의 대사전시책」 『한국사연구』 3, 1969.
한영우 「조선초기 상급서리 성중관」 『동아문화』 10, 1971.
한영우 「조선초기의 사회계층과 사회이동에 관한 시론」 『제8회 동양학 학술회의
    강연초』 1977.
한영우 「조선초기 신분계층연구의 현황과 문제점」 『사회과학논평』 창간호 1982.
한영우 「조선초기의 상급서리와 그 지위」 『조선전기 사회경제연구』 을유문화사 1983.
한영우 「양성지의 사회 정치사상」 『조선전기 사회사상』 지식산업사 1983.
한영우 「조선초기 사회 계층 연구에 대한 재론」 『한국사론』 12, 1985.
한우근 「신문고의 설치와 그 실제적 효능에 대하여」 『이병도박사화갑기념논총』 1956.
한우근 「훈관검교고」 『진단학보』 29,30, 1966.
한충희 「조선초기 의정부연구」 『한국사연구』 31,32, 1980,1981.
한충희 「조선초기 육조연구」 『대구사학』 20,21, 1982.
한충희 「조선초기 육조연구 첨보」 『대구사학』 33, 1987.
한충희 「조선초기 육조연구」 고려대학교 박사학위논문 1992.
한충희 「조선초기 의정부당상관연구」 『대구사학』 87, 2007.
한충희 「조선 성종대 의정부연구」 『계명사학』 20, 2009.
한희숙 「조선초기의 잡류층에 대한 연구」 고려대학교 박사학위논문 1990.
홍순민 「조선후기 정치사상 연구현황」 『한국 중세사회 해체기의 제문제』 한울 1987.

찾아보기

최이돈

서울대에서 학사, 석사, 박사학위를 받았다.
조선시대 정치사와 신분사를 연구하여『조선정치사』(공저, 청년사, 1991),『조선중기
사림정치구조 연구』(일조각, 1994),『한국 전근대사의 주요 쟁점』(공저, 역사비평사
2002),『한국 유학사상 대계』(공저, 한국학진흥원 2002),『고종시대 공문서 연구』(공
저, 태학사 2009) 등의 저서와 다수의 논문을 썼다.
서울대, 성심여대 등에서 강의하였고, 영국 University of Cambridge의 Visiting fellow
를 역임하였으며, 1993년부터 한남대 역사교육과 교수로 재직하고 있다.

조선중기 사림정치

초판 1쇄 발행 | 2017년 11월 02일
초판 2쇄 발행 | 2018년 09월 21일

지 은 이 최이돈

발 행 인 한정희
발 행 처 경인문화사
총 괄 이 사 김환기
편   집 김지선 박수진 유지혜 한명진
마 케 팅 유인순 하재일
출 판 번 호 406-1973-000003호
주   소 파주시 회동길 445-1 경인빌딩 B동 4층
전   화 031-955-9300 팩 스 031-955-9310
홈 페 이 지 www.kyunginp.co.kr
이 메 일 kyungin@kyunginp.co.kr

ISBN 978-89-499-4302-2 93910

값 35,000원

ⓒ 최이돈, 2017